L'accommodement de la diversité religieuse

Regards croisés – Canada, Europe, Belgique

P.I.E. Peter Lang
Bruxelles · Bern · Berlin · Frankfurt am Main · New York · Oxford · Wien

Études canadiennes

La collection « Études canadiennes » analyse les multiples facettes de la réalité canadienne dans une perspective pluridisciplinaire. Elle accueille des travaux sur tous les thèmes de recherche en sciences humaines et sociales qui ont pour objet principal le Canada dans son acception la plus large – études littéraires, historiques, sociologiques, politiques, économiques, géographiques, juridiques, médiatiques, muséologiques, etc. – mais elle met également l'accent sur les travaux comparatistes incluant le Canada.

L'une des principales originalités de la collection est d'accueillir le fruit des recherches les plus récentes menées à l'extérieur du Canada. Elle jette ainsi un éclairage significatif et inédit sur les différentes composantes de ce pays, privilégiant le développement d'un dialogue constant et original entre les scientifiques canadiens et la communauté internationale des canadianistes répartis à travers le monde.

Directeur de collection : **Serge Jaumain**
Centre d'études canadiennes
Université Libre de Bruxelles (Belgique)

Emmanuelle Bribosia & Isabelle Rorive (dir.)

L'accommodement de la diversité religieuse

Regards croisés – Canada, Europe, Belgique

« Études canadiennes »
n° 29

Cette publication a fait l'objet d'une évaluation par les pairs.

Éditions scientifiques internationales
Bruxelles, 2015
1 avenue Maurice, B-1050 Bruxelles, Belgique
www.peterlang.com ; info@peterlang.com

Imprimé en Allemagne

ISSN 1781-3867
ISBN 978-2-87574-237-7
eISBN 978-3-0352-6511-8
D/2015/5678/05

Information bibliographique publiée par « Die Deutsche Bibliothek »

« Die Deutsche Bibliothek » répertorie cette publication dans la « Deutsche Nationalbibliografie » ; les données bibliographiques détaillées sont disponibles sur le site <http://dnb.ddb.de>.

Table des matières

Remerciements 9

Préface 11
Françoise Tulkens

Introduction. Au-delà de « Dr Jekyll et Mr Hyde » 17
Emmanuelle Bribosia et Isabelle Rorive

Première partie
Contexte philosophique

La liberté de religion à l'âge séculier 29
Cécile Laborde

Accommodements raisonnables, une réponse au texte de Cécile Laborde 43
Gily Coene

Penser une nouvelle éthique de l'appartenance par l'accommodement raisonnable 55
Jean-François Caron

Deuxième partie
Processus politiques comparés

L'interculturalisme québécois à la croisée des chemins, considérations sur le rapport Bouchard-Taylor 79
Bernard Gagnon

Du dialogue aux Assises, heurs et malheurs de l'interculturalité en Belgique 101
Julie Ringelheim

L'« accommodement raisonnable », libres propos sur la circulation d'un concept au travers des frontières 123
François Foret

Troisième partie
Approches juridiques comparées

Aménagement de la diversité religieuse et conflits entre droits fondamentaux. Le contexte juridique canadien 135
José Woehrling

Les droits fondamentaux, gardiens et garde-fous de la diversité religieuse en Europe 171
Emmanuelle Bribosia et Isabelle Rorive

L'accommodement raisonnable, bouc émissaire d'une laïcité inhibitrice en Belgique 203
Xavier Delgrange et Hélène Lerouxel

Quatrième partie
Regards sociologiques comparés

Voiles/Voiler 289
Pascale Fournier et Emmanuelle Jacques

Les pratiques d'accommodements raisonnables sur les lieux du travail en Belgique 313
Ilke Adam et Andrea Rea

Conclusions générales – Enjeux et perspectives de l'obligation d'accommodement raisonnable dans les sociétés pluralistes 343
Jocelyn Maclure et François Boucher

Notices biographiques 365

Remerciements

S'il n'en constitue pas à proprement parler les actes, cet ouvrage collectif fait suite au colloque international, *L'accommodement raisonnable de la religion en Belgique et au Canada*, organisé par le Centre Perelman de philosophie du droit, la section juridique de l'Institut d'études européennes et le Germe de l'Université libre de Bruxelles (ULB) ainsi que par l'Institute for European Studies de la Vrije Universiteit Brussel (VUB). Ce colloque qui s'est déroulé les 26 et 27 avril 2012 à l'Université libre de Bruxelles a rassemblé des académiques de quatre disciplines, rattachés à des universités canadiennes, belges ou d'autres pays européens. Ceux-ci se sont attelés à analyser, dans une perspective comparative, les défis philosophiques, juridiques, sociaux et politiques posés par les accommodements raisonnables de la diversité religieuse ou ethnoculturelle.

Les éditrices de cet ouvrage tiennent à remercier les chevilles ouvrières de ces différents centres de recherche, et tout particulièrement Andrea Rea, directeur du GERME, ainsi que l'ambassade du Canada à Bruxelles et la Communauté française de Belgique pour le soutien qu'ils ont apporté à la réalisation de cet événement scientifique transatlantique, porteur d'échanges riches et fructueux. Nous sommes particulièrement reconnaissantes au vice-recteur aux affaires internationales de l'ULB, Serge Jaumain, pour le soutien inestimable qu'il a apporté tant à l'organisation du colloque qu'à la publication de ses résultats dans la collection « Études canadiennes » qu'il dirige aux éditions P.I.E. Peter Lang.

Nous souhaitons également adresser toute notre gratitude aux auteurs pour leur investissement scientifique, la grande réceptivité avec laquelle ils ont accepté nos deux séries de commentaires et surtout leur patience lors de la finalisation du manuscrit. Nous sommes convaincues que cet ouvrage collectif augure d'autres collaborations interdisciplinaires et transatlantiques.

Enfin, cet ouvrage n'aurait pas pu paraître sans l'aide précieuse de deux chercheurs doctorants, Gabrielle Caceres et Joseph Damamme, et surtout sans le soutien financier du Fonds de la recherche scientifique – FNRS, de l'Association internationale des études québécoises, du BELSPO, dans le cadre du projet PAI « The Global Challenge of Human Rights Integration : Toward a Users' Perspective » (Pôle d'attraction interuniversitaire 2012-2017). Il a également été réalisé sous l'égide de deux projets d'Action de Recherche Concertée financés par la

Communauté française de Belgique et coordonnés par Andrea Rea : « L'Étranger et l'Autre à l'épreuve des transformations normatives et identitaires en Europe » (2006-2011), « Sous le signe du mérite et de la conformité culturelle. Les nouvelles politiques d'intégration et d'immigration en Europe » (2013-2017, Centre transdisciplinaire MAM – Migration, Asile, Multiculturalisme).

Emmanuelle Bribosia et Isabelle Rorive

Préface

Françoise Tulkens

Professeur émérite de l'Université catholique de Louvain,
présidente de la Fondation Roi Baudouin et ancienne
vice-présidente de la Cour européenne des droits de l'homme

Dans son originalité et son intégrité, le concept d'aménagement ou d'accommodement raisonnable est un concept d'une force et d'une richesse insoupçonnées dans une société pluraliste, la nôtre. Dans le domaine des droits fondamentaux et plus particulièrement dans celui du droit à l'égalité, il bouscule les « principes et idées du droit », pour reprendre la terminologie de Burdeau, que l'on pensait pourtant immuables et ouvre une voie plus juste, de voir, de penser ou de juger la différence et la diversité, voire même le conflit. L'approche induite par le concept d'accommodement raisonnable est non seulement un défi à la pensée juridique mais elle dépossède aussi en quelque sorte le juge de sa méthode spontanée et privilégiée de trancher et le rend plus fragile. Dans de nombreuses situations, par une approche dialectique un peu imaginative, une autre manière de poser et, dès lors, de résoudre le problème litigieux aurait été tout simplement possible et au fond préférable. Ainsi, par exemple, une occasion manquée est certainement la décision d'irrecevabilité *El Morsli c. France* de la Cour européenne des droits de l'homme du 4 mars 2008. Elle concernait le refus de retrait du voile pour un contrôle d'identité que la requérante aurait cependant accepté en présence d'une femme, ce qui fut refusé, au nom de la marge d'appréciation[1]. Le cas tout récent à Marseille de l'imbroglio autour d'un mariage est aussi significatif. Une élue musulmane qui devait marier deux femmes, ce qu'elle estimait contraire à sa religion, s'est fait remplacer par un collègue mais celui-ci n'était pas habilité à procéder à cet acte d'état civil, ce qui a entraîné l'annulation du mariage et une procédure judiciaire complexe. Les ex-futures mariées ont cependant regretté que l'élue n'ait pas fait cela « proprement » : « elle serait venue nous le dire, on aurait

1 Bribosia, E., Ringelheim, J. et Rorive, I., « Aménager la diversité : le droit de l'égalité face à la pluralité religieuse », *Rev. trim. dr. h.*, 2009, n° 78, p. 357.

trouvé une solution, retardé le mariage d'une heure pour trouver un autre élu ».

Le concept d'accommodement raisonnable est cependant un concept difficile à cerner car, comme Emmanuelle Bribosia et Isabelle Rorive l'observent très justement dans l'introduction, ici « dénaturation et amalgame sont légion ». Dans le livre que nous avons sous les yeux, nourri et soutenu par les remarquables travaux de ces deux jeunes professeures de l'Université libre de Bruxelles qui ont eu l'intelligence d'en prendre l'initiative, l'accommodement raisonnable est situé et analysé – mis à l'épreuve aussi – dans le contexte le plus sensible et difficile aujourd'hui, celui de la religion et de la diversité religieuse, un lieu où les controverses abondent et les « points de vue de Sirius », axiologiquement neutres, sont inaccessibles. Ce choix a permis à la fois un recentrement de la problématique sur les questions les plus cruciales et aigues comme celle des limites à donner à la figure juridique de l'accommodement raisonnable et en même temps un élargissement de celle-ci en situant l'accommodement raisonnable de la religion dans ses rapports avec les autres libertés individuelles. Par ailleurs, l'intérêt de la démarche, telle qu'elle est vraiment construite ici, réside dans le fait que sont abordées tour à tour, dans les différentes contributions, les dimensions philosophique, politique, juridique et sociologique de l'accommodement raisonnable de la religion. En empruntant une telle méthode, radicalement et résolument interdisciplinaire au sens fort du terme, c'est-à-dire qui assure non pas la juxtaposition des disciplines mais l'interaction entre celles-ci[2], le débat est désenclavé et ouvert à de nouvelles perspectives. Ainsi, par exemple, l'obligation juridique d'accommodement raisonnable n'est évidemment qu'un outil d'aménagement de la diversité religieuse. Comme les chercheurs nous le montrent, la plupart des demandes d'accommodement empruntent la « voie citoyenne », laquelle repose principalement sur la négociation, la flexibilité et la créativité. Ce qui veut dire que les pratiques informelles d'ajustements concertés sont tout aussi, sinon plus importantes, que les pratiques formelles. De même, il convient d'éviter les fausses évidences comme celle de « rabattre » la question de la place de la religion dans l'espace public sur celle de l'immigration et des modèles d'intégration des immigrants, même s'il est certain que l'immigration entraîne une « explosion du pluralisme religieux ».

Certaines questions me préoccupent plus particulièrement, notamment à la lumière du contentieux que j'ai pu connaître à la Cour européenne des droits de l'homme et elles sont très solidement et finement analysées dans cet ouvrage. Tout d'abord, il est important de rappeler ce qu'est au départ

---

[2] Fr. Ost, « Questions méthodologiques à propos de la recherche interdisciplinaire en droit », *Revue interdisciplinaire d'études juridiques*, 1981, n° 6, pp. 1 et s.

l'obligation d'accommodement raisonnable, de préciser ses finalités et ses justifications éthico-politiques. Il s'agit d'un effet de la reconnaissance du droit à l'égalité, non seulement une égalité formelle mais une égalité substantielle, ce qui implique d'assurer les conditions d'un exercice véritable de ce droit. À ce titre, la reconnaissance de la diversité ethnique, culturelle et religieuse et de son accommodement relève d'une exigence de justice. *Mutatis mutandis*, nous sommes proches de la figure de la discrimination indirecte que la Cour européenne des droits de l'homme a (enfin) reconnue : des règles, apparemment générales, qui poursuivent des objectifs légitimes, ont néanmoins des effets discriminatoires à l'égard de personnes ou de groupes marqués par des critères interdits (les femmes, les roms, les étrangers, etc.)[3]. L'interdiction des discriminations indirectes accroît la dimension collective du droit à la non-discrimination, même si certains soutiennent qu'elle risque d'introduire des logiques catégorielles dans la protection des droits de l'homme.

Une deuxième question concerne ce que l'on appelle, de manière assez étrange à mon avis, la « sincérité » de la demande d'accommodement raisonnable de la religion, privilégiant ainsi la dimension subjective de ce mécanisme. Les juges seraient ainsi confrontés à la nécessité de distinguer entre « vraie » et « fausse » demande, sinon entre vrais ou faux croyants, ce qui les amène sur un terrain glissant (*on a tiny ice*) comme on le voit, implicitement, dans l'arrêt *Francesco Sessa c. Italie* du 3 avril 2012. La suggestion que l'on lit dans l'ouvrage, de substituer à la demande d'accommodement raisonnable « l'intérêt démocratique du respect de la diversité et de la participation sociale des groupes minoritaires », serait certainement à creuser. On retrouve en écho le souci de la Cour européenne des droits de l'homme de « garantir parfois les intérêts d'une minorité contre l'avis de la majorité »[4]. Plutôt que de se perdre dans l'interprétation hasardeuse de la demande, il s'agit de reconnaître l'intérêt démocratique du respect de la diversité. Cette approche permettrait la fixation de limites mais pas sur la base fragile de la « sincérité ».

Enfin, la question controversée la plus difficile est celle de l'élargissement des accommodements raisonnables aux convictions philosophiques ou éthiques non confessionnelles qui peuvent évidemment, elles aussi, se trouver en tension avec les règles générales dominantes. À la limite, on pourrait même soutenir que l'égalité serait incompatible avec l'octroi d'un sort particulier aux convictions religieuses. En d'autres termes, l'obligation d'accommodement raisonnable peut-elle / doit-elle s'appliquer aussi à

---

3 Cour eur. dr. h. (Grande Chambre), *D.H. et autres c. République tchèque*, 13 novembre 2007 ; Cour eur. dr. h. (Grande Chambre), *Orsus et autres c. Croatie*, 16 mars 2010.

4 Discours de Sir Nicolas Bratza, Conférence de haut niveau de Brighton, 18-20 avril 2012, p. 7. Voy. www.echr.coe.int (La Cour - Réforme de la Cour - Conférences).

des convictions non religieuses ? Pour certains, il s'agit d'un paradoxe, mais un paradoxe est quelque chose qu'on ne peut résoudre, comme une contradiction, mais qu'on doit assumer ; pour d'autres, il s'agirait d'un dilemme. Je dirais plutôt qu'il s'agit d'un nœud qu'il faut dénouer. À cet égard, la position de ceux qui défendent une conception égalitariste de la liberté de religion et acceptent le principe d'inclure les convictions séculières dans l'obligation d'accommodement est à mes yeux très intéressante. R. Dworkin suggère d'ailleurs une telle approche en situant la liberté de religion comme un aspect d'un droit général à « l'indépendance éthique » (*general right to ethical independence*)[5]. Dans la Convention européenne des droits de l'homme, la liberté de religion fait d'ailleurs partie de la liberté de conscience (article 9). En outre, la Cour a sans cesse répété que la liberté de religion est aussi « un bien précieux (*a precious asset*) pour les athées, les agnostiques, les sceptiques ou les indifférents »[6]. Ainsi, si les convictions religieuses peuvent légitimement donner lieu à des accommodements parce qu'elles sont des convictions de conscience, les convictions séculières sont aussi des convictions de conscience et il est tout aussi important pour les non-croyants d'être en mesure d'agir en conformité avec leur conscience morale qu'il ne l'est pour les croyants, le même intérêt fondamental étant en jeu. Je suis personnellement en faveur d'une égalité de traitement entre les convictions philosophiques et éthiques non confessionnelles et les convictions religieuses. Ce ne sont donc pas seulement les convictions religieuses qui doivent bénéficier des accommodements raisonnables mais l'ensemble des convictions qui permettent aux personnes de structurer leur identité personnelle et de s'orienter dans un monde complexe et pluriel.

Position naïve qui entraînerait pour les juges le danger de succomber sous l'afflux de demandes ? Je ne le pense pas. En effet, si l'idée d'accommodement induit celle d'assouplissement, d'adaptation, d'ajustement, de *modus vivendi*, encore l'accommodement doit-il être raisonnable. Certes, comme le soulignent R. Ergec et J. Velu, dans le domaine des droits de l'homme le concept de raisonnable est évidemment un concept élastique, « à contenu variable, réfractaire à des appréciations prédéterminées »[7]. Olivier Corten y ajoute une dimension supplémentaire

---

5 Dworkin, R., *Justice for Hedgehogs*, Cambridge (Mass), Harvard University Press, 2011, p. 376.

6 Cour eur. dr. h. (Grande Chambre), *Bayatyan c. Arménie*, 7 juillet 2011, § 118. Voy. également, entre autres, Cour eur. dr. h., *Kokkinakis c. Grèce* du 25 mai 1993, § 31 ; Cour eur. dr. h. (Grande Chambre), *Buscarini et autres c. Saint-Marin*, 19 février 1999, § 34.

7 Ergec, R. et Velu, J., « La notion de 'délai raisonnable' dans les articles 5 et 6 de la Convention européenne des droits de l'homme. Essai de synthèse », *Rev. trim. dr. h.*, n° 5, 1991, p. 159. C'est ainsi que dans la jurisprudence de la Cour européenne des droits de l'homme sur le délai raisonnable l'appréciation du caractère raisonnable d'une procédure n'est pas – et ne devrait jamais être – mécanique : elle doit avoir égard

particulièrement intéressante : la fonction du raisonnable est précisément de permettre une adaptation de la règle aux situations concrètes[8]. Le raisonnable doit donc prendre en compte le contexte. Certes, cette exigence a un prix car, à défaut d'indicateurs précis, l'appréciation de la Cour se fait souvent au cas par cas et peut donc être critiquée comme casuistique. Je pense cependant que la Cour doit trouver un équilibre entre flexibilité et sécurité, étant entendu qu'une limite à l'accommodement raisonnable est que celui-ci ne peut occasionner des contraintes excessives et que dès lors toute demande ne peut être acceptée. Nous sommes proches ici de l'application du principe de proportionnalité qui répond à des exigences précises, notamment que l'atteinte au droit soit la plus restreinte possible et en relation avec les objectifs visés. Comme un des auteurs de cet ouvrage le dit, « l'accommodement raisonnable n'est ni tolérance, ni compromis. Il n'est pas élément du conflit mais l'objet de sa résolution ».

La pratique des accommodements raisonnables n'est cependant pas sans risque ni sans critique, parmi lesquels notamment le danger du repli identitaire des groupes minoritaires et, partant, de la fragmentation de la société ainsi que, dans le domaine religieux, l'émergence ou la réémergence d'un certain fondamentalisme, où l'on observe des étranges alliances entre des groupes aussi divers que des partisans de la laïcité et des chrétiens intégristes. Mais, comme de nombreux auteurs dans cet ouvrage le (dé)montrent admirablement bien, les résistances et les obstacles à l'encontre des accommodements raisonnables se nichent souvent dans les méandres du rejet du pluralisme et de la diversité – par exemple, en Belgique, le rejet larvé des populations musulmanes et la résistance à la visibilité de l'Islam dans la sphère publique[9]. À cet égard, il est d'ailleurs significatif de constater que la crise des accommodements raisonnables au Québec s'inscrit aujourd'hui dans la crise du multiculturalisme.

En définitive, il ne faut pas craindre ni avoir peur des accommodements raisonnables et nous devons « faire baisser la pression » sur cette figure juridique pour mieux l'appréhender et l'acclimater, ce qui ne veut pas dire la banaliser. À cet égard, je partage l'idée de ceux qui soutiennent que « la réception des accommodements raisonnables dépend de l'accoutumance

---

à un juste équilibre à ménager entre l'exigence de célérité des procédures et le principe général d'une bonne administration de la justice que consacre aussi l'article 6 de la Convention.

8 Corten, O., *Utilisation du raisonnable par le juge international*, Bruxelles, Bruylant, 1997, pp. 139 et s.

9 Voy. *Musulmans et non musulmans à Bruxelles, entre tensions et ajustements réciproques. Synthèse de l'étude scientifique « Regards et relations entre musulmans et non musulmans à Bruxelles : entre tensions, (imaginaires de) phobies et ajustements réciproques »*, Bruxelles, Fondation Roi Baudouin, octobre 2014.

de chaque société aux manifestations de la diversité ». Aujourd'hui plus que jamais une véritable culture du « vivre ensemble » pourrait tout doucement se mettre en place. Un ouvrage de la qualité de celui-ci y contribue certainement.

Introduction

Au-delà de « Dr Jekyll et Mr Hyde »

Emmanuelle Bribosia et Isabelle Rorive

Université libre de Bruxelles

Figure particulière du droit à l'égalité, encore il y a peu confinée aux spécialistes du droit de la non-discrimination, l'accommodement (ou aménagement) raisonnable[1] a été porté au-devant de l'actualité au milieu des années 2000 au Québec et le débat n'a pas manqué de s'exporter dans plusieurs pays européens et certainement en Belgique. Les travaux de la *Commission de consultation sur les pratiques d'accommodement reliées aux différences culturelles*, dite *Commission Bouchard Taylor*, du nom de ses deux présidents[2], ont largement influencé la mise en place, en 2009, des *Assises de l'interculturalité*, en Belgique[3].

Tant au Québec qu'en Belgique, la presse a pu parfois caricaturer la question des accommodements raisonnables dans des affaires polémiques qui n'en relevaient manifestement pas[4]. L'on songe, par exemple, à la large couverture médiatique qu'a connue, en janvier 2007, le code de vie à l'attention des immigrants, adopté par le Conseil municipal d'Hérouxville, une bourgade de 1 300 âmes en Mauricie : y étaient notamment interdits la lapidation des femmes et le fait de les brûler vives. L'on songe encore à une tribune libre signée par un collectif de défense de la laïcité en Belgique[5] en 2009 et publiée dans un des plus importants quotidiens

1 L'« accommodement raisonnable » est la terminologie retenue au Québec, tandis que le terme « aménagement raisonnable » est utilisé en Europe francophone. Voy. aussi la contribution de X. Delgrange et H. Lerouxel au présent ouvrage, § 2.

2 Le rapport final de cette Commission, intitulé *Fonder l'avenir – Le temps de la conciliation*, a été rendu public le 22 mai 2008. Voy. les contributions de B. Gagnon et de J. Woehrling au présent ouvrage.

3 Voy. la contribution de J. Ringelheim au présent ouvrage.

4 Voy. à ce sujet les contributions de X. Delgrange et H. Lerouxel et de P. Fournier et E. Jacques au présent ouvrage.

5 Le RAPPEL – Réseau d'Action pour la Promotion d'un État laïque.

belge francophones[6]. Intitulée « Raisonnables, les accommodements ? », cette tribune dénonçait divers « cas » d'aménagements religieux parmi lesquels était livré en pâture aux lecteurs le fait qu'un tribunal allemand avait refusé le divorce à une femme de confession musulmane, victime de violences conjugales persistantes, au motif que « dans ces milieux, il n'est pas inhabituel que l'homme exerce son droit de châtiment corporel sur sa femme »[7]. Si certaines demandes d'aménagements forcent parfois le trait, dénaturation et amalgame sont légion.

Or, le mécanisme de l'accommodement *raisonnable* pour motif religieux, ancré dans une conception substantielle de l'égalité, est simple : il s'agit de déterminer si et dans quelle mesure une règle générale (un horaire de travail, par exemple) doit être adaptée pour qu'une personne puisse pratiquer sa foi (observer le shabbat, par exemple). Bien évidemment, sa mise en œuvre reste délicate, les contours du « religieux » sont, par essence, difficiles à tracer, la notion de « raisonnable » est, par nature, extrêmement malléable, les variantes d'aménagement sont multiples et les cas difficiles ne manquent pas.

L'étendue de la controverse tient certainement des nombreuses ramifications du procédé. L'accommodement raisonnable participe à un débat plus large sur la gestion de la diversité religieuse. Il est au cœur de questions identitaires, qu'elles soient culturelles ou politiques. Il s'inscrit dans les débats philosophiques qui touchent tant aux théories de la reconnaissance, à la justice sociale qu'à la place du religieux dans nos sociétés sécularisées. Il est intrinsèquement lié à la notion d'altérité, à la racialisation du religieux, à la place de l'islam en Occident, même si, en réalité, il traverse la frontière entre minorités et majorité et n'est pas nécessairement lié à un contexte d'immigration.

Tour à tour Dr Jekyll et Mr Hyde, l'accommodement raisonnable a pu être décrit comme un instrument du repli identitaire ou son antidote, un procédé de fragmentation de la société ou de renforcement de sa cohésion, un mécanisme qui bat en brèche le principe d'égalité (notamment l'égalité des sexes) ou qui participe à sa mise en œuvre effective, un outil qui met à mal la laïcité ou qui la réalise, un dispositif qui déconstruit nos libertés individuelles ou qui les conforte, un avatar du relativisme culturel ou du libéralisme. Un véritable casse-tête où les raccourcis et les amalgames

---

6 *La libre Belgique*, 18 mai 2009.

7 Bribosia, E. & Rorive, I., « Enjeux juridiques soulevés par les accommodements religieux en Europe : regards croisés avec le Québec », in Ast, F. & Duarte, B. (dir.), *Les discriminations religieuses en Europe : Droit et pratiques*, Paris, L'Harmattan, 2012, p. 85.

sont nombreux et où les alliances politiques bousculent les clivages traditionnels et donnent lieu à des coalitions surprenantes[8].

L'écart entre les pratiques du terrain[9] et la virulence des débats, nous a conduites, à mener, en collaboration avec Julie Ringelheim, une série de recherches juridiques pour comprendre d'où venait la notion d'aménagement raisonnable, sa nature pragmatique ancrée dans des systèmes de *common law*, la mesure dans laquelle elle pouvait s'appliquer à d'autres motifs de discrimination que le handicap pour lequel elle est expressément prévue en Europe[10], ses liens avec la liberté de conscience et de religion ainsi que son utilisation contentieuse stratégique[11]. Ces diverses études nous ont laissées insatisfaites et, à tout le moins, de plus en plus perplexes, sur les limites à donner à cette figure juridique et ses rapports avec d'autres libertés individuelles[12]. C'est dans ce contexte qu'est née la volonté d'organiser un colloque où les regards de plusieurs disciplines pourraient se croiser afin d'élargir le spectre, de contextualiser les enjeux juridiques tout en gardant une dimension comparative essentielle pour appréhender la traversée du concept d'accommodement raisonnable du continent nord-américain vers l'Europe. Organisé en

---

8 Voy. la contribution de X. Delgrange et H. Lerouxel au présent ouvrage ainsi que celle de J. Maclure et F. Boucher.

9 Voy. la contribution d'I. Adam et A. Rea au présent ouvrage ainsi que celle de P. Fournier et E. Jacques.

10 Article 5 de la Directive 2000/78/CE du Conseil du 27 novembre 2000 portant création d'un cadre général en faveur de l'égalité de traitement en matière d'emploi et de travail, *J.O.* n° L 303 du 2 décembre 2000, p. 16 ; Bribosia, E. & Rorive, I., *Reasonable Accommodation beyond Disability in Europe ?*, Rapport thématique rédigé dans le cadre du *European Network of Legal Experts in the Antidiscrimination Field*, coordonné par le *Migration Policy Group* et le *Human European Consultancy* pour la Commission européenne, 2013, en ligne : http://www.non-discrimination.net/publications/european-commission-publications-drafted-network.

11 Voy. notamment « Aménager la diversité : le droit de l'égalité face à la pluralité religieuse », *Rev. trim. dr. h.*, 2009, p. 319-373 ; « Religious Symbols in the Public Space : In Search of a European answer », *Cardozo Law Review*, 2009, vol. 30, p. 2669-2698 ; « Reasonable Accommodation for Religious Minorities : A Promising Concept for European Antidiscrimination Law ? », *Maastricht Journal of European and Comparative Law*, 2010, vol. 17, n° 2, p. 137-161 ; « Reasonable Accommodation of Religious Diversity in Europe and in Belgium. Law and Practice » (avec A. Rea), in Bonjour, S. Jacobs, D. & Rea, A. (ed.), *The Construction of the Other in Europe*, Brussels, PUB, 2011, p. 91-116.

12 Bribosia, E. & Rorive, I., *Towards a balance between right to equality and fundamental rights – À la recherche d'un équilibre entre le droit à l'égalité et d'autres droits fondamentaux*, Rapport thématique rédigé dans le cadre du *European Network of Legal Experts in the Antidiscrimination Field*, coordonné par le *Migration Policy Group* et le *Human European Consultancy* pour la Commission européenne, 2010, en ligne : http://www.non-discrimination.net/en/home. Voy. aussi notre contribution au présent ouvrage.

avril 2012 à l'Université libre de Bruxelles, ce colloque a donné lieu à des échanges passionnants et passionnés[13]. Si le présent ouvrage n'en constitue pas à proprement parler les actes, c'est bien à l'occasion de cette rencontre que sont nées les différentes contributions rassemblées entre l'automne 2012 et le printemps 2014. Et le temps passé n'a pas démenti l'intérêt du sujet si l'on songe aux débats animés autour du projet de Charte des valeurs québécoises[14] et, suite à la mise en place d'un nouveau gouvernement en 2014, de l'annonce d'une Charte de la laïcité libérale[15]. Sans parler de la clause de conscience réclamée par les officiers de l'État civil français suite à l'ouverture de l'accès au mariage aux personnes de même sexe[16], de la couverture médiatique de l'affaire Baby Loup[17], des multiples sagas relatives à l'interdiction du port du voile ou à la mise en place de régimes alimentaires spécifiques dans les prisons ou les écoles[18] et du lancement récent par la Commission sur l'égalité et les droits de l'homme britannique d'une vaste enquête sur les pratiques religieuses dans le secteur de l'emploi et des services[19].

Le contexte philosophique nous est magistralement livré par Cécile Laborde qui met en lumière le double paradoxe de nos sociétés occidentales : « Comment, et en vertu de quoi protégeons-nous la liberté de religion à un moment historique où le religieux n'est pas spécifique, ou central ? Le fait d'accorder une protection spéciale à la liberté de religion

---

13 *L'accommodement raisonnable de la religion en Belgique et au Canada*, colloque organisé par le Centre Perelman, l'IEE, le Germe, l'*Institute for European Studies* de la VUB, ULB, 26-27 avril 2012.

14 Projet de loi n° 60 : *Charte affirmant les valeurs de laïcité et de neutralité religieuse de l'État ainsi que d'égalité entre les femmes et les hommes et encadrant les demandes d'accommodement*, présenté à l'Assemblée nationale du Québec le 7 novembre 2013, par Bernard Drainville, ministre responsable des Institutions démocratiques et de la Participation citoyenne dans le gouvernement péquiste Marois.

15 Voy. les déclarations des membres du gouvernement libéral Couillard pendant la campagne électorale du 7 avril 2014 et après celle-ci.

16 Voy. la contribution de X. Delgrange et H. Lerouxel ainsi que notre contribution au présent ouvrage.

17 Du nom de la crèche qui avait licencié pour faute grave une salariée qui refusait de se plier au règlement intérieur lui imposant de retirer son *hidjab* sur son lieu de travail. Cette affaire est devenue emblématique, en France, des rapports entre islam et laïcité. Dans un premier temps, la Cour de cassation avait cassé la décision de la Cour d'appel de Versailles qui validait le licenciement pour « insubordination caractérisée et répétée » (arrêt du 19 mars 2013). La Cour d'appel de Paris ne s'était pas ralliée à cette thèse et la Cour de cassation avait revu sa position et considéré que le « licenciement était justifié » (arrêt du 25 juin 2014).

18 Pour la Belgique, voy. la contribution de X. Delgrange et H. Lerouxel au présent ouvrage.

19 Il s'agit d'une enquête en ligne, lancée le 14 août 2014 et qui se clôture le 14 octobre 2014 http://www.edf.org.uk/blog/?p=33777.

n'est-il pas en contradiction avec l'idéal de neutralité entre modes de vie, religieux et non religieux, dans le contexte du pluralisme ? » Parmi les solutions envisageables, la théorie égalitaire de la liberté de religion retient son attention et, plus particulièrement, la thèse de l'« égalitarisme radical » défendue par Charles Taylor et Jocelyn Maclure, dans leur « fascinant » ouvrage *Laïcité et liberté de conscience*[20]. Il y est question de traitement équitable entre majorité et minorités dans les sphères publiques occidentales marquées par l'héritage chrétien ainsi que d'une sphère du religieux élargie : les croyances fondamentales des individus, qu'elles soient séculières ou religieuses, doivent être respectées par l'État dès qu'elles structurent leur identité morale, soutiennent-ils. Ainsi, par exemple, une demande d'aménagement des horaires de travail ne saurait être distinguée suivant qu'elle se fonde sur un prescrit religieux ou sur l'obligation de conscience d'accompagner un être cher en fin de vie. Cécile Laborde offre une « critique taylorienne » de cette thèse, tout en reconnaissant ses immenses mérites. Et de montrer que la « théorie de l'évaluation forte » de ces croyances séculières ne permet pas de distinguer aisément les convictions centrales des convictions triviales, les convictions profondes des simples préférences. Du reste, une conception subjective et individualiste du religieux ne revient-elle pas à protestantiser le catholicisme ou l'islam, tout en accordant une prime aux interprétations les plus rigides et les plus dogmatiques des obligations religieuses ?

La question de savoir si concevoir le religieux comme conscience est « approprié au pluralisme éthique de l'âge séculier » n'est pas close, même si Jocelyn Maclure et François Boucher insistent sur la nécessité d'englober les devoirs moraux séculiers dans le régime des accommodements raisonnables pour répondre aux exigences de justice sociale. Du reste, les parois entre culture et religion sont parfois poreuses et une trop grande étanchéité de la liberté religieuse conduirait à des résultats absurdes : les demandes concernant le port de vêtements religieux ne relèvent-elles pas autant de la dignité et de l'intégrité des individus lorsqu'elles s'appuient sur le vocabulaire moral des devoirs religieux que sur celui des engagements culturels ?

Gily Coene rebondit sur le contexte belge en illustrant « la profonde confusion qui règne autour de la neutralité et de la laïcité ». La neutralité n'est pas neutre ! Ce principe est porteur de valeurs et ne peut donc englober toutes les expressions de valeurs et d'opinions (le port du « T-shirt arc-en-ciel » par un fonctionnaire, par exemple). Il s'agit aussi de tester la proposition de Taylor et Maclure d'élargir le droit à la liberté religieuse aux convictions éthiques ou philosophiques non confessionnelles quand des demandes d'accommodements sont en

[20] Éd. du Boréal, Montréal, 2010 (pour l'édition originale) ; éd. La Découverte, Paris, 2010.

jeu. Ce faisant, Gily Coene retrace la façon singulière dont l'égalité de traitement entre conceptions religieuses et non confessionnelles est mise en œuvre en Belgique. Au régime de séparation de l'Église et de l'État s'ajoute un pluralisme actif qui voit la laïcité subventionnée aux côtés des cultes reconnus[21]. Elle insiste sur le rôle de médiation et la prégnance des organisations religieuses et laïques qui se superpose nécessairement à une interprétation privatisée et spirituelle de la foi. Au fondement religieux ou philosophique des accommodements raisonnables, ne convient-il pas d'ajouter d'autres perspectives, comme la valeur de la vie familiale et communautaire, sans compter la dimension de genre ? À l'interprétation juridique de la sincérité d'une demande d'accommodement, ne faudrait-il pas substituer « l'intérêt démocratique du respect de la diversité et de la participation sociale des groupes minoritaires » ?

Jean-François Caron complète ces analyses en revisitant les thèses en faveur de la reconnaissance de la diversité ethnique, culturelle et religieuse et de son accommodement au nom d'impératifs de justice. La reconfiguration des identités collectives dans un contexte multiculturel interroge nécessairement la figure de l'État-nation, construit autour du groupe majoritaire, mais contraint de composer avec les minorités. L'accommodement raisonnable est ici abordé avec le multiculturalisme en toile de fond. Ici encore, Jocelyn Maclure et François Boucher rappellent que la crise des accommodements raisonnables au Québec émerge sur fond d'échec proclamé du multiculturalisme. Les liens entre ces concepts sont assurément étroits mais doivent être précisés. Ces auteurs montrent ainsi que, si l'obligation d'accommodement raisonnable peut trouver une justification pragmatique et prudentielle comme outil d'intégration sociale des minorités, elle ne contribue pas toujours à cet objectif et favorise parfois un repli identitaire. L'on songe notamment aux demandes formulées par les adeptes de certaines confessions minoritaires de pouvoir éduquer leurs enfants en dehors du système scolaire. Qui plus est, l'obligation d'accommodement raisonnable doit être distinguée des politiques de multiculturalisme car elle vise différents types de diversité : la diversité ethnique et culturelle, liée notamment mais pas exclusivement à l'immigration, et la diversité religieuse, liée au pluralisme axiologique. François Foret souligne ici que « les controverses autour des accommodements raisonnables ne sont qu'un élément d'une recomposition plus vaste de l'articulation des domaines spirituels et temporels ».

Si l'aménagement raisonnable ne peut être réduit à une politique d'intégration des minorités culturelles, Bernard Gagnon et Julie Ringelheim insistent, dans leurs contributions respectives, sur l'importance de penser

[21] Voy. aussi à ce sujet la contribution de X. Delgrange et H. Lerouxel.

ce concept dans le contexte élargi des modèles d'intégration socioculturelle. À ce titre, Bernard Gagnon rappelle les différences (controversées) entre multiculturalisme canadien et interculturalisme québécois et Julie Ringelheim relève l'importance du pluralisme institutionnalisé en Belgique, « reflétant les clivages religieux, idéologiques et linguistiques historiques du pays ». Dans ces environnements politiques distincts, il est frappant de constater qu'une méthode similaire a été privilégiée des deux côtés de l'Atlantique – Québec et Belgique – afin d'apaiser les débats, parfois virulents, sur la gestion de la pluralité culturelle : « désigner une commission d'experts et lui confier la mission d'étudier un ou plusieurs problèmes posés par la diversité et [...] proposer des solutions »[22]. Toutefois l'impact retentissant des travaux de la *Commission Bouchard Taylor* contraste avec l'échec, relevé par Julie Ringelheim, des équivalents mis sur pied en Belgique : la *Commission du dialogue interculturel* (2004 à 2005) et les *Assises de l'interculturalité* (2009). Face à la difficulté de concilier diversité et cohésion sociale, la Commission Bouchard-Taylor opte pour une réorientation de l'interculturalisme vers le pluralisme libéral en en minimisant les accents plus républicains[23]. En revanche, les Assises de l'interculturalité n'ont pu dépasser les divergences profondes entre une vision « universaliste » mettant l'accent sur les valeurs communes et une culture civique partagée, d'une part, et une optique « multiculturaliste » valorisant les différences, d'autre part.

Les recommandations ponctuelles et concrètes qui en résultent manquent d'une vision plus globale de la société à laquelle elles s'adressent et leur impact politique est resté confidentiel[24]. Peut-être, comme le suggère François Foret, le débat sur les accommodements raisonnables gagnerait-il à sortir des cercles d'experts pour en assumer le caractère politique en tant que « composante d'une reformulation conquérante du vivre-ensemble » et de « refonte d'une identité collective ». Mais sans doute également, comme Julie Ringelheim en pose l'hypothèse, l'islamophobie d'une partie de la population n'est-elle pas étrangère à l'échec de l'adaptation du cadre politico-juridique belge, historiquement favorable à la reconnaissance du pluralisme, à la nouvelle diversité religieuse.

Xavier Delgrange et Hélène Lerouxel partagent cette analyse de la situation belge quand ils soutiennent, avec d'autres analystes éminents, que parmi les voix qui s'élèvent contre le communautarisme et les accommodements raisonnables, certaines témoignent d'un rejet larvé des populations musulmanes. Le portrait qui ressort de leur analyse extrêmement systématique et détaillée des accommodements de la

[22] Voy. la contribution de J. Ringelheim au présent ouvrage.

[23] Voy. la contribution de B. Gagnon au présent ouvrage.

[24] Voy. la contribution de J. Ringelheim au présent ouvrage.

diversité religieuse qui ont jalonné le paysage juridique belge depuis ses origines, montre toute la difficulté d'étendre les bénéfices de la laïcité émancipatrice aux communautés musulmanes issues de l'immigration qui peinent encore à acquérir le statut d'interlocuteur respectable et respecté. Pour Xavier Delgrange et Hélène Lerouxel, le risque est grand qu'afin de dissimuler la stigmatisation d'une culture on en vienne à imposer uniformément une laïcité inhibitrice. Ces auteurs démontrent avec brio le contraste entre un État belge traditionnellement accommodant de la diversité religieuse et les oppositions vives rencontrées, ces dernières années, par le concept d'accommodement raisonnable, vécu comme suspect et inadapté. Ceci étant, le caractère délicat de la transplantation d'un concept, empreint d'une logique pragmatique de *common law*, dans un système juridique différent ne doit guère être sous-estimé.

C'est, dès lors, moyennant les précautions d'usage en droit comparé que l'on peut rapprocher l'étude de José Woehrling, qui retrace les contours et les limites de la notion juridique d'accommodement raisonnable au Canada, de celle à laquelle nous nous livrons pour montrer l'émergence d'une figure balbutiante de l'aménagement raisonnable en Europe. Si la technique de l'accommodement raisonnable bénéficie d'une reconnaissance jurisprudentielle expresse en droit canadien depuis une bonne trentaine d'années[25], elle n'apparaît qu'en filigrane dans la jurisprudence européenne[26]. Les réflexions de José Woehrling, éminent spécialiste de cette question, sont éclairantes sur les débats ayant cours aujourd'hui dans les enceintes européennes, quant à l'opportunité d'étendre l'obligation d'aménagement au-delà du handicap, et notamment en matière religieuse. En particulier, José Woehrling montre comment tracer les contours de l'aménagement dans le domaine religieux, continue de placer le juge dans une position délicate, en lui imposant trop souvent, pour définir ou identifier « croyances » et « pratiques », de revêtir les habits peu seyants de théologien, alors qu'il incarne la neutralité de l'État. Même constat, pour les conflits avec d'autres droits fondamentaux engendrés par des demandes d'accommodements ou d'exemption de la règle générale. Certes, la Cour suprême du Canada a rejeté une approche hiérarchique des droits en tension pour dégager une méthode de conciliation contextuelle visant à rechercher, au cas par cas, le meilleur équilibre entre les droits en présence. Mais c'est précisément ce caractère casuistique qui insécurise tant l'opinion publique que les décideurs sur le terrain. Et José Woehrling de recommander un rôle accru du législateur dans la délimitation des aménagements religieux pour

[25] Voy. la contribution de J. Woehrling au présent ouvrage qui retrace l'évolution de cette reconnaissance juridique.

[26] Voy. notre contribution au présent ouvrage.

des problèmes circonscrits, afin de fixer en amont les balises et limites respectives de la liberté de religion et des autres libertés en jeu[27].

Une recommandation identique figure dans le rapport Bouchard-Taylor, afin de répondre aux inquiétudes que la crise a générées au sein d'une partie de la population québécoise. C'est apparemment pour y faire suite que le gouvernement libéral québécois a proposé, en mars 2010, le Projet de loi n° 94 *établissant les balises encadrant les demandes d'accommodement dans l'Administration gouvernementale et dans certains établissements*[28]. Or, comme le démontrent Pascale Fournier et Emmanuelle Jacques, ce projet n'a guère pour objet de fournir des balises, déjà inscrites dans la Constitution ou la jurisprudence de la Cour suprême canadienne, mais bien plutôt d'interdire le port du voile intégral dans les administrations publiques. Ce décalage entre l'objectif annoncé et le but recherché est au cœur de l'analyse critique des deux auteures. Il constitue une illustration supplémentaire de l'étroite imbrication entre les débats sur l'accommodement raisonnable, celui sur les valeurs de la société multiculturelle et la question de la visibilité de l'islam dans l'espace public. Dans ce projet de loi, le voile intégral est érigé en « emblème de l'accommodement raisonnable excessif », un symbole qui heurte de front les valeurs centrales de nos démocraties occidentales que sont l'égalité des sexes et la neutralité/laïcité de l'État. Or, comme le rappellent Pascale Fournier et Emmanuelle Jacques, le voile est polysémique et, selon le sens retenu par l'interprète, l'égalité des sexes peut être brandie pour justifier tant son autorisation que son interdiction dans l'espace public[29]. En réponse à la crise des accommodements raisonnables, qualifiée, dans le rapport Bouchard-Taylor, de « crise des perceptions », le projet de loi brouille les lignes entre discours juridique et discours de crise et livre une réponse fortement ancrée dans le registre des perceptions et de l'émotion, manquant par là même l'objectif d'apaisement et de conciliation qu'il affichait[30].

---

27 L'exemple, développé tant par José Woehrling que par Emmanuelle Bribosia et Isabelle Rorive, des tensions entre droits fondamentaux générées par les demandes de certains officiers publics chrétiens d'échapper à leurs obligations de célébrer des mariages – ou des partenariats civils – entre personnes de même sexe illustre parfaitement l'imbrication entre les différents acteurs – législateur et juge – ainsi que l'oscillation constante entre une logique pragmatique et accommodante *versus* une logique principielle.

28 Projet de loi n° 94, présenté le 24 mars 2010, *Loi établissant les balises encadrant les demandes d'accommodement dans l'Administration gouvernementale et dans certains établissements*, Québec, 1re Session, 39e Législature.

29 Bribosia, E. & Rorive, I., « Insider Perspectives and the Human Rights Debate on Face Veil Bans », in Brems, E. (ed.), *The experiences of the face veil wearers in Europe and the Law*, Cambridge, Cambridge University Press, 2014, p. 163-183.

30 Voy. La contribution de P. Fournier et E. Jacques au présent ouvrage.

Dépassionner le débat, telle est l'une des ambitions de l'approche sociologique adoptée par Andrea Rea et Ilke Adam. L'enquête réalisée dans le monde du travail en Belgique, commanditée par le Centre pour l'égalité des chances et la lutte contre le racisme[31], débouche sur un constat fort : « le monde du travail ne partage guère, surtout dans les entreprises privées, l'intensité passionnelle du débat relatif aux pratiques d'aménagements raisonnables qui se déroule dans la sphère politique et médiatique »[32]. Les arguments économiques et managériaux prennent le pas sur les arguments idéologiques dans la négociation, au cas par cas, des réponses à apporter aux demandes d'accommodements religieux. Pour les acteurs du monde du travail interrogés, il s'agit d'entretenir une approche dépolitisée, contextualisée, négociée et délibérative, en dehors des prétoires.

En franchissant tant les frontières du droit que celles de l'Atlantique, le concept d'accommodement raisonnable a probablement été victime de son succès et s'est chargé d'une charge émotionnelle susceptible de dénaturer son objet[33]. En livrant les contributions d'académiques provenant des deux côtés de l'Atlantique (principalement la Belgique et le Canada) et issus de différentes disciplines (philosophie, sciences politiques, droit et sociologie), cet ouvrage collectif cherche à élargir le spectre, à multiplier les regards et à affiner le débat, non seulement sur l'accommodement raisonnable lui-même, mais plus largement sur les enjeux générés par la gestion de la diversité religieuse dans nos sociétés métissées.

---

31 Cette recherche a été réalisée grâce à un financement du Centre pour l'égalité des chances et la lutte contre le racisme (CECLR), des fonds de l'*Institute for European Studies* de la Vrije Universiteit Brussel et du Centre MAM, Université libre de Bruxelles. Adam, I., & Rea, A. (ed.), *La diversité culturelle sur le lieu de travail. Pratiques d'aménagements raisonnables*, VUB/ULB, 2010.

32 Voy. la contribution d'I. Adam et A. Rea au présent ouvrage.

33 Robitaille, D. & Grammond, S., « Les processus d'accommodement religieux et autochtone dans les institutions publiques canadiennes : quelques comparaisons », *Les Cahiers de droit*, 2009, vol. 50, p. 78.

Première partie

Contexte philosophique

La liberté de religion à l'âge séculier

Cécile Laborde

University College London[1]

1. Liberté religieuse ou liberté morale ?

Commençons par un paradoxe. À l'âge séculier, comme l'a amplement démontré Charles Taylor dans son célèbre ouvrage, la croyance religieuse ne structure plus notre imaginaire social[2]. Elle est devenue une « option », l'une des façons que nous avons de donner du sens à nos vies. L'âge séculier est caractérisé par le « fait du pluralisme » – un pluralisme inévitable, irréductible, des valeurs, des croyances, des engagements, religieux ou non. Or, parallèlement, nous considérons que la liberté de religion est une liberté première, essentielle, fondamentale. La liberté de religion est souvent présentée comme un – voire le – droit libéral de base, à la fois en philosophie libérale depuis Locke, et dans le droit positif national et international. Le paradoxe est par conséquent le suivant. Comment, et en vertu de quoi protégeons-nous la liberté de religion à un moment historique où le religieux n'est pas spécifique, ou central ? Le fait d'accorder une protection spéciale à la liberté de religion n'est-il pas en contradiction avec l'idéal de neutralité entre modes de vie, religieux et non religieux, dans le contexte du pluralisme ?

Comment résoudre ce paradoxe ? Plusieurs résolutions sont possibles, mais j'aimerais ici me pencher sur une solution spécifique. Elle consiste à dire, de manière synthétique, que la protection de la liberté de religion ne contredit pas la neutralité si l'on veut bien voir la liberté religieuse comme l'un des modes d'exercice d'une liberté plus générale. Ainsi, au lieu de concevoir la religion elle-même comme une conception supérieure du bien, on dira plutôt que la religion est l'une des voies par lesquelles les individus cherchent le bien pour eux-mêmes. Dans cette optique, la

---

1 Une version de ce texte a été présentée au colloque « Charles Taylor at 80 » à Montréal les 29-31 mars 2012, ainsi qu'au colloque « L'accommodement raisonnable de la religion en Belgique et au Canada » à Bruxelles les 26-27 avril 2012.

2 Taylor, Ch., *L'âge séculier* (trad. Savidan, P.), Montréal, Boréal, 2011 (texte original : *The Secular Age*, Cambridge Mass, Harvard University Press, 2007).

pratique d'une religion peut être comprise comme une modalité d'exercice d'une liberté plus générale, la liberté morale. Et cette liberté, de manière classique, se décline en divers droits libéraux, qui protègent la liberté de conscience, de pensée, d'expression et d'association. C'est ce qu'on pourrait appeler une solution *égalitaire* au paradoxe initial. Une théorie égalitaire de la liberté de religion affirme que la croyance religieuse a un statut spécial et particulier et doit être *protégée*. Mais elle affirme aussi que la croyance religieuse ne doit pas être *privilégiée* par rapport à d'autres croyances et modes de vie. De nombreux philosophes politiques contemporains sont des penseurs de l'égalité en ce sens. John Rawls, par exemple, affirme que ce que l'État libéral doit respecter est la capacité qu'a chacun de concevoir et d'appliquer la conception du bien qui est la sienne[3]. Ronald Dworkin, pour sa part, voit en l'« indépendance éthique » la valeur essentielle protégée sous le label de « liberté religieuse »[4]. Martha Nussbaum avance l'idée que le respect dû au religieux doit être compris comme un respect dû à toute quête personnelle et sincère du « sens ultime » de la vie[5].

C'est dans ce contexte que l'ouvrage récent de Charles Taylor et Jocelyn MacLure, *La Laïcité et la liberté de conscience*, est d'un intérêt considérable[6]. Dans ce livre, court et bien argumenté, Taylor et Maclure présentent leur propre version d'une théorie égalitaire de la liberté de religion. Leur égalitarisme est radical : ils affirment que l'État doit respecter « l'ensemble des croyances fondamentales qui permettent aux individus de structurer leur identité morale »[7]. Ces croyances peuvent être « séculières » ou « religieuses ». Ce petit livre est aussi fascinant si l'on veut bien le lire comme un exposé de la pensée politique positive de Charles Taylor – un positionnement éthique qui fait écho et reprend certains thèmes issus des réflexions plus historiques et philosophiques sur la condition contemporaine que l'on peut lire dans *Les sources du moi* ou *L'âge séculier*[8].

---

3 Rawls, J., *Théorie de la justice* (trad. Audard, C.), Paris, Seuil, 1987 (texte original : *A Theory of Justice*, Cambridge Mass, Harvard University Press, 1971) ; *Libéralisme Politique* (trad. Audard, C.), Paris, PUF, 1995 (texte original : *Political* Liberalism, Columbia University Press, 1993).

4 Dworkin, R., *Justice for Hedgehogs*, Cambridge Mass, Harvard University Press, 2011, p. 376.

5 Nussbaum, M., *Liberty of Conscience*, New York, Basic Books, 2008.

6 Taylor, Ch. & MacLure, J., *La Laïcité et la liberté de conscience*, Montréal, Boréal, 2010.

7 *Ibid.*

8 Taylor, Ch., *Les sources du moi*, Montréal, Boréal, 1999 ; *L'âge séculier* (trad. Savidan, P.), Montréal, Boréal, 2011.

Pour le dire d'emblée, je partage avec Taylor et MacLure, l'idée que l'égalitarisme est une solution *a priori* cohérente et satisfaisante au paradoxe du statut du religieux à l'âge séculier. Mais j'entends montrer que ce n'est pas une solution évidente ou stable. Taylor et Maclure, comme tous les autres philosophes égalitaires, sous-estiment les difficultés de leur projet. Comment traite-t-on le religieux et le non religieux de manière égale ? En vertu de quoi les convictions et modes de vie non religieux peuvent-ils être comparés aux croyances et aux pratiques religieuses ? L'égalité est une idée séduisante, mais quelle est la mesure de l'égalité ? Égalité de quoi ? En tentant de répondre à ces questions, les philosophes libéraux sont inévitablement entraînés sur un terrain dont ils se méfient : celui des jugements de valeur sur les modes de vie, les croyances et les préférences des individus. En d'autres termes, ils ne peuvent se contenter d'un postulat de « neutralité » entre conceptions du bien : ils doivent identifier, parmi les conceptions non religieuses, celles qui méritent d'être traitées sur le même plan que les conceptions religieuses. Ils doivent donc définir un critère susceptible de déterminer ce qui, dans le système de croyances et de convictions d'un individu, mérite d'être respecté et protégé. De ce point de vue, ma critique de Taylor et Maclure est aussi une critique très taylorienne. Car Taylor, dans ses écrits plus anciens, s'est fait connaître par sa position critique vis-à-vis du projet de neutralité libérale par rapport au bien.

2. Des accommodements pour quelles croyances ?

Le point de départ de la réflexion de Taylor et MacLure est la controverse québécoise sur les accommodements raisonnables pour les membres de minorités religieuses. Les auteurs sont tous deux philosophes, canadiens, qui ont en commun d'avoir été membres de la Commission de consultation sur les pratiques d'accommodement reliées aux différences culturelles. Ils notent avec raison que cette controverse québécoise peut être décryptée à l'aune de débats récents en philosophie politique, sur la question de savoir si des exemptions à des lois générales peuvent être conformes à la justice et à l'égalité. Ils distinguent deux problèmes différents. Le premier concerne le traitement équitable entre majorité et minorités. Dans les sphères publiques occidentales, qui restent marquées par l'héritage chrétien, les membres de minorités religieuses se heurtent à des obstacles insidieux, non intentionnels à l'exercice de leur religion. Quand ces obstacles sont « disproportionnés », il est conforme à l'égalité et à la justice de prévoir des « accommodements raisonnables » de leurs pratiques religieuses, afin de rétablir une égalité de fait. On peut parler, pour suivre la terminologie en vigueur à la Cour européenne des droits de l'homme, de « discriminations indirectes ».

C'est le cas, par exemple, quand l'organisation du temps (repos dominical, jours fériés) et la régulation de l'apparence (uniformes, régulations sur le port de signes religieux) ont l'effet de priver les membres de minorités de droits égaux à l'exercice de leur religion – c'est-à-dire, de l'égalité d'accès aux mêmes droits que les membres de la majorité. Ainsi note-t-on qu'un chrétien peut à la fois assurer ses obligations professionnelles et pratiquer sa religion, sans contrainte particulière, dans l'espace public, alors que juifs et musulmans peuvent être conduits à sacrifier l'une ou l'autre, pas uniquement en vertu d'obligations spécifiques à leur religion, mais, en réalité, à cause des contraintes historiques et culturelles imposées par les sociétés dans lesquelles ils vivent[9]. J'ai argumenté dans le même sens, dans mes travaux sur les débats français autour de l'affaire du foulard, en défendant une conception plus ouverte de l'égalité promise par l'idéal de laïcité[10].

Reste, toutefois, qu'une deuxième question, plus difficile, ne saurait être éludée. Le débat sur les accommodements raisonnables émet l'hypothèse (du moins implicitement) que l'accommodement des croyances religieuses de la majorité (*via* le repos dominical, par exemple) est légitime. Il fait l'hypothèse, en d'autres termes, que les croyances religieuses *qua* religieuses méritent un égard et un respect particulier. Mais en vertu de quoi est-ce le cas ? La réponse proposée par Taylor et MacLure est, je l'ai dit, radicale et très ouverte. Pour eux, les individus sont en droit de demander un accommodement de toute « conviction fondamentale », toute « croyance qui leur permet [...] de structurer leur identité morale ». À leur sens, ceci inclut un éventail de croyances séculières – celles des objecteurs de conscience athées et humanistes, celles des végétariens écologistes et celles des individus qui se dévouent aux soins de proches, par exemple en phase de maladie terminale. La notion de « conviction fondamentale » est beaucoup plus large que celle utilisée par d'autres philosophes égalitaires.

Contrairement à Nussbaum, par exemple, ils ne pensent pas que seules les réflexions de type métaphysiques et intellectualistes sur le « sens ultime » de la vie méritent le respect. Et contrairement à Rawls, Taylor et MacLure ne pensent pas que les conceptions du bien qui méritent le respect sont exclusivement celles qui sont « englobantes », compréhensives, complètes, et qui couvrent toutes les dimensions de la vie. À l'âge séculier, nos engagements fondamentaux peuvent être fluides et éclectiques, et ne prendre la forme d'obligations vécues comme contraignantes qu'à certains moments de la vie (telle la maladie d'un être

---

9 Sur la distinction entre ces deux types de coûts, voy. Jones, P., « Bearing the Consequences of Belief », *Journal of Political Philosophy*, 1994, vol. 2 (1), p. 24-43.

10 Laborde, C., *Français, encore un effort pour être républicains !*, Paris, Seuil 2010.

cher). Ainsi peut-on avancer que Taylor et MacLure prennent le pluralisme de l'âge séculier plus au sérieux que d'autres philosophes égalitaires. Rawls et Nussbaum semblent appliquer aux convictions séculières le paradigme traditionnel de la religion, que ce soit dans sa forme (ensemble de croyances *englobantes*) ou dans son contenu (« le sens de la vie »). Taylor et MacLure, de leur côté, reprennent le thème de la valorisation de la « vie ordinaire » que Taylor avait développé dans *Les sources du moi*[11], et détectent des moments de profondeur morale dans la fragmentation de la vie ordinaire – dans la rencontre soudaine avec la finitude et la mortalité lors de la maladie d'un être cher ; ou dans la conviction fondamentale du végétarien qu'il ne peut, en toute conscience, consommer de la viande – pour prendre les deux exemples favoris de Taylor et MacLure. Les croyances séculières doivent être respectées, pour Taylor et MacLure, même si elles n'ont ni le même contenu (métaphysique) ni la même ambition (« englobante ») que les croyances religieuses.

C'est en revanche au regard d'un autre critère que Taylor et MacLure expliquent en vertu de quoi la croyance religieuse est respectable. Elle génère des obligations perçues par l'individu comme contraignantes – quand elles sont vécues comme des *obligations de conscience*. Ce que le végétarien et le conjoint d'un mourant ont en commun est qu'ils cherchent tous les deux à agir avec intégrité – en conformité avec ce qu'ils pensent être leur devoir. Comme l'aurait dit Martin Luther en refusant de se plier aux exigences de l'Église : « Je ne peux ni ne veux me rétracter en rien [...] Me voici donc en ce jour. Je ne puis faire autrement ». Taylor et MacLure notent que forcer quelqu'un à agir à l'encontre de ses convictions de conscience profondes est un « affront moral » similaire à l'« affront physique » fait aux handicapés moteurs quand on refuse d'accommoder leurs besoins spécifiques. Dès lors, les individus qui ont des convictions séculières s'apparentant à des convictions de conscience doivent être *pro tanto* respectés sur la même base que les croyants. Bien sûr, l'accommodement ne doit pas être systématiquement accordé, et doit avoir des balises et limites claires – telles que les droits des autres, les intérêts légitimes poursuivis par la loi, ou leur coût dispendieux. Ces limites sont analysées dans le dernier chapitre de *Laïcité et liberté de conscience*. Mais ce qui m'intéresse ici est la justification philosophique de l'accommodement.

3. La théorie de l'évaluation forte

Taylor et MacLure sont-ils parvenus à résoudre le paradoxe qui nous a servi de point de départ ? En d'autres termes : ont-ils formulé

[11] Taylor, Ch., *Les sources du moi*. Montréal, Boréal, 1999.

une définition égalitaire des croyances respectables (qui méritent d'être respectées), qui ne privilégie pas les croyances religieuses, mais parvient toutefois à protéger les valeurs traditionnellement comprises dans l'idée de la liberté de religion ? Ma réponse, en deux mots : oui et non. J'entends d'abord montrer que leur théorie a un avantage considérable par rapport à d'autres théories aux intentions similaires : elle s'appuie sur une idée très taylorienne, qui fonda jadis la critique que faisait Taylor de la neutralité libérale : la théorie de l'« évaluation forte ». Dans un deuxième temps, je m'attache à montrer les limites de la conception individualiste et subjective de l'évaluation forte qui sous-tend leur théorie (point 4).

Taylor et MacLure offrent une analyse pénétrante d'une caractéristique de la liberté de religion qui est essentielle, mais qui est négligée par beaucoup de libéraux contemporains. Il est difficile de concevoir la liberté de religion comme une liberté purement négative, au sens où d'autres libertés – d'opinion, de presse, d'association – peuvent l'être. Dans un texte célèbre – « Qu'est-ce qui ne tourne pas rond dans la liberté négative ? » –, Taylor avait affirmé que les libertés négatives étaient condamnées à demeurer « vides » si elles n'étaient pas accompagnées d'une « évaluation forte » des conceptions du bien qu'elles permettent de poursuivre[12]. Cette position a été l'objet de vives critiques. Certains ont soutenu que l'on peut défendre des droits libéraux de base – droits d'expression et d'association, par exemple – et rester neutre par rapport aux fins substantives qu'elles servent. Ainsi le droit à la liberté d'expression protège-t-il un droit à l'expression (même) vulgaire.

La structure formelle de la liberté de religion me semble différente. Il s'agit d'une liberté de poursuivre une activité et des fins qui sont définies de manière assez précise (la « religion ») plutôt qu'une liberté qui donne les moyens de poursuivre n'importe quelle fin et activité (comme la liberté d'association ou d'expression). De surcroît, le débat sur la légitimité des exemptions à la loi commune demande que l'on décide, aussi de manière assez précise, si les activités poursuivies par ceux qui demandent des exemptions rentrent bien dans la catégorie des activités protégées par la liberté en question. Taylor et MacLure ne font pas référence de manière explicite aux travaux précédents de Taylor. Mais il semble qu'ils conçoivent la liberté de religion comme recouvrant, par excellence, une forme de liberté qui ne peut être purement définie de manière négative et neutre par rapport au bien. Elle concerne la liberté de poursuivre des activités et des fins qui sont « centrales et non triviales », qui concernent des « convictions profondes » et non de « simples préférences ». On peut avancer que ces distinctions éthiques sont indispensables à toute réflexion

12 Taylor, Ch., « *Qu'est-ce qui ne tourne pas rond dans la liberté négative ?* », *La liberté des modernes*, Paris, PUF, 1997, p. 255-283.

sérieuse sur la liberté de religion. Beaucoup de libéraux contemporains sont pourtant réticents à les faire en raison de leur attachement profond à l'idée de neutralité libérale par rapport au bien.

Rawls, par exemple, explique la primauté de la liberté de conscience par référence à l'autonomie de l'individu – le « pouvoir moral » qui est le sien de former, poursuivre et réviser ses propres fins. Or, à moins de construire l'autonomie au sens kantien (ce que Rawls refuse de faire), on doit bien concéder que l'individu autonome peut poursuivre des activités triviales, imbéciles ou mauvaises. Il n'est pas clair que ces activités méritent la protection spécifique (et, en particulier, l'accommodement positif) attachée à la notion de liberté de conscience. Rawls propose, de surcroît, deux justifications plus précises pour cette dernière. D'une part, il souligne le caractère strict et obligatoire du devoir de conscience, notamment quand il est perçu comme étant d'origine divine ; et d'autre part, il montre que la liberté est le cadre qui permet à chacun de poursuivre ce qu'il appelle une « conception englobante du bien ». Ces deux justifications de la liberté de conscience sont d'évidence plus substantielles qu'une simple référence à une notion non moralisée d'autonomie. Elles reprennent les éléments principaux – conscience, conception englobante – étroitement associés aux conceptions *religieuses* du bien. La théorie de Rawls repose donc implicitement sur une conception substantielle, et non réductible à l'autonomie individuelle, de ce que la liberté de conscience est censée protéger. Taylor et MacLure rendent celle-ci explicite, montrant que la liberté religieuse protège la poursuite de certains biens, et substituant à la notion de neutralité libérale celle d'« évaluation forte ».

Qui, dès lors, est en droit de décider des critères de cette évaluation forte, dont l'objet est de départager les « convictions fondamentales » et les « préférences triviales » ? La réponse de Taylor et MacLure est simple : l'individu lui-même. Ici, nos auteurs répondent d'avance à la critique souvent adressée à la théorie de la liberté de Taylor – à savoir, que l'idée d'évaluation forte risque de donner à l'État le pouvoir arbitraire de décider si les individus font un bon ou un mauvais usage de leur liberté, alors que le principe même de la liberté exige que l'on respecte la façon dont les individus cherchent le bien par eux-mêmes. Taylor et MacLure affirment pour leur part que « le statut privilégié des convictions fondamentales est dérivé du rôle qu'elles jouent dans la vie morale des individus, non dans un jugement de leur validité intrinsèque ». Ils défendent ce qu'ils appellent une conception subjective de la liberté de religion. Seuls les individus, non l'État, ni les autorités religieuses, sont habilités à déterminer quelles sont *leurs* convictions fondamentales, et quelle est l'interprétation correcte (à leur sens) de leurs obligations religieuses et morales.

La conception subjective de la liberté de religion est défendue de deux manières. D'une part, Taylor et MacLure soutiennent, à la suite de Rawls, que dans un contexte de pluralisme éthique les citoyens ne peuvent s'accorder sur une conception publiquement justifiable de ce que serait le bien, la religion vraie, etc. D'autre part, ils s'inspirent d'analyses récentes de la transformation du religieux à l'âge séculier pour montrer que l'expérience religieuse devient de plus en plus individualisée et « protestantisée ». Si on les combine, ces deux observations justifient que la notion de liberté de religion soit mise au service de toute conviction morale fondamentale pour des individus qui cherchent sincèrement à définir et à poursuivre leur propre conception du bien. Cela signifie-t-il qu'il suffirait pour un individu d'affirmer « c'est ma religion qui le demande » pour se voir automatiquement attribuer les protections liées à la liberté de religion ? En aucun cas, selon Taylor et MacLure.

À leur sens, ce qui mérite protection n'est pas la catégorie vague et polysémique de « religion » en tant que telle. Il s'agit plutôt d'une catégorie spécifique de convictions : celles qui sont assez profondes pour « donner du sens » à une vie et, en particulier, les convictions de *conscience* qui permettent aux individus de vivre avec intégrité. La notion d'intégrité fonctionne ainsi comme un critère public peu exigeant servant à évaluer les demandes individuelles. Mais seuls les individus eux-mêmes sont en mesure d'expliquer en quoi certaines croyances et pratiques sont centrales à l'intégrité de leur vie morale. Dans les cas d'accommodement de pratiques minoritaires, par exemple, les juges doivent se contenter d'évaluer si les demandes sont sincères (et non frauduleuses ou prétextuelles). *In fine*, la conception subjective de la liberté de religion mène à la souveraineté des « évaluations fortes » individuelles.

4. Les limites de la conception individualiste et subjective

Il s'agit là d'une théorie extrêmement séduisante. Cependant, elle se heurte à deux difficultés majeures : l'identification de la religion à la conscience d'une part, et la dimension purement subjective de l'« évaluation forte » de l'autre. Examinons-les tour à tour. Taylor et MacLure ramènent la religion à ce qu'ils considèrent comme une catégorie plus générale, celle de conscience. Ils espèrent ainsi étendre la notion de liberté de religion à la conscience séculière (laïque) tout en assurant la protection de la pratique religieuse traditionnelle. Mais peut-on ainsi réduire le religieux à la conscience ? Prenons l'exemple d'une musulmane pieuse. Elle fait ses prières chaque jour, suit le ramadan, porte le *hijab*, donne la *zakat*, et envoie ses enfants à l'école coranique. Ou considérons le cas d'une catholique pratiquante. Elle va à la messe chaque dimanche, observe le carême, ne mange pas de viande le vendredi, célèbre Pâques, fait baptiser et confirmer ses enfants. Pour ces pratiquantes – qu'elles soient d'ailleurs chrétiennes, musulmanes, juives, ou bouddhistes – l'expérience religieuse consiste à « vivre sa foi », vivre en croyant, en communauté avec les autres croyants, en organisant sa vie par rapport aux rituels de la foi. D'évidence, ces rituels renvoient à des convictions fondamentales, et ils assurent l'intégrité morale des croyants. Mais ce ne sont pas nécessairement des *devoirs* de *conscience* (même s'ils sont souvent redécrits comme tels – comme en témoignent les débats sur la question de savoir si le port du *hijab* peut être construit comme une « obligation » dans l'islam ou non). L'expérience religieuse est une vie d'affirmation constante, difficile, ritualisée de la foi, en butte aux multiples pressions et tentations du monde séculier. Elle ne prend que plus rarement la forme d'une injonction morale obligatoire si contraignante que ne pas la respecter équivaudrait à se damner. Suivant là les tendances lourdes du droit libéral, Taylor et MacLure en arrivent à réinterpréter des actes de dévotion habituelle, collective, en devoirs de conscience. Cela équivaut en quelque sorte à « protestantiser » le catholicisme ou l'islam. Il est vrai que cette tendance est déjà à l'œuvre dans des sociétés travaillées en profondeur par l'individualisme et le subjectivisme de l'expérience religieuse. Mais elle a des implications troublantes.

D'une part, elle privilégie naturellement les interprétations les plus rigides et les plus dogmatiques des obligations religieuses. Par exemple, elle encourage les chrétiens fondamentalistes qui présentent leur rejet de l'homosexualité comme une question de conscience (« Me voici donc en ce jour. Je ne puis faire autrement ») au détriment de la grande majorité des croyants qui cherchent à réconcilier ou accommoder leur foi au monde séculier, souvent au prix de considérable ambivalence, endurance et magnanimité. Nous sommes donc face à un paradoxe supplémentaire. En suggérant que seules les croyances intenses, et vécues comme des obligations contraignantes, peuvent être l'objet d'accommodements raisonnables, Taylor et MacLure en viennent à privilégier l'accommodement de ceux qui ont les croyances les moins raisonnables.

Pourquoi Taylor et MacLure n'ont-ils pas opté pour une interprétation moins exigeante de la liberté de religion, qui protégerait les engagements fondamentaux constitutifs de l'intégrité des personnes, et non seulement les actes de conscience ? Ils craignent – à juste titre – la prolifération des demandes. Ainsi certains idéaux politiques, l'espoir d'un succès professionnel, la créativité artistique peuvent-ils être constitutifs de l'intégrité des personnes. Mais ils ne sauraient générer des demandes d'accommodement, car ils sont associés à des obligations fluides et flexibles, non suprêmes et contraignantes. C'est seulement dans des cas exceptionnels – le végétarien écologiste, le conjoint d'un malade en phase terminale – que des engagements « séculiers » peuvent générer des obligations vécues comme absolues et catégoriques. L'accent sur la conscience permet donc à Taylor et MacLure de proposer une politique publique de l'accommodement réaliste, où seules des croyances ayant un certain degré de catégoricité sont protégées. Mais, on l'a vu, cette conception en vient à négliger ce qui, dans l'expérience religieuse, relève de l'habituel, du rituel, de l'incorporé, du collectif.

Ce biais est d'autant plus surprenant dans le contexte canadien, où c'est l'identité *culturelle* qui a longtemps servi de support à la réflexion sur le droit à la différence. Au vu de la contribution d'envergure de Taylor à la philosophie du multiculturalisme, on peut regretter que *Laïcité et liberté de conscience* ignore quelque peu les dimensions culturelles du religieux, et propose une interprétation « protestante » de ce qui, dans le religieux, vaut la peine d'être protégé. On peut se demander si ce biais en faveur de la conscience individuelle est en phase avec les ambitions égalitaires de la théorie. Osons une remarque hérétique. Il est fort possible que l'idéal de la conscience ne soit pas une théorie fine, non controversée, neutre par rapport au bien. Suivant ce que Taylor, dans sa critique du libéralisme rawlsien, appelait jadis la « thèse sociale » (et dont une version complexe est développée dans *L'âge séculier*), il est fort possible que l'idée même de conscience individuelle ne soit pas une idée universelle, intemporelle, qui apparaîtrait pleinement une fois effrités les débris historiques de la religion et de la société traditionnelles. Il semblerait plutôt que nous sommes devenus des individus dotés d'une conscience individuelle contraignante au travers d'une histoire chrétienne et postchrétienne contingente. Si tel est le cas, la conception du religieux comme conscience est-elle réellement appropriée au pluralisme éthique de l'âge séculier ?

La deuxième difficulté à laquelle se heurte la théorie de la conscience de Taylor et MacLure concerne la dimension purement subjective de l'« évaluation forte ». Nos auteurs illustrent leur propos exclusivement par référence à des engagements moraux largement considérés comme admirables ou, du moins, respectables : le refus de porter des armes, le soin aux mourants, la protection des animaux. Mais on peut aisément concevoir des actes qu'un individu poursuit sincèrement au nom de sa conscience et qui, aux yeux des autres, apparaissent soit triviaux, soit répréhensibles. Dans ces cas, l'individu doit-il rester le juge ultime, ou doit-on faire appel à des critères non purement subjectifs ? Deux problèmes se posent. Le premier concerne la distinction entre ce qui relève du « trivial » et ce qui relève de l'« important ». Taylor et MacLure semblent faire l'hypothèse que ce critère est largement – intuitivement – partagé. Et il est vrai que les « évaluations fortes » du pacifiste ou du végétarien peuvent être reconnues comme telles (même si elles ne sont pas partagées) par d'autres.

Mais on peut aussi supputer que, dans les conditions de pluralisme éthique profond qui caractérisent l'âge séculier, il risque fort de ne pas y avoir de consensus sur la distinction entre le trivial et l'important. Prenons un exemple. L'ingestion de mescaline (*peyotl*) – une drogue hallucinogène – est un rituel amérindien que la Cour suprême des États-Unis considère comme un acte spirituel, susceptible de protection au nom de la liberté de religion[13]. L'ingestion de la même drogue à des fins purement récréatives serait, en revanche, de nature trop triviale pour fonder une exemption (de fait, la prohibition des substances illicites s'adresse principalement à leur usage récréatif). Mais que penser d'individus qui, en dehors de toute référence à un rituel collectif historique et organisé, affirment sincèrement utiliser des substances illicites à des fins spirituelles et non récréatives ? L'ingestion d'hallucinogènes peut être salvatrice pour le mourant, le dépressif, l'artiste (ou même le philosophe). À l'âge séculier, où commence, et où s'arrête, le spirituel – et qui peut être le juge de l'intégrité spirituelle de l'autre ?

Le second dilemme concerne la question de savoir si la liberté de conscience inclut un droit à commettre une action immorale. La question épineuse du droit à faire le mal (*a right to do wrong*) se pose de manière particulièrement aiguë en ce qui concerne le droit à l'accommodement. Celui-ci en effet ne se réfère pas à une liberté négative (une pure « licence ») de faire ce qui peut être moralement répréhensible, du moment que ce n'est pas interdit par la loi. L'accommodement implique, quant à lui, une validation positive, publique de l'activité en question. Dans ces cas, une évaluation publique forte ne devient-elle pas indispensable ? À cette objection, Taylor et MacLure rétorquent (à juste titre) que toute demande d'accommodement doit être soumise à un double test. D'une part, l'activité concernée relève-t-elle bien d'un devoir de conscience ? Et d'autre part, si c'est le cas, est-elle compatible avec la moralité publique, les droits d'autrui, etc. ? Il s'agit là en effet de deux tests distincts et séparables. Ainsi le refus des transfusions sanguines par des témoins de Jéhovah peut être accepté au premier stade comme une demande de conscience, mais refusée au deuxième comme portant atteinte à certains droits fondamentaux, notamment dans le cas des enfants. De telles mises en balance et autres tests de proportionnalité sont monnaie courante dans la jurisprudence sur la liberté de religion.

---

13 Dans son arrêt célèbre *Smith* (494 U.S. 872 (1990), p. 884-890), la Cour suprême refuse de reconnaître un droit constitutionnel à l'accommodement religieux, mais elle ne nie pas que l'ingestion de mescaline relève bien d'une pratique religieuse.

Reste que cette approche élude une question essentielle. Dans la tradition philosophique de réflexion sur les droits de la conscience – qu'elle soit grecque, bouddhiste, musulmane, juive, catholique ou kantienne –, la conscience est respectable et admirable dans un sens précis. Elle n'est pas perçue comme la capacité subjective qu'a l'individu de vivre en conformité avec *sa* conception du bien. Elle est plutôt appréhendée comme la capacité de chaque individu de vivre en conformité avec ce qu'il pense être *la* conception du bien. Le dilemme d'Antigone fait sens parce qu'il représente un choix tragique entre deux obligations morales objectivement reconnaissables. Dans la tradition du droit naturel, la conscience est la faculté grâce à laquelle les individus exercent un jugement pratique concernant l'application de lois morales objectives à des cas particuliers. Les individus sont faillibles, et la conscience peut errer. Mais la conscience est admirable en tant qu'elle cherche sincèrement le bien. Elle n'est moralement respectable que dans un cadre éthique objectif, où les paramètres (sinon les détails précis) du bien sont partagés par tous. Notre conscience peut nous méprendre sur ce qu'est le bien, mais elle ne peut nous enjoindre à faire le mal. Il semble donc que, dans la tradition philosophique et théologique de réflexion sur la conscience, il y ait une relation profonde et compliquée entre le respect pour la conscience et une évaluation non subjectiviste du contenu de ses injonctions. Si tel est le cas, on peut légitimement se demander si, dès le premier stade de la mise en balance d'une demande d'accommodement, il est suffisant qu'une demande soit non triviale et sincère pour être qualifiée de demande de conscience. Là encore, l'égalitarisme libéral ne peut faire l'économie d'un jugement qui semble aller à l'encontre de ses ambitions neutralistes.

5. Conclusion

Que conclure ? J'ai tenté de montrer que le petit texte de Taylor et MacLure représente l'une des tentatives les plus abouties d'identifier les facultés humaines traditionnellement protégées par la liberté de religion, dans un âge séculier caractérisé par le pluralisme des croyances et des engagements. Je me suis aussi efforcée de révéler les limites inhérentes à leur projet égalitaire. Ces limites sont moins des contradictions fatales que des tensions inévitables et internes au libéralisme contemporain. La neutralité libérale vis-à-vis du religieux semble fondée sur un héritage d'idées et de valeurs qui faisaient sens dans un monde structuré par le christianisme. Dans ce monde, où les idées de tolérance et de liberté de religion prennent la forme que nous leur connaissons, l'éthique chrétienne (convergeant d'ailleurs souvent avec d'autres éthiques religieuses) constituait le cadre moral à l'intérieur duquel les « évaluations fortes » – entre le bien et le mal, le trivial et l'important – étaient évidentes.

Dans ce contexte, on pouvait faire l'hypothèse que la religion était, à tout prendre, une force positive, un bien ; que toute activité poursuivie au nom de la religion contribuait à ce bien ; et que les Églises et autres groupes religieux étaient des sources de normativité autonomes et alternatives à celle de l'État. La « religion », dans ce contexte, pouvait opérer comme une « boîte noire » normative, dont l'État pouvait se permettre d'ignorer le contenu. C'est quand cette « boîte noire » est brutalement ouverte, sous la pression égalitaire et pluraliste de l'âge séculier, que de nouvelles évaluations fortes deviennent nécessaires. Or de telles évaluations sont problématiques dans des sociétés qui ne valident officiellement aucun système religieux ou éthique, et où l'État doit s'abstenir de prendre parti entre différentes conceptions du bien.

J'ai tenté de montrer que les libéraux égalitaires peinent à identifier, de manière œcuménique et impartiale, les facultés humaines et les valeurs éthiques que protège la liberté de religion. Taylor et MacLure ont raison de débusquer ces dernières au cœur des vies ordinaires, et des évaluations fortes que les individus doivent nécessairement conduire pour mener leur vie avec un minimum d'intégrité. Cependant, l'accent qu'ils mettent sur la conscience individuelle tend à favoriser une conception protestante de la religion et, de manière implicite, s'appuie sur une conception du bien spécifique.

Cette conclusion ne fait que refléter et illustrer l'une des contributions les plus profondes apportées par Taylor à la philosophie politique – celle qui met à jour les ambiguïtés de l'idéal libéral de neutralité vis-à-vis du bien. Je n'ai proposé qu'une esquisse d'une critique taylorienne de Taylor – un hommage modeste à l'extraordinaire fécondité de sa pensée. J'ai mis l'accent sur quelques complexités et difficultés inhérentes au projet philosophique de défense de la liberté de religion à l'âge séculier. Mais le fait qu'un projet philosophique soit complexe et difficile ne signifie pas, à l'évidence, qu'il ne vaille pas la peine d'être poursuivi.

Accommodements raisonnables, une réponse au texte de Cécile Laborde

Gily Coene

Vrije Universiteit Brussel

Introduction

En février 2013, le nouveau bourgmestre d'Anvers (Flandre, Belgique), Bart De Wever (NV-A)[1] a suscité beaucoup d'émoi en affirmant, au cours d'une *interview*, que les employés aux guichets de l'administration de la ville ne pouvaient, en principe, pas porter de « T-shirt arc-en-ciel » parce qu'il jugeait le port d'un tel T-shirt contraire à l'exigence de neutralité des services publics[2]. Il s'appuyait sur un règlement adopté sous le précédent bourgmestre (Patrick Janssens, sp.a)[3], interdisant le port de symboles religieux, philosophiques et politiques aux employés en contact direct avec le public. Pour Bart De Wever, les « T-shirts arc-en-ciel » sont un symbole du mouvement holebi et sont dès lors contraires à l'exigence de neutralité[4].

Aussi étrange que cette déclaration puisse paraître de prime abord, elle illustre la profonde confusion qui règne autour de la neutralité et de la laïcité. La déclaration sur les « T-shirts arc-en-ciel » est le énième épisode dans le débat polarisé sur la liberté religieuse et la neutralité en Belgique mais, pour la première fois, elle élargit explicitement la discussion sur la neutralité à des symboles non religieux. Martijn Van Esbroek, conseiller communal d'Anvers (également NV-A), a, par exemple, affirmé ne voir, dans la déclaration de Bart De Wever, rien de

1 La NV-A ou « *Nieuw-Vlaamse Alliantie* » [Alliance néo-flamande] a été créée en 2001. Ce parti se présente comme un parti nationaliste flamand démocratique qui milite pour une Flandre indépendante, membre de l'Union européenne.

2 De Ceulaer, J., « Geen homo-T-shirt achter loket », *De Standaard*, 2 février 2013.

3 Sp.a est le sigle du « *socialistische partij anders* » [Parti socialiste autrement]. Ce parti est le successeur de l'ancien SP (*socialistische partij* [Parti socialiste]) en Flandre.

4 Sur cet incident et ses implications sur la notion de neutralité de l'État, voy. aussi la contribution de X. Delgrange & H. Lerouxel au présent ouvrage.

plus qu'une « application cohérente du règlement sur la neutralité qui existe depuis 2007 »[5]. Van Esbroek ne cache pas son homosexualité et a fait activement campagne sur les thèmes du mouvement holebi. Selon lui, le port d'un T-shirt arc-en-ciel est une prise de position et, à ce titre, ne diffère pas d'un T-shirt sur lequel figure l'inscription : « je suis hétéro et fier de l'être ».

Cette controverse illustre parfaitement ce que Charles Taylor[6] qualifie, dans « *A Secular Age* », de paradoxe de la laïcité, paradoxe sur lequel Cécile Laborde fonde son analyse. Dans l'ère séculière que nous connaissons aujourd'hui, la religion n'est plus la seule référence qui donne du sens aux choses ni qui prédomine dans la détermination des valeurs, des opinions et de la quête de sens. Pourtant, l'importance fondamentale accordée à la protection de la liberté religieuse indique que la religion bénéficie d'une protection particulière. Taylor et MacLure[7] proposent d'élargir cette protection aux conceptions philosophiques non confessionnelles ou aux convictions éthiques. Laborde prône, elle aussi, une égalité de traitement entre convictions philosophiques et éthiques non confessionnelles, d'une part, et convictions religieuses, d'autre part, étant donné que les unes et les autres peuvent être considérées comme des expressions d'une liberté morale plus large. Certes, cette dernière est protégée par divers droits fondamentaux, tels que la liberté de conscience, la liberté d'expression et le droit d'association, mais Taylor et MacLure jugent ces droits insuffisants. Pour eux, la « religion » recèle des caractéristiques particulières qui réclament une protection juridique spécifique. Ils affirment toutefois que, dans la société sécularisée d'aujourd'hui, ces caractéristiques particulières se retrouvent aussi dans les convictions non confessionnelles qui jouent un rôle fondamental dans l'identité morale individuelle et dans la façon dont les individus souhaitent organiser leur vie. Plutôt que de remettre en question la pertinence ou la portée de la liberté religieuse, ils plaident – notamment dans le cadre du débat sur les accommodements raisonnables – pour un élargissement de ce droit aux convictions éthiques ou philosophiques non confessionnelles.

Je souhaite ici approfondir cette analyse à partir d'une réflexion critique sur le contexte belge. L'égalité de traitement entre conceptions religieuses et non confessionnelles est mise en œuvre d'une façon singulière en Belgique. Ce modèle alternatif pour l'interprétation de la

---

5 Van Mol, B., « Het Vlaanderen van veertig jaar geleden. Loketbedienden mogen zich van Bart De Wever niet uiten als homo », *De Morgen*, 5 février 2013.

6 Taylor, Ch., *A Secular Age*, Cambridge Mass, Harvard University Press, 2007.

7 Taylor, Ch., & Jocelyn MacLure, J., *Laïcité et liberté de conscience*, Paris, La découverte, 2010, p. 113-114.

neutralité et la façon d'aborder le pluralisme philosophique n'est pas sans susciter certaines difficultés.

1. Le rapport entre l'État et les communautés philosophiques : séparation entre l'Église et l'État et pluralisme actif

Le rapport entre l'Église et l'État constitue une donnée complexe, intrinsèquement liée à l'histoire de la Belgique[8]. Actuellement, l'État belge reconnaît et subventionne divers cultes, à savoir les cultes catholique, protestant-évangélique, anglican, orthodoxe, israélite et islamique. Fait peu commun, depuis les années 1990, il reconnaît et subventionne aussi, la communauté laïque, en vertu de l'égalité de traitement entre les cultes et la laïcité. La subvention permet aux cultes et communautés philosophiques reconnus de développer un fonctionnement ou des prestations de services propres. La Constitution garantit le subventionnement par l'État non seulement des salaires et pensions des ministres des cultes mais aussi de ceux des délégués humanistes non confessionnels ou laïcs qui assurent, par exemple, l'accompagnement des cérémonies laïques ou l'aide morale aux personnes. Par ailleurs, cette reconnaissance implique aussi que les élèves de l'enseignement officiel peuvent choisir entre plusieurs cours correspondant aux courants confessionnels et non confessionnels reconnus[9].

En d'autres termes, l'État soutient activement diverses conceptions et applique, à leur égard, une logique d'égalité de traitement. En ce sens, ce modèle rejoint à la fois le concept d'« *even-handedness* », que des philosophes comme Joseph Carens[10] et Veit Bader[11] ont introduit pour donner une autre vision de l'impartialité, de la neutralité et de l'équité, mais aussi le plaidoyer de Taylor et MacLure[12] en faveur d'un traitement égalitaire des convictions religieuses et non religieuses.

---

8 Voy. Magits, M., « België : een systeem naar Frans model », in De Hert, P. & Meerschaut, K. (dir.), *Scheiding van kerk en staat of actief pluralisme ?* Antwerpen, Intersentia, 2007, p. 31-57 ; Hasquin, H., « Is Belgium a Laïque State ? », in de Beaufort, F., Hägg, I. & van Schie, P. (dir.), *Seperation of Church and State in Europe with Views on Sweden, Norway, the Netherlands, Belgium, France, Spain, Italy, Slovenia and Greece*, European Liberal Forum, 2008, p. 91-112.

9 À ce sujet, voy. la contribution de Julie Ringelheim au présent ouvrage.

10 Carens, J., *Culture, Citizenship and Community. A Contextual Exploration of Justice as Evenhandedness*, Oxford, Oxford University Press, 2007.

11 Bader, V., *Secularism or Democracy ? Associational Governance of Religious Diversity*, Amsterdam, Amsterdam University Press, 2007.

12 Taylor, Ch. & MacLure, J., *Laïcité et liberté de conscience*, *op. cit.*

Si d'autres États séculiers connaissent des systèmes où les religions sont activement soutenues, l'égalité de traitement entre conceptions confessionnelles et non confessionnelles est unique en son genre. Ce soutien actif de l'État – qui exige une solidarité considérable[13] – est généralement justifié par l'importance positive reconnue à l'enseignement de valeurs spirituelles ou encore par l'encouragement du développement du sens de la communauté et de la cohésion sociale. Bien que ce soutien ait soulevé une controverse au sein de la communauté laïque au nom du principe de la séparation de l'Église et de l'État, il est aujourd'hui défendu pour des motifs tant pragmatiques (la seule façon de réaliser une certaine équité) que fondamentaux (comme la valeur du pluralisme actif). Des enjeux éthiques tels que le droit à l'euthanasie[14] et l'accès au mariage et à l'adoption des couples homosexuels[15] ont généralement reçu un accueil plus progressiste au parlement fédéral belge qu'au parlement français. L'organisation et l'ancrage institutionnel de la laïcité y ont certainement contribué, notamment en ouvrant le débat sociétal sur ces thèmes dans l'enseignement de la morale laïque ou grâce aux activités des cercles humanistes laïcs, ce qui a permis un débat politique relativement serein[16].

Par ailleurs, ce modèle pose de nombreux défis. Tout d'abord, il se heurte à des limites pratiques : combien de communautés philosophiques peut-on effectivement reconnaître et soutenir ? Aujourd'hui, le bouddhisme a entamé une procédure en reconnaissance et une initiative similaire est préparée par la communauté hindouiste. Vu la diversification croissante des communautés religieuses en Belgique, il faut s'attendre à ce que d'autres demandes soient formulées, par exemple par la communauté sikhe. C'est dans l'enseignement que les limites du modèle établi se manifestent le plus clairement aujourd'hui. La Constitution garantit en effet que tout élève de l'enseignement officiel a le droit de recevoir

---

13 Voy. Husson, J.-F., « Le financement des cultes et de la laïcité en Belgique », in Husson, J.-F. (dir.), *Le financement des cultes et de la laïcité : comparaisons internationales et perspectives*, Actes du colloque organisé le 8 octobre 2004 à Namur à l'initiative du Conseil provincial de Namur par l'Observatoire des relations administratives entre les cultes, la laïcité organisée et l'État (ORACLE), le Centre interuniversitaire de formation permanente asbl (CIFoP) et Namur-Europe-Wallonie asbl (NEW), 2004.

14 Loi relative à l'euthanasie, 28 mai 2002 (*M.B.*, 22 juin 2002).

15 Loi ouvrant le mariage à des personnes de même sexe et modifiant, certaines dispositions du Code civil, 13 février 2003 (*M.B.*, 28 février 2003) ; Loi modifiant certaines dispositions du Code civil en vue de permettre l'adoption par des personnes de même sexe, 18 mai 2006 (*M.B.*, 30 juin 2006).

16 Ce n'est qu'en 1990, après une décennie de lutte, qu'une loi dépénalisant partiellement l'avortement a été adoptée. Aux côtés du mouvement féministe, la laïcité organisée a joué un rôle crucial dans la libéralisation de la législation sur l'avortement. Voy. Witte, E., « Twintig jaar politieke strijd rond de abortuswetgeving », *Res Publica, Tijdschrift voor Politicologie*, n° 4, 1990, p. 427-487.

un enseignement dans un des cultes ou conceptions philosophiques reconnus[17]. Ensuite, les sociologues mettent en évidence des phénomènes nouveaux tels que la transreligiosité ou le bricolage philosophique[18], qui cadrent mal avec le modèle de reconnaissance des cultes issu du XIXe siècle. Dans leur quête de sens, les personnes se revendiquent de moins en moins souvent d'une seule conviction religieuse mais cherchent du sens dans divers systèmes ou de la spiritualité en dehors des systèmes établis[19]. Enfin, la reconnaissance et le subventionnement exigent que les communautés philosophiques s'organisent et formulent tant un courant de pensée que des exigences communes qui, en définitive, ignorent la diversité interne du protestantisme, de l'islam, du judaïsme, du bouddhisme ou de l'hindouisme. Certains courants sont ainsi contraints de se conformer à une interprétation dominante, faute de quoi ils ne seront simplement pas reconnus. La reconnaissance implique aussi que les groupes philosophiques s'organisent selon le modèle des « églises », avec des administrations centrales et des rapports d'autorité, ce qui ne cadre pas nécessairement avec leur organisation interne.

Même si, en théorie, l'on peut considérer qu'un soutien actif de l'État n'est pas nécessairement contraire à l'exigence de neutralité, du moins si ce soutien respecte les principes d'égalité et d'impartialité entre conceptions philosophiques, la mise en œuvre de ce soutien est délicate. Premièrement, le problème de la justice distributive se pose : comment un État peut-il subventionner diverses conceptions philosophiques de façon équitable ? Doit-il tenir compte du nombre d'adhérents ? Et dans ce cas, par qui et comment cette appartenance est-elle déterminée ? En toute hypothèse, un calcul sur la base du nombre d'adhérents renforce les groupes majoritaires déjà établis et peut freiner de nouvelles dynamiques minoritaires, en ce compris des dynamiques progressistes. Deuxièmement, le problème de la légitimité démocratique est également délicat à résoudre. La neutralité exige en effet que l'État ne s'immisce pas dans l'organisation interne d'une conception philosophique, ce qui implique qu'il accepte la hiérarchie interne et les représentants désignés au sein de cette hiérarchie. Pour la plupart des cultes, de tels représentants ne sont

---

17 À ce sujet, voy. la contribution de J. Ringelheim ainsi que celle de X. Delgrange & H. Lerouxel au présent ouvrage.

18 Verhaest, W. & Verté, D., « Hedendaags zingeven in Vlaanderen », in Coene, G. (ed.), *De kunst buiten het zelf te treden. Naar een spiritueel atheïsme*, Brussels, VUB Press, 2008, p. 33-57.

19 Heelas, P. & Woodhead, L., *The spiritual revolution. Why religion is giving way to spirituality*, Oxford, Blackwell, 2004 ; van de Donk, W.B.H.J., Jonjers, A.P., Kronjee, G.J. & Plum, R.J.J.M. (dir.), *Geloven in het publieke domein : verkenningen van een dubbele transformatie*, Wetenschappelijke Raad voor het Regeringsbeleid, Amsterdam University Press, 2006 (http://www.wrr.nl/fileadmin/nl/publicaties/PDF-verkenningen/Geloven_in_het_publieke_domein.pdf).

pas démocratiquement élus, quand ils ne sont pas exclusivement de sexe masculin. Comme l'ont dénoncé des critiques féministes dans le contexte des modèles multiculturels[20], cette pratique consolide un rapport de force existant, qui s'en trouve ainsi validé et renforcé. L'on est conduit à se demander, si le subventionnement par l'État n'a pas contribué à renforcer le conservatisme éthique et les hiérarchies de pouvoirs en place au sein de l'Église catholique, et a ainsi entravé les mouvements progressistes en faveur des droits de l'homme et des droits des femmes au sein de l'Église.

Taylor et MacLure n'accordent aucune attention au rôle actuel de médiation (et à la position de force au sein de la société) des organisations religieuses et laïques. Comme le fait remarquer Laborde, ils partent d'une interprétation privatisée et spirituelle de la foi, qui se traduit aussi dans la façon individualisée dont ils proposent d'aborder la question des accommodements raisonnables. Une telle approche est difficilement conciliable avec le contexte sociétal et institutionnel belge. Les accommodements raisonnables existants, comme par exemple les règlements relatifs aux congés dans l'enseignement flamand, qui autorisent les élèves musulmans à participer à des fêtes religieuses[21], ne sont pas basés sur des revendications individuelles mais résultent d'une médiation et reposent sur une base collective.

2. Neutralité et prestation de services publics

Parallèlement à ce qui se passait en France, les premières discussions sur le port de symboles et de vêtements à caractère religieux se sont enflammées en 1989 en Belgique, lorsque quelques élèves de l'enseignement secondaire ont refusé de retirer leur foulard[22]. Le débat n'a toutefois atteint son paroxysme qu'en 2003-2004, pendant les travaux de la

---

[20] Okin, S., *Is Multiculturalism bad for women ?*, Princeton, Princeton University Press, 1999 ; Phillips, A., *Multiculturalism without Culture*, Princeton, Princeton University Press, 2009.

[21] L'absence de l'élève pour la célébration de fêtes inhérentes à ses convictions religieuses reconnues par la Constitution (religion anglicane, islamique, juive, catholique, orthodoxe ou protestante) est légalisée (moyennant déclaration des parents ou document à caractère officiel). Voy. « Omzendbrief over de afwezigheden van leerlingen in het basisonderwijs » (3.2) [NdT : Circulaire sur l'absence des élèves dans l'enseignement fondamental] et « Omzendbrief over de afwezigheden van leerlingen in het secundair onderwijs » (2.2.1.9) [NdT : Circulaire sur l'absence des élèves dans l'enseignement secondaire] (http://www.ond.vlaanderen.be/inspectie/lbv/adviezen.htm#2).

[22] Goethals, M., « De Islamitische hoofddoek : te nemen of te laten ? », in Doom, R. (dir.), *Tolerantie getolereerd ? Islamitische en westerse opvattingen opvattingen*, Gent, Mys & Breesch, 1996, p. 149-163 ; Brems, E., « De hoofddoek als constitutionele kopzorg », *Tijdschrift voor Bestuurswetenschappen en Publiekrecht*, 2004, p. 323-360.

commission Stasi[23] en France et la préparation de la loi sur la laïcité[24]. C'est ainsi qu'un conflit à l'athénée d'Anvers a entraîné l'instauration d'une interdiction générale du port de symboles ou de vêtements à caractère religieux ou philosophique dans l'enseignement de la Communauté flamande[25] et que de nombreuses écoles ont mis en œuvre des règlements d'ordre intérieur équivalents dans la Fédération Wallonie-Bruxelles. La controverse autour du foulard ne peut naturellement pas se réduire à la question de la neutralité : elle regorge aussi de considérations sur l'égalité des genres et l'intégration sociale[26]. Néanmoins, elle a bel et bien ravivé un ancien débat sur la notion de neutralité qui reste très vif en Belgique[27]. Bien qu'au départ ce débat ait surtout visé les élèves de l'enseignement officiel, il s'est élargi aux enseignants de l'enseignement officiel et aux fonctionnaires des services publics. En 2007, le Conseil municipal d'Anvers a décidé que le personnel municipal – en contact direct avec la

---

23 Stasi, B., *Commission de réflexion sur l'application du principe de laïcité dans la République : rapport au président de la République*, décembre 2003 (http://www.ladocumentationfrancaise.fr/rapports-publics/034000725/index.shtml).

24 Loi n° 2004-228 du 15 mars 2004 encadrant, en application du principe de laïcité, le port de signes ou de tenues manifestant une appartenance religieuse dans les écoles, les collèges et lycées publics, *J.O.R.F.*, n° 65 du 17 mars 2004, p. 5190.

25 Lorsque quelques écoles anversoises ont décidé d'introduire, à compter du 1er septembre 2009, une interdiction de port de symboles philosophiques et religieux, le Conseil d'État a émis un avis selon lequel il n'appartient pas aux établissements scolaires d'instaurer une interdiction via le groupe d'écoles, cette décision devant être prise par le Conseil du réseau de l'enseignement officiel flamand GO ! Le 11 septembre 2009, le Conseil de GO ! a adopté une disposition pour l'ensemble du réseau, décision qui impose aux élèves et aux enseignants une interdiction générale du port de symboles philosophiques et religieux dans toutes les institutions du réseau GO ! Cette décision a été suspendue par le Conseil d'État le 18 mars 2010, mais cette suspension a été levée le 8 septembre 2011. L'interdiction a été entérinée par la Circulaire du Conseil de GO ! du 01/02/2013.

26 Voy. Coene, G. & Adam, I., « Mobilisations féministes pour et contre une interdiction du foulard en Belgique. Le voile repensé ? », in Cossée, C., Miranda, A., Ouali, N. & Séhili, D. (dir.), *Le genre au cœur des migrations*, Bruxelles, Petra, 2012, p. 271-292 ; Coene, G. & Longman, C., « Gendering the diversification of diversity. The Belgian hijab (in) question », *Ethnicities*, 2008, vol. 8 (3), p. 302-321.

27 Ce fut surtout le cas en matière d'enseignement. Après une décennie de « guerre scolaire », il a été stipulé dans le pacte scolaire de 1958 que l'enseignement officiel en Belgique devait désormais être « neutre ». La Constitution belge précise que cette neutralité implique notamment le respect des conceptions philosophiques, idéologiques ou religieuses des élèves et de leurs parents. (Constitution belge, article 24, § 1). Aucune autre indication concrète n'est donnée, ce qui laisse la place à de multiples interprétations. Voy. Verbeeck, B., « Neutraal en toch divers. Een te moeilijke evenwichtsoefening voor het onderwijs in Vlaanderen ? », *Tijdschrift voor Humanistiek*, n° 36, décembre 2008, p. 21-21.

Sur la jurisprudence du Conseil d'État relative à la notion de neutralité, voy. la contribution de X. Delgrange & H. Lerouxel au présent ouvrage.

population – ne pouvait pas porter de symboles philosophiques, religieux et politiques pendant l'exercice de ses fonctions. D'autres villes, telles que Gand[28], ont adopté des dispositions similaires.

La controverse autour du « T-shirt arc-en-ciel » relève d'une confusion importante sur le sens du principe de neutralité. Avec d'autres, Bart De Wever estime que l'interdiction du port d'un T-shirt de ce type n'est qu'une application « cohérente » du principe de neutralité. Selon eux, ce principe s'applique non seulement aux convictions religieuses ou philosophiques mais aussi à toutes les expressions de valeurs et d'opinions. C'est une affirmation absurde.

Indépendamment du fait qu'il est impossible d'adopter une attitude ou un comportement neutre sur le plan des valeurs, l'idée qu'un service public ne puisse répandre de valeurs par la bouche de ses fonctionnaires est insensée. Le principe de neutralité est d'ailleurs fondé lui-même sur des valeurs telles que la tolérance et l'équivalence. En effet, le principe de neutralité n'est, en lui-même, pas neutre sur le plan des valeurs mais constitue l'expression de valeurs fondamentales à la base des démocraties libérales. Il tend à assurer le respect des diverses convictions religieuses et philosophiques ainsi que l'égalité de traitement des citoyens, indépendamment de leurs convictions.

Il ne s'agit pas ici de savoir si les T-shirts arc-en-ciel expriment une conviction déterminée mais s'ils vont à l'encontre des valeurs fondamentales des démocraties libérales que le principe de neutralité entend protéger. Des symboles sexistes, racistes ou d'extrêmes droites sont manifestement contraires à ces valeurs fondamentales mais des T-shirts d'*Amnesty International* ou de *Greenpeace*, par exemple, ne le sont pas, même s'ils expriment explicitement une conviction ou une attitude. C'est ainsi que sous l'administration communale précédente à Anvers, de vifs débats ont eu lieu autour du port d'un petit ruban rose à l'occasion de la Journée mondiale du sida. À cette époque aussi, certains avaient affirmé que le port de ce ruban était contraire à l'exigence de neutralité, vu que l'on exprimait ainsi une solidarité avec les personnes atteintes du VIH/sida. Le port d'un ruban de ce type exprime effectivement une conviction éthique mais n'est pas pour autant contraire au principe de neutralité.

3. Accommodements raisonnables

Vu l'importance de la liberté morale, Taylor et MacLure plaident en faveur de l'adoption d'accommodements raisonnables pour des motifs qui ne relèvent pas uniquement de la sphère religieuse : « [...] dans

[28] Après les élections communales de 2013, cette interdiction a toutefois été levée par le nouveau Conseil municipal.

les contextes des sociétés contemporaines marquées par la diversité morale et religieuse, ce ne sont pas des convictions religieuses en soi qui doivent jouir d'un statut particulier, mais bien l'ensemble des croyances fondamentales qui permettent aux individus de structurer leur identité morale »[29]. Du reste, la sincérité de la conviction, et non sa pertinence intrinsèque, est l'une des conditions préalables au bénéfice d'un accommodement raisonnable dans la jurisprudence au Canada[30]. Ce qui n'implique pas que chaque « demande sincère » doive être acceptée. Pour Taylor et MacLure : « En plus de la sincérité de la croyance, les tribunaux peuvent évaluer les effets prévisibles de l'accommodement demandé sur les droits d'autrui et sur la capacité de l'institution concernée à réaliser ses finalités »[31].

La proposition de Taylor et MacLure suscite plusieurs observations. Comme le constate Laborde, elle ancre les accommodements raisonnables dans le développement de la conscience personnelle. On peut toutefois se demander si ce point de vue est toujours aussi fondamental relativement aux demandes concrètes d'accommodements raisonnables. Ainsi, si le souhait de porter un foulard émane effectivement de convictions spirituelles chez certaines musulmanes, chez d'autres, il résulte plutôt d'un usage culturel ou d'une forme d'opposition politique au mépris, à la domination et à l'exclusion que vit leur groupe minoritaire dans la société.

À la suite de l'étude sur les pratiques d'accommodements raisonnables sur le marché du travail belge, je me suis interrogée sur l'acceptabilité des requêtes qui ont trait à certains prescrits alimentaires, tels que la viande *halal*[32]. Il ressort de cette étude qu'une demande d'accommodements raisonnables porte souvent sur la fourniture de repas qui satisfont à des prescrits religieux spécifiques, notamment sur l'offre de viande issue d'animaux abattus sans anesthésie, par transsection du cou. De telles requêtes paraissent répondre aux conditions posées par Taylor et MacLure car la demande de viande halal peut être l'expression d'une conviction sincère qui ne porte pas atteinte aux droits des autres (en effet, s'exprimer contre les convictions sincères d'autres personnes ne constitue pas encore une violation de leurs droits).

---

29 Taylor, Ch. & MacLure, J., *Laïcité et liberté de conscience*, *op. cit.*, p. 113-114.

30 Voy. la contribution de J. Woerhling au présent ouvrage.

31 Taylor, Ch. & MacLure, J., *Laïcité et liberté de conscience*, *op. cit.*, p. 127.

32 Coene, G., « Aménagements raisonnables : le débat philosophique », Adam, I. & Rea, A. (dir.), *Diversité culturelle sur le lieu de travail. Pratiques d'aménagements raisonnables*, recherche à la demande du Centre pour l'égalité des chances et la lutte contre le racisme, septembre 2010, IES-VUB & Metices-Germe, ULB, 2010, p. 14-26.

La législation belge sur le bien-être animal stipule cependant qu'un animal vertébré ne peut être tué que sous anesthésie ou étourdissement[33]. Elle prévoit toutefois une exception pour l'abattage rituel, en vue de respecter la liberté religieuse mais avec une certaine garantie que la souffrance animale soit limitée autant que possible[34]. Je ne m'appesantirai pas ici sur le débat éthique autour de l'abattage sans anesthésie[35]. Je souhaite toutefois formuler deux remarques à ce propos. Premièrement, l'approche de Taylor et MacLure ne semble guère offrir d'espace pour tenir compte du bien-être et des intérêts moraux des animaux. Deuxièmement, une adaptation d'une législation générale induit-elle une obligation de proposer, dans des institutions publiques, des repas répondant à des demandes d'accommodements raisonnables de ce type ? Il semble assez paradoxal qu'un pouvoir public propose, par exemple, des repas halal dans ses prisons, ses hôpitaux ou ses écoles.

Brian Barry[36] avait déjà fait remarquer que l'on pourrait s'en tenir à une offre végétarienne parce que celle-ci ne serait pas contraire à la conviction religieuse selon laquelle seule la consommation de viande issue de bêtes abattues rituellement est autorisée. Un repas végétarien n'est alors, en fait, pas une forme d'accommodement religieux mais une alternative qui évite que des croyants doivent agir contre leurs profondes convictions et qui tient aussi compte du bien-être animal. En fournissant des repas végétariens, on n'agit pas à l'encontre d'une conviction mais on n'y satisfait pas non plus. Cet exemple semble tracer une limite entre une interprétation minimale et une interprétation large des accommodements culturels ou religieux.

Conclusion

Bien que Taylor et MacLure arguent que la religion n'a rien de particulier par rapport à d'autres conceptions philosophiques ou éthiques, ils lui accordent une signification particulière et la reconnaissent comme digne de protection, par rapport à d'autres convictions moins fondamentales. La délimitation du domaine religieux, éthique et philosophique n'est certes pas évidente et est inévitablement liée à un

[33] Loi relative à la protection et au bien-être des animaux, 14 avril 1986 (*M.B.*, 3 décembre 1986).

[34] Arrêté royal relatif à certains abattages prescrits par un rite religieux, 11 février 1988 (*M.B.*, 1er mars 1988)

[35] Voy. Raes, K., « Godsdienstvrijheid en dierenleed. Slachten door middel van de halssnede tussen levensbeschouwelijke tolerantie en ethische verantwoording », *Ethiek en Maatschappij*, n° 1, 1998, p. 91-104.

[36] Barry, B., *Culture and Equality. An Egalitarian Critique of Multiculturalism*, Cambridge, Polity Press, 2001.

contexte et à une interprétation historico-sociétaux spécifiques. Le débat sur les accommodements raisonnables peut toutefois aussi être mené sous d'autres angles, tels que la reconnaissance des aspects positifs de la diversité pour une société et l'intégration sociale des groupes minoritaires. Cette perspective a pour pierre angulaire non pas l'interprétation juridique de la sincérité d'une demande déterminée mais bien l'intérêt démocratique du respect de la diversité et de la participation sociale des groupes minoritaires. Elle aussi permet la fixation de limites mais pas sur la base d'une discussion d'inspiration théologique visant à établir qui a une foi sincère ou qui agit d'une façon éthique.

L'étude belge sur les accommodements raisonnables sur le marché du travail[37] a aussi révélé que les travailleurs d'origine étrangère demandent d'adapter les règlements relatifs aux congés pour qu'ils puissent passer plus de temps avec leur famille dans leur pays d'origine. Ce type de demande n'a aucun fondement religieux ou philosophique mais repose sur une orientation spécifique vers des valeurs, comme la valeur de la vie familiale et communautaire. Pour les intéressés, cette orientation n'est pas moins importante que la possibilité de pouvoir participer à des fêtes religieuses. D'autres demandes d'adaptation du temps de travail, notamment pour mieux pouvoir s'occuper des enfants, sont majeures d'un point de vue éthique ou existentiel mais elles ne relèvent naturellement pas des préoccupations éthiques typiques mises en avant pour des motifs religieux ou philosophiques et ne seront pas reconnues comme telles. À cet égard aussi, l'introduction de la dimension de genre dans le débat est primordiale.

37 Adam, I. & Rea, A. (dir.), *Diversité culturelle sur le lieu de travail. Pratiques d'aménagements raisonnables*, *op. cit.* ; voy. aussi la contribution de I. Adam & A. Rea au présent ouvrage.

Penser une nouvelle éthique de l'appartenance par l'accommodement raisonnable

Jean-François Caron

Université libre de Bruxelles

Introduction

C'est un lieu commun d'affirmer que les sociétés contemporaines sont de plus en plus diversifiées sur les plans culturels et religieux. En fait, il ne resterait que la Corée et l'Islande qui peuvent encore prétendre à une certaine homogénéité ethnoculturelle. La situation est cependant bien différente pour les autres États qui doivent réussir à faire cohabiter pacifiquement plus de six mille groupes linguistiques et cinq mille groupes ethniques. Cela n'a en soi rien d'extraordinaire et ne constitue pas un phénomène exclusif à la période contemporaine, dans la mesure où la diversité ethnoculturelle a toujours été présente dans les États. Ce qui est différent par rapport aux époques précédentes, c'est la volonté d'affirmer ce phénomène plutôt que de le nier. En effet, comme l'indique Will Kymlicka, les thèses en faveur de la reconnaissance de cette diversité et de son accommodement à l'intérieur des sociétés diversifiées sont de plus en plus acceptées par les penseurs et le monde politique et font maintenant office de *norme de justice*[1]. Évidemment, un tel changement de paradigme apporte avec lui de profonds bouleversements qui affectent l'organisation des règles du vouloir-vivre collectif des sociétés culturellement diversifiées, plus particulièrement la capacité pour ces États de maintenir l'idée d'une communauté politique où leurs membres se sentent unis les uns aux autres. Ce défi de la stabilité et de l'unité politique doit composer avec la nouvelle norme morale en faveur de la

1 Kymlicka, W., *Multicultural Odysseys. Navigating the New International Politics of Diversity*, Oxford, Oxford University Press, 2007, p. 42-43 ; Maclure, J., « La reconnaissance engage-t-elle à l'essentialisme ? », *Philosophiques*, 2007, vol. 34 (1), p. 79.

reconnaissance des groupes ethnoculturels ou religieux minoritaires[2]. L'analyse de cette problématique sera au cœur de mon propos.

Historiquement, le nationalisme a été l'élément central qui a permis la création d'une « communauté imaginée »[3] et, par conséquent, les États-nations se sont efforcés de se distinguer en fonction de leurs particularismes historiques et culturels qui étaient jugés centraux dans la création d'une identité commune. Il n'en reste pas moins que l'établissement d'une culture sociétale n'a pas été le résultat de discussions égalitaires entre tous les groupes ethnoculturels présents à l'intérieur des États et ce sont les valeurs du groupe majoritaire qui ont dicté le développement des institutions de l'État et qui ont servi à l'unification identitaire. Il est donc clair que cette conceptualisation de l'identité nationale a eu des répercussions importantes sur les groupes ethnoculturels minoritaires. Toutefois, de telles positions qui tendent à vouloir poursuivre le modèle traditionnel de l'État-nation sont de plus en plus anachroniques avec les positions normatives et morales que les travaux philosophiques ont contribué à mettre en lumière et qui figurent parmi les questions les plus étudiées ces dernières années.

Dans pareil environnement, les références culturelles deviennent multiples ce qui, pour certains, est très problématique sur le plan sociologique, dans la mesure où il y aurait dissolution du sujet politique unitaire d'antan. À titre d'exemple, Jacques Beauchemin soutient que le dogme de la reconnaissance des pluralismes culturels rend les sociétés impuissantes à former une représentation du vivre-ensemble cohérente et unifiée au profit de citoyennetés particulières qui « vide(nt) de sa substance une définition de nous collectif en tant qu'appartenance stabilisée dans une culture qui se donne comme accumulation d'une histoire »[4]. Cette crainte est très présente pour les demandes qui émanent des groupes ethniques ou religieux comme l'ont montré les critiques

---

2 Cette crainte est présente chez de nombreux auteurs. Voy. T. Modood, T., *Multiculturalism : A Civic Idea*, Cambridge, Polity Press, 2007 ; Barry, B., *Culture and Equality : An Egalitarian Critique of Multiculturalism*, Cambridge, MA, Harvard University Press, 2001 ; Ford, R.T., *Racial Culture : A Critique*, Princeton, NJ, Princeton University Press, 2005 ; Harty, S. & Murphy, M., *In Defence of Multinational Citizenship*, Cardiff, University of Wales Press, 2004 ; Moreno, L., « Ethnoterritorial Concurrence in Multinational Societies : The Spanish Communidades Autonomas », in Gagnon, A.-G. & Tully, J. (dir.), *Multinational Democracies*, Cambridge, Cambridge University Press, 2001.

3 Anderson, B., *L'imaginaire national*, Paris, La Découverte, 1996.

4 Beauchemin, J., *La société des identités : éthique et politique dans le monde contemporain*, Montréal, Athéna, 2004, p. 56.

adressées au principe de « l'accommodement raisonnable » lorsque ce débat a enflammé le forum public québécois en 2007 et 2008[5].

Nous faisons donc face à un dilemme : si l'idée d'une société politique unie autour des mêmes références culturelles ne peut plus être au cœur des identités politiques contemporaines, les sociétés occidentales sont-elles condamnées à voir disparaître l'idée d'un sentiment d'appartenance commun à tous leurs membres au profit d'identités particulières ? J'aimerais ici m'éloigner de cette thèse nécrologique des identités politiques englobantes en montrant que la possibilité qu'ont les groupes ethnoculturels minoritaires de remettre en question les pratiques de gouvernance qui sont teintées par les repères culturels du groupe ethnoculturel dominant et de se voir octroyer des accommodements – comme c'est le cas au Canada en vertu de la jurisprudence formulée par la Cour suprême – peut paver la voie à l'établissement d'un sentiment d'appartenance et d'identification de ces derniers envers l'association politique dans laquelle ils se trouvent. Je définis cette allégeance sous le nom de « sentiment d'appartenance à une association politique libre ». Ce sentiment repose d'abord sur la compréhension des luttes pour la reconnaissance dans une perspective inspirée du libéralisme politique rawlsien et dominée par l'usage de la raison pratique.

En postulant que l'accommodement des groupes ethnoculturels minoritaires constitue une norme morale, je développerai une hypothèse qui sera articulée autour d'une logique essentiellement déductive et s'inscrira dans un cadre théorique postnationaliste pour lequel l'existence d'un peuple – d'un *demos* – n'a pas à reposer sur des prémisses culturelles. À partir de cette approche, je fonderai mes développements sur des supports théoriques associés aux luttes pour la reconnaissance ainsi qu'au libéralisme politique de John Rawls : deux écoles qui ont trouvé leur expression dans la jurisprudence de la Cour suprême du Canada en matière d'accommodements raisonnables. La première section de ce texte servira à présenter les arguments sur lesquels l'école théorique des identités postnationales se fonde. Dans un deuxième temps, je préciserai quelle est la nature des luttes pour la reconnaissance dans un cadre libéral. Une fois que ces fondements théoriques auront été posés, je présenterai les implications identitaires que cette manière de penser la diversité ethnoculturelle peut avoir sur les groupes ethnoculturels minoritaires.

1. Les postulats de l'école postnationale

Rappelons qu'avant l'apparition de l'État-nation moderne, l'Europe était divisée entre différentes formes de régimes politiques (empires,

[5] Voy. la contribution de B. Gagnon au présent ouvrage.

cités-États, monarchies) et de pouvoirs sociaux, politiques, économiques et religieux qui se chevauchaient les uns les autres. Or, ce que l'État-nation a été en mesure d'accomplir fut de concentrer les formes d'autorités et d'allégeances, tout en les chapeautant de valeurs communes. L'objectif visé consistait à remplacer les anciennes formes de loyauté par une seule, sous le contrôle de l'État. L'État-nation a ainsi institué l'idée selon laquelle le sentiment identitaire ne devait être qu'unique et indivisible.

Le développement de ce sentiment d'appartenance envers l'État s'est effectué par le biais de la dimension juridique de la citoyenneté – qui détermine les règles légales régissant l'appartenance d'un individu envers un État – et autour d'une dimension politique – qui repose sur l'idée voulant que les membres de la communauté politique n'obéissent qu'à des règles qu'ils se sont eux-mêmes fixées et qui varient d'une association à une autre. Il n'en reste pas moins que ces seuls éléments sont insuffisants pour développer l'idée selon laquelle les individus forment un peuple partageant des liens particuliers. L'émergence d'un tel sentiment fait donc appel à une dimension psychologique qui est essentielle à la réussite de tout projet civique. C'est à ce niveau que le nationalisme vient jouer un rôle fondamental, dans la mesure où il contribue à donner la substance à la cohésion politique et sociale des communautés. Les États-nations ont fait en sorte de se distinguer les uns des autres en fonction de leurs particularismes historiques et culturels qui étaient jugés centraux dans la création d'une identité commune. On pourrait également ajouter d'autres éléments comme le service militaire, les pratiques, traditions et institutions politiques ou l'utilisation de symboles, de mythes qui ont contribué à façonner à l'ensemble de la communauté politique un héritage culturel commun ou à diffuser ce que l'on appelle le « nationalisme banal »[6]. Dans un but évident de cohésion nationale, ce *nation-building* politico-identitaire a souvent été synonyme d'assimilation des groupes minoritaires.

Même le nationalisme civique, pourtant présenté par plusieurs auteurs comme étant « un plébiscite de tous les jours » ouvert à la participation de chacun sans égard à ses origines ethniques n'a pas été épargné par ce rôle joué par la culture dans l'organisation sociale. En effet, le nationalisme civique tend à penser le vivre-ensemble de cette association politique sous le signe du volontarisme politique qui présuppose que les individus sont politiquement unis autour de leur adhésion volontaire à un projet collectif. Fortement individualiste et rationaliste, la communauté imaginée et ses normes sont pensées comme étant le résultat de choix civiques délibératifs où l'appartenance n'est pas définie par des critères objectifs prépolitiques, ce qui la rend ouverte et inclusive à tous les

[6] Billing, M., *Banal Nationalism*, Londres, Sage, 1995.

individus. Comme le souligne Dimitrios Karmis, cette forme de citoyenneté ne présuppose aucune « barrière infranchissable ni à l'inclusion ni à l'adhésion », puisque « tout est affaire de choix individuel et rationnel »[7]. De plus, les fondements d'une nation civique sont perçus comme étant strictement juridiques, ce qui signifie que les individus sont unis par des droits et obligations uniformes pour tous. C'est la raison pour laquelle Anthony Smith indique que « there are, in principle, no exceptions on grounds of race, colour or creed, age, sex or religion »[8].

Toutefois, Ernest Renan soutenait au XIXe siècle que l'âme d'un peuple n'était pas exclusivement civique, mais qu'elle reposait aussi sur le désir « de perpétuer un riche legs de souvenirs », ce qui fait que sa conception de la nation était également conditionnée par un substrat culturel et historique particulier[9]. Selon Alain Dieckhoff, c'est la raison pour laquelle les projets politiques exempts de tout élément identitaire ne sont pas en mesure de perdurer dans le temps. Il donne à cet égard l'exemple de la Ligue du Nord en Italie qui serait révélateur de la nécessité pour tout peuple d'avoir un esprit à la fois civique et ethnique. Présenté par Umberto Bossi, son fondateur, comme étant un projet nationaliste visant à faire accéder la « Padanie » qui correspond pour l'essentiel aux régions autour du Pô – à son indépendance, ce parti a été en mesure d'acquérir un certain succès électoral à ses débuts. Toutefois, comme le souligne Dieckhoff, bien que la Ligue du Nord ait réussi à remplir une fonction tribunitienne, elle n'a cependant pas été en mesure de créer un mouvement nationaliste viable. Il écrit :

> Pour beaucoup d'électeurs de la Ligue, l'invocation de l'indépendance est d'ordre purement tactique et doit servir à engager la réforme en profondeur de l'État sur la base d'une large décentralisation [...]. De plus, la cause de la Padanie ne mobilise guère les foules, et ce, pour une raison majeure : la fabrication d'une « symbolique nationale » (drapeau vert et blanc, hymne, constitution transitoire, etc.) ne suffit pas à masquer le vide abyssal du projet sécessionniste qui souffre d'un « déficit identitaire » colossal. En effet, cette Padanie à laquelle Bossi fait référence n'est pas beaucoup plus homogène que l'Italie dans son ensemble. [...] Pas d'unité politique passée, guère de mémoire historique partagée. La langue padane est aussi un mirage :

[7] Karmis, D., « Pluralisme et identité(s) nationale(s) dans le Québec contemporain : clarifications conceptuelles, typologie et analyse du discours », in Gagnon A.-G. (dir.), *Québec : État et Société*, tome 2, Montréal, Québec Amérique, 2003, p. 91.

[8] Smith, A., *The Ethnic Origin of Nations*, Oxford, Blackwell, 1987, p. 135.

[9] Renan, E., *Qu'est-ce qu'une nation ?*, Marseille, éd. Le Mot et le reste, 2007. Jeff Spinner-Halev soutient à cet effet que « Something must be shared among its members so they can imagine themselves as a community, so they can feel this comradeship. Language, history, and culture are the common element in nationhood, though there may be others », in *The Boundaries of Citizenship : Race, Ethnicity, and Nationality in the Liberal State*, Baltimore & Londres, Johns Hopkins University Press, 1994, p. 28.

l'italien standard en usage à Milan n'est pas différent de celui qui est parlé à Rome alors que la diversité dialectale entre le piémontais et le vénitien n'est pas moindre qu'entre le sicilien et le napolitain. Quant à la religion, le catholicisme règne en maître au Nord comme au Sud, même si la Ligue tente artificiellement d'opposer un « catholicisme calviniste » au « catholicisme baroque » du Mezzogiorno[10].

Une telle idée en vient donc à postuler qu'aucune société ne peut organiser ses structures politiques uniquement en fonction d'une simple adhésion volontaire et rationnelle de ses membres. En d'autres termes, il est devenu commun d'affirmer le caractère essentiel du lien entre conscience républicaine du vouloir-vivre ensemble collectif et références culturelles, dans la mesure où celui-ci a été à la base de la formation des États modernes et « a définitivement triomphé sur les types plus anciens de formations politiques »[11]. Dans cette perspective, la formation de l'État moderne a suivi, pour reprendre l'expression d'Anne-Marie Thiesse, un « système IKEA » de construction des identités nationales qui a permis des constructions différentes à partir des mêmes catégories élémentaires[12]. Ainsi, les États ont tenté d'unifier leurs citoyens autour d'une histoire commune composée de héros représentant les vertus nationales, d'une langue commune, d'un folklore, d'une mentalité particulière, de représentations officielles (hymne national, monnaie nationale, iconographie postale, drapeau, symbole floral ou animal) ou d'identifications pittoresques (habillement particulier, spécialités culinaires, paysage typique).

Il n'en reste pas moins que l'établissement d'une culture sociétale[13] n'a pas été le résultat de discussions égalitaires entre tous les groupes ethnoculturels présents à l'intérieur des États. Il est donc clair que cette conceptualisation de l'identité nationale et d'une citoyenneté indifférenciée a eu des répercussions importantes sur les groupes ethnoculturels minoritaires. En effet, comme le rappellent Keith Banting, Richard Johnston,

---

10 Dieckhoff, A., « Rapprochement et différence : le paradoxe du nationalisme contemporain », in Gagnon, A.-G., Lecours, A. & Nootens, G. (dir.), *Les Nationalismes majoritaires contemporains : identité, mémoire, pouvoir*, Montréal, Québec Amérique, 2007, p. 63-64.

11 Habermas, J., *L'intégration républicaine. Essais de théorie politique*, Paris, Fayard, 1999, p. 95-96.

12 Thiesse, A.-M., *La création des identités nationales : Europe XVIIIe-XXe siècle*, Paris, Seuil, 2001, p. 14.

13 Kymlicka définit ce concept comme étant « une culture qui offre à ses membres des modes de vie, porteurs de sens, qui modulent l'ensemble des activités humaines, au niveau de la société, de l'éducation, de la religion, des loisirs et de la vie économique, dans les sphères publique et privée », in *La citoyenneté multiculturelle. Une théorie libérale du droit des minorités*, Montréal, Boréal, 2001, p. 115.

Will Kymlicka et Stuart Soroka, les pays qui ont eu le plus recours à l'immigration (le Canada, l'Australie ou les États-Unis) ont historiquement eu des politiques migratoires assimilationnistes dont l'objectif consistait à faire des immigrants des citoyens comme les autres ayant les mêmes droits et privilèges et partageant les mêmes valeurs sociétales que les citoyens de « souche ». Dans cette perspective, ils ajoutent que les groupes qui étaient considérés non assimilables, en l'occurrence les gens provenant de l'Afrique et de l'Asie, étaient dans l'impossibilité d'immigrer dans ces pays[14]. Encore aujourd'hui, de telles politiques migratoires sont défendues par plusieurs auteurs, dont Samuel Huntington qui soutenait récemment la nécessité d'assurer l'unité de la nation américaine autour du socle historico-culturel du groupe majoritaire anglo-protestant qui a historiquement été l'élément d'homogénéisation et d'assimilation des groupes minoritaires et des immigrants. Selon Huntington, la déconstruction de l'identité nationale américaine aurait débuté dans les années 1960 avec l'émergence de mouvements identitaires qui ont remis en cause le principe du *melting pot*. Pour ces groupes, « l'Amérique n'était pas une communauté nationale faite d'individus partageant une culture, une histoire et un credo commun, mais un conglomérat de races, d'ethnies et de cultures infra-nationales dans lequel les individus se définissaient par leur appartenance à un groupe plutôt que par une nationalité commune »[15]. Cela s'est traduit par l'instauration de programmes d'éducation bilingue favorisant la diversité linguistique, par la réécriture de l'histoire américaine afin de rendre justice aux différents groupes minoritaires qui ont contribué à façonner son histoire et par l'attribution de droits à certains de ces groupes. Ces mesures auraient eu pour effet d'éroder les valeurs américaines et de déprécier la valeur de l'histoire nationale en tant que cadre d'intégration civique. Au niveau du système public d'éducation, Huntington note qu'en vertu de la montée du multiculturalisme, « les sujets nationaux et patriotiques ont régressé dans les manuels de lecture au milieu du XXe siècle jusqu'à atteindre leur niveau le plus bas durant ces dernières années »[16]. Huntington en est donc venu dans les dernières années de sa vie à regretter les anciennes politiques d'immigration qui mettaient l'accent sur l'intégration et « l'américanisation » des immigrants.

---

[14] Banting, K. & al., « Do multiculturalism policies erode the welfare state ? An empirical analysis », in Banting, K. & Kymlicka, W. (dir.), *Multiculturalism and the Welfare State. Recognition and Redistribution in Contemporary Democracies*, Oxford, Oxford University Press, 2006, p. 49-91.

[15] Huntington, S., *Qui sommes-nous ? Identité nationale et choc des cultures*, Paris, Odile Jacob, 2004, p. 143-144.

[16] *Ibid.*, p. 175.

Par contre, de telles positions qui tendent à vouloir poursuivre le modèle traditionnel de l'État-nation sont de plus en plus anachroniques avec les positions normatives et morales que les travaux philosophiques ont contribué à mettre en lumière. La problématique du multiculturalisme et de la reconnaissance des groupes minoritaires a en effet poussé toute une génération de philosophes à s'interroger sur la nécessité de reconnaître et d'accommoder cette diversité qui était condamnée à disparaître pour certains penseurs il y a de cela quelques décennies à peine. À titre d'exemple, rappelons que Karl Deutsch écrivait que les groupes minoritaires étaient voués à l'assimilation à l'intérieur de groupes plus vastes[17]. La situation est fort différente aujourd'hui et la reconnaissance du multiculturalisme est souvent pensée comme relevant d'une « norme de justice » en regard des présupposés du libéralisme et de la Modernité politique[18].

Kymlicka va affirmer que la codification internationale de cette norme morale s'observe à deux points de vue. D'une part, il note une adaptation des discours politiques en ce sens. Il fait remarquer que la nécessité de reconnaître et d'accommoder la diversité multiculturelle est de plus en plus véhiculée par des organisations non gouvernementales, des analystes ou par des décideurs politiques. D'autre part, il souligne que la reconnaissance de cette réalité morale se trouve intégrée dans de nombreux textes internationaux[19]. En somme, les discussions philosophiques sur la question de la reconnaissance des groupes minoritaires ainsi que leur codification en tant que norme morale internationale ont eu pour effet de renverser le jugement traditionnel envers ce qui constitue un État « normal ». Ainsi, alors que par le passé les États qui accommodaient leurs minorités étaient perçus comme une exception par rapport aux États organisés autour d'une citoyenneté indifférenciée, la situation est aujourd'hui différente, ce qui doit nous forcer à repenser les fondements des identités collectives des sociétés touchées par une diversité ethnoculturelle. Mais comment y parvenir ?

La philosophie politique n'est pas demeurée silencieuse face à la reconfiguration des identités collectives dans un contexte multiculturel. Cette problématique a d'ailleurs été au cœur de la réflexion des défenseurs du patriotisme constitutionnel qui se sont donné pour tâche de faire converger l'identité des individus sans égard aux références typiquement

---

17 Deutsch, K., *Nationalism and Social Communication. An Inquiry Into the Fondation of Nationality*, Cambridge, MIT Press, 1969.

18 Il n'est pas nécessaire de revenir sur cette thèse qui a été développée par Kymlicka, mais également par Charles Taylor dans *Multiculturalisme : différence et démocratie*, Paris, Flammarion, 1999.

19 Kymlicka, W., *Multicultural Odysseys. Navigating the New International Politics of Diversity*, *op. cit.*, p. 3-4.

associées au nationalisme[20]. Plus particulièrement, ce projet a tenté de dissocier le lien historique qui a associé le *demos* à un *ethnos* en vertu du paradigme nationaliste[21]. Le patriotisme constitutionnel tend à penser l'identité politique d'une communauté autour de prémisses juridiques ou constitutionnelles qui ont une portée universelle. Justine Lacroix résume cette idée en affirmant que « le principe postnational procède ainsi de la conviction que l'appartenance à une communauté de culture et d'histoire, voire même le désir de vivre ensemble et l'adhésion à un projet collectif ne constituent plus le fondement nécessaire de la citoyenneté. Ni l'argument culturaliste, ni même l'argument communautaire ne fondent le patriotisme constitutionnel : celui-ci est juridique, moral et politique et non pas historique, culturel ou géographique »[22].

Inventé par le politologue Dolf Sternberger à l'occasion du 30e anniversaire de la République fédérale allemande (RFA), le patriotisme constitutionnel cherchait à faire de la constitution de cet État un instrument moral permettant aux citoyens de la République de se sentir chez eux (*Sich-in-diesem-Staat-zu-Hause-Fühlen*). Pour Sternberger, la constitution de la RFA avait le potentiel de développer chez les citoyens allemands une passion rationnelle permettant la formation d'une raison civique et donc, d'un sentiment d'identification des individus envers leur association politique ainsi qu'un désir de préserver cet ordre politique et de le protéger contre ses ennemis.

Pour plusieurs, le patriotisme constitutionnel est devenu une solution pertinente, dans un contexte de pluralisme ethnique, pour trouver un ciment identitaire entre les membres d'une même collectivité politique[23]. Il est cependant utile de noter le caractère paradoxal de recourir au patriotisme constitutionnel dans un contexte de diversité ethnoculturelle, dans la mesure où il s'agit d'une théorie qui s'est construite dans une société qui avait une conception très ethnique de la citoyenneté[24]. Il n'en reste pas moins que le potentiel de fonder un sentiment identitaire

---

[20] Habermas, J., *L'intégration républicaine. Essais de théorie politique*, *op. cit.* ; Ferry, J.-M., *La question de l'État européen*, Paris, Gallimard, 2000.

[21] Lacroix, J., « Patriotisme constitutionnel et identité postnationale chez Jürgen Habermas », in Rochlitz, R. (dir.), *Habermas. L'usage public de la raison*, Paris, PUF, 2002, p. 142.

[22] *Ibid.*, p. 154.

[23] Müller, J.-W., *Constitutional Patriotism*, Princeton, Princeton University Press, 2007.

[24] Jan-Werner Müller indique que « At least initially, then, constitutional patriotism as a form of political attachment was decidedly not a solution to any kind of multicultural predicament or any challenge of integration, and it was in fact ironic that it was elaborated and flourished in a polity with a strictly ethnic definition of citizenship and an extreme version of ethnic-priority immigration » (Müller, *op. cit.*, p. 39). Voy. aussi, Joppke, *op. cit.*, 1999, p. 261).

commun dans un contexte pluriel demeure présent, étant donné que le patriotisme constitutionnel tend à dissocier l'*ethnos* du *demos*. Pareil sentiment permettant de régir le vivre-ensemble pluriel a été envisagé dans le cas de la Bosnie-Herzégovine[25]. Mais il n'en reste pas moins que c'est dans le cadre de l'Union européenne (UE) qu'il a été perçu par certains analystes comme étant une façon crédible de créer une identité politique permettant d'unir les citoyens des 28 États membres[26].

Le patriotisme constitutionnel est actuellement la voie de rupture la plus aboutie vers un changement de paradigme identitaire. Mon objectif ne consiste pas à me prononcer sur sa capacité à développer un sentiment d'appartenance entre individus de cultures différentes. En m'appuyant sur l'approche postnationale qui consiste à fonder une raison civique qui ne repose pas sur des références culturelles et historiques, j'aimerais suggérer une autre forme d'identification politique fondée sur une appréciation du *demos* qui est, à l'instar du modèle habermassien, culturellement aseptisée. La réponse à cet objectif doit passer impérativement par un questionnement sur le fonctionnement des luttes pour la reconnaissance en vertu d'un cadre théorique qui repose sur le modèle du libéralisme politique de John Rawls, c'est-à-dire un modèle théorique qui a été au cœur de la jurisprudence des tribunaux canadiens en matière d'accommodement des groupes culturels et religieux minoritaires.

2. Les luttes pour la reconnaissance dans une perspective libérale

L'analyse de l'évolution des sociétés modernes nous montre que les normes politiques ont souvent été calquées autour des valeurs et intérêts des groupes qui ont historiquement dominés les communautés politiques. On peut songer au groupe ethnoculturel majoritaire qui a imposé sa langue, sa religion ainsi que son interprétation particulière de l'histoire à l'ensemble de la société. Mais on peut également penser aux hommes qui ont imposé leurs valeurs patriarcales ou aux hétérosexuels

[25] Müller écrit que « [...] Constitutional patriotism has even been advocated as a form of belonging in deeply divided post-war societies : for example, the head of Bosnian Muslims has explicitly called for a pan-Bosnian constitutional patriotism [...] If this seems overambitious, it's not unreasonable, though, to think that constitutional patriotism might be relevant in established democracies with increasingly diverse populations who seek to establish a kind of civic minimum to determine how they want to live together – and who, can belong, and who perhaps, shouldn't » (Müller, *op. cit.*, p. 4-5).

[26] Ferry, J.-M., *La question de l'État européen*, *op. cit.* ; Habermas, J., *Sur l'Europe*, Paris, Bayard, 2006 ; Shabani, O.P., « Constitutional patriotism as a model of postnational political association », *Philosophy & Social Criticism*, 2006, vol. 32 (6), p. 699-718.

qui ont fait du mariage une institution qui leur était exclusive. En tout état de cause, les normes de la majorité ont contribué à façonner les règles du vivre-ensemble collectif de toutes les sociétés en valorisant certains comportements ou pratiques religieuses au détriment d'autres. La situation est identique pour les organisations privées où les règles qui régissent le travail, notamment les horaires, sont pensées et conçues autour de la majorité des travailleurs en fonction de leur condition physique et de leurs croyances. Ainsi, il n'est pas étonnant de constater que dans les sociétés occidentales, les journées fériées restent encore fortement attachées aux grandes fêtes religieuses chrétiennes (Noël, Pâques, etc.).

Pour Michel Foucault, compte tenu de l'existence de ces relations de pouvoir qui existent dans toutes les associations politiques, les sociétés ne peuvent prétendre à la neutralité absolue. Ainsi, « une société "sans relations de pouvoir" ne peut être qu'une abstraction »[27]. En fait, pour Foucault, l'organisation de toute société va dépendre du jeu des relations entre individus ou groupes d'individus qui luttent pour exercer le pouvoir et pour imposer leurs règles aux autres. Le groupe qui en arrive à obtenir le pouvoir va en venir à rationaliser et à institutionnaliser ses normes particulières sous la caution des institutions étatiques[28]. Il y aurait donc dans chaque société une forme d'universalisation des particularismes. On peut retrouver la même analyse dans les travaux de Norbert Elias pour qui toutes les sociétés en viennent à s'organiser autour d'une certaine exclusion des groupes qui ne sont pas en position de pouvoir :

> Les groupes les plus puissants se considèrent toujours comme les « meilleurs » lorsqu'il existe des cadres sociaux : ainsi les seigneurs féodaux avec les vilains, les « Blancs » avec les « Noirs », les « Gentils » avec les Juifs, les protestants avec les catholiques et inversement, les hommes avec les femmes (dans l'ancien temps), les États-nations grands et puissants avec leurs homologues petits ou relativement démunis [...]. Les plus puissants s'imaginent pourvus d'une espèce de charisme collectif, doués d'une vertu spécifique que partagent tous leurs membres quand elle fait défaut aux autres. Qui plus est, à chaque fois, les « supérieurs » sont en mesure de faire sentir aux moins puissants que ces qualités leur font défaut, qu'ils leur sont humainement inférieurs[29].

Pour Foucault, il est normal de voir de la résistance de la part des individus ou des groupes d'individus qui ne disposent pas du pouvoir étatique et qui vont exiger une intégration de leur réalité dans les normes

---

27 Foucault, M., *Dits et écrits II, 1976-1988*, Paris, Gallimard, 2001, p. 1058.

28 *Ibid.*, p. 1060.

29 Élias, N., *Logiques de l'exclusion*, Paris, Fayard, 1997, p. 30.

sociales[30]. À titre d'exemple, les horaires de travail qui sont organisés autour des croyances du groupe ethnoculturel dominant peuvent être discriminatoires pour certaines personnes dont la religion prescrit l'observance d'une autre journée de repos que le dimanche[31]. Cela peut aussi être le règlement scolaire qui interdit le port de vêtement distinctif ou la possession d'armes par les élèves, alors que le port du *hidjab* ou d'un couteau cérémonial comme le *kirpan* est vécu comme obligatoire par des croyants. C'est le propre des luttes pour la reconnaissance de passer par la remise en question des pratiques de gouvernance et ainsi de paver la voie à la notion juridique des accommodements raisonnables. Mais, sur quelles bases pourra-t-on juger de la recevabilité de pareilles demandes ?

La réponse à cette question était au cœur du projet de John Rawls dans *Libéralisme politique* où il supposa que les sociétés libérales se devaient de s'organiser autour de principes de justice malgré leur pluralisme profond, notamment en matière de diversité ethnoculturelle. Il y affirma que la pluralité des conceptions du bien n'empêche pas les sociétés libérales de trouver un accord sur des principes communs de justice indépendants de ces conceptions. Ce faisant, Rawls a cherché à montrer que les citoyens d'une société libérale pouvaient s'entendre sur des principes de justice sans qu'ils n'entrent en concurrence avec leur foi religieuse, leurs choix moraux ou leurs conceptions philosophiques respectives.

Pour ce faire, le consensus autour des principes de justice ne doit pas reposer sur des doctrines compréhensives, mais plutôt sur des arguments intelligibles de façon universelle. Compte tenu de leurs désaccords moraux et religieux, il s'agit du seul élément que les individus raisonnables ont en commun. C'est ici qu'intervient le « consensus par recoupement » rawlsien qui recouvre l'ensemble des valeurs qui constituent les éléments de base à travers lesquels tous les individus raisonnables sont en mesure de s'entendre. Ce consensus constitue la structure de base qui sert de cadre à l'expression des conceptions du bien opposées dans une société multiculturelle et dont le contenu peut se résumer à un ensemble de principes et d'idéaux que tous les individus raisonnables sauront accepter[32].

De manière plus précise, ce sera par le biais de la raison publique que les citoyens seront en mesure de donner de la consistance à ce consensus. De manière lapidaire, je définirai ce concept comme étant le langage par

---

30 En ce sens, voy. Woehrling, J., « L'obligation d'accommodement raisonnable et l'adaptation de la société à la diversité religieuse », *Revue de droit de McGill*, 1998, vol. 43, p. 332.

31 Ce fut la nature du litige dans la cause *Commission ontarienne des Droits de la Personne c. Simpsons-Sears*, [1985] 2 R.C.S. 536.

32 Rawls, J., *Libéralisme politique*, Paris, PUF, 1995, p. 175.

lequel les individus débattent des fins de leur communauté politique. Toutefois, compte tenu de leurs divergences profondes sur ce qu'est la vie bonne, les individus doivent faire en sorte que leurs propos soient intelligibles pour leurs concitoyens. Comme l'affirme Bruce Ackerman, lorsque des individus ne s'entendent pas au sujet d'une dimension morale ou éthique de la vie bonne, ils ne doivent pas tenter de dépasser leur divergence morale. Au contraire, ils doivent plutôt s'affairer à justifier leurs positions de manière à ce qu'elles puissent être comprises et acceptées par les autres[33]. Pour ce faire, ils doivent utiliser un langage fondé sur des arguments potentiellement généralisables et universalisables pour discuter pacifiquement les uns avec les autres et trouver des solutions politiques à leurs problèmes du vivre-ensemble.

Les impératifs de la raison publique ont donc pour effet d'imposer une certaine discipline à la délibération publique qui doit se décentrer le plus possible d'arguments théologiques ou philosophiques au profit d'arguments purement rationnels qui ont un potentiel d'universalité. Les revendications multiculturelles qui ne peuvent être débattues dans le cadre de la raison publique devront purement et simplement être retirées du débat démocratique. Il importe de souligner que la vérité du croyant n'est pas remise en question dans le processus de la raison publique. Le refus d'admettre une demande d'accommodement tient uniquement sur son essence argumentative. Elle doit reposer sur un effort de communication qui la rende potentiellement admissible par tous les citoyens de l'association politique. Ainsi, dans le cadre d'une discussion portant sur les écoles confessionnelles, les arguments tirés de commandements religieux ne seraient pas admis au motif qu'il ne s'agit pas d'arguments inhérents à la raison publique. En aucun cas, le caractère véridique ou non desdits commandements ne sera discuté. À l'inverse, des arguments fondés sur le droit de chaque enfant à l'éducation et au respect de sa culture seraient pris en considération. Le caractère « vrai » de l'argument sur le plan philosophique ou théologique n'est donc nullement remis en question dans ce processus, mais simplement sa nature qui doit être conforme aux prémisses de la raison publique. D'une certaine manière, Rawls considère que même si les religions sont essentiellement constituées de croyances, de dogmes ou de prescriptions normatives qui prétendent à la vérité, les croyants ont la possibilité de revendiquer des droits en produisant des arguments généralisables pour des athées ou des gens qui croient à une autre religion. Comme l'indique Catherine Audard : « [g]râce à cette conception minimaliste et discursive de la raison humaine comme réciprocité, Rawls réintègre les religions dans le dialogue public, du moins celles qui acceptent de fournir leurs

---

33 Ackerman, B., « Why Dialogue ? », *Journal of Philosophy*, 1989, vol. 86 (1), p. 16-17.

raisons dans des termes compréhensibles par les autres sur la base de ce qu'il appelle leur devoir de civilité, ce qui revient à chercher à utiliser des raisons autres que des raisons religieuses »[34].

Les membres de minorités religieuses utilisent principalement les arguments d'un droit égal à professer leur religion et le caractère discriminatoire de la situation dans laquelle ils se trouvent : deux arguments totalement admissibles dans le cadre de la raison pratique. C'est uniquement autour d'arguments similaires issus de la raison publique que les individus qui s'opposent à des demandes d'aménagements religieux devront s'en tenir, notamment en faisant porter leur argumentation autour des droits d'autrui, de l'atteinte à l'ordre public, du principe de la sécurité publique[35], de la nécessité de protéger la santé ou les mœurs publiques[36]. À partir de ces principes de justice universels, l'idée consiste à séparer le bon grain de l'ivraie en tranchant ce qui est raisonnable de ce qui ne l'est pas. C'est cette méthode qui a été au cœur de la jurisprudence canadienne en matière de gestion des accommodements raisonnables depuis 1985.

Pour prendre quelques exemples contemporains, Anthony Simon Laden rappelle qu'au nom du principe d'égalité et de non-discrimination, les avocats britanniques sikhs ont demandé de ne pas porter la perruque lorsqu'ils plaidaient en justice. Comme aucun principe de justice universel

---

[34] Audard, C., *Qu'est-ce que le libéralisme ? Éthique, politique, société*, Paris, Gallimard, 2009, p. 657.

[35] Ce principe a été au cœur des demandes d'accommodements raisonnables qui ont le plus soulevé la polémique, plus spécifiquement les causes Amselem et Multani qui portaient respectivement sur la *souccah* juive et le *kirpan* sikh. Voy. *Syndicat Northcrest c. Amselem*, [2004] 2 R.C.S. 551, 2004 CSC 47 et *Multani c. Commission scolaire Marguerite Bourgeoys*, (2006) 1 R.C.S. 256, 2006 CSC 6. Voy. la contribution de J. Woehrling au présent ouvrage.

[36] C'est ce que précise la Cour suprême dans *R. c. Big M Drug Mart* Ltd., [1985] 1 R.C.S. 295, § 53 ainsi que la Convention de sauvegarde des droits de l'homme et des libertés fondamentales à l'article 9, § 2. La Cour suprême du Canada a aussi ajouté à cette liste l'idée des « coûts démesurés ». La Cour a statué qu'il s'agissait de mesures comportant des difficultés importantes ou qui impliquait des frais importants sur les plans administratif et économique. Les juges canadiens ont indiqué que le caractère excessif d'une demande d'accommodement pour une entreprise se devait d'être démontré concrètement par celle-ci sur la base de preuves factuelles et non à partir de simples hypothèses. À l'origine, les éléments liés à la notion de contrainte excessive furent ceux des coûts entraînés à l'entreprise ainsi que les entraves qu'un accommodement engendrerait à l'exploitation de l'entreprise, mais d'autres se sont ajoutés à la liste lors de jugements ultérieurs. Voy. à ce sujet *Commission ontarienne des Droits de la Personne c. Simpsons-Sears*, [1985] 2 R.C.S. 536 ; *Central Alberta Dairy Pool c. Alberta* (Human Rights Commission), [1990] 2 R.C.S. 489 ; *Central Okanagan School District* n° 23 *c.* Renaud, [1992] 2 R.C.S. 970.

ne venait invalider cette demande, ils ont obtenu gain de cause[37]. Jocelyn Maclure et Charles Taylor affirment que l'on pourrait limiter l'exercice d'un droit culturel ou religieux si celui-ci est jugé préjudiciable à d'autres principes de justice reposant également sur l'idée de raison publique. En s'appuyant sur le principe du respect des droits d'autrui, ils donnent l'exemple suivant :

> Pensons, par exemple, au cas des parents jéhovistes qui ont refusé, au nom de leur liberté de religion et de leur autorité parentale, que l'on administre une transfusion sanguine à leur enfant. La transfusion sanguine étant essentielle à la survie de l'enfant, la direction de l'hôpital a décidé de passer outre le refus des parents. La cause ayant été portée devant les tribunaux, la Cour suprême du Canada a jugé que la décision de l'hôpital était fondée en droit même si elle avait bel et bien porté atteinte à la liberté de religion des parents. L'exercice de pondération des droits concurrents a révélé que le droit à la vie de l'enfant, d'une part, et la liberté religieuse des parents et leur autorité parentale, d'autre part, ne pouvaient être réconciliés. [...] Le respect des droits des parents était ici, de façon évidente, trop attentatoire au droit à la vie de la personne mineure qu'était leur enfant. [...] Ce cas démontre que des restrictions sérieuses à la liberté de religion sont parfois légitimes même à la lumière d'une conception large et généreuse de la liberté de conscience et de religion[38].

À mon sens, la remise en question des pratiques de gouvernance aiguillonnée par la raison publique fait la promotion d'un certain idéal de « démocratie civique », susceptible de développer un sentiment d'appartenance des groupes ethnoculturels envers leur association politique. Un sentiment d'identification qui, conformément à l'approche postnationale à laquelle je me réfère, serait essentiellement politique et qui ne reposerait pas sur des prémisses culturelles.

---

37 Laden, A. S., *Reasonably Radical. Deliberative Liberalism and the Politics of Identity*, Ithaca & London, Cornell University Press, 2001, p. 103.

38 Maclure, J. & Taylor, Ch., *Laïcité et liberté de conscience*. Montréal, Boréal, 2010, p. 128-129. Dans la même logique, José Woehrling donne l'exemple suivant : « Ainsi, pour reprendre, en le modifiant un peu, un exemple mentionné dans l'avis du Conseil des communautés culturelles et de l'immigration de juillet 1993, si des parents s'appuyaient sur une interprétation fondamentaliste de la Bible en invoquant certains passages ("[t]u le frappes [l'enfant] avec les verges, mais tu sauves son âme de l'enfer") pour réclamer, au nom de leur liberté de religion, le droit d'infliger à leurs enfants des sanctions corporelles prohibées par les lois québécoises de protection de la jeunesse, un tel accommodement devrait être refusé car portant manifestement atteinte aux droits des enfants », in « L'obligation d'accommodement raisonnable et l'adaptation de la société à la diversité religieuse », *op. cit.*, p. 351-352.

3. Un sentiment d'appartenance à une association politique libre

Le principe de justification publique des demandes de reconnaissance et d'accommodement qui proviennent des groupes ethnoculturels ou religieux minoritaires offre la possibilité de développer chez ces individus un sentiment identitaire qui, à l'instar du modèle postnational de patriotisme constitutionnel, s'avère complémentaire à leur identité prépolitique établie sur des repères ethniques, culturels ou religieux. Le développement de ce sentiment – que j'appelle un « sentiment d'appartenance à une association politique libre » – repose sur une certaine appréciation du concept de liberté, soit la capacité qu'ont les individus des groupes minoritaires de remettre en question les pratiques de gouvernance qui portent atteinte à leur identité.

Il faut retenir que la remise en question des pratiques de gouvernance qui est au cœur de cette conceptualisation des luttes pour la reconnaissance renvoie à l'idée de citoyenneté, pensée comme la capacité qu'ont les individus à l'intérieur d'une association politique de pouvoir participer – avoir « voix au chapitre » – à la détermination de l'agir collectif de leur communauté. Le philosophe canadien James Tully estime que la capacité de prendre part à une activité démocratique agonique et de voir sa position prise au sérieux permet de développer chez les participants une forme de sentiment d'appartenance à l'égard de l'association politique :

> Participation in dialogue and negotiations over how and by whom power is exercised over us constitutes our identities as citizens and generates bonds of solidarity and a sense of belonging to the political association (the people) that comes into being and is sustained by this activity. (...) Citizen identity is not generated by the possession of rights and duties, or by agreement on substantive or comprehensive common goods, fundamental principles of justice, constitutional essentials, shared values, understandings or national, multicultural or cosmopolitan identities, or, finally, by consensus on a set of universal procedures of validation[39].

Ce sentiment qui animerait les membres des groupes ethnoculturels minoritaires serait établi sur l'idée selon laquelle ces individus ne seront jamais assujettis à des normes sociales qui contreviennent à leurs pratiques culturelles particulières si ceux-ci sont en mesure d'en revendiquer la reconnaissance par le biais de la raison publique. Cette identité reposerait sur le fait que leur association politique est ouverte aux remises en question et qu'elle n'est pas une structure de domination qui les opprime. Au contraire, dans pareille communauté, leur dissidence

[39] Tully, J., « The Agonic Freedom of Citizens », *Economy and Society*, 1999, vol. 28 (2), p. 170.

est entendue et prise en compte par « l'Autre ». Pour Andrew Mason, ce sentiment repose essentiellement sur une identification purement rationnelle des individus envers les institutions et les pratiques sociales d'une communauté politique. Dans ce sentiment, la culture, la religion ou la langue ne jouent aucun rôle. Ainsi, Mason soutient qu'« In principle at least, the citizens of a state could identify with their major institutions and practices, and feel at home in them, without believing that there was any deep reason why they should associate together of the sort which might be provided by the belief that they shared a history, religion, ethnicity, mother tongue, culture, or conception of the good »[40]. Il ajoute que :

> When people do not identify with the major institutions and practices of the polity or feel excluded from those practices, they are less likely to think that they have a stake in its stability or survival, and they will be open to cooperation with external aggressors. But when they identify with those institutions and practices, then there is no reason to think that the polity will be any more unstable or vulnerable to external aggression than it would be when a shared national identity existed. Indeed a sense of belonging to a polity can provide the basis for patriotism, understood simply as a love of its central institutions and practices[41].

Sur le plan conceptuel, il est aisé de comprendre ce qui distingue le sentiment d'appartenance nationaliste d'un sentiment d'appartenance à une association politique libre. Pour le premier, la dimension psychologique de la citoyenneté va dépendre dans une très large mesure de prémisses culturelles qui vont avoir pour objectif d'unifier les membres de la collectivité à l'intérieur d'une même communauté imaginée. En d'autres termes, c'est à l'aide de fictions persuasives que cette construction identitaire issue du discours nationaliste en arrive à créer chez les individus l'impression que leur individualité fait partie d'un tout qui les englobe et qui sait générer entre les autres membres des liens de fraternité. C'est cette dimension de la citoyenneté qui tend à créer ce que Ludwig Wittgenstein appelle une « ressemblance familiale »[42] entre des individus qui vont accepter de faire des sacrifices personnels au nom de leurs conationaux. Ceci génère d'autres liens affectifs et des obligations mutuelles, tout en cultivant des vertus liées à leur « essence nationale ». L'identité nationale joue ici un rôle constitutif antérieur à la citoyenneté politique. En revanche, le sentiment d'appartenance à une association

---

[40] Mason, A., « Political Community, Liberal-Nationalism, and the Ethics of Assimilation », *Ethics*, 1999, vol. 109, p. 272.

[41] Mason, A., *Community, Solidarity and Belonging*, Cambridge, Cambridge University Press, 2000, p. 133-134.

[42] Wittgenstein L., *Philosophical Investigations*, Oxford, Blackwell, 1953.

politique libre n'est pas fondé sur le partage de références culturelles communes. Au contraire, il s'agit plutôt d'une identité que les individus appartenant à des groupes minoritaires sauront développer s'ils ont la conviction que les pratiques de gouvernance de la société plus globale dans laquelle ils sont intégrés ne sont pas des structures qui leur sont imposées et qui nient leurs croyances religieuses ou culturelles. À mon sens, c'est ce potentiel identitaire qui se trouve exprimé de manière latente dans le cadre d'une société qui accepte de reconnaître et d'accommoder ses groupes ethnoculturels minoritaires grâce aux impératifs de la raison publique. En effet, l'éthos délibératif qu'il implique fait en sorte qu'une société qui se montre ouverte à la révision de ses pratiques de gouvernance sous les auspices de la raison publique verra la discussion devenir l'élément clé d'un processus d'intégration constant des groupes minoritaires.

Évidemment, force est de s'interroger sur la question de savoir dans quelle mesure un tel sentiment pourrait en venir à créer un vivre-ensemble collectif permettant d'avoir des implications pratiques similaires au modèle de l'État-nation qui revendique une coïncidence entre sentiment d'attachement et identité culturelle commune. La crainte la plus évidente serait de penser qu'un patriotisme strictement politique ne pourrait mener qu'à une formule de vivre-ensemble qui serait beaucoup trop mince (*thin*) et, par conséquent, incapable de générer un bien commun et de soutenir des principes généraux de justice redistributive comme le prétend le modèle traditionnel de l'État. En ce sens, la philosophie politique a souvent tendance à penser que les liens intersubjectifs qui unissent les membres d'une communauté politique seront forts (*thick*) si ces derniers sont unis autour d'éléments constitutifs d'une même identité culturelle et beaucoup plus faibles s'ils sont unis autour des valeurs politiques. Nul doute que des références culturelles permettent de façonner et d'organiser un vivre-ensemble collectif, mais ce serait à mon avis une erreur que d'en faire la seule et unique solution possible.

Le patriotisme du sentiment d'appartenance à une association politique libre n'a nul besoin de considérations culturelles en vue d'expliquer le fonctionnement de la démocratie ainsi que le développement d'un bien commun à l'intérieur d'une communauté. Il s'agit d'un bien qui est plutôt une passion politique basée sur l'expérience de la liberté qui se trouve garantie par les lois, les institutions et la constitution de l'association politique. Force est donc de se demander dans quelle mesure les éléments liés à la confiance et à la civilité mutuelles ainsi qu'à la solidarité intercommunautaire peuvent prendre naissance. Or, il faut comprendre que le lien entre le modèle de l'État-nation et de son éthique individuelle patriotique n'a rien de logique. Celui-ci est plutôt dépendant de contingences historiques. L'objectif doit donc consister à montrer qu'il est possible de dissocier les notions de « citoyens » et de « conationaux ». Vivre avec d'autres individus en tissant des liens de confiance et de solidarité réciproques ne repose pas nécessairement sur des prémisses culturelles. Une communauté peut se construire sur l'idéal de la liberté et de reconnaissance. Dans cette perspective, les institutions auront une résonnance pour les individus appartenant à ces minorités et ne seront pas perçues comme des mécanismes purement abstraits.

Pour reprendre l'analogie de Jeremy Waldron, des groupes qui se trouveraient dans une telle condition auraient une relation privilégiée – *an insider in relation to an institution* – avec les institutions d'une association politique ouverte à la remise en question de ses propres pratiques et normes sociales[43]. Se nouerait ainsi une relation privilégiée avec des institutions qui rendent justice à ses demandes. Naîtrait également l'obligation naturelle de les soutenir et de se reconnaître à travers elles. Cette obligation est dite « naturelle » dans la mesure où les institutions permettent à ces groupes minoritaires d'être libres, ce qui répond à un « bien premier » fondamental chez tous les individus et pour toutes les communautés politiques. L'interdépendance démocratique inhérente au sentiment d'appartenance à une association politique libre fait en sorte que les individus, même s'ils appartiennent à des communautés culturelles ou religieuses différentes, n'en sont pas moins des compatriotes qui ont des relations sociales fondées sur la confiance mutuelle, la civilité, la réciprocité et le « fair play ». En effet, ces sentiments seront des conséquences logiques du compromis et du principe de l'*audi alteram partem* et sont habités de considérations morales et éthiques très importantes. Lorsqu'il aborde le cas des minorités nationales et du Canada, Claude Ryan soutient que des relations marquées par le dialogue et par la volonté d'accommodement entre différents groupes ethnoculturels d'un même État tendent à réduire la valeur des options plus extrêmes[44]. C'est l'intransigeance de l'un qui en vient à poser les conditions de l'intransigeance de l'autre, ce qui explique selon lui la vigueur des options sécessionnistes en contexte multinational. Pour Ryan, si le gouvernement canadien se montrait favorable à entreprendre une conversation sincère avec le Québec en vue d'accommoder sa différence, un grand nombre de Québécois se montreraient ouverts à des solutions alternatives moins extrêmes que la sécession et s'accommoderaient fort bien d'un fédéralisme renouvelé. Ainsi, l'ouverture et le compromis font en sorte que les différents groupes cessent de se voir comme des ennemis

---

[43] Waldron, J., « Special Ties and Natural Duties », *Philosophy and Public Affairs*, 1993, vol. 22 (1), p. 13-16.

[44] Ryan, C., « Réponse à James Tully. Le défi canadien : faire droit à deux visions différentes du pays », *Globe. Revue internationale d'études québécoises*, 2000, vol. 3 (1), p. 1-19.

potentiels et sont constitutifs de l'idée selon laquelle « l'Autre » est un partenaire avec qui il est possible d'être écouté et respecté.

Ces relations de confiance et cette civilité intercommunautaires peuvent donc contribuer à développer ce que Margaret Levi nomme une réciprocité éthique (*ethical reciprocity*), c'est-à-dire une forme de coopération reposant sur le désir de se comporter de façon juste avec les autres et de faire preuve de *fair play* à leur égard, en faisant de la communauté une association où chaque individu et chaque groupe pourra participer pleinement à la détermination des règles communes[45]. À travers cette réciprocité éthique, les individus vont en venir à concevoir la société comme étant organisée autour d'une norme d'équité (*norm of fairness*) qui va contribuer à engendrer des relations de confiance à l'échelle intersubjective, mais également à l'égard du gouvernement et de l'État. Levi rappelle en effet que la confiance manifestée par les individus envers leur État va dépendre dans une très large mesure de sa capacité à répondre aux demandes de ses citoyens, ce qui inclut les demandes de révision des règles régissant le vivre-ensemble[46]. Dans la même veine, Iseult Honohan et Seyla Benhabib en sont venues à affirmer que l'interaction agonique mène à des implications considérables sur les attitudes, les relations et les obligations mutuelles entre individus, dans la mesure où l'extension de nos sentiments d'amitié, de fraternité et de solidarité peuvent dépendre de l'interaction avec des individus qui, faute de dialogue, demeureraient des inconnus. Le fait de dialoguer et de prendre réellement en considération leurs intérêts particuliers tend à engendrer des liens particuliers[47]. La perception que ceux qui nous entourent sont des partenaires dignes de confiance et qui font preuve de *fair play* à notre égard peut favoriser l'émergence de sentiments de fraternité entre des individus appartenant à des groupes identitaires distincts.

Conclusion

Sujet âprement discuté dans le dernier quart du XXe siècle, la reconnaissance est aujourd'hui considérée comme une norme de justice incontournable. Le maintien d'une communauté imaginée englobante est ainsi posé. Ce moment de crise du paradigme de l'État-nation nous force à envisager de nouveaux repères – certains diront révolutionnaires – sur

45 Levi, M., *Consent, Dissent, and Patriotism*, Cambridge, Cambridge University Press, 1997, p. 24-26 ; Dagger, R., « Membership, Fair Play, and Political Obligation », *Political Studies*, 2000, vol. 48 (1), p. 112.

46 Levi, M., *Consent, Dissent, and Patriotism*, *op. cit.*, p. 217-218.

47 Benhabib, S., « Judgment and the Moral Foundations of Politics in Arendt's Thought », *Political Theory*, 1988, vol. 16 (1), p. 47 ; Honohan, I., *Civic Republicanism*, Londres & New York, Routledge, 2002, p. 266.

lesquels les liens qui unissent les individus à l'intérieur des associations politiques multiculturelles pourraient reposer. Contrairement à ce que certains pourraient craindre, le lien entre un *demos* et un *ethnos* n'a rien de logique et repose essentiellement sur des contingences historiques. J'ai tenté de donner une dimension civique à l'esprit dialogique qui émerge d'une conceptualisation des luttes pour la reconnaissance qui s'appuie sur le modèle du libéralisme politique. L'usage de la raison publique par des groupes ethniques et religieux peut, à mon sens, contribuer à fonder ce que j'appelle un sentiment d'appartenance à une association politique libre, c'est-à-dire un esprit civique exclusivement politique. Ce sentiment peut émerger par le jeu de ce que plusieurs auteurs critiques du multiculturalisme rejettent, à savoir la remise en question des pratiques de gouvernance teintées par une histoire et une culture. Alors que certains y voient la fin du sujet politique unitaire, j'y vois plutôt le début d'une identité collective post-conventionnelle et d'une nouvelle manière de conceptualiser la communauté imaginée qui comporte, à l'instar des identités nationales de jadis, un substrat éthique important. Pour moi, c'est la fermeture à la remise en question de normes politiques jugées centrales à l'essence identitaire d'un peuple qui explique la ghettoïsation ethnique, culturelle et religieuse, laquelle menace l'existence d'un sentiment d'appartenance envers une même association politique. Pour ne donner qu'un exemple, rappelons que, face à l'intransigeance manifestée par les autorités scolaires devant sa demande d'accommodement portant sur le *kirpan*, Gurbaj Singh Multani s'est tout simplement retiré du réseau scolaire public du Québec afin d'intégrer une école privée anglophone. Pour reprendre l'expression utilisée à l'époque par la journaliste Michèle Ouimet, il s'agit ici d'un beau gâchis lorsque l'on recherche l'intégration des minorités culturelles et religieuses[48]. En somme, alors que certains voient dans les accommodements raisonnables une dissolution des liens qui unissent, j'y vois plutôt les germes d'une nouvelle manière de fonder l'appartenance politique dans un contexte de pluralisme ethnoculturel profond.

[48] Ouimet, M., « Beau gâchis ! », *La Presse*, 13 septembre 2002, p. A12.

Deuxième partie

Processus politiques comparés

L'interculturalisme québécois à la croisée des chemins, considérations sur le rapport Bouchard-Taylor

Bernard GAGNON

Université du Québec à Rimouski

Introduction

Depuis une quarantaine d'années, l'État québécois s'est doté d'un modèle original d'aménagement de la diversité appelé « interculturalisme ». Ce modèle poursuit le double objectif d'assurer l'intégration des citoyens issus des communautés culturelles et de l'immigration dans le respect des différences, et de favoriser un sentiment d'allégeance à la société québécoise[1]. Ce modèle d'aménagement de la diversité doit être situé dans un contexte politique où le Québec, compris comme nation francophone dans un État canadien fédéral, cherche à rapatrier l'ensemble des compétences qui ont trait à sa culture, à sa langue et à son identité[2]. À cet effet, le Québec a obtenu de ses négociations avec le gouvernement canadien des pouvoirs importants qui lui permettent, depuis le début des années 1990, de définir sa politique d'immigration, et plus largement sa politique d'intégration et d'aménagement de la diversité[3].

Quarante ans après sa « création », il devint nécessaire de réfléchir sur les effets de l'interculturalisme dans les rapports socioculturels au

[1] Rocher, F. & al., *Le concept d'interculturalisme en contexte québécois : généalogie d'un néologisme*, Montréal, Rapport présenté à la Commission de consultation sur les pratiques d'accommodement reliées aux différences culturelles, Montréal, 2007.

[2] Voy. Gagnon, A.-G., « La diversité et la place du Québec au sein de la fédération canadienne », in Gagnon, A.-G. (dir.), *La diversité québécoise en débat*, Québec/Amérique, Montréal, 2010, p. 427-261.

[3] L'immigration et l'aménagement de la diversité demeurent des compétences partagées puisque le gouvernement fédéral canadien est responsable de l'immigration qui relève du droit international (les regroupements familiaux et la question des réfugiés), alors que le Québec établit ses propres critères en ce qui concerne les immigrants économiques (indépendants), environ les deux tiers des immigrants.

Québec. Bien que cela ne fut pas son mandat initial, la commission Bouchard-Taylor[4], officiellement la *Commission de consultation sur les pratiques d'accommodement en matière de diversité culturelle*, créée en 2007, a produit un rapport de plus de trois cents pages dans lequel le modèle québécois d'aménagement de la diversité est au centre des préoccupations. Le rapport s'interroge sur les effets de cette politique sur la société québécoise et cherche à identifier des perspectives futures dans le contexte d'une société appelée continuellement à s'ouvrir aux différences culturelles et religieuses.

Le rapport Bouchard-Taylor reprend à son compte l'idéal interculturaliste d'une société québécoise ouverte à la différence, mais il suggère des réajustements importants de ses fondements philosophiques. Il cherche à inscrire de manière plus marquée l'interculturalisme dans le « pluralisme libéral » et, ainsi, en minimise les accents plus « républicains ». Il insiste sur la primauté des libertés et des droits individuels, sur l'égalité morale des individus, et fait du devoir de participation politique des citoyens et de l'adhésion à un projet collectif des principes subsidiaires qui découleront de l'instauration des principes libéraux et d'une éthique politique minimale, c'est-à-dire qui s'en tient aux valeurs démocratiques communes qui peuvent être reconnues par tous les citoyens, peu importe leurs allégeances, convictions ou croyance particulières. Ces réajustements constituent des changements importants si l'on considère que l'interculturalisme se démarquait, du multiculturalisme entre autres, par sa volonté, plus « républicaine » de lier la reconnaissance des différences à la nécessité de cohésion sociale et politique. Cela dans un contexte où l'ouverture de la société québécoise à la différence devait également favoriser l'adhésion collective à un projet commun compris de manière politique, mais également identitaire, soit l'affirmation de l'identité nationale québécoise et de la langue française.

Plusieurs commentateurs[5] ont critiqué ce qu'ils ont perçu dans le rapport Bouchard-Taylor comme un effacement des distinctions entre l'interculturalisme (québécois) et le multiculturalisme (canadien) ; les deux modèles participeraient aujourd'hui, à suivre le rapport, de principes similaires du pluralisme et du libéralisme. D'autres y ont vu

---

4 Bouchard, G. & Taylor, Ch., *Fonder l'avenir. Le temps de la conciliation*, Rapport de la Commission de consultation sur les pratiques d'accommodement reliées aux différences culturelles, Québec, Gouvernement du Québec, Québec, 2008.

5 Rocher, F. & Labelle, M., « L'interculturalisme comme modèle d'aménagement de la diversité : compréhension et incompréhension dans l'espace public québécois », in Gagnon, B. (dir.), *La diversité québécoise en débat*, Québec/Amérique, Montréal, 2007, p. 179-203.

une « minorisation » du projet national québécois[6]. Mais, selon le rapport Bouchard-Taylor, les modifications qu'il propose sont nécessaires si le Québec veut véritablement s'ouvrir à une conception pluraliste et pluriethnique de l'identité nationale, et poursuivre sans conflits majeurs l'intégration des différences.

Dans ce texte, je propose une explication des raisons qui ont pu conduire les commissaires, au-delà des questions partisanes, à suggérer une réorientation libérale et pluraliste du modèle québécois d'aménagement de la diversité. Pour ce faire, je situerai d'abord l'interculturalisme dans le contexte québécois, en évolution depuis les quarante dernières années (1), et j'exposerai la conjoncture dans laquelle vient s'insérer le rapport Bouchard-Taylor (2). Je discuterai ensuite la nature de la réorientation libérale et pluraliste de l'interculturalisme suggérée par le rapport afin de mieux en éclairer les raisons (3). À mon avis, ces raisons tiennent pour beaucoup aux nouvelles représentations de la diversité morale et religieuse qui animaient plusieurs des rédacteurs ou experts de la commission, ainsi qu'à une méfiance partagée envers un esprit plus républicain, « à la française », modèle maintes fois critiqué dans le rapport. Mais ces raisons tiennent également aux difficultés de l'interculturalisme de concilier diversité et cohésion sociale, et au danger réel d'un clivage entre les appels au noyau « identitaire » de la nation québécoise – les Québécois de « souche » canadienne-française – et ceux d'une nation pluriethnique et plurinationale. Le rapport Bouchard-Taylor propose donc, en ce sens, une correction de l'interculturalisme. Mais, à mon avis, d'autres solutions plus près de l'esprit initial de l'interculturalisme – tout particulièrement sur les fronts de la participation publique et de l'adhésion au projet collectif – étaient aussi envisageables. En conclusion à ce texte, je suggérerai quelques pistes dans cette direction (4).

1. L'interculturalisme revisité

Depuis les premières formulations du modèle québécois, au début des années 1980, les rapports interculturels au Québec ont connu plusieurs transformations qui ont rendu nécessaire la révision de ses fondements. Dans le *domaine sociopolitique*, l'identité commune de référence s'est dégagée d'une conception principalement centrée sur l'ethnicité – celle de la majorité des Québécois d'origine canadienne-française – pour s'ouvrir à une conception démocratique et pluraliste – les citoyens québécois de toute origine. Dans le *domaine socioculturel*, la diversité des origines géographiques des candidats à l'immigration a accru la pluralité ethnoculturelle et religieuse des membres de la société québécoise ;

[6] Rocher, G., « Rapport Bouchard-Taylor. Une majorité trop minoritaire ? », *Le Devoir*, Montréal, 12 juin 2008, p. A7.

notamment par un plus grand apport de personnes issues de l'Afrique du Nord et de l'Asie du Sud-Est[7]. Alors que dans *le domaine juridicopolitique*, les instances juridiques (Commission des droits de la personne, les tribunaux) et les chartes canadienne et québécoise des droits et libertés[8] en sont venues à jouer un rôle plus important sur les questions des normes de la vie collective, cela aux dépens des pouvoirs législatifs. À travers ces changements, l'interculturalisme, qui à son origine était essentiellement pensé comme une politique visant à favoriser l'intégration des minorités migrantes à la majorité, s'est défini progressivement comme une politique qui cherche plus largement à repenser les normes de la vie collective dans le contexte d'une société démocratique, libre et pluraliste[9].

Mais l'interculturalisme connaît également une remise en question depuis le tournant des années 2000. Le Québec, comme d'autres sociétés démocratiques occidentales, a connu une période de ressac contre les politiques de la diversité culturelle. Plusieurs voix se sont fait entendre. D'un côté, les politiques de pluralisme ethnoculturel, dictées par une logique de la primauté des droits individuels, dont le droit à la différence, sont perçues comme limitant les capacités des citoyens à définir collectivement les normes de la vie collective[10]. Mais d'autres voix s'élèvent également pour proposer un retour à une notion plus substantielle de la nation autour de son noyau historique, culturel, parfois religieux, des descendants Canadiens français[11]. Certaines de ces critiques ont eu un écho dans la population lors de « la crise des accommodements raisonnables » en 2006 et 2007, et lors de commentaires de citoyens qui ont pris la parole dans le cadre des consultations publiques de la commission Bouchard-Taylor. La pluralité religieuse et les dangers que pourraient représenter certaines religions (la religion musulmane fut particulièrement visée) pour les principes de la neutralité de l'État et de l'égalité entre les hommes et les femmes furent également l'objet de nombreux témoignages. Ces critiques insistaient sur ce qu'elles percevaient comme une dichotomie entre, d'une part, la poursuite d'une identité commune basée sur le pôle

---

7 Québec, ministère de l'Immigration et des Communautés culturelles, *L'immigration permanente au Québec selon les catégories d'immigration et quelques composantes (2006-2010). Portrait statistique*, Gouvernement du Québec, Québec, 2012.

8 Il existe au Québec deux chartes qui ont juridiction : la Charte québécoise des droits et des libertés de la personne, adoptée en 1975 par le Québec et la Charte canadienne des droits et des libertés adoptée par le pouvoir fédéral canadien en 1982.

9 Bouchard, G., « Qu'est-ce que l'interculturalisme ? », *McGill Law Journal*, 2011, vol. 56 (2), p. 395-468.

10 Beauchemin, J., *La société des identités. Éthique et politique dans le monde contemporain*, Montréal, Athéna, 2004.

11 Bock-Côté, M., *La dénationalisation tranquille : mémoire, identité et multiculturalisme dans le Québec postréférendaire*, Montréal, Boréal, 2007.

identitaire de la majorité francophone, celle-ci étant la garante des valeurs démocratiques communes (égalité entre les hommes et les femmes, la laïcité, les droits et les libertés) et, d'autre part, la poursuite des politiques multiculturalistes ou interculturalistes de reconnaissance des différences culturelles et religieuses[12].

Ces critiques à l'endroit du pluralisme interculturel doivent être situées dans un contexte où il n'existe pas au Québec de définition officielle de l'interculturalisme, contrairement au multiculturalisme canadien qui a été exprimé sous forme d'un énoncé politique en 1971 et qui fait l'objet d'une loi depuis 1988. Le modèle québécois souffre ainsi de trouble bipolaire, en ce qu'il s'est, pour une bonne part, défini par la négative – « l'interculturalisme n'est pas le multiculturalisme » –, mais a du mal, par ailleurs, à définir ses propres marques sur les questions de la diversité culturelle et à se proposer comme un modèle original du vivre ensemble dans une société ouverte et diversifiée. Pour ses détracteurs, la critique ultime est de réduire l'interculturalisme à une forme déguisée de multiculturalisme. Sur ce dernier point, il faut savoir que la politique canadienne de multiculturalisme a été, et demeure, l'objet de fortes controverses au Québec, et ce, à la fois parmi les détracteurs et les défenseurs des politiques de diversité culturelle, en ce qu'elle est souvent perçue comme une stratégie du gouvernement fédéral canadien de se détourner de l'enjeu de la reconnaissance des droits collectifs des Québécois francophones. En établissant, d'une part, la diversité culturelle, fondée sur la reconnaissance des libertés et des droits individuels, comme un élément phare de l'identité canadienne, le gouvernement canadien minorise, d'autre part, le rôle historique et fondateur du peuple québécois. Dans ce contexte, un interculturalisme qui chercherait à reproduire un « multiculturalisme à l'échelle québécoise » est voué à subir les mêmes critiques que son pendant canadien, en tant que forme de marginalisation de l'identité collective. Le défi de l'interculturalisme est ainsi de conserver la reconnaissance d'une nation québécoise francophone comme un élément phare du processus de reconnaissance des différences au Québec. Le multiculturalisme, quant à lui, navigue dans un contexte où l'identité commune apparaît comme un dérivé de l'extension des droits et des libertés des individus dans le cadre d'institutions libérales.

C'est dans cet esprit que l'interculturalisme est régulièrement présenté au Québec comme un modèle alternatif, parfois un contre modèle,

---

12 Armony, V., « Les rapports majorité/minorités au Québec : question culturelle ou enjeu de pouvoir ? », in Gagnon, B. (dir.), *La diversité québécoise en débat*, Québec/Amérique, Montréal, 2010, p. 77-92 ; Belkhodja, C., « Le discours de la "nouvelle sensibilité conservatrice" au Québec », *Canadian Ethnic Studies*, vol. 40 (1), 2008, p. 79-100.

au multiculturalisme[13]. Il chercherait à équilibrer les rapports entre le bien commun et les droits et libertés des individus[14]. Il serait plus apte à reconnaître les droits collectifs (de la majorité nationale francophone, de la minorité nationale anglophone et des peuples autochtones) et favoriserait davantage l'expression d'un bien commun, en lieu et place de l'appartenance collective, au lieu de la « mosaïque culturelle » que chercherait à reproduire le multiculturalisme. Dans les faits, les deux modèles, interculturalisme et multiculturalisme, s'appuient sur la reconnaissance de la diversité comme caractéristique fondamentale de la société, sur les principes du respect mutuel par la lutte contre les obstacles à l'intégration (la discrimination et les préjugés), et visent tous deux une sensibilisation de toutes les composantes de la société au patrimoine commun. Mais alors que le multiculturalisme insiste davantage sur le caractère multiculturel de ce patrimoine commun canadien, l'interculturalisme insiste sur les aspects communs qui doivent permettre de lier les parties autour d'un projet collectif unique – la nation québécoise –, tout en respectant leurs différences. L'interculturalisme pose l'identité collective comme un préalable, comme condition *sine qua non* du processus d'intégration. Pour simplifier, je dirais que sur la question de la cohésion politique, le multiculturalisme maintient une ligne libérale, soutenant que cette cohésion découle d'un régime de droits et de libertés au sein d'institutions justes, alors que l'interculturalisme, en raison d'un contexte historique particulier, maintient une ligne plus républicaine, où la cohésion politique est le point de départ et d'arrivée du modèle d'intégration des différences[15].

L'insistance de l'interculturalisme sur la cohésion sociale et politique s'exprime concrètement par trois impératifs qui accompagnent le modèle québécois d'aménagement de la diversité : l'affirmation de la *langue française* comme langue publique commune, la recherche d'une *culture publique commune* comme passage entre les héritages du passé et la venue de nouvelles perspectives culturelles, et la valorisation de la *participation de tous les citoyens* au projet national québécois par l'entremise du

---

[13] Gagnon, A.-G. & R. Iacovino, R., « Le projet interculturel québécois et l'élargissement des frontières de la citoyenneté », in Gagnon, A.-G. (dir.), *Québec : État et société*, Éditions Québec/Amérique, Montréal, 2003, p. 413-436 ; Labelle, M., « Les intellectuels québécois face au multiculturalisme : hétérogénéité des approches et des projets », *Canadian Ethnic Studies*, vol. 40 (1), 2008, p. 33-56.

[14] Gagnon, A.-G., « Plaidoyer pour l'interculturalisme », *Possible*, vol. 24 (4), 2000, p. 11-25.

[15] Taylor, Ch., « Convergences et divergences à propos des valeurs entre le Québec et le Canada », *Rapprocher les solitudes : écrits sur le fédéralisme et le nationalisme au Canada*, Les Presses de l'Université Laval, Québec, 1992, p. 179-214.

dialogue et de l'échange interculturel[16]. Il y a ainsi une mise en relation constante entre la *continuité* d'un projet national et *l'ouverture* à la différence. Cela fait partie de la volonté du gouvernement québécois de favoriser l'intégration des nouveaux immigrants à la société d'accueil, qu'est le Québec, dans un contexte où elle est en concurrence, sur ce point, avec l'État fédéral. Comme le note *l'énoncé politique en matière d'immigration et d'intégration des immigrants*, un document de référence au Québec sur la question de l'intégration et de l'interculturalisme :

> [l]a collectivité d'accueil est donc en droit de s'attendre [à ce] que les immigrants, comme l'ensemble des citoyens, respectent les lois et les valeurs qui la gouvernent et s'enracinent en terre québécoise en apprenant à connaître et à comprendre leur nouvelle société, son histoire et sa culture. De plus, les Québécois de toute origine doivent contribuer, dans la mesure de leurs capacités, à l'enrichissement culturel de l'ensemble de la population et au développement de relations intercommunautaires harmonieuses[17].

Cependant, les transformations dans les rapports interculturels au Québec – une identité qui se veut plurielle, une accentuation de la diversité culturelle et religieuse, des citoyens qui refusent l'assimilation et qui désirent maintenir leurs spécificités culturelles, le rôle accru du juridique vis-à-vis du politique – rendent plus complexe la tâche de l'interculturalisme de concilier l'idéal de bien commun et la diversité. Il faut revoir les fondements du dialogue interculturel, dans l'optique de maintenir cette union entre l'allégeance à la nation québécoise et la reconnaissance des différences.

2. Le contexte de la commission Bouchard-Taylor

La création à l'hiver 2007 de la commission Bouchard-Taylor fut la réponse du gouvernement du Québec à la « crise des accommodements raisonnables » qui secouait alors les débats publics et politiques québécois. Durant cette période, qui s'amorça au début de 2006 et s'étalera jusqu'à l'été 2007, de nombreux cas de conflits ou de désaccords interculturels sont l'objet de reportages et de commentaires, parfois virulents, dans les médias. Ces situations sont alors régulièrement présentées comme les conséquences des pratiques d'« accommodement raisonnable », qu'il s'agisse ou non, dans les faits, de telles pratiques, c'est-à-dire le fait pour une institution publique ou pour une entreprise d'aménager une norme ou une pratique afin de tenir compte des besoins particuliers de certains individus qui subiraient, sans de tels aménagements, un préjudice.

---

16 QUÉBEC, ministère des Communautés culturelles et de l'Immigration, *Au Québec pour bâtir ensemble. Énoncé politique en matière d'immigration et d'intégration*, Gouvernement du Québec, Québec, 1990.

17 *Ibid.*, p. 19.

L'adjectif « raisonnable » signifie ici que de tels aménagements ne doivent pas porter atteinte à la mission de l'institution ou de l'entreprise, ne doivent pas requérir des dépenses excessives, ni ne doivent porter préjudice à un autre individu. L'« accommodement raisonnable » est reconnu par les tribunaux et peut faire l'objet d'une obligation juridique faite aux institutions et aux entreprises sur la base des protections offertes aux individus par les Chartes des droits et libertés[18]. Au Québec, mais également ailleurs dans le reste du Canada, ces accommodements portent parfois à controverse lorsqu'il s'agit de modifier une norme ou une pratique commune pour des raisons de croyances ou de convictions religieuses (congés religieux, port de symboles religieux, respect de certains rites). Mais dans le contexte de la crise, en 2006 et 2007, c'est une panoplie de conflits interculturels, réels ou perçus comme tels, qui furent réunis sous ce vocable dans les médias. Parmi les cas au cœur de la controverse, on note un jugement de la Cour suprême du Canada qui autorisait un élève à porter son *kirpan* à l'école, sous certaines conditions (*kirpan* dans un fourreau sécuritaire prévu à cet effet), des écoles qui offraient des bains séparés à de jeunes filles musulmanes pour les cours de natation, le refus de certaines femmes issues de la communauté musulmane de se faire soigner par des médecins de sexe masculin, des menus *hallal* dans des centres de la petite enfance (crèches) donnés à tous les enfants sans considération de la confession de leurs parents, et différents conflits d'usage ou de voisinage impliquant des minorités culturelles ou religieuses[19]. Dans ce contexte de débat autour des accommodements raisonnables, l'image qui a été véhiculée dans certains médias était celle d'une société en crise qui avait perdu le contrôle en matière d'aménagement de la diversité, à un tel point que l'équilibre social était menacé, et que les valeurs communes de la majorité, dont l'égalité entre les hommes et les femmes et le principe de neutralité religieuse, étaient compromises[20].

La polémique fit rage et la portée de nombreux cas d'accommodement raisonnable fut amplifiée, parfois de manière totalement démesurée, par les médias. Mario Dumont, alors chef de file de l'opposition officielle au Parlement québécois et à la tête du parti Action démocratique du Québec[21], n'hésita pas à transposer le conflit dans l'arène politique et à en

---

[18] Pour une présentation de la notion d'accommodement raisonnable en droit canadien, voy. la contribution de J. Woehrling au présent ouvrage.

[19] Le chapitre II du rapport Bouchard-Taylor, « Chronologie d'une crise », offre une analyse détaillée de ces affaires.

[20] Armony, V., *op. cit.*

[21] L'Action démocratique du Québec (ADQ) fut un parti politique présent sur la scène québécoise de 1994 à 2012. L'ADQ préconisait une politique économique de droite d'inspiration néolibérale, mais ses succès électoraux sont dus à la popularité de son chef, Mario Dumont, et aux discours identitaires que le parti adopta dans le cadre

faire son cheval de bataille. Le discours était à la fois simple et efficace : « il faut défendre les valeurs de la majorité contre les dictats des minorités ». Question de calmer le jeu, et de ne pas se faire doubler à sa droite par un discours identitaire et populiste, le Premier ministre Jean Charest, alors à la tête d'un gouvernement minoritaire formé par le Parti libéral du Québec, annonça la création de la *Commission de consultation sur les pratiques d'accommodement reliées aux différences culturelles* le 28 février 2007. Officiellement, le mandat de la commission était de dresser un « portrait fidèle des pratiques d'accommodement » et de formuler des recommandations au gouvernement pour qu'elles soient conformes aux valeurs de la « société québécoise en tant que société pluraliste, démocratique et égalitaire »[22]. Les deux coprésidents, l'historien Gérard Bouchard et le philosophe Charles Taylor, deux intellectuels reconnus, ont toutefois décidé d'interpréter plus largement leur mandat, et « de voir le débat sur les accommodements raisonnables comme le symptôme d'un problème plus fondamental concernant le modèle d'intégration socioculturelle mis en place au Québec depuis les années 1970 »[23]. Ainsi, loin de se limiter à la question de la compatibilité des accommodements raisonnables avec les valeurs de la société québécoise, les commissaires ont porté leur attention sur le modèle d'aménagement de la diversité dans le but d'y rechercher les causes qui ont pu conduire à la crise des accommodements raisonnables.

Selon les conclusions de la commission, dont le rapport final fut déposé au mois de mai 2008, la crise, bien réelle, n'était pas due à la pratique des accommodements raisonnables, mais à la perception de cette pratique dans la population québécoise, tout particulièrement d'origine canadienne-française, sous l'effet du battage médiatique. Non seulement nous étions loin de l'effet « boule de neige » en matière d'accommodements, mais une analyse fine des cas les plus litigieux montra que la plupart d'entre eux ne relevaient pas de la figure juridique de l'accommodement raisonnable, mais de celle de l'« accord tacite et informel », propre à une société

de la crise des accommodements raisonnables de 2006 à 2007. Limité à quelques députés (entre un et cinq selon les législatures) de 1994 à 2007, le parti connaît une montée foudroyante aux élections du 26 mars 2007 (41 députés et 31 % du vote des électeurs) et forma l'opposition officielle à l'Assemblée législative du Québec dans le contexte d'un gouvernement minoritaire. Le parti subit toutefois une cinglante défaite quelques mois plus tard aux élections du 8 décembre 2008 – le parti passa de 41 à 7 députés. Dans un contexte où les enjeux économiques prédominaient sur ceux identitaires, l'ADQ ne réussit pas à convaincre la population au sujet de la crédibilité des réformes économiques qu'elle préconisait. La défaite entraîna la démission de son chef charismatique et l'ADQ, après quelques années d'instabilité interne, fut dissoute en 2012.

22 Bouchard, G. & Taylor, Ch., *op. cit.*, p. 275.

23 *Ibid.*, p. 17.

pluraliste et démocratique où les individus doivent cohabiter avec leurs différences. « Les choses se passent plutôt bien en matière de diversité culturelle au Québec », peut-on lire dans le rapport qui refuse de voir dans la pratique des accommodements une menace aux valeurs communes de la société.

Afin de mieux cerner le « malaise identitaire » exprimé par la majorité et de comprendre les raisons d'une crispation soudaine à l'endroit des politiques d'aménagement de la diversité, la commission soulignait toutefois la nécessité de mieux faire connaître à la population québécoise l'interculturalisme et ses effets. Les deux principales recommandations à cet égard, combinées à celle d'accentuer la lutte contre les discriminations à l'endroit des personnes issues des minorités migrantes et racisées, consistaient à doter le Québec de définitions officielles de l'interculturalisme (par une loi ou un énoncé politique) et de la laïcité (par un livre blanc), dans le but non seulement de traduire formellement les pratiques qui existent à cet effet, mais également d'en permettre de plus grandes diffusion et compréhension dans la population. Le rapport s'inscrivait ainsi dans la continuité, puisqu'il ne s'agissait pas de remettre en cause le modèle de l'interculturalisme, mais de le publiciser et de favoriser une plus grande adhésion des Québécois à ses principes fondamentaux.

Le gouvernement québécois ne donna pas suite à ces deux principales recommandations. Les prémisses d'une crise économique mondiale avaient changé l'ordre des priorités. L'élection d'un gouvernement libéral majoritaire en 2008 et la cuisante défaite de l'Action démocratique du Québec rendaient également moins urgente une intervention gouvernementale sur les questions de l'identité et de la diversité culturelle. Il faut noter également que, dès l'automne 2007, soit au début des travaux de consultations de la commission, la crise s'était grandement estompée. Le travail de la commission et notamment les consultations publiques tenues sur l'ensemble du territoire québécois et retransmises par les médias a permis de « délier les langues » et, au-delà de certains dérapages, a largement contribué à tempérer le climat social et politique. Ainsi, entre 2008 et 2010, le débat s'est surtout cristallisé sur la laïcité, mais dans le cadre d'échanges entre « experts » concernant davantage les universitaires et les intellectuels que la population en général[24].

Quatre ans après le dépôt du rapport Bouchard-Taylor, le modèle québécois de l'interculturalisme n'a pas connu de modifications majeures – autres que l'enchâssement formel de l'égalité entre les hommes et les

---

[24] Bosset, P. & al., « Manifeste pour un Québec pluraliste », *Le Devoir*, Montréal, 3 février 2010, p. A7 ; Les Intellectuels pour la laïcité, « Pour un Québec laïque et pluraliste », *Le Devoir*, Montréal, 16 mars 2010, p. A7.

femmes dans la Charte québécoise des droits et libertés de la personne[25] –, et la population québécoise demeure toujours ambivalente vis-à-vis de la question des accommodements raisonnables. Signe de cette ambivalence, une étude réalisée par *l'Institut de recherche en politiques publiques* et publiée en 2011 note que, parmi les dix provinces canadiennes, c'est au Québec que l'on trouve le plus de gens favorables à l'immigration, mais que c'est aussi au Québec que l'on trouve le plus de gens qui se disent opposés aux accommodements raisonnables. Il ressort de cette étude que l'ouverture à l'immigration et l'ouverture aux différences culturelles sont deux questions distinctes dans l'esprit de la population et que le modèle d'intégration aux valeurs de la culture majoritaire demeure le modèle qui a l'appui de la majorité. Les résistances restent fortes à l'idée de passer d'un « modèle d'intégration » à un « modèle pluraliste » de reconnaissance des différences, tout particulièrement lorsqu'il est question des accommodements religieux[26].

3. L'interculturalisme dans le rapport Bouchard-Taylor

L'interculturalisme n'ayant jamais fait l'objet de texte officiel, sa construction relève pour beaucoup de représentations sociales et politiques qui évoluent selon les contextes et les débats politiques. Ainsi, il n'était pas surprenant de retrouver dans le rapport Bouchard-Taylor des passages qui reprennent l'opposition classique entre l'interculturalisme et le multiculturalisme. On peut lire dans le glossaire du rapport que l'interculturalisme est un modèle qui préconise des rapports harmonieux entre les cultures et qui est axé sur un mode « d'intégration qui ne cherche pas à abolir les différences tout en favorisant la formation d'une identité commune ». À la différence, le même glossaire précise que le multiculturalisme vise la promotion de la diversité ethnique et « peut conduire à l'idée que l'identité commune d'une société se définit exclusivement par référence à des principes politiques plutôt qu'à une culture, une ethnicité ou une histoire »[27]. Et d'ajouter que le multiculturalisme ne s'applique pas au Québec pour quatre raisons : (1) l'importance de la langue française dans la définition de l'identité québécoise ; (2) « l'inquiétude existentielle du minoritaire » (celle des Canadiens français dans le contexte nord-américain) ; (3) le fait que contrairement au multiculturalisme canadien qui décrète qu'il n'y a plus de culture officielle au Canada (les descendants des Canadiens anglais forment environ 38 % de la population), au Québec, les citoyens d'origine

---

25 À ce sujet, voy. la contribution de J. Woehrling au présent ouvrage.

26 Reitz, J. G., *Pro-immigration Canada. Social and Economic Roots of Popular Views*, Montréal, IRPP Studies, 2011.

27 Bouchard, G. & Taylor, Ch., *op. cit.*, p. 286-287.

canadienne-française forment une forte majorité (78 % de la population) ; (4) « il s'en suit qu'au Canada anglais, on se préoccupe moins de la continuité ou de la préservation d'une veille culture fondatrice, mais bien davantage de l'unité ou de la cohésion nationale »[28]. Dans ces passages, les différences entre l'interculturalisme et le multiculturalisme reposent moins sur les orientations politiques des deux modèles que sur le contexte ethnoculturel distinct dans lequel chacun évolue.

Cette définition de l'interculturalisme aux « accents quasi communautariens », par son insistance sur la continuité d'une histoire, d'une langue et d'une culture, détonne par rapport à la teneur d'ensemble du document dont l'essentiel du propos consiste à donner une orientation libérale et pluraliste au modèle québécois. Mais les passages ne sont pas en soi contradictoires, car une société libérale peut très bien reposer sur une pluralité d'appartenance ethnoculturelle, religieuse et identitaire. À ce titre, la présence d'une forte majorité ethnoculturelle, qui vient caractériser sa pluriethnicité, singularise le Québec du reste du Canada. Pour les rédacteurs du rapport, il ne s'agit pas de réaligner l'identité commune au Québec sur un vieux fond identitaire, mais de décrire une réalité factuelle et de préciser que l'aménagement de la diversité au Québec doit tenir compte des préoccupations identitaires de la majorité ethnoculturelle, problème qui ne se pose pas, du moins pas dans ces termes, pour le reste du Canada où les Canadiens anglais ne forment plus une majorité.

3.1. Une représentation pluriethnique de l'identité québécoise

Pour bien saisir le rôle que prend le critère ethnoculturel dans le rapport Bouchard-Taylor, il faut, d'une part, voir ce que ce choix « ne dit pas » ou « ce qu'il exclut » comme perspective et, d'autre part, comprendre la manière dont ses auteurs conçoivent, à partir de ce choix, l'identité collective au Québec. Dans le vocabulaire politique québécois des quarante dernières années, le terme « Québécois », plus inclusif, car inscrit dans une conception territoriale de l'appartenance nationale, est venu remplacer le terme « Canadien français », qui renvoyait, lui, à l'appartenance ethnoculturelle susceptible d'être porteuse d'exclusion. Retrouver cette expression dans le rapport Bouchard-Taylor ne pouvait manquer de surprendre. Cela traduit toutefois bien l'esprit des rédacteurs qui considéraient que la crise des « accommodements raisonnables » s'expliquait, en bonne partie, par les représentations qu'en avait le groupe ethnoculturel majoritaire. C'était pour eux le cœur du problème, et c'était donc sur ce point qu'il fallait canaliser les esprits et les réflexions. Mais l'expression pouvait néanmoins déplaire, en ce qu'elle

---

[28] *Ibid.*, p. 122.

fait des « Canadiens français » un bloc monolithique, pour qui les choix – culturels, religieux, politiques, de mode de vie, etc. – ne seraient pas à penser en termes pluralistes, mais sur le mode de l'unicité. De même, selon cette perspective, les désaccords au sujet des « accommodements raisonnables » n'exprimaient pas des options politiques divergentes sur un sujet de société, mais pouvaient être ramenés au malaise identitaire de la majorité.

Aussi, ramener les Québécois d'origine canadienne-française à leur identité ethnoculturelle a été perçu par plusieurs comme un recul, vis-à-vis de l'émancipation politique, et non seulement identitaire, de la nation québécoise. Ce choix contraste notamment avec l'expertise sur l'interculturalisme commandée par la commission Bouchard-Taylor. Pour ces auteurs, dont le politologue François Rocher et la sociologue Micheline Labelle, c'est la notion de citoyenneté, et non celle d'ethnicité, qui définit aujourd'hui le mieux le modèle québécois de la diversité[29]. Le point de référence qui permet de reconnaître les différences culturelles et l'existence de groupes nationaux différenciés au Québec (majorité francophone, minorité anglophone, les nations autochtones et les communautés culturelles) relève d'une conception « politique » et non « pluriethnique » de la nation québécoise. De ce fait, l'identité commune et la participation à celle-ci ont moins à voir avec la « continuité historique d'une veille culture fondatrice », qui doit trouver sa place dans une société désormais diversifiée qu'avec la continuité d'un projet politique, auquel chaque individu et chaque groupe est appelé à participer, et dont l'affirmation du français comme langue publique commune est un élément essentiel avec les autres principes découlant de la citoyenneté – la culture publique commune, la participation politique, les droits collectifs, les droits et libertés de l'individu, la solidarité collective. Vu ainsi, l'interculturalisme a comme objectif de favoriser l'expression d'une citoyenneté liée à une allégeance partagée à la nation québécoise.

En faisant usage du critère ethnoculturel dans sa lecture de la composition de la société québécoise, le rapport Bouchard-Taylor apportait, pour sa part, une première réorientation à l'interculturalisme : le Québec interculturel, tout comme le Canada multiculturel, peut se comprendre comme un lieu où se juxtaposent différents groupes ethnoculturels. Et si le Québec ne prend pas la forme d'une « mosaïque » multiculturelle à l'exemple du Canada – critique adressée au multiculturalisme –, c'est non seulement dû au poids de la majorité canadienne-française par rapport aux groupes minoritaires, mais également aux préoccupations identitaires liées à son existence – son histoire, sa culture, sa langue. Ces constats doivent nécessairement être pris en considération dans les réflexions sur

[29] Rocher, F. & al., *op. cit.*

l'interculturalisme, si l'on désire tant atténuer les craintes identitaires de la majorité que permettre aux autres groupes ethnoculturels de s'épanouir dans la société québécoise.

Si la vision de l'interculturalisme proposée par le rapport coïncide difficilement avec la version citoyenne défendue par Labelle et Rocher qui insistent sur l'identité politique comme dénominateur commun, c'est que, selon le rapport, cette vision citoyenne, malgré ses visées intégratrices, contient des sources potentielles d'exclusion. Elle sous-évalue l'influence considérable de la majorité « ethnoculturelle » dans la définition des critères de la citoyenneté et de l'identité politique qui devraient permettre l'intégration des différences. Au lieu de rassembler les différences sous une identité transcendante qui risque de ne pas être neutre d'un point de vue ethnoculturel, le rapport suggère de partir de l'idée d'une société composée d'une diversité de groupes ethnoculturels – les « Canadiens français » composant, en ce sens, un groupe parmi d'autres. De là, il convient de trouver un point de ralliement qui puisse être suffisamment neutre dans le but de permettre à chaque groupe de participer à la société sans devoir renoncer à ses valeurs et à ses croyances.

3.2. Une éthique politique minimale traduite par des valeurs communes

Une seconde démarcation importante du rapport à l'égard de la définition classique de l'interculturalisme concerne le rejet de l'idée d'une « *culture publique commune* », considérée comme trop statique et associée aux valeurs de la majorité. Le rapport Bouchard-Taylor lui substitue la notion de « valeurs communes » qui sont des valeurs que chacun doit partager dans la société pour qu'il puisse y avoir un minimum de cohésion sociale et de respect mutuel : « Ce qu'il faut avoir à l'esprit, ce sont quelques valeurs historicisées qui recoupent les expériences singulières des principaux acteurs collectifs ou groupes ethniques »[30]. Ces valeurs historicisées reposent sur les droits et libertés inscrits dans les chartes, sur la démocratie représentative et sur la reconnaissance du français comme langue publique commune. Le rapport définit ainsi le lien politique comme un « cadre civique » ne restreignant pas les différences ; il laisse de côté les considérations liées au bien commun ou à une culture commune qui pourraient les encadrer. Pour illustrer sa conception de la cohésion sociale, le rapport s'inspire d'ailleurs du principe de consensus par recoupement, élaboré par John Rawls dans *Libéralisme politique*[31]. Selon ce principe, l'adhésion aux valeurs fondamentales de la société n'exige pas une vision partagée du monde et

---

[30] Bouchard, G. & Taylor, Ch., p. 127.

[31] Rawls, J., *Libéralisme politique*, Paris, PUF, 1995.

peut se construire à partir de visions différenciées et incommensurables au sujet des conceptions de la vie bonne. Sans renoncer à leurs croyances et convictions profondes, les citoyens peuvent adhérer à ces valeurs communes, qui sont elles-mêmes considérées comme valides en ce qu'elles peuvent être reconnues par des citoyens « ayant des conceptions très variées du monde et de ce qui constitue une vie réussie de vivre ensemble de façon pacifique »[32].

Ainsi, la nécessité de s'entendre sur quelques valeurs phares de la société n'oblige pas à devoir partager, à un autre niveau, une forme d'allégeance supérieure à une culture partagée.

La culture publique commune n'est pas retenue, car elle apparaît comme une notion qui masque le poids des valeurs de la majorité sur les valeurs des minorités, et qui revient, encore une fois, à demander à ces dernières d'adapter leur mode de vie à celui de la majorité. Dans l'optique du rapport, chaque groupe, minoritaire ou majoritaire, doit être considéré équitablement en ce qui concerne leurs valeurs ou leurs croyances singulières, pour autant que ces dernières soient compatibles avec les valeurs communes qui doivent permettre la cohésion collective. Le rapport recherche également l'expression d'une identité commune, mais l'intégration à celle-ci n'est pas un préalable à l'inclusion sociale et citoyenne ; l'identité commune est plutôt une réalité à construire à travers un échange équitable entre les individus et les groupes qui composent la société. Selon la version classique de l'interculturalisme, l'intégration était nécessaire à la participation, alors que dans la version proposée par le rapport, c'est la participation qui ouvre la voie à l'intégration. De là, les Québécois d'origine canadienne-française doivent renoncer à se comprendre comme le noyau unique de l'identité collective au Québec ; noyau auquel les membres minoritaires de la société auraient à s'intégrer pour pouvoir devenir pleinement québécois. Il s'agit plutôt d'installer un dialogue entre la majorité et les minorités qui permettra de renouveler l'identité collective en tenant compte des apports singuliers de chacun. Quant à la forme que pourrait prendre la cohésion politique dans une société ainsi configurée, elle pourrait bien ressembler au « consensus par recoupement » autour de principes politiques de base, mais à partir d'une pluralité de perspectives culturelles distinctes.

3.3. Une laïcité « ouverte »

La réorientation de l'interculturalisme proposée dans le rapport se complète par une conception de la laïcité, appelée laïcité « ouverte », dont l'objectif n'est pas uniquement de garantir la neutralité des institutions publiques sur les questions religieuses, mais également et prioritairement

[32] *Ibid.*, p. 134.

de favoriser l'harmonisation des rapports interculturels dans un contexte de diversité profonde des croyances et des convictions. Des quatre principes qui, selon le rapport, définissent un régime de laïcité – a) la séparation de l'Église et de l'État, b) la neutralité de l'État, c) la liberté de croyance des individus et d) l'égalité morale des individus –, il est précisé que les deux premiers sont des moyens institutionnels qui ont pour finalité la réalisation des deux derniers. Cette conception de la laïcité ne fait pas que garantir la liberté de croyance et l'égalité morale des individus, elle encadre indirectement la définition des normes de la vie collective : toute élaboration subséquente de valeurs communes devra se faire en conformité avec ce socle minimal.

La controverse qu'a suscitée la proposition de « laïcité ouverte » illustre des divergences autour des exigences de la mise en œuvre du principe de laïcité au Québec. D'une part, la vision libérale proposée par le rapport, pour laquelle la neutralité de l'État s'accompagne de sa non-intervention sur les questions de la vie bonne ou des doctrines compréhensives des individus et des groupes ; d'autre part, une vision plus républicaine, suivant laquelle l'État conserve certaines prérogatives en matière de bien commun, et de cohésion sociale et politique, qui peuvent le conduire à limiter voire à refuser toute forme d'accommodement pour motifs religieux dans les institutions publiques. Selon cette dernière approche, il s'agit davantage, par la laïcité, d'agencer les principes de la liberté de conscience et de l'égalité morale des individus aux principes d'une citoyenneté commune qui assure à chacun les mêmes droits et les mêmes privilèges. Le pluralisme moral et religieux doit alors certes être protégé par les chartes et les normes de la vie collective, mais il doit aussi être équilibré avec d'autres impératifs ayant trait au bien commun de la société, dont l'égalité entre les hommes et les femmes. En ce sens, la laïcité ouverte a le défaut de placer les croyances singulières des individus et des groupes au-dessus des principes de la neutralité de l'État et de la séparation du religieux et de l'État ; elle favorise la ségrégation religieuse au lieu de favoriser la cohésion commune.

La notion de laïcité ouverte emprunte, quant à elle, la voie libérale et pluraliste qui anime la philosophie d'ensemble du rapport Bouchard-Taylor. Elle pose clairement que les finalités de l'État résident dans l'expression des droits et des libertés des individus, dans un cadre civique permettant un fonctionnement adéquat des institutions publiques. La laïcité ouverte, mise en lien avec la conception minimale de la cohésion politique – les quelques valeurs communes historicisées – présente ainsi un portrait d'ensemble de l'interculturalisme qui, au final, se différencie peu du multiculturalisme. Sur cette question, Charles Taylor lui-même, lors d'un échange avec le philosophe Will Kymlicka, reconnaissait qu'il n'y avait pas, à ses yeux, de différence de fond entre l'interculturalisme et le multiculturalisme, si ce n'est que ce dernier terme est peu « attrayant » dans des sociétés où se concentre un noyau identitaire fortement majoritaire, le cas du Québec et de plusieurs sociétés européennes, où l'on préfère l'expression d'interculturalisme[33]. Au-delà des mots, l'essentiel est de trouver les bases communes (cadre civique, valeurs communes, droits et libertés), qui permettront de définir une identité collective ouverte à la diversité des appartenances ethnoculturelles. Il s'agit même, sous-entend le rapport, d'une obligation de l'État démocratique d'aujourd'hui, car porter atteinte aux croyances et aux convictions d'un individu – ce qui peut prendre des formes directes (discriminations explicites) ou des formes indirectes (des politiques publiques orientées sur une notion singulière du bien commun qui contreviendrait à l'égalité de traitement) – peut lui causer des préjudices ou un tort moral considérable. Dans la recherche d'équilibre entre la diversité et le bien commun, le rapport Bouchard-Taylor propose une lecture moins républicaine, et une réorientation libérale et pluraliste des fondements de l'interculturalisme. Le rapport précise à cet effet que « [l]a première fonction de cette conception ouverte de la laïcité demeure la protection de l'égalité morale des citoyens et de la liberté de conscience et de religion », ce qui ne l'empêche pas, « subsidiairement », de contribuer « à l'intégration civique »[34]. Là encore, l'approche du rapport Bouchard-Taylor consiste à concevoir l'intégration sociale et politique comme le résultat d'une extension des droits et des libertés de l'individu, et de l'instauration d'un cadre civique minimal, dans lequel le rôle de l'État réside, pour sa part, dans la garantie de l'impartialité et la neutralité des institutions publiques.

4. Quel avenir pour l'interculturalisme ?

Les réactions au rapport Bouchard-Taylor ont été vives dans le débat politique québécois, en raison, selon certains, de la dénaturation ou de la version édulcorée qu'il proposait de l'interculturalisme. Le modèle québécois, nous l'avons vu, demeure attaché à une conception de l'identité commune, qui doit permettre l'expression d'un projet politique communément partagé. De plus, ce projet conserve des ancrages liés à la communauté historique des Québécois francophones, en ce sens que l'existence même d'une nation québécoise demeure intimement liée à la présence et à la continuité de ce groupe historique. Selon le sociologue Guy Rocher[35], figure de proue de la modernisation sociopolitique au

---

[33] Propos de Charles Taylor tenus dans le cadre du « Colloque sur le Rapport Bouchard-Taylor. Un an après », Université de Montréal, 1er mai 2009. Accessible en baladodiffusion : http://www.creum.umontreal.ca/spip.php?article1053.

[34] Bouchard, G. & Taylor, Ch., p. 138.

[35] Rocher, G., *op. cit.*

Québec, le rapport ramène la majorité franco-québécoise à son statut de minoritaire, en omettant son rôle politique et historique dans la constitution d'un État démocratique au Québec, et en accordant aux minorités un statut équivalent à la majorité dans la définition des valeurs communes. Désancrant l'identité commune de son noyau majoritaire, le rapport ouvrirait la perspective d'un dialogue interculturel (multiculturel diront les critiques) sans fin, dans lequel il n'y a plus un ancrage historique et culturel commun, mais une diversité d'ancrages. Selon cette perspective, l'interculturalisme consiste à retenir quelques bases communes du dialogue – les valeurs communes –, tout en laissant ouvert le point d'arrivée auquel doit conduire le dialogue interculturel en termes d'identité collective.

Ces réaménagements de l'interculturalisme, proposés par le rapport Bouchard-Taylor, trouvent une explication dans la notion de diversité profonde définie par Charles Taylor. Pour le philosophe, l'identité commune ne peut plus se construire sur des identités nationales traditionnelles qui supposent une homogénéisation ou un ralliement autour des valeurs d'un groupe national singulier. La diversification interne des sociétés occidentales, amenée par les demandes de reconnaissance en raison de l'ethnie, du genre, de l'orientation sexuelle, et la diversification issue de l'immigration, qui voit, entre autres, l'arrivée d'individus et de groupes qui refusent de s'assimiler et qui veulent préserver leur culture, leur religion, leur mode de vie, modifient les conditions de possibilité d'une identité collective. Cette dernière ne peut plus puiser uniquement dans le réservoir de la culture majoritaire – la culture nationale, les valeurs judéo-chrétiennes, les grands récits fondateurs – pour rallier tous les citoyens, peu importe leur origine. Si l'identité commune est essentielle et demeure au centre de la solidarité collective, écrit Charles Taylor, il faut néanmoins trouver de nouveaux langages pour l'exprimer, dans le but d'unir avec les différences. Depuis quelques années, ce nouveau langage, dans ses écrits, a pris la forme d'une acceptation des principes de base du libéralisme procédural (primauté des droits et des libertés, neutralité de l'État, consensus par recoupement) et de l'ouverture à des identités nationales pluriethniques[36].

Par ailleurs, les réorientations de l'interculturalisme proposées par le rapport Bouchard-Taylor sont cohérentes et en lien avec la philosophie pluraliste et libérale, mais le rapport n'a pas complètement fermé la porte à une lecture plus « républicaine » des rapports interculturels, bien que cet élément soit un peu passé sous silence dans les débats

[36] Taylor, Ch., « Democracy, Inclusive and Exclusive », in de Madsen, R. & al. (dir.), *Meaning and Modernity. Religion, Polity, and Self*, University of California Press, Berkeley, 2002, p. 181-194.

qui ont suivi son dépôt. Lorsqu'il s'intéresse aux pratiques d'harmonisation des différences, le rapport pose la distinction entre une forme juridique (l'accommodement raisonnable) et une forme citoyenne (l'ajustement concerté)[37]. La première concerne l'obligation juridique, pour un employeur ou une institution publique, d'éviter les formes de discriminations indirectes, alors que la seconde s'appuie sur le dialogue et l'échange entre les parties en cause, et se conclut régulièrement par un accord tacite entre ces dernières. Si le rapport maintient le rôle essentiel des accommodements raisonnables et du droit dans une société pluraliste, il indique également que cela devrait être une démarche de dernier recours, et que les formes citoyennes d'harmonisation – l'ajustement concerté – donnent plus de résultats dans le rapprochement entre les citoyens. Le rapport souligne également que dans la grande majorité des cas, les pratiques d'harmonisation relèvent davantage de la forme citoyenne, alors que les accommodements raisonnables sont relativement peu nombreux ; même si ces derniers retiennent plus souvent l'attention, et sont plus souvent l'objet de controverse, alors que les pratiques citoyennes se déroulent souvent sans encombre, et sont, de ce fait, l'objet de moins d'attention.

Lorsque l'on approfondit ce que dit le rapport au sujet des ajustements concertés, dans les sections relatives aux pratiques d'harmonisation dans le secteur des institutions scolaires et de la santé, l'on constate qu'un certain nombre de conditions doivent être présentes pour assurer le succès de l'opération : la responsabilisation des acteurs (enseignant, médecins, acteurs sociaux et demandeurs), l'esprit d'initiative ou d'imagination créatrice des partenaires au service de solutions inédites et, point important, la reconnaissance de la mission de l'institution – la réussite scolaire, le bien-être du patient – qui vient délimiter et encadrer la prise de décision. Ainsi, dans le milieu scolaire, une demande de dérogation pour une matière enseignée peut trouver une réponse sans qu'il soit nécessaire de recourir aux tribunaux, si les différents acteurs s'entendent sur les raisons de la demande et les objectifs poursuivis par l'enseignement de la matière. Par exemple, selon le rapport, il peut être envisageable de remplacer des cours d'éducation physique par une autre activité physique, suivie en dehors de l'école et dont les coûts seraient assumés par les parents, si l'élève répond ainsi aux objectifs poursuivis. Toutefois, la mixité étant une valeur incluse dans la mission scolaire, de tels ajustements concertés ne devraient pas conduire à remettre celle-ci en cause, excluant par là même des activités scolaires séparées pour les garçons et les filles. Certains reprocheront à ces formes d'harmonisation de ne pas offrir de balises plus strictes, et d'introduire une politique au

---

[37] Bouchard, G. & Taylor, Ch., *op. cit.*, p. 64 et s.

cas par cas, mais ces ajustements sont tout à fait conformes à l'éthique dialogique qui anime l'interculturalisme. Cette logique repose sur la responsabilisation des acteurs et la volonté de parvenir à une solution commune, tout en conservant comme balises les droits et les libertés de chacun, la responsabilité des parties et la mission de l'institution publique.

Ces formes d'ajustements concertés sont, à mon avis, non seulement un gage de réussite des pratiques d'harmonisation des différences, mais également le prototype du modèle de l'interculturalisme qui cherche à concilier la diversité et le lien social par des voies citoyennes et non uniquement juridiques. Or, la réussite de telles pratiques d'harmonisation – qui demeurent encadrées par le droit en cas d'échec – tient, à mon avis, non seulement de la reconnaissance des libertés et des droits de chacun, dont la liberté de croyance et de religion, mais également d'un accord quant à la mission de l'institution. Les parties concernées, les demandeurs et les répondants institutionnels doivent s'entendre sur les objectifs, les finalités, les ressources de l'institution qui, au même titre que les droits et libertés, viennent encadrer le dialogue et délimiter le type de solutions envisageables. La mission de l'institution n'est pas en elle-même l'objet de la discussion, mais jouit d'une légitimité reconnue et sert de balise dans le cadre de la discussion. En d'autres mots, la mission, qui peut certes évoluer dans le temps – à l'instar des changements dans les pratiques d'enseignement ou en matière de soins de santé, à la suite de débats dans l'arène politique –, offre ici une certaine continuité permettant d'encadrer les pratiques d'harmonisation, au même titre que le font les autres normes que sont la liberté et l'égalité morale des individus. La solution retenue doit donc se traduire par une mise en balance de ces différentes exigences. Le rapport réintroduit ainsi, lorsqu'il préconise la démarche citoyenne des ajustements concertés, le besoin d'équilibre entre le bien commun (traduit ici par la mission de l'institution) et la reconnaissance des différences.

On peut se demander si cette même optique ne devrait pas prévaloir également hors des institutions scolaires et du domaine de la santé pour s'appliquer plus largement aux institutions publiques, c'est-à-dire ici aux normes et pratiques constitutionnelles ou quasi constitutionnelles qui encadrent l'espace public (les chartes des droits et libertés, la Charte de la langue française au Québec et divers énoncés et lois qui balisent les relations entre les citoyens tels que pourrait être une loi un énoncé politique sur l'interculturalisme et la laïcité). Or, contrairement à l'école, ou à la santé, la notion de mission est plus difficilement applicable à cette échelle et le rapport, lui-même, préfère, dans ce domaine, se borner à énoncer quelques valeurs communes. Pourtant, l'une des difficultés des représentations des relations interculturelles dans le contexte actuel est justement cette incapacité à énoncer au-delà d'une éthique minimale, ce que pourrait être cette « mission » publique, laissant ainsi libre cours aux critiques qui assimilent cette mission au seul noyau identitaire canadien-français. Il ne s'agit pas ici de remettre en cause l'importance des droits et des libertés, mais de trouver les balises politiques légitimes qui permettent de trouver un juste équilibre entre la mission publique et les droits individuels lorsqu'il est question de débat public et de décision collective. La réponse réside en bonne partie dans la capacité de nos sociétés de réanimer l'idéal de solidarité et d'échange qui est au cœur du projet démocratique. À mon avis, ce dernier s'inscrit dans un projet concret, en partie culturellement et historiquement particulier, mais sans jamais se fondre entièrement à celui-ci. En effet, ses buts, comme dans le contexte de l'école, ne sont rien d'autre que permettre l'épanouissement de chacun de ses membres sans renoncer à sa mission institutionnelle, qui, dans le cadre des institutions publiques, se traduit par une forme ou l'autre de solidarité collective. La critique que l'on pourrait adresser, en ce sens, au rapport Bouchard-Taylor, c'est celle de ne pas avoir été en mesure de transposer sur le plan plus général des institutions publiques, ce qu'il perçoit avec justesse dans les institutions subsidiaires de l'école et des hôpitaux. Mais là réside peut-être le symptôme actuel d'une crise plus profonde de nos sociétés démocratiques, soit leur incapacité présente à régénérer le sens de leur mission et à établir l'idéal de solidarité sous-jacent au vivre ensemble.

Conclusion

La lecture renouvelée de l'interculturalisme dans le rapport Bouchard-Taylor tient à l'idée selon laquelle l'identité commune doit être posée comme le fil d'arrivée, alors que le point de départ repose essentiellement sur un cadre civique qui établit les balises minimales de la délibération commune. Mais cela revient à marginaliser la culture commune, liée à un vécu historique et singulier, qui imprègne les institutions publiques. Une autre version de l'interculturalisme voudrait, au contraire, ouvrir cette culture commune aux appartenances multiples, non uniquement dans un but d'intégration, mais également dans le but de transformer cette culture commune, ce monde commun que nous avons en partage et qui sous-tend les délibérations collectives. L'argument des libéraux, repris par le rapport Bouchard-Taylor, est qu'une telle conception de l'identité commune serait encore trop restrictive, en ce qu'elle ne respecte pas la diversité profonde de l'ensemble des perspectives culturelles, ni le souhait de certaines cultures de se maintenir dans leur nouvelle société d'accueil. La solution résiderait ainsi dans la formulation d'une nouvelle identité collective, tel un consensus par recoupement, qui permettrait de reconnaître quelques principes politiques de base, sans devoir partager, au-delà, une compréhension commune ou un projet politique commun.

Les libéraux partagent la vision optimiste en vertu de laquelle l'intégration civique découlera de la reconnaissance des droits et des libertés.

Or, la société québécoise a été un contre-exemple de ce modèle, ce qui peut expliquer les réactions négatives au rapport, puisque la reconnaissance de la diversité et du pluralisme s'y est accompagnée d'une affirmation étatique et nationale (par des lois linguistiques et des politiques culturelles, entre autres) dans la définition des contours de l'identité nationale. Et c'est également encore par l'intervention politique que sont appelées à se définir les normes de la vie collective, comme le suggère le rapport en préconisant des définitions publiques de l'interculturalisme et de la laïcité. C'est cette continuité institutionnelle et la participation politique qui l'accompagne qui permettent aujourd'hui de revoir les normes de la vie collective. Les discussions sur le modèle de la diversité devraient ainsi conduire, au-delà de l'affirmation des droits et des libertés, à la reconnaissance de l'importance de la communauté politique qui permet à tous les citoyens de participer à la définition de la vie collective. Cette éthique publique est également propice aux accommodements des différences – ou à des pratiques citoyennes d'harmonisation de celles-ci –, mais elle requiert, il est vrai, le partage de la mission commune. L'interculturalisme, à la différence du multiculturalisme, fait du partage d'un monde commun un bien politique qui structure la délibération publique et qui donne aux citoyens l'assise nécessaire pour y exprimer leurs différences.

Du dialogue aux Assises, heurs et malheurs de l'interculturalité en Belgique

Julie RINGELHEIM

Université catholique de Louvain

Introduction

En Belgique comme dans d'autres pays occidentaux, les débats sur la gestion de la diversité religieuse, et tout particulièrement de l'islam, revêtent régulièrement un tour passionnel et polémique. L'âpreté des controverses sur cette question tient sans doute au fait qu'elle renvoie à des interrogations lancinantes sur l'identité à la fois culturelle et politique de ces sociétés. Identité culturelle parce que l'émergence de nouvelles communautés religieuses et les transformations sociales qu'elle entraîne troublent la représentation que ces sociétés, traditionnellement, avaient d'elles-mêmes. Identité politique aussi parce que les discussions générées par la diversification religieuse de la population mettent en jeu des principes politiques, tels que la liberté individuelle et ses limites, l'égalité des sexes, la neutralité de l'État, qui participent de l'autodéfinition des démocraties occidentales. Mais s'il existe un large consensus sur l'importance de ces principes, la détermination de leurs implications dans des situations concrètes suscite, sur de nombreux sujets, de vifs désaccords.

Vu les profondes divisions qui se manifestent dans la société sur ces questions, les responsables politiques éprouvent souvent des difficultés à les trancher, soit qu'ils hésitent à prendre position, soit qu'ils ne soient pas d'accord entre eux. Aussi, dans plusieurs pays, les autorités ont recouru à une même méthode pour tenter de répondre à ces débats tout en apaisant les tensions : désigner une commission d'experts et lui confier la mission d'étudier un ou plusieurs problèmes posés par la diversité et de proposer des solutions. Au Québec, il y eut la *Commission de consultation sur les pratiques d'accommodement reliées aux différences culturelles*, dite *commission Bouchard Taylor*, du nom de ses deux présidents[1], mise en place par le Premier ministre Jean Charest en février 2007[2]. En France, quelques années plus tôt, *la Commission de réflexion sur l'application du principe de laïcité*, plus connue sous le nom de *commission Stasi*, en référence à son président Bernard Stasi, avait été créée par le président Jacques Chirac[3]. La Belgique, quant à elle, a connu, en l'espace de quelques années, deux expériences de ce type : la *Commission du dialogue interculturel*, qui mena ses travaux de 2004 à 2005 et, quatre ans plus tard, les *Assises de l'interculturalité*, mises sur pied en 2009. Si l'objectif de ces deux initiatives était de dépassionner le débat et d'aboutir à des propositions de solutions concrètes bénéficiant d'une légitimité suffisante pour être entérinées par les responsables politiques, force est de reconnaître que ces deux processus ont été un échec. Certes, ils ont contribué à nourrir la réflexion et à alimenter le débat public sur des questions sensibles. Mais ni la Commission, ni les Assises ne sont parvenues à apaiser les tensions. Quant aux recommandations formulées dans les rapports issus de leurs travaux, elles ont été largement ignorées par les responsables politiques. Leur impact concret sur les politiques menées en Belgique en matière d'interculturalité apparaît, à l'heure actuelle, à peu près nul.

Dans cette contribution, j'aimerais m'interroger sur les raisons de cet échec et sur ce que celui-ci révèle du traitement politique réservé en Belgique aux questions suscitées par la pluralité religieuse liée à l'immigration récente. Les deux processus examinés – Commission du dialogue interculturel et Assises de l'interculturalité – concernent l'*interculturalité* dans son ensemble, et pas seulement la diversité religieuse, sur laquelle se concentre cet ouvrage. Néanmoins, dans les débats associés à la problématique de l'interculturalité, c'est sans conteste la pluralité religieuse, et en particulier l'émergence de l'islam, qui occupe le plus l'attention. Il me semble qu'un des éléments qui caractérisent la Belgique sur ce plan, c'est une tension entre un cadre juridico-politique préexistant qui institutionnalise un certain pluralisme, reflétant les clivages religieux, idéologiques et linguistiques historiques du pays, et la résistance à l'idée d'appliquer les mêmes principes pour gérer la nouvelle diversité religieuse née de l'immigration contemporaine. On peut penser que ce tiraillement explique en partie la difficulté, voire la réticence, que

---

1 Gérard Bouchard et Charles Taylor. Le rapport final de cette Commission, intitulé *Fonder l'avenir – Le temps de la conciliation*, a été rendu public le 22 mai 2008.

2 À ce propos, voy. la contribution de B. Gagnon au présent ouvrage.

3 Cette Commission fut créée le 3 juillet 2003 en réponse aux violentes polémiques sur le port du foulard à l'école publique. Son rapport, intitulé *Laïcité et République*, fut remis au président de la République le 11 décembre 2003.

manifestent de nombreux responsables politiques belges à se positionner de manière nette dans les discussions sur ces sujets.

Dans les pages qui suivent, je commencerai par mettre en lumière les traits dominants de l'héritage historique de la Belgique en matière de gestion de la diversité (1). J'examinerai ensuite l'expérience de la Commission du dialogue interculturel et des Assises de l'interculturalité (2). Je discuterai enfin des raisons susceptibles d'expliquer l'échec de ces deux initiatives (3).

1. L'héritage belge en matière de gestion de la diversité : le pluralisme institutionnalisé

La Belgique est souvent décrite comme un exemple de démocratie consociative. Ce concept, élaboré par le politiste néerlandais Arendt Lijphart, caractérise les sociétés segmentées en plusieurs communautés religieuses, idéologiques ou culturelles, dans lesquelles la décision politique procède d'une négociation institutionnalisée entre les élites des différents segments sociaux ou *piliers*, plutôt que d'une application du principe majoritaire[4]. Trois clivages ont profondément marqué l'histoire de la Belgique et contribué à façonner son système politico-juridique : le clivage chrétiens-laïcs, le clivage socio-économique et le clivage linguistique ou communautaire[5]. Si la société belge connaît, depuis les années 1960, une relative *dépilarisation*[6], les organisations et les dispositifs juridiques hérités de cette structuration de la société perdurent.

Le régime des cultes, dont les principes ont été posés par la Constitution de 1831, est ainsi le fruit d'un compromis entre les courants chrétien et laïque. La singularité de ce modèle apparaît nettement si on le compare à celui de deux grands voisins de la Belgique : la France et la Grande-Bretagne. La France, à l'issue d'un conflit intense entre cléricaux et anticléricaux, a opté en 1905 pour une séparation stricte des Églises et de l'État : la loi de séparation interdit toute reconnaissance et tout

---

4 Lijphart, A., *Democracy in Plural Societs : A comparative Exploration*, New Haven, Yale University Press, 1977.

5 Martiniello, M. & Rea, A., « Piliers minorités ethniques et affirmative action en Belgique. Les minorités ethniques sont-elles solubles dans le pluralisme belge ? », in Martiniello, M. & Rea, A. (eds.), *Affirmative Action. Des discours, des politiques et des pratiques en débat*, Louvain-la-Neuve, Academia Bruylant, 2004, p. 253-301. Voy. aussi de Coorebyter, V., « Clivages et partis politiques en Belgique », *Courrier hebdomadaire du CRISP* n° 2000, 2008, p. 7-95.

6 de Correbyter, V., *op. cit.*

subventionnement publics des cultes[7]. En Grande-Bretagne, au contraire, un système d'Église établie ou officielle a persisté jusqu'à aujourd'hui. En pratique, ce régime n'a plus qu'une portée essentiellement symbolique : au cours du XXe siècle, le pays s'est ouvert au pluralisme confessionnel et l'Église anglicane a perdu ses privilèges ainsi que son emprise sur la société, désormais largement sécularisée. Mais sur le plan juridique, elle jouit toujours du statut d'Église établie[8].

Le système belge, qui repose sur la notion de cultes reconnus, se distingue tant du régime français que de la situation britannique : on n'y trouve ni Église d'État ni séparation stricte. L'État est neutre, il n'adhère à aucune Église ni religion, mais cela ne l'empêche pas de soutenir financièrement certains cultes, reconnus par le Parlement au nom de leur assise sociale. La séparation de l'État et des religions n'est donc pas jugée incompatible avec l'octroi de subsides à certaines communautés religieuses. Il s'agit d'un modèle de séparation souple, comme il en existe, sous différentes variantes, dans de nombreux pays européens, tels l'Allemagne, l'Autriche ou les Pays-Bas[9]. L'une des originalités du système c'est qu'il a, dès le départ, présenté un caractère pluraliste : dès l'indépendance de la Belgique en 1831, le financement public est accordé à d'autres cultes que l'Église catholique, qui représente la religion majoritaire ; il bénéficie aussi aux cultes protestant, israélite et anglican[10]. En outre, le système a évolué au cours du temps et intégré de nouveaux cultes ou convictions : l'islam a été reconnu officiellement par la Belgique en 1974[11]. À partir de 1981, le financement public a été progressivement étendu aux organisations se réclamant de la laïcité organisée, créant une situation unique en Europe[12]. Enfin, le bouddhisme est actuellement en voie de reconnaissance[13].

---

7 Loi du 9 décembre 1905 relative à la séparation des Églises et de l'État. Sur le contexte historique ayant conduit à cette législation, voy. notamment Baubérot, J., *Histoire de la laïcité en France*, Paris, PUF, 2005.

8 Rhodes Jr., R.E., « Pluralist Establishment : Reflections on the English Experience », *Cardozo Law Review*, 1990-1991 (12), p. 867-880.

9 Voy. Robbers, G. (ed.), *État et Églises dans l'Union européenne*, Baden-Baden, Nomos Verlagsgesellschaft, 2e éd., 2008.

10 Sägesser, C., *Cultes et laïcité*, Dossier du CRISP n° 78, 2011, p. 14-17.

11 Mais pour différentes raisons, cette reconnaissance n'a pu sortir tous ses effets avant une longue période. Voy. notamment Panafit, L., *Quand le droit écrit l'Islam. L'intégration juridique de l'Islam en Belgique*, Bruxelles, Bruylant, 1999 ; Amez, F., « Choisir son interlocuteur : le droit belge face à la diversité des structures religieuses », in Ringelheim, J. (dir.), *Le droit et la diversité culturelle*, Bruxelles Bruylant, 2011, p. 221-233.

12 Sägesser, C., *op. cit.*, p. 18. Cette extension s'est réalisée en plusieurs étapes et a été achevée en 2002 (*ibid.*).

13 *Ibid.*, p. 63-64.

La spécificité de la Belgique en matière de gestion de la diversité religieuse se reflète également dans l'organisation du système scolaire. Comme dans d'autres pays européens, les tensions entre chrétiens et laïcs au XIXe et au début du XXe siècle se sont particulièrement cristallisées autour de l'enjeu de l'école. Ces conflits se sont là aussi résolus par des compromis entre élites : le Pacte scolaire de 1958 prévoit, d'un côté, que les autorités publiques organisent un enseignement neutre sur le plan confessionnel, de l'autre, que les religions reconnues et la morale laïque sont enseignées à l'école publique (qualifiée d'« école officielle »), au choix des parents. En outre, l'État subventionne très largement les écoles privées, dites libres, pour autant qu'elles respectent certaines exigences et sont soumises à l'inspection de l'État. Ces écoles sont, dans leur écrasante majorité, des écoles catholiques[14].

Analysant les différentes composantes du modèle politico-juridique belge en matière de pluralité confessionnelle et idéologique, H. Dumont et X. Delgrange soulignent que la philosophie implicite qui le caractérise repose sur une alliance entre les principes de neutralité et de pluralisme : l'État n'adhère à aucun système de conviction mais reconnaît et soutient les grandes tendances idéologiques et philosophiques qui structurent la société belge[15]. Alors que dans la vision française, la neutralité de l'État est « recherchée par le refoulement des facteurs de différenciation en dehors des organes de décision », en Belgique, « les facteurs de différenciation sont, au contraire, dûment identifiés, et les représentants des principaux intérêts collectifs en conflit sont invités à cogérer avec les représentants des pouvoirs publics les domaines les plus exposés à ces conflits »[16].

Dans la même logique, le système institutionnel belge comporte de multiples mécanismes de protection en faveur de certaines minorités. Non pas toutes les minorités : seuls sont visés par ces dispositifs les groupes liés aux clivages traditionnels de la société belge qui, dans certains contextes, se retrouvent en position minoritaire[17]. C'est le cas

---

14 Ces principes sont désormais consacrés à l'article 24 de la Constitution. Sur ces notions, voy. Delgrange, X., « La neutralité de l'enseignement en Communauté française », *Administration publique*, 2007-2008, p. 119-156, spéc. p. 124-125.

15 Dumont, H. & Delgrange, X., « Le principe de pluralisme face à la question du voile islamique en Belgique », *Droit et société*, 2008/1, n° 68, p. 75-108, p. 82.

16 Dumont, H., « Le modèle de la loi du Pacte culturel a-t-il encore une pertinence aujourd'hui ? », in Ringelheim, J. (dir.), *Le droit et la diversité culturelle*, *op. cit.*, p. 167-204, p. 177.

17 À noter que la Belgique n'a toujours pas ratifié la Convention-cadre du Conseil de l'Europe pour la protection des minorités nationales, à défaut d'accord sur la définition de la notion de minorité aux fins de cette Convention. Le concept de minorité tel qu'il est consacré par la Constitution belge diffère en effet du sens attribué à cette notion

de ce que le Constituant a appelé, par un néologisme révélateur des réalités belges, les *minorités idéologiques et philosophiques*. En 1970, au début de la fédéralisation du pays, deux dispositions ont été ajoutées à la Constitution pour protéger les droits de ces minorités dites idéologiques et philosophiques et les préserver de toute discrimination[18]. On craignait en effet que l'une ou l'autre des grandes familles idéologiques du pays ne se trouve trop fortement minorisée au sein des collectivités fédérées nouvellement créées. On s'inquiétait surtout de l'avenir du pilier chrétien au sud du pays et du pilier laïc au nord[19]. La loi sur le Pacte culturel de 1973 est l'une des traductions législatives de ce prescrit constitutionnel[20]. Elle vise à garantir la participation des différentes *tendances idéologiques et philosophiques* représentatives – concept qui, en pratique, recouvre largement la notion sociologique de *famille politique*[21] – à l'élaboration et à la gestion des politiques culturelles. À cette fin, elle requiert notamment une répartition des nominations du personnel des organismes culturels de façon à assurer une représentation équilibrée de ces *tendances* et à éviter toute domination d'une infrastructure culturelle par l'une d'entre elles.

Mais c'est dans l'agencement des rapports entre groupes linguistiques, dans le cadre de la fédéralisation, que ces dispositifs protecteurs ont connu leur plus grand développement : « sonnette d'alarme » linguistique aux Parlements fédéral et régional bruxellois, exigence d'une majorité spéciale pour l'adoption de certaines lois, sièges réservés pour les députés néerlandophones au Parlement de la Région de Bruxelles-Capitale, participation garantie de néerlandophones à l'Exécutif de cette même région, facilités linguistiques dans certaines communes, etc.[22] À différents

en droit international. Voy. notamment Ringelheim, J., « La Convention-cadre pour la protection des minorités nationales. Mythes et réalités », in *Les minorités : un défi pour les États*, Publication de l'Académie royale de Belgique, 2012, p. 259-285 ; Delgrange, X. & Van Drooghenbroeck, S., « La signature de la Convention-cadre sur la protection des minorités nationales et les mesures de protection des minorités continues dans les lois spéciales », *Administration publique*, 2002, n° 2-3, p. 273-287.

18 Il s'agit des articles 11 et 131 de la Constitution.

19 Bonbled, N., « Les minorités culturelles en droit public belge : une diversité de statut(s) », in Ringelheim, J. (dir.), *Le droit et la diversité culturelle*, *op. cit.*, p. 121-165, n° 12.

20 Loi du 16 juillet 1973 garantissant la protection des tendances idéologiques et philosophiques (*M.B.*, 16 octobre 1973). Pour une analyse approfondie de cette législation, du contexte de son adoption et de la philosophie qui la sous-tend, voy. Dumont, H., *Le pluralisme idéologique et l'autonomie culturelle en droit public belge* (2 vols.), Bruxelles, Bruylant-Publications des Facultés universitaires Saint-Louis, 1996.

21 Dumont, H., « Le modèle de la loi… », *op. cit.*, p. 174 et *Le pluralisme idéologique…*, *op. cit.*, vol. 2, p. 23-28 et p. 363-392.

22 Pour une analyse approfondie des différents mécanismes de protection des minorités en Belgique, Bonbled, N. & Vandernoot, P., « Les droits des minorités », in Verdussen,

niveaux de pouvoirs, de multiples mécanismes, y compris l'octroi de droits spéciaux, ont été mis en place pour protéger les intérêts de l'un ou l'autre des trois groupes linguistiques historiques – néerlandophone, francophone ou germanophone – dans des situations où ils sont en position minoritaire.

M. Martiniello et A. Rea observent que certains de ces dispositifs dénotent une logique semblable à celle qui sous-tend les politiques d'*affirmative action :* « même si l'affirmative action, comme paradigme et politique, n'est pas présentée comme telle, elle est à l'œuvre pour rééquilibrer certains clivages historiques et pour réduire les inégalités de redistribution entre eux »[23]. C'est le cas, selon eux, du Pacte culturel, dans la mesure où il vise à la fois à garantir à différents groupes politiques et idéologiques un accès égal à une ressource publique et à réparer une injustice historique dont ont été victimes les Flamands dans le premier siècle d'existence de l'État belge[24]. C'est aussi le cas des dispositions garantissant, dans la Région bruxelloise, la représentation des néerlandophones au sein des institutions politiques et des administrations : à leurs yeux, ces mécanismes sont assimilables à des politiques d'*affirmative action* car « la logique de répartition des ressources politiques et de protection des minorités qu'il sanctionne trouve toujours une justification, parfois exprimée, souvent non dite, dans les injustices passées subies par les Flamands, lesquelles servent de base à des revendications de réparation dans un contexte où les Flamands sont pourtant devenus dominants »[25]. On pourrait ajouter que certaines modalités de protection évoquent le principe de l'*aménagement raisonnable* – notion associée aux développements récents du droit de la non-discrimination[26]. On songe en particulier aux facilités linguistiques accordées, dans certaines communes, aux personnes parlant une autre langue nationale que celle de la région[27] : elles reviennent à assouplir la rigueur de la règle générale, selon laquelle la langue des institutions publiques est la langue de la région, en admettant des exceptions à celles-ci afin de garantir aux

---

M. & Bonbled, N., *Les droits constitutionnels en Belgique. Les enseignements jurisprudentiels de la Cour constitutionnelle, du Conseil d'État et de la Cour de* cassation, vol. I, Bruxelles, Bruylant, 2011, p. 1637-1819.

23 Martiniello, M. & Rea, A., *op. cit.*, p. 260.

24 *Ibid.*, p. 268.

25 *Ibid.*, p. 270.

26 Voy. notamment Bribosia, E., Ringelheim, J. & Rorive, I., « Aménager la diversité : le droit de l'égalité face à la diversité religieuse », *Rev. trim. dr. h.*, 2009, n° 78, p. 319-373 et Waddington, L., « Reasonable Accommodation », in Schiek, D., Waddington, L. & Bell, M. (ed.), *Cases, Materials and Text on National, Supranational and International Non-Discrimination Law*, Ius Commune Casebooks for the Common Law of Europe, Oxford and Portland, Hart, 2007, p. 629-756.

27 Voy. notamment Vandernoot, P. & Bonbled, N., *op. cit.*, p. 1675-1748, n° 25-n° 81.

citoyens parlant une langue officielle minoritaire dans la région une égalité effective, par rapport à leurs concitoyens, dans les rapports avec les institutions publiques.

Le système institutionnel qui s'est construit en Belgique en réponse aux clivages religieux, idéologiques et linguistiques historiques repose donc sur une combinaison des principes de neutralité de l'État, de reconnaissance du pluralisme et de protection de groupes minoritaires. Il se caractérise également par une certaine présence du religieux dans l'espace public dans la mesure où les cultes reconnus sont enseignés à l'école publique et qu'avec l'existence d'un pilier chrétien, des organismes – parti politique, syndicat, hôpitaux, écoles, etc. – se revendiquant d'une tradition religieuse ont occupé et occupent toujours une place importante dans la vie sociale et politique belge. Cet héritage historique n'a pas empêché l'apparition d'une nouvelle diversité née de l'immigration contemporaine de susciter tensions et controverses. Bien que l'islam ait bénéficié d'une reconnaissance officielle dès 1974, la place de cette religion dans la société et sa visibilité dans l'espace public font l'objet, depuis le milieu des années 1970, de polémiques récurrentes[28].

2. Répondre à la nouvelle diversité : l'expérience de la Commission et des Assises

2.1. La Commission du dialogue interculturel

La Commission du dialogue interculturel est mise en place le 23 février 2004 par le gouvernement fédéral, à l'initiative de la ministre de l'Intégration sociale, de l'Égalité des chances et du Dialogue interculturel, Marie Arena (Parti socialiste francophone). Le contexte est marqué par des débats tendus autour de la place de l'islam dans la société belge. Les attentats du 11 septembre 2001 ne sont pas loin. En novembre 2002, le meurtre d'un jeune enseignant d'origine marocaine a provoqué des émeutes à Anvers. La France vient de faire l'expérience de la Commission Stasi, qui, dans son rapport rendu public le 11 décembre 2003, a recommandé l'interdiction du port de signes religieux ostensibles à l'école publique[29]. La publication de ce rapport a été immédiatement suivie du dépôt d'un projet de loi en ce sens, adopté par l'Assemblée

[28] Voy. notamment Bousetta, H. & Jacobs, D., « Multiculturalism, citizenship and Islam in problematic encounters in Belgium », in Modood, T., Triandafyllidou, A. & Zapata-Barrero, R. (ed.), *Multiculturalism, Muslism and Citizenship. A European Approach*, New York, Routledge, 2006, p. 23-36.

[29] La recommandation de la Commission Stasi était en réalité plus large : elle proposait d'adopter une loi générale sur la laïcité, qui aurait comporté plusieurs éléments, et notamment la reconnaissance des fêtes de Kippour et de l'Aïd-El-Kebir comme jours

nationale française le 10 février 2004[30]. La Belgique connaît elle aussi de vives controverses sur la question du foulard à l'école. Un nombre croissant d'établissements interdisent, dans leur règlement d'ordre intérieur, le port de symboles religieux. Selon une étude réalisée en 2001, c'est le cas de 84 % des écoles francophones, publiques ou privées, de la capitale[31]. Mais aucun consensus ne se fait jour au niveau politique pour établir une règle générale en la matière par voie législative.

La Commission se compose de vingt-sept personnes : un grand nombre de professeurs d'université et des personnes provenant de différents secteurs de la société belge, tels que le champ politique, le monde associatif, l'enseignement et les syndicats. Sa composition traduit la volonté d'assurer une représentation équilibrée des clivages traditionnels de la société belge[32]. Elle est présidée par deux personnalités politiques, l'une flamande, l'autre francophone : Annemie Neyts, ministre d'État et eurodéputée, membre du parti libéral flamand (VLD) et Roger Lallemand, ministre d'État, membre du parti socialiste francophone. Elle respecte la parité linguistique entre flamands et francophones. La distinction entre courants chrétien et laïc est également prise en considération. On y retrouve enfin des personnalités « issues de l'immigration ». La Commission est hébergée par le Centre pour l'égalité des chances et la lutte contre le racisme, qui accompagne ses travaux.

La mission qui lui est confiée est large : elle est chargée d'étudier les conditions actuelles de l'interculturalité en Belgique et d'identifier les principes fondateurs du « vivre ensemble ». Afin de nourrir sa réflexion, elle réalise un très grand nombre d'auditions d'experts et d'acteurs de la société civile, tels que des représentants d'associations du secteur de l'intégration ou liées à une communauté, des directeurs d'école, un commissaire de police, des chercheurs, etc. Elle remet son rapport final le 2 mai 2005 au ministre Christian Dupont (socialiste francophone), qui a

---

fériés dans toutes les écoles de la République. Cette dernière proposition n'a jamais été mise en œuvre.

30 Art. L141-5-1 du Code de l'éducation, créé par la loi n° 2004-228 du 15 mars 2004, J.O.R.F., 17 mars 2004.

31 Bouselmati, M., *Le voile contre l'intégrisme. Le foulard dans les écoles*, Bruxelles, Labor, 2002, p. 21, cité par Dumont, H. & Delgrange, X., « Le principe de pluralisme face à la question du voile islamique en Belgique », *Droit et société*, 2008/1, n° 68, p. 75-108, p. 103. Pour une analyse des débats sur le port du foulard à l'école en Belgique, voy. aussi Coene, G. & Longman, Ch. « Gendering the diversification of diversity. The Belgian hijab (in) question », *Ethnicities*, 2008, vol. 8 (3), p. 302-321.

32 Adam, I., « Le rapport de la Commission du dialogue interculturel. Vers une politique multiculturelle en Belgique ? », *L'année sociale*, 2005, p. 33-40, p. 34.

entre-temps remplacé Marie Arena au ministère de l'Intégration sociale, de l'Égalité des chances et du Dialogue interculturel[33].

De manière intéressante, le rapport commence par inscrire la question contemporaine de l'interculturalité dans la continuité des différentes formes de diversité que la Belgique a connues au cours de son histoire. Le rapport affirme que « la Belgique est une démocratie fondée sur le pluralisme » – concept qu'il définit comme « la construction d'un espace commun de dialogue et d'émancipation, où la diversité fait l'objet de débats collectifs et se traduit dans des institutions spécifiques »[34]. Il observe qu'avec le temps, au terme de crises et de tensions, la promotion d'un triple pluralisme a été assurée : le pluralisme politique et syndical, le pluralisme philosophique et religieux, le pluralisme communautaire ou linguistique. On reconnaît ici les clivages classiques de la société belge. Or, la Belgique est aujourd'hui confrontée à la nécessité de « réaliser une quatrième forme de pluralisme, le pluralisme culturel ». Il s'agit de « transformer en pluralité active la diversité culturelle issue des courants d'immigration ; d'inventer un cadre institutionnel, politique mais aussi d'instaurer tout un climat social, pour permettre à ceux dont la culture d'origine est souvent non européenne de vivre leur citoyenneté à part entière mais aussi pour permettre aux Belges d'origine européenne de les comprendre et de les accepter comme tels »[35].

Dans cette perspective, les deux présidents de la Commission insistent, dans leur introduction, sur l'importance d'accepter la présence, et donc de reconnaître les différents groupes culturels qui composent la société belge, en particulier les minorités culturelles. Cette préoccupation est présentée comme l'option politique fondamentale autour de laquelle s'articulent les propositions du rapport[36]. Ils estiment « nécessaire de sortir de l'exigence d'assimilation qui commande encore, implicitement, certaines politiques d'intégration, pour s'orienter vers un modèle qui respecte mieux chaque individu dans sa singularité et lui permette de participer, de manière égale, à la vie en société. »[37] La reconnaissance des minorités doit aussi reposer sur « une vision universaliste de l'humanité et de la citoyenneté ». Elle doit se fonder sur les principes d'égalité de tous les citoyens, en particulier des hommes et des femmes, de non-discrimination et de lutte contre le

33 Commission du dialogue interculturel, *Rapport final et Livre des auditions*, mai 2005. Les deux rapporteurs sont Édouard Delruelle et Rik Torfs.

34 *Ibid.*, p. 27.

35 *Ibid.*

36 *Ibid.*, p. 7.

37 *Ibid.*

racisme et la xénophobie[38]. Se profile ainsi une volonté de conjuguer une ouverture à un multiculturalisme modéré et une optique universaliste[39].

La Commission désigne les Belges d'origine étrangère qui ont conservé une spécificité culturelle par l'expression *minorités culturelles*, jusque-là peu usitée en Belgique[40]. Elle rejette les termes d'*immigrés* et d'*allochtones*, utilisés respectivement dans la partie francophone et dans la région flamande, parce qu'ils renvoient les intéressés à une origine étrangère alors qu'ils sont citoyens à part entière. La notion de *minorité culturelle* doit permettre de traduire « à la fois une réalité spécifiquement culturelle et une situation d'inégalité de fait par rapport à un modèle culturel dominant »[41]. L'idée n'est pas d'enfermer les individus dans des identités fermées, mais au contraire de leur permettre de faire reconnaître la complexité et la richesse de leur situation[42].

Le rapport offre un tour d'horizon des politiques liées à l'intégration et la diversité en Belgique, émaillé de nombreuses recommandations. Il aborde des sujets variés : politiques d'intégration, citoyenneté, neutralité de l'État, action positive et lutte contre les discriminations, valorisation des mémoires et des cultures, jours fériés, médias et interculturalité à l'école. Parmi ses propositions majeures, figure celle d'adopter une charte de la citoyenneté, qui serait un texte pédagogique, informant chacun sur ses droits et obligations et sur le sens de la citoyenneté. Elle reprendrait les principes de l'État de droit, des droits de l'homme et de la démocratie tout en tenant compte des particularités du modèle belge (à savoir la concertation sociale, le pluralisme idéologique et philosophique, le fédéralisme)[43]. Le rapport propose lui-même un projet de charte à titre de conclusion[44]. Il recommande également la création d'un musée de l'immigration[45], la révision de l'organisation des jours fériés pour permettre à chacun de bénéficier des jours de congé les plus importants à ses yeux[46], l'ouverture des programmes scolaires aux cultures d'origine des élèves issus de l'immigration[47] et le développement d'actions positives pour favoriser l'accès de certains groupes culturels à l'emploi, tels que

---

38 *Ibid.*

39 Pour Adam, I., la « Commission oscille entre les modèles d'intégration assimilationniste et multiculturel » (*op. cit.*, p. 34).

40 Commission du dialogue interculturel, *Rapport final*, *op. cit.*, p. 40.

41 *Ibid.*, p. 40-41.

42 *Ibid.*, p. 41.

43 *Ibid.*, p. 53.

44 *Ibid.*, p. 93-94.

45 *Ibid.*, p. 73.

46 *Ibid.*, p. 77.

47 *Ibid.*, p. 89.

l'octroi d'incitants fiscaux aux entreprises qui réaliseraient des plans de diversité[48]. Le rapport préconise aussi le développement de statistiques qualifiées de « culturelles », pour permettre d'évaluer la situation des minorités culturelles dans les secteurs socio-économiques et d'identifier la discrimination[49].

En revanche, sur les deux questions qui préoccupaient sans doute le plus l'opinion, le port de signes religieux par des élèves à l'école publique, d'une part, par des agents de l'État, d'autre part, la Commission ne formule pas de recommandation, faute de consensus. Elle se borne à exposer les différentes positions exprimées en son sein. Pour ce qui est des agents de l'État, certains de ses membres préconisent l'autorisation sans restriction du port de signes religieux, au nom de la liberté religieuse et de la neutralité de l'État entendue comme neutralité inclusive. La neutralité vise selon eux les actes du fonctionnaire mais pas forcément son apparence. D'autres, à l'inverse, jugent que la neutralité de l'État requiert l'interdiction du port de tout signe religieux par un agent public. D'autres membres encore adoptent une position médiane : ils prônent une interdiction limitée aux agents de *première ligne*, qui ont un rapport d'autorité à l'égard du public, tels les magistrats, les agents de police ou les assistants sociaux des Centres publics d'aide sociale, et l'autorisation des signes religieux pour les autres[50]. Pour les élèves de l'enseignement officiel, à nouveau, trois positions sont présentées. Les uns préconisent une interdiction généralisée de tout signe religieux à l'école, au motif que « l'école doit être un espace neutre commun où toutes les convictions religieuses et philosophiques cohabitent harmonieusement sans que l'une prime sur l'autre »[51]. Les autres plaident pour que la législation garantisse la liberté de porter des signes religieux à l'école, au nom du respect de la liberté individuelle et d'une conception active et inclusive de la neutralité[52]. Quant aux troisièmes, ils sont opposés à une intervention législative et préfèrent s'en remettre à l'autonomie des écoles et des pouvoirs organisateurs, tout en admettant que des balises peuvent être

48 *Ibid.*, p. 65.

49 *Ibid.*, p. 69-71. Cette liste n'est pas exhaustive : le rapport contient encore d'autres recommandations.

50 *Ibid.*, p. 57-58 et 115-117. Dans le cadre de l'école, toutefois, les membres de la Commission s'accordent sur le fait que les textes définissant la neutralité dans l'enseignement officiel, tant au sein de la Communauté française (aujourd'hui Fédération Wallonie-Bruxelles) que de la Communauté flamande, impliquent, pour le corps enseignant, une interdiction de porter des signes religieux, sauf pour les enseignants des cours de religion. Curieusement, cette analyse n'est pas exprimée dans le corps du rapport mais dans une annexe à celui-ci, qui reprend les positions de la Commission sur la question de la neutralité et des signes religieux : *ibid.*, p. 118-119.

51 *Ibid.*, p. 122.

52 *Ibid.*, p. 124.

posées, telles que le principe selon lequel la décision éventuelle d'une école ou d'un pouvoir organisateur de prohiber les signes religieux devrait respecter une double condition : justifier cette mesure par un projet pédagogique clair et instaurer un dialogue entre élèves, parents et enseignants[53]. Le texte ne dit pas qui devrait formuler ces balises mais c'est le législateur qui semble visé.

Les suites données à ce rapport par les responsables politiques ont été décevantes pour ses auteurs. Le rapport du Comité des Assises de l'interculturalité le constatera lui-même : bien qu'accueillies favorablement, les recommandations de la Commission sont, à de rares exceptions près, restées lettre morte[54]. L'une des seules propositions à avoir débouché sur une initiative concrète est celle concernant les « statistiques culturelles » : dans la foulée du rapport, le Centre pour l'égalité des chances et la lutte contre le racisme a chargé un groupe de travail d'élaborer, avec l'appui de scientifiques, un mécanisme de « *Monitoring socio-économique basé sur la nationalité et l'origine nationale* »[55]. Le premier rapport a été présenté en 2013 par le Centre pour l'égalité des chances et la lutte contre le racisme et le SPF Emploi, Travail et Concertation sociale (http://www.diversite.be/monitoring-socio-économique).

2.2. Les Assises de l'interculturalité

Malgré ce bilan mitigé, quelques années plus tard, une initiative très similaire est organisée. Elle prendra le nom d'Assises de l'interculturalité. Lors de la formation du nouveau gouvernement fédéral en 2008, le portefeuille de l'égalité des chances est attribué à Joëlle Milquet (Centre démocrate humaniste (CDH), ancien parti social-chrétien francophone)[56]. Elle obtient que ce projet soit inclus dans l'accord de gouvernement conclu le 18 mars 2008.

Le climat n'est pas très différent de celui de 2004 : les débats sur l'intégration, l'islam et le port du foulard sont toujours aussi intenses. Pas plus qu'en 2004, il n'existe de consensus politique pour légiférer,

---

53 *Ibid.*, p. 123.

54 *Rapport du Comité de pilotage des Assises de l'interculturalité*, remis à Joëlle Milquet, Vice-Première ministre, ministre de l'Emploi et de l'Égalité des Chances, en charge de la Politique de migration et d'asile, le 8 novembre 2010, p. 119.

55 Voy. Vanderkam, M., « La consultation d'octobre 2006 sur l'établissement des données relatives à l'origine », *Statistiques « ethniques » : éléments de cadrage*, Centre d'analyse stratégique, La Documentation française, Rapports et documents, n° 3, 2006, p. 82-85, p. 83 ; Ringelheim, J., « Recueil de données, catégories ethniques et mesures des discriminations : un débat européen », *Rev. trim. dr. h.*, n° 82, 2010, p. 269-313.

56 Le parti social chrétien francophone a modifié son nom en 2002 et adopté celui de Centre démocrate humaniste.

dans quelque sens que ce soit, sur le port de signes religieux à l'école ou dans la fonction publique. Mais en septembre 2009, peu avant le début des Assises, le Conseil de l'enseignement communautaire flamand, autorité administrative à laquelle la Communauté flamande a délégué la gestion de son réseau d'enseignement, décidera de prohiber le port de signes philosophiques, par les élèves et les membres du personnel, dans toutes les écoles dépendant de cette communauté, sauf pendant les cours de religion[57].

Les Assises de l'interculturalité sont coordonnées par un Comité de pilotage, composé d'une vingtaine de personnes, provenant en particulier du monde académique et du secteur associatif. Nouveauté par rapport à la Commission, elle inclut des représentants des cultes et de la laïcité organisée[58]. Elle comprend un nombre égal de francophones et de néerlandophones ainsi qu'un germanophone. Des experts sont en outre désignés par les entités fédérées. Plusieurs membres sont d'origine immigrée. À nouveau, la composition de cette entité démontre une volonté de refléter les divisions traditionnelles de la société belge. Le Comité se choisit deux présidentes, l'une néerlandophone, l'autre francophone : Marie-Claire Foblets, professeur d'anthropologie du droit à la *Katholiek Universiteit Leuven*, et Christine Kulakowski, directrice du Centre bruxellois d'action interculturelle, une ONG active dans le domaine de l'intégration et de l'interculturalité à Bruxelles.

Le Comité débute ses travaux en septembre 2009 avec, à nouveau, un mandat très vaste. L'objectif des Assises, tel que défini par la ministre, est de « permettre, après un large débat d'une année avec l'ensemble des acteurs et personnes concernées, d'aboutir à de nouvelles recommandations relatives à différentes thématiques liées à l'interculturalité »[59]. Plusieurs recherches sont commanditées à des équipes interuniversitaires et associatives, notamment sur les pratiques d'harmonisation culturelle dans l'emploi[60], et sur la question de la neutralité de l'État et du port

[57] Décision du 11 septembre 2009 complétant la définition de la neutralité applicable dans l'enseignement communautaire flamand, GO ! Onderwijs van de Vlaamse Gemmenschap, citée par Delgrange, X., « Mixité sociale, mixité religieuse : le droit de l'enseignement face à la diversité », in Ringelheim, J. (dir.), *Le droit et la diversité culturelle*, *op. cit.*, p. 503-567, p. 527.

[58] Il s'agit du grand rabbin de Bruxelles (Albert Guigui), du président de l'Union des mosquées (Farid El Machaoud), et du vice-président du Centre d'action laïque (Jean-Michel Heuskin).

[59] *Rapport du Comité de pilotage*, *op. cit.*, p. 10.

[60] Adam, I. & Rea, A., *La diversité culturelle sur le lieu de travail. Pratiques d'aménagements raisonnables*, Recherche à la demande du Centre pour l'égalité des chances et la lutte contre le racisme, septembre 2010.

de signes convictionnels par les fonctionnaires[61]. Le Comité se divise en commissions thématiques. Le processus est plus houleux que celui de la Commission du dialogue interculturel : plusieurs membres du Comité de pilotage démissionnent en cours de route[62], la presse dénonce « les retards et les ratés » du projet[63], certains membres sont contestés. Et alors que les Assises devaient avoir lieu en dehors de tout contexte électoral, la chute du gouvernement conduit à des élections anticipées en juin 2010. Le Comité de pilotage poursuit néanmoins ses travaux et publie son rapport en novembre 2010.

Ce rapport situe les Assises dans le prolongement de la Commission du dialogue interculturel : il s'agit de poursuivre un processus commencé avec la Commission[64]. Mais contrairement à cette dernière, le Comité de pilotage ne cherche pas à préciser la conception générale de la citoyenneté ou de la société qui fonde ses réflexions. L'interculturalité est simplement définie comme un projet de société qui vise à répondre à un fait : le caractère multiculturel de la population[65]. La majeure partie du rapport porte sur l'examen de problèmes concrets et la formulation de propositions. Les raisons de cette approche pragmatique apparaissent en filigrane du document : le Comité reconnaît que des divergences profondes sont apparues en son sein, certains membres « privilégiant l'affirmation de valeurs communes et d'une culture civique partagée et les autres se montrant davantage preneurs d'une société inclusive qui valorise les différences compatibles avec les droits fondamentaux »[66]. La vision « universaliste » et l'optique plutôt « multiculturaliste » que la Commission du dialogue interculturel voulait combiner se retrouvent ici opposées l'une à l'autre. Il semble donc que, face à cette difficulté, le Comité a renoncé à définir une vision globale de la société à construire et préféré rechercher un consensus sur des recommandations précises et concrètes.

Les thèmes abordés sont larges : enseignement, emploi, gouvernance, logement et santé, vie associative, culture et médias. Soixante-sept recommandations parsèment le rapport. Mais cette fois, le Comité a décidé de mettre plus particulièrement l'accent sur huit mesures qu'il considère comme prioritaires. Les deux premières concernent les

---

61 *Rapport du Comité de pilotage*, *op. cit.*, p. 14.

62 Composé de vingt-neuf membres à l'origine, il n'en compte plus que vingt et un à l'issue du processus.

63 Dorzée, H., « Diversité : le grand ratage », *Le Soir*, 11 mai 2010 et « Les Assises de l'interculturalité multiplient les retards et les ratés », *La Libre Belgique*, 11 mai 2010.

64 *Rapport du Comité de pilotage*, *op. cit.*, p. 10 et 27.

65 *Ibid.*, p. 8 et 113.

66 *Ibid.*, p. 114-115.

questions précisément laissées en suspens par la Commission du dialogue interculturel : le port de signes religieux par les élèves de l'enseignement obligatoire et par les agents de l'État. Le Comité affirme vouloir aller plus loin que la Commission et « prendre ses responsabilités » en proposant des solutions de compromis[67]. Pour les agents des services publics, il soutient la solution intermédiaire identifiée par la Commission : il propose d'interdire le port de tels signes aux agents investis d'une fonction d'autorité mais de l'autoriser dans le cas des autres agents[68]. En ce qui concerne les élèves, il imagine une solution inédite : il préconise la liberté de revêtir des signes convictionnels durant les trois dernières années de l'enseignement secondaire et leur interdiction pendant les trois premières années – règle qui devrait être établie par législation décrétale pour en assurer la généralité[69].

Deux autres recommandations prioritaires concernent la dimension religieuse de l'interculturalité. L'une consiste en une réforme des jours fériés légaux : le Comité propose d'introduire deux jours de congé flottants dont chacun serait libre de choisir la date et de créer trois nouveaux jours fériés non religieux, dont la date pourrait coïncider avec des journées internationales telles que la journée internationale des femmes, la journée internationale contre le racisme ou la journée mondiale de la diversité culturelle[70]. L'autre porte sur la notion d'aménagements raisonnables : il recommande d'étudier les avantages et inconvénients d'une extension de ce concept, tel que défini par la législation antidiscriminatoire, au-delà du critère du handicap, aux situations liées à la conviction religieuse ou philosophique. Les autres mesures prioritaires indiquées dans le rapport sont l'achèvement du projet de « monitoring socio-économique » ; la mise en place d'un système de quotas temporaires pour favoriser le recrutement de personnes issues des minorités ; l'élargissement de l'incrimination de la négation du génocide au-delà du génocide commis par le régime nazi et une reconnaissance, par les autorités belges, de leur responsabilité dans la colonisation. Enfin, dernière priorité, pour que son rapport ne connaisse pas le même sort que celui de la Commission, le Comité plaide pour qu'un mécanisme de suivi et d'évaluation de ses recommandations soit mis en place à tous les niveaux concernés de l'État[71].

---

67 *Ibid.*, p. 115.

68 *Ibid.*, p. 81.

69 *Ibid.*, p. 46.

70 En dehors de ces nouveaux jours de congé, le Comité propose de ne conserver que les cinq jours fériés suivants : 1er janvier, 1er mai, 21 juillet, 11 novembre et 25 décembre (*ibid.*, p. 118).

71 *Ibid.*, p. 116-120.

Deux membres du Comité ont souhaité ajouter au rapport une note minoritaire pour y exposer leur désaccord avec certains de ses éléments. Édouard Delruelle, codirecteur du Centre pour l'égalité des chances et la lutte contre le racisme, se dit opposé à une reconnaissance d'un droit à l'accommodement raisonnable en matière culturelle et religieuse et estime, à propos de la réglementation des signes religieux à l'école, qu'il faudrait laisser aux écoles la possibilité d'édicter une interdiction totale, dans des conditions définies par décret[72]. Naima Charkaoui, directrice du *Minderhedenforum* (Forum des Minorités), juge quant à elle que la limitation de la liberté des élèves et des agents de la fonction publique de porter des signes convictionnels n'est ni nécessaire ni souhaitable[73].

L'accueil réservé au rapport des Assises à sa sortie est extrêmement défavorable. Des députés du Mouvement réformateur (MR, droite libérale francophone) l'accusent de défendre une vision « communautariste de la société »[74]. Jean-Michel Heuskin, vice-président du Centre d'Action Laïque et lui-même membre du Comité de pilotage, dénonce « la logique multiculturaliste et identitaire » qui aurait dominé les travaux finaux du Comité. Il déclare que « le fil conducteur de ce rapport semble être la primauté de la liberté religieuse sur toutes les autres libertés même si certaines recommandations sont intéressantes »[75]. Plusieurs autres personnalités ou organisations prennent position contre ce rapport[76]. Seules quelques voix cherchent à le défendre, en soulignant le sérieux du travail accompli et l'intérêt d'un certain nombre de ses propositions[77]. Comme on pouvait s'y attendre, les recommandations du Comité de pilotage des

---

72 *Ibid.*, p. 122-123. Il dit aussi regretter la philosophie du rapport qui avaliserait la vision d'une société divisée entre majorité et minorités culturelles, négligeant la polarité « capital/travail », laquelle reste selon lui déterminante pour expliquer les enjeux de notre société (p. 123).

73 *Rapport du Comité de pilotage*, *op. cit.*, p. 123-126.

74 Ducarme, D. & Bacquelaine, D., deux députés du Mouvement réformateur (droite libérale) : « Le rapport des Assises de l'interculturalité : une bible pour le communautarisme », *Le Soir*, 11 novembre 2010 ; Dorzée, H., « Interculturalité. Le MR attaque les Assises », *Le Soir*, 20 décembre 2010.

75 Heuskin, J.-M., « Assises de l'interculturalité : évaluations critiques et perspectives », *Interculturalité : à la croisée des diversités, Les cahiers du CIEP*, Journée d'étude d'actualité politique, 25 février 2011, p. 12-13.

76 Voy. Dassetto, F., « Des Assises de l'interculturalité mal assises », *Le Soir*, 10 novembre 2010 ; « Les assises de l'interculturalité institutionnalisent le différentialisme culturel, selon RAPPEL », *La Libre Belgique*, 10 novembre 2010 (le RAPPEL est l'acronyme de *Réseau d'action pour la promotion d'un État laïque*), « Des organisations juives flamandes s'en prennent à Milquet », *La Libre Belgique*, le 10 novembre 2010 ; Uyttendaele, M., « La faute à Napoléon », *La Libre Belgique*, 9 décembre 2010.

77 Voy. Rigaux, M.-F., « Les Assises de l'interculturalité. Quelques réflexions en marge d'un rapport », *J.T.*, 38/2010, n° 6414, p. 705-706 ; Derriche, O., El Hajjaji, H., Goldman, H. & Plateau, N., « Interculturalité : vers l'apaisement ? », *Le Soir*,

Assises n'ont pas plus de succès auprès des responsables politiques que celles de la Commission et ne donnent lieu à aucune initiative concrète. Le contexte politique troublé que connaissait la Belgique au moment de la publication du rapport a sans doute également contribué à ce désintérêt : le pays traversait alors l'une des plus graves crises politico-institutionnelles de son histoire. Cinq mois après les élections législatives anticipées du 13 juin 2010, qui avaient vu le parti indépendantiste flamand Nieuw-Vlaamse Alliantie (N-VA) devenir le premier parti politique du pays, aucun accord n'avait pu être trouvé sur la formation d'un gouvernement fédéral[78]. L'accord de gouvernement n'interviendra finalement qu'en décembre 2012, soit plus de dix-huit mois après les élections[79].

3. Les leçons d'un échec

La Commission du dialogue interculturel et les Assises de l'interculturalité ont toutes deux abouti à un maigre résultat : leurs recommandations n'ont pas eu d'impact notable sur les politiques appliquées en Belgique en matière de pluralité religieuse et culturelle. Elles ne sont pas parvenues à inspirer aux politiques des solutions aux questions brûlantes qui agitent l'opinion. Les controverses à l'origine de leur création ont continué de plus belle après la fin de leurs travaux. Du point de vue de leur portée pratique, ces deux expériences apparaissent donc comme deux échecs.

Ces initiatives faisaient pourtant écho aux modes traditionnels de résolution des conflits philosophiques, idéologiques et culturels en Belgique. Sur le plan de la méthode, d'abord : la composition des deux instances tendait à assurer la représentation des grands clivages historiques de la société belge, dans la tradition de son système de démocratie consociative. Sur le fond, ensuite : la Commission du dialogue interculturel envisage la diversité liée à l'immigration comme une forme de pluralité comparable à celles que la Belgique a connues antérieurement. Elle tente d'esquisser un nouvel équilibre entre les principes, classiques dans l'ordre juridique belge, de pluralisme, de neutralité de l'État et de droits de l'individu, de manière à mieux inclure les *minorités culturelles* dans le jeu social et politique belge. De son côté, le Comité de pilotage des Assises de l'interculturalité propose, pour résoudre les questions tant controversées du port de signes religieux à l'école et dans la fonction publique, des solutions qui évoquent la fameuse tradition du « compromis

16 décembre 2010. Voy. aussi le texte de C. de Sägesser sur son blog : « Rapport des Assises de l'interculturalité : trop de virulence dans la critique », 12 octobre 2010.

78 Voy. de Coorebyter, V., « Un an après », *Le Soir*, 21 décembre 2010.

79 « Le nouveau gouvernement belge prête serment après une crise record », *Le Monde*, 6 décembre 2012.

à la belge » : les mesures proposées tentent, par des dispositifs complexes et originaux, de satisfaire partiellement les revendications des deux camps, qui semblaient *a priori* inconciliables.

Plusieurs commentateurs ont pointé des défaillances et des erreurs dans la conception et l'organisation de ces processus, en particulier dans le cas des Assises de l'interculturalité[80]. Mais au-delà de ces éléments, des causes plus profondes, révélatrices de certaines réalités propres à la Belgique, semblent expliquer ce double échec.

Il faut relever en premier lieu l'impact du fédéralisme. La Commission comme les Assises ont été créées à l'initiative d'un ministre du gouvernement fédéral. Mais une grande partie des matières évoquées dans leurs travaux et leurs recommandations, tels que l'enseignement et les politiques d'emploi, sont de la compétence des entités fédérées. Or, plusieurs observateurs ont souligné que les autorités régionales et communautaires, surtout du côté flamand, ne se sont pas senties concernées par ces processus. Les ministres à l'origine de leur création étant francophones, ils ont été vus comme des initiatives fédérales et francophones, sans pertinence pour le niveau flamand[81]. En outre, comme l'a bien montré Ilke Adam, au cours des vingt dernières années, les autorités flamandes ont développé leurs propres politiques en matière d'intégration et de gestion de la diversité, selon une optique qui diffère sensiblement des pratiques observées du côté francophone[82]. De ce point de vue, l'échec de la Commission et des Assises illustre la difficulté qu'il y a à définir des positions nationales communes en matière de politiques de diversité dans un État qui connaît un processus de délitement interne.

Ensuite, on peut discerner dans l'incapacité de la Commission et des Assises à proposer des solutions qui soient reprises par les politiques,

---

[80] Voy. Goldman, H., « Un progrès à condition que… », *Agenda interculturel*, décembre 2010, n° 288 ; Heuskin, J.-M., *op. cit.* et l'entretien accordé par Édouard Delruelle à la revue *Agenda interculturel*, n° 288, décembre 2010, dossier « Interculturalité : quelles avancées ? ». Ces personnes ont toutes trois été impliquées dans le processus des Assises. Édouard Delruelle et Jean-Michel Heuskin étaient membres du Comité de pilotage des Assises de l'interculturalité. Henri Goldman fut invité à modérer les débats du Comité lors de sa discussion sur le projet de rapport. Édouard Delruelle fut par ailleurs membre de la Commission du dialogue interculturel, dont il fut le corapporteur, avec Rik Torfs.

[81] Adam, I., *op. cit.*, p. 39 (à propos de la Commission du dialogue interculturel) ; Adam, I., « The Europeanization of Belgian immigrant integration policy : soft European instruments and their impact », *Communication présentée au European Social Science and Historic Conference*, Glasgow, 11-14 avril 2012 (à propos des Assises).

[82] Adam, I., « Une approche différenciée de la diversité ? Les politiques d'intégration des personnes issues de l'immigration en Flandre, en Wallonie et à Bruxelles (1980-2006) », in Ringelheim, J. (dir.), *Le droit et la diversité culturelle*, *op. cit.*, p. 251-300.

le reflet d'une tension entre un cadre politico-juridique favorable à la reconnaissance du pluralisme, y compris le pluralisme religieux, et l'opposition d'une partie de la population à la visibilité de l'islam, en particulier à travers le port de signes religieux dans des lieux symboliques comme l'école ou la fonction publique – opposition alimentée, du côté francophone, par l'influence qu'exercent les conceptions françaises en la matière. L'application de la logique de pluralisme et de compromis qui caractérise les dispositifs conçus en réponse aux clivages traditionnels de la Belgique semblerait devoir conduire à une attitude accommodante à l'égard de l'expression de la religion musulmane. Mais une telle démarche rencontre l'hostilité d'une partie du public. Il est vraisemblable que cette situation met les responsables politiques dans l'embarras : d'un côté, ils ne souhaitent pas, pour la plupart, toucher au cadre juridique existant, qui reflète des équilibres institutionnels bien établis, mais d'un autre côté, ils ne veulent pas non plus se mettre en porte à faux par rapport à une partie importante de l'opinion. Plus généralement, comme l'ont montré Marco Martiniello et Andrea Rea, les groupes issus de l'immigration ne sont pas perçus comme pouvant légitimement prétendre à des mécanismes de reconnaissance ou de protection comparables à ceux appliqués aux groupes sociaux historiques, dont la présence remonte à la naissance de l'État belge[83]. Selon ces deux auteurs, les minorités ethniques ne sont pas considérées comme constituant, à titre collectif, un nouveau segment de la nation. Il est attendu d'elles qu'elles se fondent dans les clivages historiques de la société belge[84]. Par conséquent, « alors que la Belgique dispose d'une pragmatique du compromis et des politiques de traitements préférentiels fondés sur le principe de la non-discrimination pour ses principaux piliers, les minorités ethniques échappent aux groupes légitimes pouvant revendiquer cet avantage »[85].

Enfin, il semble que les changements démographiques entraînent, au sein de certains partis politiques, un tiraillement entre deux composantes de leur électorat : d'un côté, un électorat, ancré dans la société majoritaire, qui se montre méfiant à l'égard du religieux en général et/ou de l'islam en particulier, de l'autre, un électorat d'origine immigrée dont une partie souhaite une attitude plus conciliante des pouvoirs publics à l'égard de l'expression religieuse. On peut supposer que pour ménager ces deux catégories d'électeurs, ces partis estiment préférable d'éviter de prendre des positions tranchées dans les débats touchant à la gestion de l'islam et de la pluralité religieuse. Ce facteur pourrait lui aussi contribuer à

83 Martiniello, M. & Rea, A., *op. cit.*, spéc. p. 277-281.

84 *Ibid.*, p. 257.

85 *Ibid.*, p. 280.

expliquer l'absence de suites données aux rapports de la Commission et des Assises.

Au-delà de l'expérience de la Commission et des Assises, ces deux derniers phénomènes semblent entraîner une attitude d'évitement chez de nombreux responsables politiques, qui se montrent réticents à se positionner sur les questions liées à la problématique de la diversité religieuse. Ce qui n'empêche pas que des décisions sont prises sur des enjeux tels que le port de signes religieux à l'école et dans la fonction publique, mais elles le sont au niveau local, par des institutions administratives, telles que les écoles ou les administrations, qui sont directement confrontées au problème, et non par des instances législatives[86]. On l'a déjà relevé, en septembre 2009, le Conseil de l'enseignement communautaire flamand, autorité administrative chargée de gérer le réseau d'enseignement de la Communauté flamande, a décidé d'interdire le port de signes philosophiques par les élèves et les membres du personnel, dans toutes les écoles de ce réseau[87]. Du côté francophone, un grand nombre d'écoles ont édicté une interdiction similaire. Vu l'absence d'intervention des autorités politiques, ce sont les juges qui, dans les faits, tranchent ces débats en dernier ressort, lorsqu'ils sont saisis de recours dirigés contre ces mesures. Or, les plus hautes juridictions du pays tendent à donner raison aux autorités administratives et à affirmer la conformité des mesures d'interdiction avec les principes du droit belge[88].

Conclusion

La Commission du dialogue interculturel et les Assises de l'interculturalité ont été créées à quelques années d'intervalle, par le

[86] Bousetta, H. & Jacobs, D., *op. cit.* ; Dumont, H. & Delgrange, X., *op. cit.*

[87] Décision du 11 septembre 2009 complétant la définition de la neutralité applicable dans l'enseignement communautaire flamand, GO ! Onderwijs van de Vlaamse Gemmenschap, citée *supra*.

[88] Ainsi, la Cour constitutionnelle a jugé conforme à la Constitution l'interdiction du port de signes religieux par les élèves et les enseignants décidée par le Conseil de l'enseignement communautaire flamand (C.C., arrêt n° 40/2011 du 15 mars 2011). Quelques mois auparavant, dans un arrêt adopté en référé, le Conseil d'État avait estimé non fondée la demande de suspension introduite par une enseignante contre la décision de la ville de Charleroi d'interdire au personnel de l'enseignement communal de revêtir des signes religieux ostensibles (C.E., arrêt n° 210 000 du 21 décembre 2010). Sur ces deux arrêts, voy. El Berhoumi, M., « Les juridictions suprêmes contre le voile : commentaire de deux arrêts engagés », in Ringelheim, J. (dir.), *Le droit et la diversité culturelle*, *op. cit.*, p. 569-620. Plus généralement, sur la jurisprudence belge relative au port de signes religieux à l'école, voy. notamment Delgrange, X., « Mixité sociale, mixité religieuse… », *op. cit.* Sur l'arrêt précité du Conseil d'État, voy. aussi Ringelheim, J., « Le Conseil d'État face à l'interdiction du port du voile par les enseignants : paradoxale neutralité », *Administration publique*, 2012/2, p. 368-384.

gouvernement fédéral, sur un mode similaire – commissions composées d'experts et de représentants de la société civile – avec une mission semblable : étudier les principaux enjeux de la pluralité religieuse et culturelle contemporaine en Belgique et formuler des recommandations pour améliorer le « vivre-ensemble ». Les rapports publiés à l'issue de leurs travaux ont connu un sort comparable : ils n'ont eu pratiquement aucune suite politique.

L'échec de ces deux processus semble révélateur des obstacles qui entravent le développement en Belgique d'une réponse politique claire et cohérente aux questions posées par la diversité liée à l'immigration récente. D'abord, la fédéralisation et le divorce croissant entre Flamands et Francophones rendent de plus en plus improbable un consensus dans ce domaine à travers l'ensemble du pays. Ensuite, le cadre juridico-politique préexistant, construit en réponse aux clivages historiques de la société belge, et qui accorde une place majeure aux principes de pluralisme et de protection des groupes minoritaires, contraste avec la méfiance, voire l'hostilité, que suscite, dans une partie importante de la population, la visibilité de l'islam. À quoi s'ajoute le fait, souligné par M. Martiniello et A. Rea, que les groupes issus de l'immigration ne sont pas perçus comme pouvant légitimement prétendre à des mécanismes de reconnaissance et de protection comparables à ceux dont bénéficient les piliers historiques de la société belge. Enfin, dans une société plus diversifiée, certains partis politiques voient leur électorat profondément divisé sur ces thématiques. Cet état de fait contribue probablement à les dissuader de se saisir de ces questions et d'afficher des positions trop tranchées sur ces sujets.

L'« accommodement raisonnable », libres propos sur la circulation d'un concept au travers des frontières

François FORET

Université libre de Bruxelles

La transnationalisation des espaces politiques et la constitution d'un véritable marché international des outils de gouvernance engendrent désormais une circulation des concepts d'une société à l'autre. L'Union européenne est un espace privilégié pour le développement de ces interactions denses, mais les échanges sont également nombreux avec le reste du monde et notamment le continent américain. Bien souvent cependant, ces concepts font l'objet d'une réinterprétation profonde dans chaque contexte politique et culturel. Des notions aussi diverses que la transparence ou la subsidiarité sont soumises à de multiples acceptions malgré leur codification juridique par des institutions internationales qui restreint le champ des possibles. Les termes plus idiomatiques dont la principale autorité vient de leur expérimentation dans un pays donné sont voués à être encore davantage réinterprétés et contestés. Les « accommodements raisonnables » ressortent de cette dernière catégorie.

Aux yeux d'un politologue, un « accommodement raisonnable » déborde d'emblée le droit en dérogeant à l'universalité et au caractère généralisant de la loi. Le caractère « raisonnable » est à comprendre avant tout selon le sens commun de pondération et d'adaptation. Si raison il y a, c'est sous forme d'un ordre des choses fixant les moyens en prévision d'une finalité, mais une finalité qui prend pleinement en compte le contexte (culture, conjoncture, rapports de nombre entre majorité et minorité, etc.). La circulation de la notion d'accommodement raisonnable doit donc se comprendre autant au sens géographique qu'entre les domaines sociaux et les disciplines, dans le triangle droit-politique-société civile. Quand il s'agit d'aménager la norme, l'accommodement raisonnable est par définition juridique, mais il peut aussi se restreindre à une adaptation des pratiques par les acteurs de terrain. Il peut procéder d'autorités multiples : pouvoir procédant de l'élection ; instance délibérative (exemple d'assises de l'interculturalité) ou technocratique (comité d'experts) ; juges. Quelle que soit son origine, la pratique de rechercher des modes de prise en charge flexibles pour des cas particuliers a des effets éminemment politiques. En Europe, labelliser cette pratique « accommodement raisonnable » rajoute une dimension idéologique en renvoyant à des références culturelles venues d'outre-Atlantique et à des types de communautés politiques pluralistes et libérales. Enfin, le sociologue peut observer des dispositifs totalement informels et empiriques qui pourraient correspondre à la philosophie de l'accommodement raisonnable sans en porter le nom ni même être conçus comme tels, mais qui renvoient simplement à des situations de silence de la loi et de la puissance publique qui laissent une grande marge d'initiative aux acteurs de terrain.

Les libres réflexions qui suivent pointent quelques questions transversales dans la multiplicité des cas pouvant apparaître dans la lettre ou dans l'esprit comme des accommodements raisonnables. Les usages et oppositions dont cette notion fait l'objet disent autant de choses sur la portée et la généralisation possibles de cet outil que sur les relations globales entre religion et politique. La démarche consiste à esquisser des comparaisons avec d'autres débats développés par la science politique et la politologie de la religion, de manière à suggérer que les controverses autour des accommodements raisonnables ne sont qu'un élément d'une recomposition plus vaste de l'articulation des domaines spirituels et temporels.

Pour un politologue, les institutions sont des structures stables de codification du sens et des pratiques. Elles peuvent être formelles (droit, organisation bureaucratique) ou informelles (comportements dictés par la tradition ou les us, représentations collectives standardisées comme des identités ou des symboles). Institutions formelles et informelles sont en constante interaction et sont sans cesse redéfinies en fonction de l'évolution de leurs environnements et des stratégies des acteurs. Elles sont toujours « situées », enracinées dans une configuration politique, sociale, économique culturelle et historique particulière. L'État est la forme universelle de domination qui s'est imposée dans la modernité, mais ses multiples variations (du petit État néo-patrimonialiste africain aux États-Unis en passant par le Vatican) recouvrent des réalités bien différentes. Au sein même d'un État, un écart significatif peut exister entre le registre formel des institutions et la réalité des pratiques. L'État français centralisé et laïque s'est appuyé sur les « petites patries » pour construire la nation et a toujours ménagé une part de compromis avec les forces locales, tout en trouvant progressivement un *modus vivendi* avec le religieux qui ne diffère pas radicalement aujourd'hui sur le plan des principes de celui de ses homologues européens[1]. Si l'on retient de l'institution cette vision flexible dans l'espace et évolutive dans le temps, la notion d'accommodement raisonnable ne constitue pas une révolution. La montée en puissance du pluralisme dans les sociétés occidentales n'est qu'un processus de changement social et culturel parmi d'autres, pas si inédit au regard de précédentes expériences historiques. La mutation à la marge des institutions pour répondre à ces transformations n'est qu'un avatar de plus dans la longue litanie des mutations de l'institué (les formes d'organisation de la puissance publique et de la vie collective) par l'instituant (la société et la culture).

Dans la régulation du religieux, les frontières entre politique, droit et sacré sont ténues et promptes à se brouiller. En témoigne par exemple la distinction délicate entre la notion de blasphème, irrecevable dans le cadre d'une démocratie régie par l'État de droit, et celle de protection de la liberté religieuse et de la sensibilité des croyants, sans parler de considérations d'ordre public ou d'incitation à la haine et à la discrimination. Le flottement décelable dans les discours politiques et médiatiques mais aussi parfois dans les argumentaires des juges montre la difficulté à contenir les passions dans le cadre des principes et des procédures juridiques ayant autorité pour trancher les conflits. Les accommodements raisonnables constituent en quelque sorte une prise d'acte des limites de la loi à résoudre dans le détail la complexité du social et le retour à un pragmatisme relativiste, au sens où la conviction impose qu'une solution doit être recherchée ici et maintenant qui ne prétendra pas nécessairement avoir de validité en d'autres circonstances.

Une autre ligne de force du débat sur les accommodements raisonnables se développe autour du thème de l'interculturalité. Le modèle de l'État-nation qui a officié comme matrice de la modernité occidentale postulait la congruence du politique et du culturel (Gellner) et, subséquemment, une certaine homogénéité culturelle. Cela n'a jamais été qu'une fiction mobilisatrice, comme l'attestent les cas de la Belgique et du Canada. Pour autant, ce fantasme d'unité et d'uniformité a marqué profondément les esprits, faisant écho à ce qui peut apparaître comme une pulsion anthropologique traversant l'histoire humaine de recherche d'une fusion du multiple dans l'Un. Les accommodements raisonnables viennent heurter ce rêve unitaire en posant les différences culturelles comme

[1] Foret F., « Introduction. Politique et religion en France et en Belgique à l'heure de l'Europe », in Foret F. (dir.) *Politique et religion en France et en Belgique. L'« héritage chrétien » en question*, Bruxelles, Éditions de l'Université de Bruxelles, p. 9-27.

légitimes et irréductibles et en affirmant la nécessité de les concilier. En passant, culture et religion se trouvent articulées d'une manière qui comporte plusieurs risques.

Le premier risque est de réduire la religion à la culture, sans prendre en compte sa spécificité. L'équation ne peut se résumer au défi de trouver un mode de régulation pour la coexistence paisible et respectueuse de différents modes de vie. Même dans des sociétés sécularisées où pluralisme et autolimitation sont de rigueur, la religion garde une prétention à l'absolu dans l'énonciation de sa vérité, lorsque ce n'est pas une tentation diffuse de prosélytisme. Dès lors, la négociation d'un arrangement raisonnable ne pourra jamais s'apparenter à la recherche de conciliation dans une querelle de voisinage. Le port d'un foulard ou d'un poignard, la présence d'un crucifix sur un mur ou la question de la mixité ont à voir avec la vision du monde d'un individu ou d'un groupe. La religion garde une dynamique charismatique fondamentale que ne peut contenir le droit qui régit les corps, les choses et les idées mais pas les valeurs constitutives d'un être. Une autre facette du risque de réduction de la religion à la culture est d'en faire la composante subordonnée d'une identité plus large. Ce travers potentiel est notamment repérable dans le cas canadien, comme le montre Bernard Gagnon[2]. Le rapport à l'interculturalité apparaît à bien des égards comme un avatar de l'affirmation identitaire québécoise, à la fois dans la politique interne québécoise et dans la stratégie politique du Québec au sein du Canada. Dans le cas de la politique interne québécoise, l'insistance sur l'existence d'un socle culturel homogène de Canadiens d'origine canadienne française avec une forte empreinte du catholicisme peut suggérer que les accommodements raisonnables, c'est « pour les autres », anglophones et cosmopolites dénués d'une même identité. Dans la stratégie québécoise au sein du Canada, l'interculturalité sera célébrée pour garantir le pluralisme, manière de protéger la singularité francophone tout en défendant le droit de cité des particularismes confessionnels. Dans les deux cas, la religion n'est qu'une appartenance seconde mise au service d'un projet politique.

Si le premier risque induit par les accommodements raisonnables est de ne pas prendre en compte la spécificité de la religion, le deuxième est au contraire d'exagérer son importance en rabattant la culture sur la religion. Lorsqu'il s'agit de savoir qui a droit à un aménagement de la norme et dans quelle mesure, le critère d'affiliation religieuse peut devenir un piège. Toute personne « d'origine musulmane » venant d'une société ou d'une famille marquée d'une empreinte confessionnelle islamique

---

2 Voy. la contribution de B. Gagnon au présent ouvrage.

peut ainsi faire l'objet d'une assignation identitaire la désignant comme potentielle bénéficiaire de prérogatives qu'elle ne sollicite pas. Bien plus, elle fera l'objet d'attentes sociales découlant de son appartenance religieuse présumée et sera jugée « déviante » si elle n'y est pas conforme. Le scénario est fréquent en configuration multiculturelle. Un député européen polonais interrogé dans le cadre du projet « Religion au Parlement européen » (RelEP)[3] faisait ainsi part de son agacement : militant actif de la cause laïque, il ne cessait de rencontrer l'incompréhension – voire la désapprobation – de ses collègues d'autres nationalités, dans la mesure où il contredisait le stéréotype de l'élu polonais fervent catholique et défenseur de la religion.

Pour pallier ce danger d'ontologisation de l'appartenance religieuse, il convient de définir les critères permettant de la mesurer. La revendication d'aménagements de la norme provient fréquemment de fidèles profondément intégrés dans un système de croyances. Un travers peut alors être d'en faire les porte-parole représentatifs d'une communauté confessionnelle, lors même que cette communauté n'a pas d'existence en soi et que les croyants cultivant une foi de moindre intensité ne se reconnaissent pas dans ceux qui parlent en leur nom. Les autorités publiques (ou privées) se retrouvent confrontées à la délicate nécessité de discriminer entre « vrais » et « faux » croyants. Si un jour de congé exceptionnel est octroyé pour une fête religieuse, comment juger le bien-fondé des demandes de ceux qui veulent en bénéficier, en s'assurant que la requête ne soit pas motivée par un simple effet d'aubaine ? Une réponse serait de mesurer l'intensité de la foi par la pratique. Cela a l'inconvénient de placer un tiers profane en situation d'énoncer des normes d'orthodoxie religieuse qui ne peuvent être qu'arbitraires ou privilégier les visions majoritaires, voire fondamentalistes. La pratique revêt en outre une importance très variable selon les confessions. Dès lors, la recherche d'accommodements raisonnables pour corriger les effets pervers et discriminants d'une norme universelle peut ouvrir des questions encore plus embarrassantes.

---

[3] Foret, F. (ed.), « Religion at the European Parliament », *Religion, State & Society*, special issue, n° 2 (juin) 2014. Cf. aussi le site web du projet http://www.releur.eu/.

C'est finalement la définition même de la religion sous-tendue par la philosophie[4] des accommodements raisonnables qui est en question[5]. La recherche d'aménagements concerne l'exercice individuel d'une foi. La sociologie des religions suggère que cet angle d'approche de la religion n'est peut-être pas le plus saillant pour deux raisons. Tout d'abord, la pratique n'est plus aussi structurante à l'ère des appartenances sans croyances, de la revendication symbolique d'un héritage religieux pour mémoire, par simple volonté d'être engendré et de se rattacher à des racines culturelles sans pour autant reprendre aucunement à son compte les commandements éthiques et théologiques de cette religion. Ensuite, c'est la tension individuel-collectif qui est en jeu. On assiste indéniablement depuis plusieurs décennies à une individuation et à une subjectivisation du croire selon les formules bien connues du « pick-and-mix » et du « do it yourself » : chacun compose sa propre religiosité à sa façon, en puisant dans les offres spirituelles de différentes traditions, en pondérant chaque élément à sa guise. Pour autant, la revendication d'une appartenance sans croyance fait sens uniquement comme volonté de rattachement à un collectif. Il s'agit d'une volonté de revendiquer son inscription dans une lignée partageant le même patrimoine de sens tout en conservant sa liberté de sujet. Les accommodements raisonnables concernent des individus mais peuvent conduire à évaluer leurs droits potentiels à des dérogations à la norme en fonction des commandements d'une foi collective. Ils ne peuvent pas nécessairement acter la liberté personnelle comme source autonome et absolue de passe-droit.

---

4 Mes discussions sur les limites de l'accommodement raisonnable convergent très largement avec la contribution très stimulante et limpide de Cécile Laborde dans ce volume, nonobstant les différences existant entre des approches de philosophie politique et de sociologie politique. Mon orientation disciplinaire m'amène à mettre davantage l'accent sur l'opérationnalisation et la viabilité des accommodements raisonnables. Le souci de limiter le nombre potentiellement exponentiel de demandes d'aménagements individuels est bien pris en compte par la philosophie politique, qui pointe la redoutable difficulté de hiérarchiser ou de définir la qualité de ces demandes. Mais les philosophes prennent moins explicitement en charge la question de l'acceptabilité sociale des accommodements raisonnables, à savoir la manière dont une population donnée va réagir à l'introduction de dispositifs discriminants. Des résistances peuvent survenir du fait de l'importation de prismes culturels allogènes (contre la « protestantisation » de la religion). Mais ces résistances peuvent aussi découler d'un plus ou moins grand libéralisme culturel (dans une société ou au sein d'une même société), de l'acceptation de la différentiation sociale ou de fantasmes unitaires résilients. Sur ce point, la toute-puissance de l'idée est contredite par le social. Il s'agit là moins d'un critère de cohérence intellectuelle que de pragmatisme politique, la plus juste des mesures étant réduite au rang de spéculation si elle n'est pas jugée à l'aune de ses effets.

5 Voy. notamment la contribution de J. Woehrling au présent ouvrage.

Dans le même temps, les accommodements raisonnables s'autorisent d'une tradition collective pour offrir des espaces de liberté aux individus mais, ce faisant, ils ne participent pas d'une reconnaissance d'une identité collective en tant que telle. Pourtant, au-delà des conditions matérielles d'exercice du culte, les revendications religieuses visent souvent à accéder à plus de visibilité et de légitimité et à une place accrue dans la manière de dire l'identité nationale.

Cette dimension essentiellement pragmatique des accommodements raisonnables peut les empêcher d'acquérir une véritable efficacité symbolique capable de structurer un nouveau rapport à l'autre. Ils sont avant tout des « bricolages » particuliers pour gérer des particularismes. Ils ne remettent guère en question la manière de se définir soi-même et se contentent de faire davantage de place à l'altérité. Ils sont souvent négociés sous les auspices de l'interculturalité qui prend acte de l'existence de cultures différentes sans chercher à les rapprocher. Les commissions de réflexion qui ont fréquemment en charge leur élaboration sont composées d'intellectuels, de technocrates et de responsables de la société civile qui peuvent avoir une expertise aiguë mais n'ont pas la légitimité politique pour proposer une transformation de la communauté politique dans son ensemble[6]. L'existence même des accommodements raisonnables est un signe fort de l'ouverture de cette communauté au pluralisme, mais la pratique à elle seule ne propose pas de modèle alternatif. Elle peut susciter des conflits ou des incertitudes identitaires, et n'est pas toujours accompagnée des réponses adéquates pour y remédier.

Une autre façon de formuler le problème est de dire que les aménagements raisonnables, même inscrits dans la trame narrative plus générale de l'interculturalité, ne constituent pas un projet politique englobant et autonome. Ils peuvent néanmoins devenir un attribut identitaire, mais en étant alors instrumentalisés dans un discours d'affirmation culturelle qui redevient exclusif. Il y aurait ceux qui jouent le jeu du pluralisme et qui assument le relativisme de leurs valeurs, et les autres. Souvent, il s'agit de surmonter les oppositions invoquant la non-réciprocité, sur le mode du « Et dans leur pays, ils toléreraient que je fasse à ma façon, eux ? ». Dès lors, être capable d'offrir aux minorités des aménagements raisonnables devient *in fine* une manifestation de la supériorité de la culture dominante. On retrouve le même ressort sous diverses apparences lorsqu'on célèbre les valeurs européennes d'ouverture et de tolérance, notamment dans la bouche des promoteurs de l'héritage chrétien de l'Europe. Un entrepreneur politique responsable aspirant au pouvoir peut difficilement affirmer qu'être Européen, c'est

6 Voy. notamment la contribution de B. Gagnon et celle de J. Ringelheim au présent ouvrage.

être blanc et chrétien. Mais on peut dire qu'être Européen, c'est être œcuménique. On peut suggérer que l'œcuménisme est né dans la tradition chrétienne. Et l'on peut en déduire que par transitivité, les chrétiens sont les meilleurs Européens, et peut-être les seuls. Les empoignades autour des accommodements raisonnables tournent parfois à ce jeu de subtile hiérarchisation des cultures sur l'échelle de l'acceptation du pluralisme.

La réception des accommodements raisonnables dépend de l'accoutumance de chaque société aux manifestations de la diversité, au sens politique contemporain revêtu par cette diversité et à l'enracinement de l'État de droit dans les mentalités. L'acceptation de la différence est ainsi constitutive de la consociation belge, construite pour entériner et maintenir les clivages religieux, linguistiques et territoriaux[7]. Pour autant, l'interculturalité y fait peu recette, précisément dans la mesure où elle remet en cause les différences culturelles fondatrices du système consociatif qui a su évoluer avec le temps mais qui peine à intégrer la problématique de l'islam. La logique historique du modèle belge voudrait soit que l'islam se coule dans un pilier existant, soit qu'il soit institutionnalisé en étant doté de ses propres organisations administratives, éducatives, etc.

L'hypothèse de l'ajout d'un « pilier musulman » pour que les populations de cette confession puissent jouir des droits reconnus en d'autres temps aux catholiques semble peu viable politiquement et économiquement. Pour autant, aucun pilier historique ne les « contient » naturellement. Si la religiosité des citoyens d'obédience musulmane pouvait les rapprocher des formations politiques issues de l'ornière démocrate-chrétienne, leur profil socio-économique les pousse davantage vers la gauche. Dès lors, l'interculturalité reste une épine dans le flanc de la consociation belge. Cela se traduit par les divisions qu'elle crée au sein de chaque parti, preuve des difficultés du système politique à subsumer ces nouvelles formes de solidarité et à s'ouvrir formellement à de nouvelles altérités. La pratique peut n'en être pas moins permissive pour autant, mais les dispositifs se rapprochant d'accommodements raisonnables ne sont pas portés en étendard. Leur mise en exergue réveillerait des conflits lors même qu'ils visent à désamorcer les tensions. La Belgique reste donc dans sa continuité historique consistant à marier pragmatisme politique revendiqué pour trouver des « compromis à la Belge » et particularismes renforcés sans qu'ils soient contenus par la coupole d'une identité nationale forte. L'exemple belge ne fait que souligner le poids du temps long et des divisions multiséculaires du travail politique et des équilibres entre politique et religion, constat valable pour tous les pays européens.

---

7 Pour une analyse juridique de la situation en Belgique, voy. la contribution de X. Delgrange & H. Lerouxel au présent ouvrage.

Pour conclure cette brève réflexion sur les accommodements raisonnables, la suggestion est de « banaliser » la notion au plan intellectuel pour mieux comprendre en quoi les usages et rejets dont elle fait l'objet sont les manifestations de tendances sociétales profondes travaillant les démocraties pluralistes sécularisées. Il convient de se garder de tout fétichisme conceptuel en exagérant la spécificité d'un débat, tout en faisant droit à la singularité de chaque situation. Sur un registre plus normatif, la recommandation pourrait être d'assumer le caractère politique de l'idée d'accommodement raisonnable, de ne pas la présenter comme une tolérance ou un compromis par force de nécessité. En faire une composante d'une reformulation conquérante du vivre-ensemble, d'une refonte d'une identité collective qui s'impose à tous en faisant place à chacun permet d'en exposer la philosophie en pleine lumière. L'accommodement raisonnable cesse alors d'être un processus discret d'évitement du conflit pour en devenir potentiellement l'objet, et pourquoi pas l'instrument de sa résolution.

Troisième partie

Approches juridiques comparées

Aménagement de la diversité religieuse et conflits entre droits fondamentaux Le contexte juridique canadien

José WOEHRLING

Université de Montréal

Introduction

Dans cette communication, mon objectif sera d'examiner le concept juridique de l'accommodement raisonnable comme outil d'aménagement de la diversité religieuse au Canada, dans le but d'en souligner à la fois les avantages et les difficultés, une des difficultés étant que les aménagements destinés à faciliter l'exercice de la liberté de religion entraînent un certain nombre de tensions, voire de conflits, entre cette liberté et d'autres droits ou libertés.

Je commencerai par rappeler succinctement le principe de l'accommodement (ou aménagement) raisonnable en replaçant cette notion dans le cadre plus général des problèmes soulevés par la mise en œuvre de la liberté de religion dans les démocraties libérales contemporaines.

Dans ces démocraties, s'applique partout le principe de la neutralité religieuse de l'État, même si ce principe prend des formes très différentes d'un pays à l'autre et que dans certains d'entre eux subsistent des reliquats historiques de reconnaissance étatique en faveur d'une ou de plusieurs religions traditionnellement établies (comme au Royaume-Uni, en Allemagne ou dans certains des pays scandinaves). Cependant, si les liens privilégiés qu'entretiennent certaines démocraties avec les religions historiques peuvent être considérés comme critiquables du point de vue de l'égalité religieuse, ils n'enfreignent pratiquement jamais le principe de la liberté de conscience et de religion, dans la mesure où ils ne font peser aucune contrainte ou coercition sur les individus.

Dans les démocraties libérales, les problèmes qui se posent en matière de liberté de religion ne proviennent donc plus d'une volonté étatique de prendre parti sur les questions religieuses en favorisant certaines religions ou en en combattant d'autres. Les difficultés apparaissent plutôt lorsque les règles adoptées par l'État pour des raisons d'intérêt général, sans rapport avec la religion, entrent en conflit avec les impératifs que la religion adresse aux fidèles. Il faut alors se demander dans quelle mesure l'État doit ou peut modifier ou aménager les règles d'application générale pour faciliter la liberté de pratique religieuse, en acceptant des exceptions, des exemptions, des accommodements, c'est-à-dire en prévoyant un statut particulier, dérogatoire au droit commun, en faveur de la religion.

Cette question des exceptions au droit commun pour faciliter la pratique religieuse n'est pas nouvelle, contrairement à ce qu'on laisse parfois entendre. Le refus du service militaire pour raisons religieuses, le secret de la confession, qui peut être opposé à l'obligation de témoigner en justice, le régime particulier accordé au vin de messe dans des contextes historiques de prohibition de l'alcool, pour ne prendre que ces quelques cas, sont des exemples d'accommodements raisonnables avant la lettre. La différence avec les accommodements qui soulèvent actuellement la controverse, notamment au Québec, est que ces derniers ont été imposés par les tribunaux en faveur de religions minoritaires, alors que les accommodements plus traditionnels sont généralement le fait du législateur et sont destinés à accommoder les religions majoritaires et traditionnellement établies.

Si donc la problématique de l'aménagement de la diversité religieuse par l'entremise d'exceptions au droit commun est ancienne, l'intensification remarquable de cette problématique est plus récente.

Le premier facteur de cette intensification est trop bien connu pour qu'il soit nécessaire d'insister. Il s'agit de la diversité religieuse et du multiculturalisme qui sont le résultat de l'immigration. Les religions apportées avec eux par les immigrants, l'islam notamment, n'ont habituellement pas connu les mêmes processus de modernisation, de mise en contexte historique et de remise en cause critique que les principales modalités du christianisme. Leurs adhérents sont davantage réticents à cantonner leur pratique religieuse dans le domaine privé et individuel et considèrent qu'elle doit pouvoir s'exprimer dans la sphère publique. La conséquence en est que les impératifs religieux qui s'imposent dans les communautés issues de l'immigration rentrent plus fréquemment en conflit avec les normes générales de la société d'accueil, en particulier lorsque celles-ci reflètent les traditions chrétiennes, maintenant sécularisées, qui ont historiquement marqué les pays occidentaux (comme les fêtes civiles qui correspondent aux fêtes religieuses chrétiennes).

Cependant, il serait erroné et injuste d'attribuer aux seuls comportements religieux des immigrants l'intensification des problèmes soulevés par l'aménagement de la diversité religieuse. Au sein du christianisme, existent et se développent des courants millénaristes ou fondamentalistes, comme les témoins de Jéhovah, les mormons ou les adventistes du 7e jour, dont les fidèles adhèrent à des comportements qui rentrent en conflit avec les normes généralement acceptées dans la société. La même chose est vraie pour le judaïsme. La pluralisation et la radicalisation religieuses se retrouvent donc aussi à l'intérieur des religions historiques[1].

Enfin, les sociologues des religions s'accordent pour constater l'individualisation et la subjectivation des croyances et des pratiques religieuses, les individus s'inventant une « religion à la carte » en choisissant dans « l'offre » religieuse très diversifiée qui est disponible les éléments qui leur conviennent à un moment déterminé de leur existence, quitte à en changer s'ils ne leur apportent pas les avantages attendus. Comme nous le verrons, les tribunaux canadiens ont d'ailleurs pris acte de ce phénomène en retenant une conception subjective et individualiste de la liberté de religion.

La multiplication et la pluralisation des mouvements religieux et l'individualisation du croire augmentent considérablement les occasions de conflit entre les prescriptions religieuses et les normes générales applicables dans la société, lesquelles feront alors l'objet de nombreuses demandes d'exceptions, d'exemptions, d'accommodements ou d'aménagements. Par ailleurs, alors que les religions historiques possèdent des structures institutionnelles et des autorités reconnues, avec lesquelles les représentants de l'État sont en mesure de dialoguer afin de négocier, si nécessaire, des aménagements, la même chose n'est pas vraie pour tous les nouveaux mouvements religieux, qui sont souvent des petits groupes organisés de façon informelle autour d'un leader religieux. L'accommodement de croyances religieuses purement individuelles, ne se rattachant à aucun courant collectif, pour autant qu'il soit imaginable, est encore plus problématique.

Par ailleurs, dans la mesure où l'État sera amené à accepter un nombre important d'aménagements fondés sur la religion, cela entraînera inévitablement l'apparition d'un mouvement d'opposition à cette place reconnue à la religion, opposition justifiée par une conception relativement stricte du principe de neutralité religieuse et philosophique de l'État. On verra invoquer le principe de la laïcité de l'État pour dénoncer les accommodements religieux comme une forme illégitime et

---

1 Rosenblum, N.L., « Introduction : Pluralism, Integralism, *and Political Theories of Religious Accommodation* », in Rosenblum, N.L. (ed.), *Obligations of Citizenship and Demands of Faith – Religious Accommodation in Pluralist Societies*, Princeton (N.J.), Princeton University Press, 2000, p. 3, p. 11-12.

inconstitutionnelle d'appui de l'État en faveur de la croyance et de la pratique religieuses, au détriment des autres positions face à la religion que sont l'athéisme ou l'agnosticisme. Ceux qui s'opposent aux aménagements en faveur de la religion souligneront également les conflits de droits que les accommodements font naître entre la liberté de religion et d'autres droits et libertés, notamment le droit à l'égalité sans discrimination fondée sur le sexe et sur l'orientation sexuelle, dans la mesure où de nombreuses religions assignent un rôle subordonné aux femmes et condamnent l'homosexualité. Par ailleurs, l'impression se dégage parfois qu'au-delà de cet appel au principe de laïcité et à la valeur de l'égalité, certaines des critiques formulées contre les aménagements reconnus aux religions s'expliquent également par une vision critique et péjorative de la religion, considérée comme facteur d'irrationalité et d'obscurantisme[2]. C'est ainsi qu'au Québec le mouvement d'opposition aux accommodements religieux a provoqué en 2007-2008 ce qu'on a appelé la « crise des accommodements raisonnables », laquelle a conduit le gouvernement québécois à créer la Commission Bouchard-Taylor. Le rapport de cette commission[3] n'a cependant pas mis fin à la controverse, qui resurgit à intervalles réguliers, l'un des derniers épisodes en date s'étant produit en mars 2012 et ayant été déclenché par une intervention d'un porte-parole du Parti québécois qui s'est élevé contre l'abatage rituel *halal* au nom des « valeurs québécoises » et du bien-être animal.

J'utiliserai donc une démarche en deux temps. Je commencerai par examiner l'évolution de la jurisprudence de la Cour suprême du Canada pour montrer comment une phase d'interprétation de plus en plus extensive de la liberté de religion et de l'accommodement religieux a progressivement fait apparaître les nombreuses difficultés juridiques propres à cette liberté, ainsi qu'au concept d'accommodement, et a entraîné une opposition grandissante dans l'opinion publique, principalement au Québec. Ces difficultés et cette opposition expliquent que la Cour semble avoir commencé à opérer un mouvement de retrait à partir de 2009. Je rappellerai que le même phénomène d'extension, puis de restriction, s'est produit aux États-Unis il y a une vingtaine d'années,

---

2 Sur ce point, voy. Bader, V., *Secularism or Democracy ? Associational Governance of Religious Diversity*, Amsterdam, Amsterdam University Press, 2007, p. 19.

3 Commission de consultation sur les pratiques d'accommodement reliées aux différences culturelles, *Fonder l'avenir. Le temps de la conciliation* (Rapport de Gérard Bouchard et Charles Taylor), Québec, 2008. Sur le traitement de la problématique de la laïcité dans le rapport de la Commission, voy. Woehrling, J., « The B-T Report "Open Secularism" Model and the Supreme Court of Canada Decisions on Freedom of Religion and Religious Accommodation », in Adelman, H. & Anctil, P. (ed.), *Religion, Culture and the State – Reflections on the Bouchard-Taylor Report*, Toronto, University of Toronto Press, 2011, p. 86-99.

l'évolution au Canada suivant donc celle aux États-Unis avec un décalage temporel.

Dans un deuxième temps, j'examinerai la question plus précise des conflits de droits entre la liberté de religion et d'autres droits et libertés et la façon dont elle est abordée au Canada.

1. Les difficultés reliées à la mise en œuvre de la liberté de religion et les fluctuations de la jurisprudence en matière d'accommodement religieux

1.1. L'élargissement jurisprudentiel progressif des paramètres de la liberté de religion et de l'accommodement religieux

L'histoire du concept d'accommodement raisonnable au Canada a pendant longtemps été celle d'une extension continue de la jurisprudence[4]. Alors qu'aux États-Unis, le concept a d'abord été introduit par le législateur, il s'agit, au Canada, d'une invention jurisprudentielle, dans laquelle l'exemple du droit américain a évidemment joué un certain rôle. Les tribunaux des droits de la personne, puis la Cour suprême du Canada en 1985 ont fait découler l'obligation d'accommodement du principe d'égalité et de l'interdiction de la discrimination, inscrits dans les lois antidiscriminatoires provinciales et fédérales (appelées au Canada « lois sur les droits de la personne » ou *Human Rights Acts*). D'abord considérée comme un corollaire de la seule discrimination indirecte (ou discrimination par suite d'un effet préjudiciable)[5], l'obligation a par la suite été également rendue applicable aux cas de discrimination directe. Apparue dans le domaine des relations de travail, elle a été appliquée ensuite dans tous les domaines d'activités visés par les lois antidiscriminatoires, principalement l'offre de biens et de services au public. D'abord associée à l'interdiction de la discrimination pour motifs de religion ou de handicap, physique ou intellectuel, l'obligation est maintenant considérée comme existant en relation avec tous les motifs prohibés de discrimination, comme le sexe, l'orientation sexuelle, la grossesse, l'âge, etc. Les fondements juridiques de l'obligation ont également été élargis. À l'origine, comme je viens de

---

4 Sur cette évolution, voy. Woehrling, J., « L'obligation d'accommodement raisonnable et l'adaptation de la société à la diversité religieuse », *Revue de droit de McGill*, 1998/43, 325-401.

5 Alors que la discrimination directe est celle qui repose ouvertement sur un motif prohibé de distinction, la discrimination indirecte découle d'une règle « neutre », c'est-à-dire qui s'applique de la même façon à tous, mais qui produit néanmoins un effet discriminatoire sur un seul groupe de personnes en ce qu'elle leur impose des obligations ou des conditions restrictives non imposées aux autres membres de la société.

le rappeler, l'obligation a été considérée comme une mesure correctrice en cas d'atteinte au droit à l'égalité. Aujourd'hui, il semble acquis que l'obligation d'accommodement peut également naître d'une atteinte à la liberté de religion ou à d'autres droits et libertés, l'idée très générale étant qu'une norme ou politique générale, légitime et justifiée, mais qui produit une atteinte aux droits de certaines personnes, doit si possible être modifiée de façon à faire disparaître, ou du moins à atténuer, l'atteinte aux droits.

Enfin, l'obligation d'accommodement a fait l'objet d'un début de transposition du domaine des lois antidiscriminatoires au droit constitutionnel, plus précisément à *la Charte canadienne des droits et libertés* qui est la partie de la Constitution canadienne garantissant les droits et libertés de la personne[6]. Sous l'empire des lois antidiscriminatoires, l'obligation d'accommodement est applicable dans les relations entre particuliers (principalement les relations entre employeurs et employés et entre clients et fournisseurs de biens et de services) et dans les relations entre les usagers des services publics et les organismes publics ou parapublics qui fournissent de tels services (comme les écoles ou les hôpitaux publics). Sous l'empire de la *Charte canadienne des droits et libertés*, qui ne s'applique qu'aux organes et actes étatiques, et au premier chef aux organes législatifs fédéral et provinciaux, l'obligation devient, au moins en principe, applicable au législateur lui-même[7]. Comme on le verra, l'extension de l'obligation au législateur soulève des problèmes particuliers et c'est à cette étape du développement de la jurisprudence de l'accommodement que la Cour suprême a ressenti le besoin de marquer le pas, voire d'entamer un mouvement vers une restriction du concept. Mais les difficultés propres à l'application du concept d'accommodement en matière législative ne sont pas seules à expliquer ce mouvement de recul. Une autre explication, et sans doute la plus importante, tient aux difficultés qui se sont manifestées dans la mise en œuvre de la liberté de religion au fur et à mesure du développement de la pratique en matière d'accommodements religieux.

---

6 La *Charte canadienne des droits et libertés* (ci-après : la *Charte canadienne*) est contenue dans la Partie I (articles 1 à 34) de la *Loi constitutionnelle de 1982*, annexe B de la *Loi de 1982 sur le Canada*, 1982, R.-U., c. 11 ; L.R.C. (1985), ap. II, n° 44.

7 Dans le domaine des compétences provinciales, la *Charte des droits et libertés de la personne*, L.Q. 1975, c. 6 ; L.R.Q., c. C-12 [ci-après la *Charte québécoise*], combine les fonctions d'une Charte des droits (comme la *Charte canadienne des droits et libertés*) et d'une loi antidiscriminatoire. Elle s'applique à la fois aux organes et aux actes de l'État provincial et aux rapports privés (du moins, pour ce deuxième aspect, quand la nature des droits protégés le permet). Pour plus de détails sur la *Charte québécoise* et les lois antidiscriminatoires canadiennes, ainsi que sur leur interaction avec la *Charte canadienne*, voy. notre chronique de droit constitutionnel canadien dans (2003) 53 *Revue française de droit constitutionnel*, p. 187-197.

Les juristes des États-Unis sont sans doute ceux qui ont le plus réfléchi aux problèmes liés aux principes constitutionnels de liberté de religion et de neutralité religieuse de l'État, pour des raisons tenant à l'ancienneté des dispositions pertinentes dans la Constitution américaine, à l'importance de la religion dans la vie publique américaine et à l'acuité des controverses qui font rage dans ce domaine aux États-Unis. La littérature juridique portant sur le sujet est immense. Les auteurs américains ont particulièrement souligné les difficultés, dilemmes et paradoxes qui surgissent dans la mise en œuvre de la liberté de religion et qui rendent la tâche presque impossible aux juges qui en sont chargés. Ce point de vue apparaît dans le titre même des ouvrages et articles consacrés au sujet. Un des livres qui ont retenu l'attention dans les années récentes s'intitule « The Impossibility of Religious Freedom » (l'auteur en est la professeure Winifred Sullivan)[8]. Un article d'un des auteurs les plus prolifiques dans le domaine porte le titre « Five Questions About Religion Judges Are Afraid to Ask » (il s'agit d'un article du professeur Kent Greenawalt)[9]. Le cadre de cette communication ne me permettra pas de rendre justice à toute la complexité du sujet, mais en simplifiant beaucoup, on peut rapidement relever les principales difficultés qui ont été mises en lumière. Elles se rangent en deux grandes catégories, la première relative aux questions soulevées par l'enquête relative à l'existence d'une atteinte à la liberté de religion (ou d'une discrimination fondée sur la religion), la seconde portant sur les questions qui se posent lorsqu'il s'agit d'établir si l'atteinte est justifiable.

Lorsqu'une personne invoque une atteinte à sa liberté de religion, notamment pour obtenir un accommodement religieux, le tribunal qui examine l'affaire doit tout d'abord vérifier que la prescription ou la croyance qui est invoquée est véritablement de nature religieuse. Lorsque le requérant se réclame d'une religion traditionnelle, une telle vérification semble de prime abord ne pas poser de difficultés particulières. Cependant, il arrivera fréquemment que le requérant en fasse une interprétation personnelle, qui s'écarte plus ou moins de la compréhension générale en vigueur au sein de la communauté de foi concernée. Ou encore, au sein de celle-ci existeront des conflits d'interprétation qui donneront lieu à des témoignages incompatibles de la part d'autorités religieuses ou à des expertises contradictoires. Choisir entre ces témoignages ou ces expertises reviendrait pour le tribunal à prendre position sur un débat théologique

8 Sullivan, W.F., *The Impossibility of Religious Freedom*, Princeton, Princeton University Press, 2007.

9 Greennawalt, K., « Five Questions About Religion Judges Are Afraid To Ask », in Rosenblum, N.L. (ed.), *op. cit.*, p. 196-244.

pour lequel il n'est pas compétent. En outre, il s'agirait d'une atteinte au devoir de neutralité religieuse qui s'impose aux organes étatiques.

Lorsque le requérant se réclame d'une religion nouvellement apparue ou d'un mouvement spirituel situé à la marge de la conception traditionnelle du phénomène religieux, ou encore d'une conviction purement personnelle, la démarche du tribunal exigera que celui-ci s'appuie sur une définition générale du concept de religion pour décider si la liberté de religion s'applique en l'espèce. Or il n'existe pas de définition juridique de la religion qui fasse consensus et dont la mise en œuvre donne des résultats véritablement satisfaisants du point de vue de la cohérence logique et de la pertinence sociale des résultats de sa mise en application. Tous les modèles existants produisent plus ou moins fréquemment des résultats indésirables[10].

Une fois qu'il est établi que la prescription invoquée par le requérant est de nature religieuse, celui-ci doit encore démontrer qu'il y adhère de façon sincère. Cependant, une enquête sur la sincérité du requérant, pour inévitable qu'elle soit dans beaucoup de cas, risque, si elle est trop poussée, de présenter un aspect inquisitoire et de contredire le principe même de la liberté de religion (au Canada, les tribunaux ont jugé qu'un des éléments constitutifs de la liberté de religion était la protection contre l'obligation d'exposer publiquement ses convictions religieuses !). Les tribunaux devront donc choisir entre une enquête sur la sincérité qui respecte le plus possible la liberté de religion, mais qui risque d'être inefficace à détecter et à décourager les requérants opportunistes ou fraudeurs, et une enquête plus poussée, qui risque de se révéler trop intrusive[11].

Une fois admis le caractère religieux de la prescription ou de la croyance invoquée par le requérant et sa sincérité, celui-ci doit encore établir que la norme ou la politique par rapport à laquelle il cherche à obtenir un accommodement entraîne pour lui une difficulté ou un empêchement suffisamment grave à respecter la croyance ou la prescription. Les auteurs américains utilisent le terme de « fardeau » (*burden*) ; dans une décision québécoise, on parle de la « nuisance ». Ce nouvel examen entraîne une nouvelle série de difficultés pour les tribunaux. Pour que le fardeau soit suffisant, doit-il y avoir un conflit absolu d'obligations, l'obligation civile et l'obligation religieuse étant totalement incompatibles ? (la religion obligeant à faire ce que le droit interdit ou interdisant de faire ce que le droit rend obligatoire ?). Ou bien suffit-il que le requérant considère

---

10 Outre l'article du professeur Greenawalt cité plus haut, voy. également Gunn, T.J., « The Complexity of Religion and the Definition of "Religion" in International Law », *Harvard Human Rights Journal*, 2003/16, p. 189-215.

11 Greenawalt, K., *op. cit.*, p. 200 suiv.

sincèrement que la prescription est importante pour lui ? Ou encore doit-il s'agir d'une prescription qui est « objectivement » considérée comme importante, voire « centrale », dans le système religieux considéré ? On aperçoit facilement que les tribunaux sont mal placés pour décider du caractère obligatoire ou facultatif, central ou périphérique, d'une croyance religieuse. Là encore, cela les amène à devoir choisir entre des expertises ou des témoignages divergents et, donc, à se prononcer sur des questions proprement théologiques.

Si le requérant réussit à montrer que l'obligation de respecter une norme ou une politique générale entraîne un fardeau suffisamment important pour sa pratique religieuse, se posera alors la question de l'accommodement raisonnable.

Dans le cas où l'accommodement est réclamé de la part d'un employeur ou d'un fournisseur de biens ou de services, ou d'un organisme fournisseur de services publics, il restera au tribunal à vérifier que l'accommodement n'entraîne pas de contrainte ou de préjudice excessif pour l'employeur, le fournisseur de biens ou de services ou l'organisme public, pour les autres employés ou pour les autres usagers ou, enfin, pour l'intérêt public en général. C'est à cette étape que pourront apparaître des conflits de droits entre la liberté de religion du demandeur d'accommodement et les droits et libertés d'autres personnes.

Lorsque la question de l'accommodement se pose à l'égard de l'application d'une loi ou d'un règlement, on n'utilisera pas le concept de la contrainte excessive, mais on se demandera plutôt si l'application intégrale de la norme législative ou réglementaire en question, sans exemption ou accommodement fondé sur la religion, est justifiable en application de la disposition limitative de la *Charte canadienne des droits et libertés* (ou de la disposition équivalente de la *Charte québécoise*)[12]. Le tribunal devra donc se demander si l'application intégrale de la norme, sans accommodement, constitue un moyen proportionné d'atteindre l'objectif d'intérêt général recherché par le législateur, c'est-à-dire un moyen rationnel, qui n'enfreint pas plus que nécessaire la liberté de religion et qui permet d'établir un équilibre approprié entre les effets préjudiciables et les effets bénéfiques de la norme en question.

---

12 L'article 1 de la *Charte canadienne* énonce : « La *Charte canadienne des droits et libertés* garantit les droits et libertés qui y sont énoncés. Ils ne peuvent être restreints que par une règle de droit, dans des limites qui soient raisonnables et dont la justification puisse se démontrer dans le cadre d'une société libre et démocratique ». L'article 9.1 de la Charte québécoise énonce : « Les libertés et droits fondamentaux s'exercent dans le respect des valeurs démocratiques, de l'ordre public et du bien-être général des citoyens du Québec. La loi peut, à cet égard, en fixer la portée et en aménager l'exercice. »

La difficulté supplémentaire qui apparaît à cette étape, et qui a été soulignée par les auteurs autant aux États-Unis qu'au Canada, porte sur ce qu'on pourrait appeler « l'incommensurabilité » particulièrement accentuée des éléments qui sont à mettre en balance. D'un côté, les avantages pour la collectivité de la norme par rapport à laquelle une exemption est réclamée, avantages susceptibles d'un examen empirique et d'une appréciation rationnelle, même si elle ne peut aspirer à une précision scientifique. De l'autre côté, une croyance religieuse dont, par définition, la vérité ou l'utilité ne peuvent faire l'objet d'un examen et dont l'importance pour les personnes concernées est très difficile, voire impossible, à apprécier par des juges qui, par hypothèse, ne partagent pas les mêmes croyances[13].

Une autre difficulté propre à l'accommodement réclamé par rapport à une norme de portée générale, comme une loi, vient de ce qu'elle peut difficilement faire l'objet d'ajustements destinés à un seul individu, comme c'est le cas pour une politique d'employeur ou de fournisseur de biens ou de services, ou une décision administrative individualisée. Ici, l'accommodement devra plutôt consister en une *exemption* s'appliquant à la catégorie générale des personnes se trouvant dans la même situation que le requérant, plutôt qu'au seul requérant en particulier. Reste alors à savoir quelle est la mesure correctrice appropriée pour parvenir à ce résultat. Le tribunal doit-il invalider la norme générale (en suspendant, le cas échéant, l'effet de l'invalidation pour une période de temps suffisante) et souligner au législateur que la façon de rétablir sa constitutionnalité passe par l'adjonction de l'exemption appropriée ? Ou encore, le tribunal peut-il lui-même reformuler la norme et ajouter l'exemption par une « interprétation » destinée à rétablir la conformité à la Constitution ? La Cour suprême du Canada reconnaît aux tribunaux le pouvoir de procéder ainsi dans les circonstances appropriées.

Un troisième problème qui surgit dans les cas où c'est un texte législatif qui est en cause a été souligné avec beaucoup d'insistance par la Cour suprême du Canada dans l'affaire du permis de conduire des Huttérites, qui sera abordée plus loin. Un élément central du concept

[13] Voy. par exemple les propos du juge Slatter, en Cour d'appel de l'Alberta, dans l'affaire du permis de conduire des Huttérites : « The appellant points out the particular difficulty of balancing a subjective religious belief against a law of general application. Religious beliefs do not have to be justified ; they are protected just because someone happens to believe in them. They are often based on faith, not reason. There are no objective external standards against which the belief can be measured, as for example there are when freedom of expression or association are in issue. Secular laws of general application do, on the other hand, have to be justified on an objective, rational basis. This observation exposes the difficulty of balancing two values (religious and secular) that operate on such different platforms ». *Hutterian Brethren of Wilson Colony* v. *Alberta*, 2007 ABCA 160 (§ 102).

d'accommodement, tel qu'il a été développé à l'origine sous l'empire des lois antidiscriminatoires, renvoie à la négociation et aux compromis mutuels qui doivent s'effectuer entre le demandeur d'accommodement et celui, organisme, entité ou personne, auprès duquel l'accommodement est réclamé. Cette obligation réciproque de négocier est évidemment difficile à transposer dans le contexte des normes législatives. Néanmoins, le processus d'adoption des lois et des règlements est jusqu'à un certain point structuré de façon à permettre aux justiciables d'intervenir, à différentes étapes avant l'adoption définitive d'une norme, pour faire valoir leurs préoccupations et leurs situations particulières (commissions parlementaires, prépublication des règlements, etc.)[14]. De même, la « discussion » entre les demandeurs d'exemption et les autorités publiques pourrait se situer après une éventuelle invalidation de la norme incriminée, le législateur adoptant une nouvelle norme « corrigée » après consultation des intéressés.

Il faut souligner qu'à chacune des étapes qui viennent d'être décrites (vérification du caractère religieux de la prescription invoquée, de son importance, de sa signification précise ; vérification de la sincérité du requérant ; vérification de la gravité et du sérieux du « fardeau » qui entraîne ou non l'atteinte à la liberté de religion ; vérification de la proportionnalité de l'atteinte, si atteinte il y a), le tribunal peut choisir une forme d'examen plus ou moins sévère, plus ou moins favorable à l'individu qui invoque la liberté de religion ou à celui qui se défend contre l'obligation d'accommodement que le demandeur cherche à mettre à sa charge. Ces choix entraînent certaines conséquences pour l'équilibre général de la démarche judiciaire. Si le tribunal facilite la démonstration de l'existence d'une atteinte à la liberté de religion, il minimise la difficulté des problèmes portant sur la définition de la religion et celles découlant de l'enquête sur la sincérité du plaignant, mais il se trouve confronté à la délicate mise en équilibre des effets préjudiciables sur la liberté de religion et des effets bénéfiques recherchés par le législateur. Et inversement, si le tribunal alourdit les conditions à remplir pour démontrer l'existence d'une atteinte. Aux États-Unis, il semble que c'est la seconde attitude qu'ont fini par adopter les tribunaux. Selon le professeur Ira Lupu, grand spécialiste de la question, on constate une certaine tendance des tribunaux américains à se montrer plus exigeants pour ce qui est de la constatation du « fardeau » à l'étape de la vérification de l'existence

---

[14] Sur la capacité du processus législatif de tenir compte de l'effet futur des lois sur leurs destinataires, voy. Des Rosiers, N., « Freedom of Religion at the Supreme Court in 2009 : Multiculturalism at the Crossroads ? », *Supreme Court Law Review* (2d) 73, 2010/51, p. 89-90. L'auteure s'exprime ainsi à la page 90 : « Modern legislative processes should aim to have the capacity to ascertain whether individuals or groups will be seriously affected by the law ».

d'une atteinte à la liberté de religion, ce qui leur permet souvent d'éviter de devoir examiner les questions de justification[15].

Au Canada, la Cour suprême a adopté, au contraire, dans un premier temps, des interprétations qui ont considérablement facilité aux individus qui invoquaient la liberté de religion le franchissement de la première étape, c'est-à-dire la démonstration de l'existence d'une atteinte à cette liberté. Le double critère que les requérants doivent remplir pour parvenir à ce but est le suivant : (1) ils doivent entretenir une croyance ou se livrer à une pratique sincère ayant un lien avec la religion, et (2) la mesure contestée doit nuire d'une manière « plus que négligeable ou insignifiante » à la capacité du plaignant de se conformer à ses croyances religieuses (une atteinte « négligeable ou insignifiante » est une atteinte qui ne menace pas véritablement une croyance ou un comportement religieux)[16].

Pour saisir le caractère peu exigeant de ces critères, il faut savoir que, dans une décision de 2004, l'affaire *Amselem*[17], la Cour a jugé qu'un tribunal ne peut exiger du plaignant qu'il démontre l'existence du caractère obligatoire de la croyance ou du précepte invoqué (il n'est donc pas nécessaire de démontrer l'existence d'un conflit entre une obligation religieuse et une obligation civile), ni exiger de preuve à l'effet que cette croyance ou ce précepte est généralement accepté dans une communauté de foi et possède par conséquent un caractère religieux « objectif ». Il suffit que l'intéressé soit subjectivement et sincèrement convaincu que le précepte ou la croyance qu'il invoque possède un lien avec une religion et se situe dans le cadre de sa foi spirituelle[18]. Dans la même décision, la

---

15 Lupu, I.C., « Where Rights Begin : The Problem of Burdens on the Free Exercise of Religion », *Harvard Law Review*, 1989/933, p. 102.

16 *Alberta* c. *Hutterian Brethren of Wilson Colony*, [2009] 2 R.C.S. 567 (§ 32).

17 *Syndicat Northcrest* c. *Amselem*, [2004] 2 R.C.S. 551.

18 *Amselem*, précité, § 46-48 (juge Iacobucci) : « Pour résumer, la jurisprudence de notre Cour et les principes de base de la liberté de religion étayent la thèse selon laquelle la liberté de religion s'entend de la liberté de se livrer à des pratiques et d'entretenir des croyances ayant un lien avec une religion, pratiques et croyances que l'intéressé exerce ou manifeste sincèrement, selon le cas, dans le but de communiquer avec une entité divine ou dans le cadre de sa foi spirituelle, indépendamment de la question de savoir si la pratique ou la croyance est prescrite par un dogme religieux officiel ou conforme à la position de représentants religieux. [...] la protection de la *Charte* québécoise (et de la *Charte canadienne*) devrait s'appliquer tant aux expressions obligatoires de la foi, qu'aux manifestations volontaires de celle-ci. C'est le caractère religieux ou spirituel d'un acte qui entraîne la protection, non le fait que son observance soit obligatoire ou perçue comme telle. [...] Il s'agit là d'un aspect fondamental de l'interprétation de la liberté de religion selon laquelle le demandeur qui invoque cette liberté n'est pas tenu de prouver l'existence de quelque obligation, exigence ou précepte religieux objectif ».

Cour a ajouté que, même si les tribunaux peuvent vérifier la sincérité du plaignant, un tel examen ne doit pas être trop poussé. En particulier, il doit s'attacher aux croyances d'une personne au moment de la prétendue atteinte à la liberté de religion. Il ne convient pas que le tribunal analyse rigoureusement les pratiques antérieures du demandeur pour décider de la sincérité de ses croyances courantes. À cause du caractère mouvant des croyances religieuses, l'examen par le tribunal de la sincérité de la croyance doit s'attacher non pas aux pratiques ou croyances antérieures de la personne, mais plutôt à ses croyances au moment de l'atteinte alléguée à la liberté de religion[19].

On constate donc que la Cour suprême a adopté, dans l'affaire *Amselem*, une conception subjective et individualiste de la liberté de religion qui facilitait considérablement la tâche à ceux qui invoqueraient la liberté de religion, notamment pour obtenir des accommodements ou des exemptions[20]. Bien sûr, pour éviter qu'il ne devienne trop facile d'obtenir de tels accommodements, il restait toujours la possibilité de « filtrer » davantage ces demandes à la deuxième étape de l'analyse, celle de l'examen de la justification du refus de l'accommodement (ou, si l'on préfère, la justification du maintien de la norme ou de la politique *sans* accommodement). Cependant, les circonstances ont voulu que, dans l'affaire *Amselem* elle-même, et dans une importante affaire postérieure, la Cour en arrive à la conclusion que le refus de l'accommodement demandé n'était pas justifiable et, donc, qu'elle impose l'accommodement. En outre, les faits de chacune des deux affaires sont tels que les deux décisions ont provoqué des vives critiques dans l'opinion publique québécoise et ont contribué à alimenter la crise des accommodements raisonnables.

---

19 *Amselem*, précité, § 53 (juge Iacobucci) : « Cependant il est important de souligner qu'il ne convient pas que le tribunal analyse rigoureusement les pratiques antérieures du demandeur pour décider de la sincérité de ses croyances courantes. Tout comme une personne change au fil des ans, ses croyances peuvent elles aussi changer. De par leur nature même, les croyances religieuses sont fluides et rarement statiques. Il peut fort bien arriver que le lien ou les rapports d'une personne avec le divin ou avec le sujet ou l'objet de sa foi spirituelle, ou encore sa perception de l'obligation religieuse découlant de ces rapports changent et évoluent avec le temps. Vu le caractère mouvant des croyances religieuses, l'examen par le tribunal de la sincérité de la croyance doit s'attacher non pas aux pratiques ou croyances antérieures de la personne, mais plutôt à ses croyances au moment de la prétendue atteinte à la liberté de religion ».

20 Il faut souligner que ce point de vue est celui des juges majoritaires dans l'affaire *Amselem*, qui a été décidée par une courte majorité de 4 juges contre 3. Les juges minoritaires ont, au contraire, défendu une conception institutionnelle et communautaire de la liberté de religion. Pour une analyse plus poussée des deux opinions, ainsi que de leurs avantages et inconvénients respectifs, voy. Woehrling, J., « Quelle place pour la religion dans les institutions publiques ? », in Gaudreault-DesBiens, J.-F. (dir.), *Le droit, la religion et le « raisonnable »*, Montréal, Éditions Thémis, 2009, p. 115-168.

En simplifiant quelque peu, dans l'affaire *Amselem* la Cour a imposé au syndicat de copropriété d'un immeuble d'habitation d'autoriser les copropriétaires de religion juive à ériger pendant 9 jours par an, sur leur propre balcon, une *souccah*, c'est-à-dire une petite hutte ou cabane temporaire close que la Bible impose aux fidèles d'habiter pendant la fête religieuse juive du *Souccoth*. Il faut souligner que les deux rabbins qui avaient témoigné devant le tribunal de première instance ne s'entendaient pas sur l'existence d'une obligation pour les fidèles d'habiter leur propre *souccah* individuelle et que le syndicat de copropriété avait offert un accommodement consistant à permettre l'installation d'une *souccah* commune dans les jardins de l'immeuble, accommodement qui avait été refusé par les plaignants. Il faut aussi noter que les plaignants avaient formellement accepté le règlement de copropriété qui interdisait expressément toute espèce de construction, permanente ou temporaire, sur les balcons. Néanmoins, la Cour suprême, par une majorité de ses membres, a considéré que l'atteinte « esthétique » au droit de propriété des autres copropriétaires n'était pas suffisante pour contrebalancer l'atteinte à la liberté de religion des plaignants. Je vous laisse le soin de juger si la décision vous paraît raisonnable, mais elle a été considérée comme manifestement critiquable au Québec, d'autant plus qu'elle renversait à la fois la décision du tribunal de première instance et celle de la Cour d'appel du Québec.

L'affaire *Amselem* a été suivie deux ans plus tard par une autre décision, qui a provoqué une véritable fureur populaire au Québec. Dans l'affaire *Multani*[21], en renversant là encore les décisions de première instance et d'appel rendues au Québec, la Cour suprême a jugé qu'une école publique québécoise devait consentir un accommodement à son « code de vie » qui interdisait aux élèves la possession des armes et autres objets dangereux, de façon à permettre à un élève sikh de garder sur lui son *kirpan*, un poignard traditionnel que les sikhs baptisés doivent conserver en permanence sur leur personne. La Cour s'est appuyée sur le fait qu'aucun incident relatif à un *kirpan* ne s'était jamais produit dans une école au Canada et, qu'en outre, avant que l'accommodement ne soit refusé par les autorités scolaires, il avait dans un premier temps été accepté par celles-ci à la condition que le *kirpan* soit cousu solidement dans une gaine et porté sous les vêtements. Selon la Cour, si ces conditions étaient respectées, aucun risque inacceptable pour la sécurité des autres personnes présentes à l'école n'était à craindre.

À tort ou à raison, les affaires *Amselem* et *Multani* ont été interprétées au Québec, dans l'opinion publique et par une partie importante des juristes québécois, comme autorisant potentiellement tous les

---

21 *Multani* c. *Commission scolaire Marguerite-Bourgeoys*, [2006] 1 R.C.S. 256.

accommodements, même les plus déraisonnables[22]. En outre, certains accommodements également jugés déraisonnables ont été accordés par des organismes publics sans passer par le processus judiciaire, comme celui auquel nous reviendrons dans la deuxième partie de l'exposé et qui consistait à permettre aux personnes qui passent l'examen pratique du permis de conduire de changer d'examinateur si le sexe de celui que le hasard leur avait désigné ne leur convenait pas pour des motifs religieux.

1.2. L'amorce d'un virage jurisprudentiel vers une conception moins extensive de l'accommodement religieux

Comme je l'ai déjà mentionné, la jurisprudence de la Cour suprême jugée trop généreuse à l'égard des accommodements religieux a contribué de façon significative à la crise des accommodements qui a fait rage au Québec en 2007 et 2008. Il faut également constater que la Cour suprême a développé sa jurisprudence donnant une portée extensive à la liberté de religion et à l'accommodement religieux à l'occasion d'affaires relativement « faciles » qui mettaient en cause des religions bien établies et bien connues et dans lesquelles les conflits de droit opposant la liberté de religion à d'autres droits ou libertés n'étaient pas trop délicats à arbitrer en tenant compte du contexte factuel des affaires en cause. Or, des questions plus difficiles ont été portées devant la Cour suprême et sont actuellement en délibéré, comme celle du port du *niqab* lors des témoignages en justice[23], ou encore sont susceptibles de lui être

---

22 En analysant les jugements de la Cour suprême dans certaines affaires venant du Québec, notamment les décisions *Amselem* et *Multani*, un auteur pense pouvoir arriver à la conclusion qu'il existe une conception « québécoise » et une conception « canadienne » de l'accommodement religieux, telles qu'elles ressortent des décisions respectives de la Cour d'appel du Québec et de la Cour suprême du Canada dans ces deux affaires et quelques autres. Voy. Grammond, S., « Conceptions canadienne et québécoise des droits fondamentaux et de la religion : convergence ou conflit ? », *Revue juridique Thémis*, 2009 43, p. 83-108. Dans sa conclusion, l'auteur considère que la jurisprudence de la Cour suprême « [...] a abouti à la mise à l'écart d'une conception spécifiquement québécoise de l'accommodement religieux, que l'on peut expliquer par une vision différente du phénomène religieux lui-même et possiblement par des valeurs politiques en décalage, et à l'imposition de la conception canadienne majoritaire ». Il caractérise comme suit les conceptions « québécoise » et « canadienne » : « [...] dans le discours québécois, la religion est le choix d'un individu de s'assujettir à un ensemble d'obligations (les "préceptes") alors que, dans le discours canadien, la religion se rattache à l'identité profonde de l'individu – et ne résulte donc pas d'un choix conscient ou rationnel – et réfère à un ensemble plus vaste de pratiques spirituelles. La première conception tend à limiter les cas d'accommodement aux "conflits d'obligations", alors que la seconde lui donne une portée plus large qui cherche à lever les obstacles à l'épanouissement spirituel de l'individu ».

23 Dans *R.* c. *N.S.*, 2010 ONCA 670, la victime présumée d'agressions sexuelles répétées se considérait obligée, pour des raisons religieuses, de porter un voile lui recouvrant le visage à l'exception des yeux au moment de témoigner en cour. Les deux accusés

soumises pour examen dans un proche avenir, comme celle du mariage polygamique[24]. C'est peut-être pour l'ensemble de ces raisons que la Cour a commencé à négocier un net virage jurisprudentiel dans une décision de 2009, l'affaire du permis de conduire des Huttérites.

Dans cette affaire[25], il s'agissait de savoir si la province de l'Alberta devait continuer à consentir aux membres d'une collectivité huttérite une exemption de l'obligation de faire figurer sur le permis de conduire une photo du titulaire, photo également versée dans une banque de données couplée à un logiciel de reconnaissance faciale, le système étant notamment destiné à déjouer les tentatives de fraude et de vol d'identité. Pendant une vingtaine d'années, les Huttérites avaient pu obtenir une exemption de l'obligation de fournir une photo, en invoquant le deuxième commandement. Ironiquement, les autorités provinciales prétendaient que le maintien de l'exemption avait été rendu impossible par la décision de la Cour suprême dans l'affaire *Amselem*. En effet, avant cette décision, les demandes d'exemption pouvaient faire l'objet d'une enquête de sincérité suffisamment poussée pour décourager les fraudeurs ainsi que d'une exigence de certification par une autorité religieuse, alors que la décision *Amselem* rendait de telles exigences inconstitutionnelles, ouvrant donc la voie à des demandes frauduleuses incontrôlables.

Tant en première instance qu'en appel, les plaignants huttérites avaient eu gain de cause, le règlement provincial contesté étant invalidé à cause de l'absence d'exemption en faveur des Huttérites. En Cour suprême, une courte majorité de 4 juges contre 3 a, au contraire, validé le

---

plaidaient que le fait de lui permettre de témoigner contre eux le visage couvert compromettrait leur droit à un procès équitable. Dans sa décision, la Cour d'appel de l'Ontario a établi le processus à suivre par le décideur, en l'occurrence le juge chargé de l'enquête préliminaire, afin de tenter de concilier les droits en jeu. Elle a également reconnu que la conciliation pourra s'avérer impossible. Dans un tel cas, il sera nécessaire de décider lequel des droits en présence revêt l'importance la plus fondamentale. Si le juge conclut que le port du *niqab* dans les circonstances entrave le droit à une défense pleine et entière, c'est ce dernier droit qui devra avoir préséance sur la liberté de religion du témoin, à qui il devra être ordonné de retirer son *niqab*. L'affaire a été entendue en Cour suprême du Canada. Le jugement devrait être rendu au courant de l'année 2012.

24 La constitutionnalité de l'article 293 du *Code criminel*, qui interdit la polygamie, a fait l'objet d'une demande d'avis consultatif en Cour suprême de la Colombie-Britannique, laquelle a considéré la disposition comme portant atteinte à la liberté de religion mais néanmoins constitutionnelle car justifiée par l'objectif de protéger la société et les individus contre les effets nocifs du mariage polygamique : *Reference re : Criminal Code, s. 293*, 2010 BCSC 1351. Le gouvernement provincial a décidé de ne pas faire appel. Cependant, si des poursuites pour polygamie sont instituées, la constitutionnalité de la disposition sera sûrement attaquée au cours du procès pénal et la question finira par être posée à la Cour suprême du Canada.

25 *Alberta c. Hutterian Brethren of Wilson Colony*, [2009] 2 R.C.S. 567.

règlement supprimant l'exemption. Le jugement porte uniquement sur la justification de l'atteinte à la liberté de religion, plutôt que sur l'existence de celle-ci qui avait été concédée par le procureur général de l'Alberta.

La décision est très complexe et mériterait une analyse détaillée[26], mais pour nos fins il suffira de constater que la Cour infléchit sa jurisprudence antérieure sur deux points importants. En premier lieu, en règle générale la Cour considère que le gouvernement n'a pas réussi à montrer que sa norme respecte le critère de l'atteinte minimale si le plaignant réussit à montrer que l'objectif poursuivi par l'État pourrait également être atteint, sinon parfaitement et complètement, du moins « substantiellement », par des moyens qui portent une atteinte moindre au droit ou à la liberté en cause. Or dans cette affaire, le fait de dispenser de la photo obligatoire un nombre approximatif de 250 Huttérites, sur 2,7 millions de conducteurs, n'aurait manifestement pas diminué de beaucoup l'efficacité de la banque informatique couplée au logiciel de reconnaissance faciale. Pourtant, les juges majoritaires rejettent ce point de vue, qui avait été accepté en première instance et en appel, en insistant sur le fait que *toute* diminution dans l'efficacité de la mesure gouvernementale, si minime soit-elle, doit faire conclure au rejet de l'exemption, du moins à l'étape du critère de l'atteinte minimale. Or il est facile de comprendre qu'un accommodement ou une exemption à une règle générale diminuera toujours un tant soit peu l'efficacité de celle-ci en soustrayant à son application une partie, si minime soit-elle, de ses destinataires potentiels. Maintenir une telle interprétation a donc pour effet de rendre impossibles les exemptions en matière législative.

---

[26] Pour une analyse détaillée, voy. notre commentaire de la décision : « Quand la Cour suprême s'applique à restreindre la portée de la liberté de religion : l'arrêt *Alberta Hutterian Brethren of Wilson Colony* (2009) », *Revue juridique Thémis*, 2011 45(1), p. 7-49. Pour d'autres commentaires, voy. notamment Buckingham, J.E., « Drivers Needed : Tough Choices from Alberta v. Wilson Colony of Hutterian Brethren », *Constitutional Forum*, 2010 18, p. 109 ; Berger, B.L., « Section 1, Constitutional Reasoning and Cultural Difference : Assessing the Impacts of *Hutterian Brethren* », 51 *Supreme Court Law Review (2d)*, 25 ; Charney, R.E., « How Can There Be Any Sin In Sincere ? State Inquiries into Sincerity of Religious Belief », *Supreme Court Law Review (2d)*, 2010 51, p. 47 ; Des Rosiers, N., « Freedom of Religion at the Supreme Court in 2009 : Multiculturalism at the Crossroads ? », *Supreme Court Law Review (2d)*, 2010, 51, p. 73 ; Moon, R., « Accommodation without Compromise : Comment on *Alberta* v. *Hutterian Brethren of Wilson Colony* », 51 *Supreme Court Law Review (2d)*, 95 ; Weinrib, S., « An Exemption For Sincere Believers : The Challenge of Alberta v. *Hutterian Brethren of Wilson Colony* – Case Comment », *McGill Law Journal*, 2011/56, p. 719-750 ; Kislowicz, H., Haigh, R. & NG, A. « Calculations of Conscience : The Costs and Benefits of Religious and Conscientious Freedom », *Alberta Law Review*, 2011/48, p. 679-714 ; Haughey, H., « The Camera and the Colony : A Comment on *Alberta* v. *Hutterian Brethren of Wilson Colony* », *Saskatchewan Law Review*, 2011/74, p. 59-82.

Plutôt que d'être décidée à l'étape de l'atteinte minimale, la question de la validité du règlement dénué d'exemption a donc été examinée à l'étape du critère de proportionnalité entre les effets bénéfiques et les effets préjudiciables de la norme contestée. À cette étape de l'analyse, les juges majoritaires ont considérablement alourdi le fardeau de la preuve imposé aux requérants en ce qui concerne la gravité des inconvénients pour la pratique religieuse qui devait être démontrée (le « fardeau »). En effet, les juges majoritaires ont décidé que, si pour démontrer l'existence d'une atteinte, il suffisait de prouver l'existence d'inconvénients « plus que négligeables ou insignifiants », par contre, pour démontrer que les effets préjudiciables sur la liberté de religion l'emportent sur les effets bénéfiques, il fallait que les inconvénients soient « assez élevés pour porter atteinte gravement au droit des plaignants » et pour les « priver de la possibilité d'agir en accord avec leurs convictions religieuses »[27]. Or, il est évident que c'est uniquement si cette deuxième condition est remplie que le tribunal considérera qu'il y a un droit à l'exemption (ou encore que l'absence d'exemption entraîne l'invalidité de la norme). Évidemment, du point de vue des plaignants, ce n'est pas le critère de l'existence d'une atteinte qui est le plus important, mais celui de sa gravité aux fins de l'examen de proportionnalité. À quoi leur sert-il de faire constater une atteinte à la liberté de religion si, aux yeux du tribunal, celle-ci n'est pas suffisamment grave pour faire apparaître une obligation d'accommodement à leur profit ?

La décision dans l'affaire des Huttérites a été acquise à une mince majorité, si bien qu'il reste à voir si le virage jurisprudentiel qui y est amorcé se confirmera à l'avenir. Si c'était le cas, cela signifierait qu'il n'y a pas d'obligation pour le législateur de prévoir, dans les lois d'application générale, des exemptions destinées à pallier les empêchements ou les inconvénients « accidentels » (*incidental*) que leur mise en œuvre est susceptible d'entraîner pour la pratique religieuse. De même, un tel effet préjudiciable pour la pratique religieuse ne suffira pas à faire invalider une loi, sauf évidemment s'il peut être prouvé que cet effet est sciemment recherché par le législateur. Par contre, la décision sur le permis de conduire des Huttérites ne remet pas en cause, du moins directement, la jurisprudence relative à l'obligation d'accommodement qui existe sous l'empire des lois relatives aux droits de la personne fédérales et provinciales, c'est-à-dire l'obligation qui s'applique aux employeurs et fournisseurs de biens et de services privés ou publics, ni, semble-t-il, à l'obligation qui s'applique dans le cas de décisions administratives individualisées. Néanmoins, la volonté très visible des juges majoritaires de limiter le champ d'application de la liberté de religion et d'infléchir

27 *Alberta c. Hutterian Brethren of Wilson Colony*, § 95.

une interprétation de celle-ci jugée trop extensive pourrait bien, à l'avenir, avoir des effets indirects dans les domaines qui viennent d'être mentionnés.

Pour terminer, il faut souligner le parallélisme entre l'évolution jurisprudentielle qui vient d'être rapportée pour le Canada et celle qui s'est produite aux États-Unis. En effet, la position de la Cour suprême du Canada dans l'affaire du permis de conduire des Huttérites, en 2009, rejoint celle de la Cour suprême des États-Unis dans la célèbre affaire *Smith* de 1990[28]. Dans cette décision, la Cour suprême américaine a, elle aussi, opéré un net virage par rapport à sa jurisprudence antérieure, en jugeant que la clause de libre exercice de la religion du Premier amendement de la Constitution fédérale n'obligeait pas le législateur à prévoir, dans ses lois d'application générale, des exemptions destinées à pallier les inconvénients ou empêchements accidentels que la mise en œuvre de ces lois pouvait entraîner pour la pratique religieuse. En l'occurrence, il s'agissait de savoir si l'Oregon, en interdisant les substances hallucinogènes, aurait dû prévoir une exemption pour l'utilisation de celles-ci à des fins religieuses. La Cour a répondu par la négative en soulignant que ceux qui chercheraient à obtenir ce genre d'exemption religieuse devraient s'adresser au législateur plutôt qu'aux tribunaux. Les moyens utilisés par la Cour suprême américaine pour fermer la porte aux exemptions fondées sur la Constitution, par opposition à celles prévues par les lois antidiscriminatoires, diffèrent quelque peu de ceux mis en œuvre au Canada dans l'affaire des Huttérites, bien que les résultats soient similaires. La Cour américaine est parvenue à son but en allégeant considérablement le critère de justification auquel doit satisfaire l'État pour validement refuser un accommodement religieux, alors que la Cour canadienne a plutôt augmenté la difficulté qu'il y a pour les plaignants à démontrer l'existence d'effets préjudiciables pour leur liberté de religion suffisamment graves pour contrebalancer les effets bénéfiques de la norme étatique incriminée (voir plus haut).

Autant dans la décision de la Cour suprême des États-Unis que dans celle de son homologue canadienne, le refus d'imposer au législateur l'obligation de prévoir des exemptions en faveur de la pratique religieuse a été justifiée à la fois par la difficulté des questions soulevées par la mise en œuvre de la liberté de religion et par la crainte du grand nombre d'exemptions qui seraient susceptibles d'être réclamées si le principe en

[28] *Employment Division, Department of Human Resources of Oregon v. Smith*, 494 U.S. 872 (1990). Pour une analyse de la jurisprudence de la Cour suprême des États-Unis en matière d'exemption religieuse fondée sur la Constitution, et en particulier l'arrêt *Smith*, voy. Bribosia, E., Ringelheim, J. & Rorive, I., « Aménager la diversité : le droit à l'égalité face à la pluralité religieuse », *Rev. trim. dr. h.*, 2009 78, p. 319, aux p. 327 suiv.

était admis, étant donné la grande diversité religieuse qui existe dans les sociétés américaine et canadienne.

Aux États-Unis, ceux qui cherchaient à obtenir des accommodements religieux ont suivi la suggestion de la Cour suprême dans l'affaire *Smith* en s'adressant au législateur fédéral puis aux législateurs étatiques, avec un succès certain puisque ceux-ci tout comme celui-là ont adopté des lois pour rétablir en quelque sorte la jurisprudence antérieure à l'affaire *Smith* en ordonnant aux tribunaux de mettre à nouveau en œuvre les critères de justification que la Cour suprême appliquait avant 1990, c'est-à-dire des critères plus exigeants pour les pouvoirs publics et, en théorie au moins, plus favorables pour les demandeurs d'accommodement[29]. Il faut souligner que, dans la mesure où ces lois confèrent un droit à l'exemption religieuse exprimé en termes larges et abstraits, elles soulèvent les mêmes difficultés que celles que nous avons relevées plus haut en matière constitutionnelle, à savoir que les tribunaux devront interpréter et appliquer des concepts vagues et généraux sur lesquels il est difficile de s'entendre, comme ceux de la « conviction sincère », du « fardeau substantiel » pour la pratique religieuse, ou encore de « l'objectif public impérieux » susceptible de justifier le refus d'une exemption. En outre, le problème de la définition même du concept de religion continue de se poser sous l'empire de ces lois.

Par ailleurs, il existe de nombreuses lois fédérales et étatiques, autant antérieures que postérieures à l'affaire *Smith*, qui prévoient des exemptions religieuses précises, beaucoup plus étroitement circonscrites, comme celles qui autorisent l'abattage *casher* ou *halal* en dérogation des lois sur le bien-être animal, ou qui dispensent les voitures à cheval utilisées par les membres de la secte des amish de certains règlements relatifs à la circulation des véhicules automobiles. Lorsqu'une loi prévoit une exemption aussi précise, elle ne soulève évidemment pas les mêmes problèmes que précédemment : on n'aura pas à se demander si la pratique en cause est religieuse ou non, si le fait de l'empêcher ou de la gêner entraîne ou non un fardeau substantiel, etc. Le législateur aura répondu à toutes ces questions dans le texte législatif lui-même.

Pour terminer, il faut souligner qu'aux États-Unis, les lois prévoyant des exemptions religieuses, qu'elles soient précises et circonscrites ou générales et abstraites, doivent respecter un certain nombre de conditions pour ne pas être considérées comme contredisant la deuxième « clause » du Premier amendement en matière de religion, à savoir la clause de « non-établissement ». La jurisprudence sur ce point est complexe, pour dire le moins, l'idée générale étant qu'une exemption législative en faveur de la pratique religieuse ne doit pas constituer un avantage indu en faveur

---

[29] Voy. Bribosia, E., Ringelheim, J. & Rorive, I., *op. cit.*, p. 331 suiv.

de celle-ci par rapport au traitement des autres postures face à la religion. La Constitution canadienne ne contient pas de disposition similaire à la clause de non-établissement, mais les dispositions garantissant la liberté de religion ont été interprétées comme imposant aux pouvoirs publics une obligation de neutralité religieuse et philosophique[30]. Les lois canadiennes prévoyant des exemptions religieuses devront donc respecter également certaines conditions pour ne pas être considérées comme favorisant indûment les pratiques religieuses et, par conséquent, comme incompatibles avec cette obligation de neutralité. Mais, contrairement à ce qui se passe aux États-Unis, cette question n'a pas encore été véritablement abordée par les tribunaux canadiens.

Certaines des lois américaines ou canadiennes prévoyant des exemptions religieuses consistent à dispenser les organismes à but religieux du respect des lois antidiscriminatoires dans leur politique d'admission et dans leurs relations de travail, ce qui revient clairement, de la part du législateur, à prendre position pour la liberté de religion dans le conflit qui oppose celle-ci au droit à l'égalité. Cette remarque me permet donc de passer à la deuxième partie de ma présentation, relative aux conflits de droit qui surgissent entre la liberté de religion, et plus particulièrement les accommodements religieux, d'une part, et les autres droits et libertés, d'autre part.

2. Les tensions et conflits entre la liberté de religion et les autres droits et libertés

Il est bien établi que les droits et libertés exercés par divers titulaires peuvent entrer en tension, voire en conflit, comme l'exprime la formule classique selon laquelle « les droits des uns s'arrêtent là où commencent les droits des autres ». Dans le cas de la liberté de religion en général, et des accommodements religieux en particulier, les tensions ou conflits avec d'autres droits ont été largement utilisés comme argument, au Québec, par ceux qui s'opposent à ces accommodements, le droit antagoniste le plus souvent invoqué étant le droit des femmes à l'égalité, dans la mesure où certains des accommodements jugés déraisonnables avaient pour effet, selon leurs détracteurs, de porter atteinte aux droits des femmes[31].

---

30 Sur ce point, voy. Woehrling, J., « L'obligation d'accommodement raisonnable et l'adaptation de la société à la diversité religieuse », *Revue de droit de McGill*, 1998/43, p. 325-401, p. 370 suiv.

31 Woehrling, J., « L'adaptation de la société canadienne à la diversité religieuse et les droits des femmes : pour une nécessaire conciliation », *Genre, inégalités et religion*, Actes du Premier Colloque inter-réseaux du Programme thématique *Aspects de l'État de droit et démocratie* de l'Agence universitaire de la francophonie, Paris, Éditions des Archives contemporaines, 2007, p. 371-390.

Cependant, le droit à l'égalité des femmes est loin d'être le seul droit susceptible d'entrer en tension avec la liberté de religion. La condamnation des relations homosexuelles par de nombreuses religions peut entraîner de la part de celles-ci et de leurs adhérents des conduites incompatibles avec le droit à l'égalité sans distinction fondée sur l'orientation sexuelle, conduites discriminatoires pour lesquelles sera réclamée la protection de la liberté de religion. Des parents pourront invoquer leur liberté de religion, de même que le droit de vouloir transmettre leurs convictions religieuses à leurs enfants, pour prendre à l'égard de ceux-ci des décisions considérées comme incompatibles avec leur intérêt[32]. Des membres du personnel médical invoqueront le cas échéant leur liberté de religion pour refuser de participer à un avortement, même dans des cas où il existe un droit constitutionnel à l'interruption volontaire de grossesse. Le fait d'autoriser une femme qui se prétend victime d'agression sexuelle à témoigner en dissimulant son visage rentrerait en conflit avec les droits de la défense. On pourrait évidemment ajouter beaucoup d'autres exemples à cette liste[33]. Plus généralement, toute forme d'accommodement religieux peut être considérée comme un privilège qui entraîne une rupture de l'égalité[34], en plus d'être incompatible avec le principe de neutralité religieuse

32 En effet, les enfants ne sont pas habituellement présents en tant que « porteurs » de droit dans les conflits juridiques qui mettent en cause leurs intérêts et ces intérêts sont représentés ou « pris en charge » par l'État et/ou par les parents. D'une part, la protection des intérêts des enfants constitue un des objectifs que peut poursuivre l'État et au nom desquels il est justifié de limiter les droits des parents, par exemple en refusant une demande d'exemption d'un aspect de la scolarité obligatoire formulé par les parents pour des raisons religieuses, refus justifié par l'intérêt des enfants à recevoir une éducation susceptible de leur donner tous les moyens nécessaires à un développement optimal de leurs capacités. D'autre part, les parents prennent dans l'exercice de leur autorité parentale des décisions relatives à l'éducation et à la santé de leurs enfants, qu'ils sont à la fois tenus et présumés de prendre dans l'intérêt de leurs enfants. Sur ce sujet, voy. Dwyer, J.G., « Parent's Religion and Children's Welfare : Debunking the Doctrine of Parent's Rights », *California Law Review*, 1994, p. 1371-1447 ; Carter, M., « "Debunking" Parent's Rights in the Canadian Constitutional Context », *Canadian Bar Review*, 2007/86, p. 479-514.

33 Une revue très complète des divers conflits de droits mettant en cause la liberté de religion et ayant donné lieu à des décisions de tribunaux ou de commissions des droits de la personne est présentée dans trois documents publiés par la *Commission des droits de la personne de l'Ontario : Politique sur la croyance et les mesures d'adaptation relatives aux observances religieuses* (1996) ; *L'ombre de la loi : survol de la jurisprudence relative à la conciliation de droits contradictoires* ; *La conciliation des droits contradictoires : à la recherche d'un cadre analytique* (2005).

34 Cependant, dans le *Renvoi relatif au mariage entre personnes du même sexe*, [2004] 3 R.C.S. 698, la Cour suprême du Canada a souligné que « [l]a simple reconnaissance du droit à l'égalité d'un groupe ne peut, en soi, porter atteinte aux droits d'un autre groupe. L'avancement des droits et valeurs consacrés par la Charte profite à l'ensemble de la société et l'affirmation de ces droits ne peut à elle seule aller à l'encontre des principes mêmes que la Charte est censée promouvoir » (§ 46).

et philosophique de l'État, du moins dans la mesure où les mêmes accommodements ne seraient pas consentis en faveur des convictions non religieuses, ce qui n'est généralement pas le cas[35].

Les tensions ou conflits entre droits ou libertés devront faire l'objet d'une conciliation ou mise en équilibre destinée à délimiter leur portée respective, opération qui pourra être le fait du juge ou du législateur et qui, parfois, devra être réalisée par les intervenants sur le terrain.

2.1. La conciliation des droits en tension par le législateur

Comme nous venons de le voir en concluant la partie précédente de cette communication, il arrive que le législateur tente lui-même de délimiter la portée respective de la liberté de religion et du droit à l'égalité en adoptant des textes qui écartent l'application de ce dernier dans certains domaines précis, comme celui des relations d'emploi ou de la politique d'admission des organismes à but religieux. Il faut souligner qu'habituellement, les textes en cause prévoient l'application du même régime à toute une série d'organismes associatifs sans but lucratif représentant les intérêts d'un groupe particulier, en autorisant ces organismes à discriminer en fonction de la caractéristique des personnes qu'ils ont pour vocation de regrouper (l'âge, l'origine nationale ou le sexe par exemple)[36]. Au Canada, les tribunaux ont hésité sur l'attitude à

---

35 Rosenblum, N.L., *op. cit.*, p. 7. Si un accommodement religieux était considéré comme imposé par la Constitution elle-même, il ne pourrait évidemment pas être attaqué comme contraire à celle-ci. Par contre, s'il est prévu dans une loi ordinaire, on pourra arguer que celle-ci entraîne une discrimination en faveur de la religion, ou encore qu'elle viole le principe de neutralité religieuse et philosophique qui s'impose à l'État.

36 Voy. par exemple l'article 20 de la *Charte québécoise* : « Une distinction, exclusion ou préférence fondée sur les aptitudes ou qualités requises par un emploi, ou justifiée par le caractère charitable, philanthropique, religieux, politique ou éducatif d'une institution sans but lucratif ou qui est vouée exclusivement au bien-être d'un groupe ethnique est réputée non discriminatoire ». Un régime similaire d'exception à l'interdiction de la discrimination fondée sur la religion est prévu dans le *Code des droits de la personne* de l'Ontario, L.R.O. 1990, chap. H-19. L'article 18 prévoit que : « Ne constitue pas une atteinte aux droits, reconnus dans la partie I, à un traitement égal en matière de services et d'installations, avec ou sans adaptation, le fait qu'un organisme ou un groupement religieux, philanthropique, éducatif, de secours mutuel ou social dont le principal objectif est de servir les intérêts de personnes identifiées par un motif illicite de discrimination, n'accepte que des personnes ainsi identifiées comme membres ou participants » et l'article 24(1)a) énonce : « Ne constitue pas une atteinte au droit, reconnu à l'article 5, à un traitement égal en matière d'emploi le fait :

a) qu'un organisme ou un groupement religieux, philanthropique, éducatif, de secours mutuel ou social dont le principal objectif est de servir les intérêts de personnes identifiées par la race, l'ascendance, le lieu d'origine, la couleur, l'origine ethnique, la croyance, le sexe, l'âge, l'état matrimonial ou un handicap n'emploie que des personnes ainsi identifiées ou leur accorde la préférence si cette qualité requise est exigée de façon raisonnable et de bonne foi compte tenu de la nature de l'emploi ».

adopter à l'égard de ces exceptions au principe d'égalité. Habituellement, ils considèrent celles-ci comme devant être interprétés restrictivement[37], mais dans le cas des dispositions autorisant la discrimination sur la base de la religion dans les relations d'emploi et dans la politique d'admission des organismes à but religieux (ou d'autres organismes regroupant des intérêts particuliers), ils estiment qu'une interprétation restrictive ne serait pas appropriée, puisque ces dispositions sont destinées à promouvoir la liberté de religion et la liberté d'association[38].

Néanmoins, la latitude laissée aux organismes bénéficiaires de l'exemption pour pratiquer ce genre de discrimination sera généralement encadrée par des conditions assez strictes, prévues dans les textes législatifs eux-mêmes ou découlant de la jurisprudence. En particulier, les organismes devront montrer que les comportements discriminatoires qu'ils adoptent sont véritablement nécessaires pour protéger ou promouvoir leur caractère particulier, religieux ou autre, ce qui exigera notamment qu'ils fassent la preuve qu'ils ne pouvaient raisonnablement accommoder la personne victime de discrimination (autrement dit, les tribunaux ont, par interprétation, incorporé l'obligation d'accommodement raisonnable dans les dispositions législatives prévoyant une exception à l'interdiction de discriminer). Lorsque la discrimination survient dans les relations d'emploi, il sera nécessaire de démontrer que la qualité requise pour établir ou maintenir le lien d'emploi est exigée de façon raisonnable, compte tenu de la nature de l'emploi.

Ainsi, dans l'affaire *Christian Horizons*[39], une organisation religieuse, subventionnée par le gouvernement provincial de l'Ontario, qui administrait des foyers résidentiels et des colonies de vacances pour personnes souffrant d'une déficience intellectuelle, avait pris des mesures disciplinaires contre une employée parce que celle-ci avait entrepris une relation homosexuelle plusieurs années après son embauche, au moment de laquelle elle avait signé la déclaration de style de vie et de bonnes mœurs exigée par son employeur et qui incluait les « rapports homosexuels » au nombre des comportements prohibés. Accusée de discrimination, l'organisation religieuse invoquait l'exemption prévue à l'article 24(1) a) du *Code ontarien des droits de la personne*[40]. La Cour divisionnaire

Pour l'interprétation donnée en jurisprudence aux deux dispositions du *Code*, voy. le document de la Commission des droits de l'Ontario, *La conciliation des droits contradictoires : à la recherche d'un cadre analytique* (2005), p. 6 suiv.

37 *Dickason c. Université de l'Alberta*, [1992] 2 R.C.S. 1103.

38 *Brossard (Ville) c. Québec (Comm. des droits de la personne)*, [1988] 2 R.C.S. 279 (à propos de l'article 20 de la *Charte québécoise*).

39 *Ontario Human Rights Commission v. Christian Horizons*, 2010 ONSC 2105.

40 Voy. *supra*, pour le texte de cette disposition.

de l'Ontario a jugé que *Christian Horizons* était bien un « organisme religieux », dont le principal objectif était de servir les intérêts de personnes identifiées par la « croyance », et remplissait donc les deux premiers critères nécessaires pour pouvoir se réclamer de l'exemption, mais que le troisième critère exigé faisait défaut, à savoir que la qualité requise (le rejet des relations homosexuelles) n'était pas exigée de bonne foi compte tenu de la nature de l'emploi. En effet, l'employée en cause était préposée aux services de soutien et ne participait pas activement à la promotion d'un mode de vie chrétien évangélique. Le respect de l'interdiction des relations homosexuelles n'était pas essentiel à la bonne exécution des responsabilités des préposés aux services de soutien, qui comprenaient la cuisine, le nettoyage et l'aide aux patients pour les repas. Par conséquent, aucun aspect de l'emploi de préposé ne faisait de l'absence de relations homosexuelles une qualité requise[41].

Si une loi prévoyant un régime d'exception à l'interdiction de la discrimination est rédigée ou appliquée de façon à ne pas respecter un équilibre considéré comme satisfaisant entre les droits et les intérêts en cause, sa constitutionnalité peut être contestée. C'est ce qui est arrivé par exemple aux États-Unis avec l'article 702 du Titre VII du *Civil Rights Act*, dans lequel le Congrès américain a choisi d'exempter les organismes à but religieux, et seulement ces organismes (plutôt que l'ensemble des associations sans but lucratif représentant les intérêts d'un groupe particulier), du respect de l'interdiction de la discrimination fondée sur la religion, et cela non seulement en ce qui concerne les emplois reliés aux activités proprement religieuses, mais également ceux ayant une nature exclusivement séculière[42]. La disposition a néanmoins été validée par la Cour suprême dans une affaire où le concierge d'un gymnase, propriété de l'Église des mormons, avait été congédié pour ne pas avoir respecté

---

41 Par contre, dans *Caldwell* c. *Stuart*, [1984] 2 R.C.S. 603, la Cour suprême du Canada a jugé que le rôle d'enseignant incluait la transmission des valeurs catholiques au moyen de l'enseignement et de l'adoption de comportements personnels appropriés, si bien qu'une école catholique avait pu à bon droit congédier une enseignante qui avait contrevenu aux dogmes de la religion catholique en épousant un homme divorcé lors d'une cérémonie civile. Dans cette affaire, l'école avait invoqué l'article 22 du *Human Rights Code* de la Colombie-Britannique, qui permet aux organismes ou groupements charitables, philanthropiques, religieux, sociaux ou d'entraide, sans but lucratif, qui ont pour objectif principal la promotion des intérêts d'une catégorie ou d'un groupe identifiable de personnes caractérisées par la communauté de race, de religion, d'âge, de sexe ou autre, de donner la préférence aux membres de ce groupe ou de cette catégorie.

42 « This subchapter shall not apply [...] to a religious corporation, association, educational institution or society with respect to the employment of individuals of a particular religion to perform work connected with the carrying on by such corporation [...] of its activities » (42 US Code 2000e-1).

les règles religieuses imposant la dîme et prohibant la consommation de thé, de café, de tabac et d'alcool[43].

Il faut souligner que les textes législatifs aménageant la coexistence de deux droits, comme la liberté de religion et l'égalité, dans certains domaines, comme les politiques d'emploi de certains organismes, n'équivalent pas à établir une « hiérarchie » de nature générale et abstraite entre les droits en cause, le législateur recherchant au contraire un équilibre approprié en fonction d'une problématique et d'un contexte précis. Au Québec, à l'occasion de la crise des accommodements raisonnables, des voix se sont élevées en faveur d'une modification de la *Charte québécoise* pour affirmer clairement que l'égalité entre les femmes et les hommes ne puisse être compromise au nom de la liberté de religion[44]. Pour donner une forme de satisfaction politique aux intéressés, la *Charte* a été augmentée de dispositions interprétatives nouvelles, mais essentiellement redondantes sur le plan juridique en ce qu'elles viennent confirmer le droit à l'égalité des sexes qui figurait déjà en bonne place dans la Charte[45]. Quant aux tribunaux canadiens, on verra qu'ils refusent d'établir une hiérarchie entre les droits et libertés et qu'ils recherchent plutôt, de façon casuistique, une conciliation ou mise en équilibre des droits en tension en fonction des données de chaque contexte factuel particulier dans lequel se manifeste leur opposition.

2.2. La conciliation des droits en tension par les tribunaux

La conciliation ou mise en équilibre des droits en tension ou en opposition revient aux tribunaux lorsque le législateur n'est pas intervenu ou, s'il l'a fait, lorsque la constitutionnalité de la solution législative est

---

43 *Corporation of Presiding Bishop of the Church of Jesus Christ of Latter-day Saints* v. *Amos*, 483 US 327 (1987) ; pour une analyse et un commentaire, voy. Rosenblum, N.L., « *Amos :* Religious Autonomy and the Moral Uses of Pluralism », in Rosenblum, N.L., *op. cit.*, p. 165, p. 171 suiv.

44 C'était notamment la position du Conseil du statut de la femme du Québec : *Avis – Droit à l'égalité entre les femmes et les hommes et liberté religieuse*, septembre 2007. Plus récemment, le Conseil du statut de la femme est revenu à la charge avec la proposition d'adopter une charte de la laïcité, notamment destinée à justifier la limitation des accommodements religieux : *Avis – Affirmer la laïcité, un pas de plus vers l'égalité réelle entre les femmes et les hommes*, février 2011.

45 Le troisième considérant du préambule de la Charte se lit maintenant comme suit : « Considérant que le respect de la dignité de l'être humain, l'égalité entre les femmes et les hommes et la reconnaissance des droits et libertés dont ils sont titulaires constituent le fondement de la justice, de la liberté et de la paix ; […] » et la Charte comprend une nouvelle disposition, l'article 50.1, qui énonce : « Les droits et libertés énoncés dans la présente Charte sont garantis également aux femmes et aux hommes ». Avant ces modifications, l'article 10 de la Charte interdisait déjà la discrimination fondée, notamment, sur le sexe.

contestée, comme nous venons de le voir avec l'exemple américain. Au Canada, la question de la célébration du mariage civil entre personnes de même sexe offre un exemple intéressant d'interaction entre le législateur et les tribunaux à propos d'un problème de conciliation de la liberté de religion et du droit à l'égalité sans discrimination fondée sur l'orientation sexuelle. Après la légalisation du mariage entre personnes de même sexe par une loi fédérale, a été soulevée la question du droit des commissaires provinciaux célébrant les mariages *civils* de refuser de célébrer un mariage homosexuel pour des raisons de conviction religieuse (un tel droit est expressément prévu pour les célébrants de mariages *religieux*)[46]. Les différentes provinces ont réagi de diverses manières. La Saskatchewan a adopté un projet de loi prévoyant le droit à l'objection de conscience, pour raisons religieuses, en faveur des commissaires au mariage, mais a décidé de le soumettre à un contrôle préalable de constitutionnalité par une procédure de renvoi de la question à sa Cour d'appel[47]. Celle-ci a jugé le projet contraire au droit à l'égalité sans discrimination fondée sur l'orientation sexuelle tel qu'il est garanti par la *Charte canadienne des droits et libertés*.

L'avis consultatif de la Cour d'appel permet d'illustrer la mise en œuvre des principes applicables à la conciliation des droits en tension tels qu'ils ont été dégagés par la Cour suprême du Canada. Celle-ci rejette toute approche hiérarchique des droits qui donnerait préséance à certains droits au détriment d'autres et insiste pour que soit recherché, lorsqu'il y a conflit, « un équilibre qui respecte pleinement l'importance des deux catégories de droits »[48], équilibre qui doit être trouvé selon une « méthode contextuelle » c'est-à-dire non de façon abstraite et préalable, mais en fonction des faits de chaque affaire, « parce que [les droits] sous-tendent

---

46 Au Canada, la compétence pour légiférer sur les conditions de fond du mariage est fédérale, celle relative à la célébration du mariage est provinciale. Sur les péripéties judiciaires et politiques de la controverse autour du mariage homosexuel au Canada, voy. Woehrling, J., *L'actualité constitutionnelle au Canada*, *Revue française de droit constitutionnel*, 2004/59, p. 645-657.

47 La procédure de renvoi permet au gouvernement provincial de solliciter un avis consultatif sur toute question constitutionnelle auprès de la Cour d'appel de la province. Le gouvernement fédéral peut en faire de même auprès de la Cour suprême du Canada.

48 *Dagenais* c. *Société Radio-Canada*, [1994] 3 R.C.S. 835, à la p. 877. Voy. également le *Renvoi relatif au mariage entre personnes de même sexe*, *supra* note 34, au § 50. Pour une analyse de la jurisprudence relative à la conciliation des droits en tension, voy. Bernatchez, S., « La hiérarchisation ou la conciliation contextuelle du droit à l'égalité et de la liberté de religion ? », in Bureau, M.-F. (dir.), *Sexualité et démocratie : Perspectives multidisciplinaires francophones*, Sherbrooke, Éditions de la Revue de droit de l'Université de Sherbrooke, 2009, p. 77-123 ; Iacobucci, « "Reconciling Rights" The Supreme Court of Canada's Approach to Competing Interests », *Supreme Court Law Review* (2d), 2003 20, p. 137-167.

ou s'inspirent souvent d'autres droits ou valeurs aussi louables qui sont en jeu dans des circonstances particulières »[49]. Lorsque le conflit ou la tension existe entre les droits de deux particuliers, comme dans l'affaire *Amselem* mentionnée précédemment, l'exercice de conciliation aura pour objet de mettre directement en équilibre les droits en cause. Cela pourra être le cas sous l'empire de la Charte québécoise, qui s'applique à la fois aux relations entre particuliers (horizontalement) et à celles entre les particuliers et la puissance publique (verticalement). Dans le cas de la Charte canadienne, qui ne s'applique qu'aux actes de la puissance publique, l'opposition existera au premier chef, non entre deux droits, mais entre les droits d'un individu et les intérêts poursuivis par l'État avec la règle de droit qui a pour effet de restreindre les droits de l'individu. La conciliation entre le droit individuel et l'intérêt public poursuivi par l'État se fera au moment d'analyser la justification de l'action étatique, et c'est à cette étape que l'on pourra considérer que certaines valeurs, comme l'égalité des sexes, ou certains autres droits et libertés, appartenant à d'autres personnes, justifient la limitation du droit invoqué par le plaignant, par exemple la liberté de religion[50].

Pour en revenir à l'avis consultatif de la Cour d'appel de la Saskatchewan[51], celle-ci est arrivée à la conclusion que la liberté de religion ne justifiait pas le traitement discriminatoire des couples de même sexe. Après avoir rappelé la marginalisation et les stéréotypes dont ont été victimes les homosexuels tout au long de l'histoire, elle a insisté sur les facteurs contextuels pour souligner la gravité des

---

49 *R.* c. *Mills*, [1999] 3 R.C.S. 668, § 21. Il faut insister sur le fait que l'exercice de pondération et de conciliation des droits en conflits ne peut être réalisé que dans un contexte concret, plutôt que de façon abstraite et prédéterminée, car seules les données précises d'une situation concrète permettent de savoir quels sont les effets de celle-ci sur chacun des droits en cause. Ainsi, pour prendre un autre exemple, on ne saurait décider *a priori* et de façon abstraite que la liberté de religion d'une enseignante qui veut porter le voile islamique doit toujours céder devant la liberté de religion et de conscience de ses élèves, pour éviter que ceux-ci ne soient soumis à une forme de pression religieuse. C'est en tenant compte de l'âge des élèves, du comportement pédagogique de l'enseignante, du caractère ostentatoire ou non du port du voile, de l'ambiance générale de l'établissement considéré, etc., qu'il sera possible de déterminer si le port du voile par l'enseignante a ou non pour effet d'influencer indûment les élèves.

50 Après certaines hésitations, la Cour a fini par rejeter le concept des limitations « internes » (ou définitionnelles) de la liberté de religion, c'est-à-dire l'idée que certains actes ou comportements contraires aux droits d'autrui soient considérés comme exclus *a priori* de son champ d'application. La conciliation de la liberté de religion avec d'autres droits doit donc toujours se faire à l'étape de l'examen de la justification d'une atteinte à celle-ci.

51 *In the Matter of Marriage Commissioners Appointed Under the Marriage Act*, 2011 SKCA 3.

répercussions qu'aurait sur les couples de même sexe la possibilité pour les commissaires de refuser de célébrer leur mariage. Les juges ont ainsi fait remarquer qu'aucune mesure n'avait été prise pour qu'un certain nombre de commissaires soient toujours disponibles pour célébrer les mariages, ou encore pour tenir compte des circonstances géographiques, de façon à ce que les personnes vivant dans des collectivités rurales isolées ne soient pas obligées de se déplacer sur de longues distances pour trouver un commissaire disposé à les marier. L'examen du contexte factuel permettait donc de constater la gravité particulière de l'atteinte au droit à l'égalité dans les circonstances de l'espèce. Par ailleurs, le fait de ne pas autoriser les commissaires à refuser la célébration d'un mariage homosexuel entraînait une restriction de leur liberté de religion, mais d'importance moindre, dans la mesure où, en remplissant leurs fonctions, les commissaires ne sont pas amenés à participer à un rite religieux contre leur gré ou à agir en leur qualité personnelle, mais remplissent un rôle officiel sans aucune signification religieuse.

Une approche similaire a également été adoptée par un tribunal ontarien dans une affaire opposant un homme gay voulant faire imprimer du papier à en-tête et des cartes de visite au nom d'un organisme de défense des droits des homosexuels et l'imprimeur auprès duquel il s'était présenté, celui-ci refusant de fournir le service demandé au motif que cela entrerait en conflit avec ses croyances religieuses. Dans une première instance, le tribunal ontarien des droits de la personne avait ordonné à l'imprimeur de fournir le service demandé, en plus de le condamner à des dommages pour conduite discriminatoire. L'imprimeur avait fait appel en invoquant la liberté de religion garantie par la Charte canadienne. La Cour divisionnaire de l'Ontario, tout en reconnaissant que l'ordonnance du tribunal avait porté atteinte à la liberté de religion du requérant, a cependant estimé que les activités commerciales de celui-ci constituaient un élément périphérique, plutôt que central, de sa liberté de religion, et qui pouvait donc être limité pour éviter la discrimination fondée sur l'orientation sexuelle. En outre, la nature même du matériel à imprimer ne créait pas de conflit direct avec les éléments centraux des croyances du propriétaire de l'entreprise. La Cour a pris soin de souligner que la solution adoptée serait différente dans un autre contexte, si par exemple les documents à imprimer étaient d'une nature que l'on pourrait raisonnablement considérer comme étant en conflit direct avec les éléments de base des croyances religieuses du plaignant[52].

Un autre exemple de conciliation entre des droits en tension, cette fois-ci la liberté de religion et l'égalité fondée sur le sexe, est fourni par la décision de la Cour suprême du Canada dans l'affaire *Bruker* c.

[52] *Brillinger* v *Ontario Human Rights Commission*, [2002] 222 D.L.R. (4th) 174.

Marcovitz[53], où la Cour était invitée à donner effet à une entente passée entre les parties, deux époux divorcés, dans laquelle ces derniers convenaient de se présenter devant les autorités rabbiniques en vue d'obtenir un divorce juif, ou *get*, après le prononcé du divorce civil. L'ex-époux invoquait la liberté de religion pour se soustraire aux conséquences juridiques de son refus de se conformer à l'entente. Après avoir rappelé le critère de la « croyance religieuse sincère » adopté dans l'arrêt *Amselem*, la Cour a rejeté la prétention de l'ex-époux en se fondant sur le fait qu'il avait exprimé à l'égard de son ex-épouse divers griefs relatifs à la conduite de celle-ci, ce qui indiquait, selon la Cour, que son refus d'accorder le *get* était fondé moins sur une conviction religieuse que sur le fait qu'il était fâché contre son ex-épouse. La Cour s'est également appuyée, pour rejeter la prétention de l'époux, outre son manque de sincérité, sur le fait qu'elle considérait que la religion juive n'oblige pas réellement un époux à refuser le *get*. La Cour a par la suite ajouté que même si, par hypothèse, il y avait atteinte à la liberté de religion de M. Marcovitz, celle-ci serait beaucoup moins grave que le préjudice causé à l'épouse, si bien qu'il ne pourrait pas invoquer la liberté de religion garantie par la *Charte québécoise* pour se soustraire aux conséquences de son engagement (s'agissant d'un litige opposant deux particuliers, c'est la *Charte québécoise* plutôt que la *Charte canadienne* qui était invoquée)[54].

Un autre exemple de conciliation entre la liberté de religion et l'égalité entre les sexes concerne une situation où ni le législateur, ni les tribunaux ne sont intervenus, l'opération de mise en équilibre ayant été réalisée par l'organisme administratif confronté au problème et la solution retenue par celui-ci ayant reçu l'approbation de la *Commission des droits de la personne et des droits de la jeunesse du Québec*. La Société de l'assurance automobile du Québec (SAAQ) est l'organisme chargé notamment de délivrer les permis de conduire et, à cette fin, de faire passer l'examen théorique et pratique. Dans le cas d'une demande d'accommodement raisonnable de ne pas se trouver seul en présence d'une personne du sexe opposé pour un motif religieux lors d'un examen pratique d'évaluation de conduite, la mesure d'accommodement proposée par la SAAQ prévoit dans un premier temps que le demandeur devra attendre qu'un évaluateur

[53] [2007] 3 R.C.S. 607.

[54] « L'intérêt que porte le public à la protection des droits à l'égalité et de la dignité des femmes juives dans l'exercice indépendant de leur capacité de divorcer et de se remarier conformément à leurs croyances, tout comme l'avantage pour le public d'assurer le respect des obligations contractuelles valides et exécutoires, comptent parmi les inconvénients et les valeurs qui l'emportent sur la prétention de M. Marcovitz selon laquelle l'exécution de l'engagement [relatif au *get*] pourrait restreindre sa liberté de religion » (§ 92). « [...] Une atteinte à la liberté de religion de M. Marcovitz est sans conséquence en comparaison des inconvénients disproportionnés sur la possibilité de Mme Bruker de vivre pleinement sa vie comme femme juive au Canada » (§ 93).

ou une évaluatrice dont le sexe correspond à sa demande soit disponible (pour des raisons de sécurité, le règlement interdit qu'une tierce personne soit présente dans le véhicule pendant l'examen). Si aucun évaluateur qui correspond à la demande n'est disponible un jour donné, le demandeur (qui peut être un candidat voulant éviter de se retrouver seul avec une examinatrice ou une candidate qui ne veut pas se retrouver seule avec un examinateur) devra prendre un nouveau rendez-vous.

Appelée à dire si cet accommodement empiétait sur le droit des employés de la SAAQ à ne pas subir de discrimination fondée sur le sexe, la Commission des droits a estimé, en tenant compte des modalités précises de l'accommodement, que ce n'était pas le cas[55]. En effet, les évaluateurs et évaluatrices ne sont pas appelés à effectuer plus d'évaluations, ni devoir en faire moins dans une journée en raison des demandes d'accommodement. La demande d'accommodement n'est pas directement formulée à l'employé, mais plutôt au préposé au comptoir qui la note sur le dossier du client. Par la suite, le répartiteur mettra le dossier à l'écart si l'évaluateur disponible au moment voulu n'est pas du sexe désiré pour des raisons religieuses, par exemple s'il s'agit d'une évaluatrice. Le client devra attendre le prochain évaluateur disponible et l'évaluatrice en question se verra assigner le dossier suivant. La demande d'accommodement n'est donc jamais formulée directement à l'employé et celui-ci n'est jamais amené à être dépossédé d'un dossier qui lui aurait déjà été confié. Du fait que l'accommodement est exécuté par la personne en charge de la répartition des dossiers, les évaluateurs et les évaluatrices ne sont pas confrontés à un refus de leurs services par le client demandeur de l'accommodement. Ils ne sont donc pas susceptibles de percevoir ce refus comme un refus de leur personne, lié à leur sexe.

La Commission a ajouté que l'accommodement risquerait d'être considéré comme déraisonnable si la SAAQ prévoyait une forme quelconque de sexualisation de ses postes afin de répondre aux demandes d'accommodement ou si elle réduisait ou augmentait la charge de travail de certains évaluateurs ou évaluatrices dans ce but. De façon plus générale, tout type d'accommodement qui impliquerait un impact sur les conditions de travail des évaluateurs ou évaluatrices risquerait d'être considéré comme non raisonnable, notamment parce qu'il pourrait porter atteinte au droit à l'égalité sans discrimination fondée sur le sexe des employés de la SAAQ.

---

[55] *Commentaires sur la politique d'accommodement appliquée par la Société de l'assurance automobile du Québec lors de l'évaluation de conduite* (par Me Daniel Carpentier, directeur par intérim – Direction de la recherche et de la planification), Commission des droits de la personne et des droits de la jeunesse du Québec, janvier 2009 (Cat. 2.120-4.23).

La question du port du *hijab* dans les écoles publiques du Québec n'a pas jusqu'à présent été portée devant les tribunaux, mais elle a fait l'objet de la publication d'un document de réflexion par la Commission des droits de la personne du Québec, dans lequel celle-ci commençait par souligner que, par respect pour les jeunes filles qui choisissent de porter le *hijab*, il fallait présumer que ce choix constituait une façon d'exprimer leur appartenance et leurs convictions religieuses. Ce serait leur faire injure que de considérer *a priori* que leur choix ne serait pas éclairé[56]. Plus généralement, pour la Commission, le port du *hijab* doit être considéré comme un droit faisant partie de la liberté de religion et du droit à l'égalité et comme ne pouvant faire l'objet d'une interdiction ou d'une réglementation que dans des circonstances où il serait démontré que l'ordre public ou l'égalité des sexes est en péril[57]. Ce serait notamment le cas si des élèves étaient forcées à porter le foulard contre leur gré. L'école devrait alors, au nom de la liberté de conscience, appuyer les jeunes filles qui désirent ne pas le porter. La Commission reconnaît cependant que les possibilités d'intervention de l'école à cet égard sont limitées lorsque les motivations véritables des porteuses de foulard relèvent du secret de la vie privée et de la vie familiale[58]. Selon la Commission, l'école serait également justifiée d'intervenir si un port militant du *hijab* avait pour but de créer des tensions entre groupes d'élèves ou d'inciter à la discrimination fondée sur le sexe. Mais, dans tous les cas, l'atteinte à l'ordre public ou à l'égalité des sexes doit être démontrée plutôt qu'être présumée, le principe de base devant rester le respect de la volonté individuelle de porter le *hijab*. À cet égard, l'école a la responsabilité de s'assurer qu'aucune élève ne soit ostracisée ou ne devienne la victime d'une mise à l'écart du groupe en raison de sa décision de porter un symbole religieux. Une école dans laquelle une élève est marginalisée parce qu'elle porte le *hijab* ne doit pas rester passive face à cette situation. Elle doit éduquer ses élèves au respect des droits et libertés et à l'acceptation des différences. Enfin, le port du *hijab* peut validement faire l'objet d'une réglementation destinée à assurer la sécurité des personnes et des biens. Ainsi, le foulard pourra être assujetti à certaines restrictions dans le cadre d'un cours d'éducation physique ou encore dans le contexte d'activités de laboratoire à l'occasion desquelles seraient manipulés des produits ou objets dangereux[59].

---

[56] *Commission des droits de la personne et des droits de la jeunesse du Québec : Le pluralisme religieux au Québec : un défi d'éthique sociale*, Commission des droits de la personne du Québec, document adopté à la 389e séance de la Commission, tenue le 3 février 1995, par sa résolution COM-389-4.1, p. 12.

[57] *Ibid.*, p. 13.

[58] *Ibid.*, p. 13.

[59] *Ibid.*, p. 25.

Je m'arrête là, le cadre imparti ne me permettant pas de passer en revue de façon exhaustive toutes les autres situations dans lesquelles, au Québec ou ailleurs au Canada, les tribunaux ou organismes compétents ont été amenés à concilier la liberté de religion avec d'autres droits ou libertés, notamment dans les cas où un accommodement religieux était en cause[60]. Les principes appliqués sont cependant toujours ceux que je viens de décrire avec les exemples utilisés[61].

Conclusion

En guise de conclusion, j'essaierai de souligner certains enseignements pouvant être tirés de l'expérience canadienne (et, accessoirement, américaine), susceptibles d'être utiles pour les décideurs européens qui s'interrogent sur l'opportunité d'adopter une pratique de l'aménagement raisonnable en matière religieuse.

La situation canadienne, tout comme la situation américaine, tend à montrer qu'il est préférable, dans un premier temps, que ce soit le législateur qui fixe les paramètres des aménagements religieux, et cela dans des textes concernant des problèmes circonscrits, en s'efforçant d'aménager de la façon la plus précise possible les limites respectives de la liberté de religion et des autres droits ou libertés en cause[62]. Cette

60 Pour un examen des conflits et tensions susceptibles d'apparaître entre la liberté de religion et le droit à l'égalité entre les femmes et les hommes, voy. également Bosset, P., « Accommodement raisonnable et égalité des sexes : tensions, contradictions et interdépendance », in Eid, P. & al. (dir.), *Appartenances religieuses, appartenance citoyenne*, Québec, Presses de l'Université Laval – Commission des droits de la personne et des droits de la jeunesse, 2009, p. 181-206 ; Lampron, L.-P. ; « Convictions religieuses individuelles *versus* égalité entre les sexes : ambiguïtés du droit québécois et canadien », in Eid, P. & al. (dir.), *Appartenances religieuses, appartenance citoyenne*, Québec, Presses de l'Université Laval – Commission des droits de la personne et des droits de la jeunesse, 2009, p. 207-323 ; Eid, P., *Les accommodements raisonnables en matière religieuse et les droits des femmes : la cohabitation est-elle possible ?*, Commission des droits de la personne et des droits de la jeunesse du Québec, 2006 (Cat. 2.500.126).

61 Pour un examen très complet de la jurisprudence, voy. les documents établis sur le sujet par la Commission des droits de l'homme de l'Ontario (*supra*, note 29).

62 Voici quelques exemples d'accommodements religieux de portée précise et limitée, prévus dans des textes législatifs ou réglementaires (Charney, R.E., *op. cit.*, *supra* note 26) : la loi scolaire de l'Ontario prévoit une exemption de fréquentation scolaire obligatoire si l'élève est absent un jour considéré comme fête religieuse par l'Église ou la confession religieuse à laquelle il appartient ; la loi sur les relations de travail de l'Ontario, ainsi que le Code du travail fédéral, prévoient qu'un employé peut être dispensé de devenir membre d'un syndicat ou de verser des cotisations syndicales à cause de ses convictions ou de ses croyances religieuses, à condition de verser une somme égale aux cotisations à une œuvre de bienfaisance ; la loi ontarienne sur la vaccination des élèves prévoit que les parents peuvent refuser de faire vacciner leur

façon de faire permet de minimiser les problèmes de mise en œuvre de la liberté de religion que j'ai identifiés dans la première partie de cette communication. Évidemment, comme on l'a beaucoup souligné aux États-Unis, le problème réside dans le fait que le législateur se montrera plus favorable aux demandes exprimées par les groupes qui possèdent les moyens de l'influencer que par les groupes minoritaires ou défavorisés. Cependant, les régimes législatifs d'exemptions religieuses resteront soumis au contrôle judiciaire de constitutionnalité fondé sur la liberté de religion, l'interdiction de la discrimination religieuse et l'obligation de neutralité religieuse et philosophique de l'État. Quant à l'existence d'une obligation constitutionnelle pouvant être invoquée pour *obliger* le législateur à adopter des exemptions religieuses, nous avons vu qu'après avoir été initialement admise, elle a été rejetée aux États-Unis et est en passe de l'être au Canada, autant à cause de ses difficultés de mise en œuvre que pour les craintes qu'elle suscite d'une avalanche incontrôlable des demandes si le principe en était accepté, compte tenu de l'éclatement, du pluralisme et de la diversité du paysage religieux.

Pour ce qui est des conflits ou tensions entre la liberté de religion et d'autres droits et libertés, ils risquent d'autant moins d'apparaître que les accommodements et exemptions destinés à respecter les pratiques religieuses seront bien balisés et de portée limitée plutôt qu'énoncés de façon générale et abstraite. L'inconvénient, difficile à éviter, de la méthode de conciliation contextuelle utilisée au Canada est son caractère casuistique. Les résultats en sont difficiles à prévoir et à systématiser puisque, par définition, ils dépendent des circonstances propres à chaque contexte factuel (comme les exemples examinés précédemment l'illustrent). Or, comme la crise des accommodements religieux l'a montré au Québec, l'absence de « balises claires » insécurise et exaspère à la fois l'opinion publique et les décideurs sur le terrain, ces derniers étant confrontés à des demandes d'accommodement qu'on leur demande de résoudre par l'entremise d'une méthode complexe pour laquelle ils n'ont pas les compétences voulues. En outre, les décisions prises, même si elles sont raisonnables compte tenu des données contextuelles, sont généralement présentées à l'opinion publique de façon simplifiée, voire caricaturale, si bien qu'elles apparaissent souvent comme déraisonnables.

---

enfant pour des raisons de conviction religieuse ; le règlement ontarien sur le panneau de véhicule lent prévoit que ses dispositions ne s'appliquent pas à un véhicule tracté par un cheval lorsque les convictions ou croyances religieuses de son conducteur lui interdisent l'affichage du panneau de véhicule lent (il s'agit d'une exemption religieuse destinée aux membres de la communauté amish) ; le règlement de la Gendarmerie royale du Canada prévoit une exemption du port de tout article de l'uniforme distinctif pour des motifs ayant trait aux croyances religieuses.

C'est pourquoi, du point de vue des décideurs de première ligne (directeurs d'écoles ou d'hôpitaux, employeurs, etc.), qui sont confrontés sur le terrain aux demandes d'accommodement susceptibles de soulever des conflits de droits, la meilleure solution semble être de définir le plus précisément possible, à l'avance, avec l'aide des autorités religieuses et de juristes spécialisés dans le domaine, les croyances et pratiques religieuses pouvant servir de fondement légitime à une demande d'accommodement, de même que les balises et limites des accommodements susceptibles d'être reconnus, de façon à tenir compte des autres droits et libertés en cause[63].

[63] Voy. par exemple le document intitulé *Accommodation of Religious Requirements, Practices and Observances – A Guideline*, adopté par la Commission scolaire de la région de York en Ontario (disponible à la page internet « www.yrdsb.edu.on.ca »). On y indique, pour chaque religion, les croyances et pratiques susceptibles de faire l'objet d'accommodements.

Les droits fondamentaux, gardiens et garde-fous de la diversité religieuse en Europe

Emmanuelle Bribosia et Isabelle Rorive

Université libre de Bruxelles

Introduction

L'adoption de la directive relative à l'égalité de traitement dans l'emploi et le travail (directive 2000/78/CE)[1] en novembre 2000 a imprimé de nouveaux développements pour la liberté religieuse dont l'ampleur n'avait peut-être pas été mesurée par les décideurs européens. La protection de la liberté religieuse dans les démocraties libérales est initialement associée à l'idée de tolérance religieuse qui doit permettre aux individus de vivre en accord avec leurs croyances principalement dans la sphère privée. La consécration d'un principe de non-discrimination fondé sur des motifs religieux et philosophiques dans le monde du travail traduit quant à elle l'émergence d'un nouveau standard dans la sphère publique ou semi-publique[2] : l'interdiction des discriminations directes fondées sur les convictions religieuses des individus, ainsi que l'obligation de modifier certaines normes ou pratiques constitutives de discriminations indirectes ou structurelles.

L'on sait que la directive 2000/78/CE n'a consacré expressément l'aménagement raisonnable que pour les personnes souffrant d'un handicap dans le secteur de l'emploi et du travail[3]. Ce faisant, elle a introduit une figure juridique nouvelle dans la quasi-totalité des États

---

1 Directive 2000/78/CE du Conseil du 27 novembre 2000 portant création d'un cadre général en faveur de l'égalité de traitement en matière d'emploi et de travail, *J.O.* n° L 303 du 2 décembre 2000, p. 16.

2 Bamforth, N., Malik, M. & O'Cinneide, C. *Discrimination Law : Theory and Context*, London, Sweet and Maxwell, 2008, p. 866-870.

3 Article 5 de la directive 2000/78/CE. Voy. aussi l'article 4 de la proposition de directive du Conseil présenté par la Commission, relative à la mise en œuvre du principe de l'égalité de traitement entre les personnes sans distinction de religion ou de convictions, de handicap, d'âge ou d'orientation sexuelle, COM(2008) 426 final.

membres de l'Union européenne[4] qui entraîne un changement radical de la conception de l'égalité et de la mise en œuvre d'une égalité des chances. Le droit de la non-discrimination repose sur le postulat classique suivant lequel les critères de différenciation protégés (sexe, race, handicap orientation sexuelle, religion, etc.) sont, en principe, dépourvus de pertinence et de légitimité pour apprécier une candidature à une offre d'emploi. Ils doivent donc être ignorés. Comme l'a notamment montré Sandra Fredman, cette position est inadéquate pour réaliser l'égalité de traitement des personnes handicapées : « Characterising disability as an irrelevant characteristic removes the underlying justification for detrimental treatment, but insisting on similar treatment simply reinforces a particular norm and perpetuates disadvantage »[5]. De manière générale, le mécanisme de l'aménagement raisonnable implique que

> si des personnes appartenant à certains groupes minoritaires sont dans l'incapacité d'accéder à un emploi ou à un service, le problème ne réside pas nécessairement dans les spécificités que ces personnes présentent par rapport à la majorité, il peut également résulter de ce que l'environnement est conçu sans tenir compte de leur situation. L'attention est ainsi déplacée des particularités de la personne empêchée de bénéficier d'un emploi ou d'un service, vers les données du contexte susceptibles de constituer un obstacle à l'accès de ces individus aux secteurs concernés. [...] Dans cette optique, il n'appartient pas seulement aux personnes de s'adapter à leur environnement. L'idéal d'égalité requiert que l'environnement soit lui-même, dans la mesure du possible, aménagé de manière à permettre à chacun de participer pleinement à la vie sociale, en tenant compte des caractéristiques propres à certaines catégories d'individus[6].

---

4 Mis à part le Royaume-Uni, l'Irlande et la Suède, une notion générale d'aménagement raisonnable ne figurait dans aucune législation des États membres de l'Union avant la transposition de la directive 2000/78/CE. À ce sujet, voy. Waddington, L., *Implementing and Interpreting the Reasonable Accommodation Provision of the Framework Employment Directive : Learning experience and Achieving Best Practice*, EU network of experts on disability discrimination, EU Commission, 2004, p. 6.

5 Fredman, S., « Disability Equality, A Challenge to the Existing Anti-Discrimination Paradigm ? », in Lawson, A. & Gooding, C. (ed.), *Disability Rights in Europe. From Theory to Practice*, Oxford, Hart, 2005, p. 199-203. Voy. aussi Waddington, L. & Hendriks, A., « The Expanding Concept of Employment Discrimination in Europe : From Direct and Indirect Discrimination to Reasonable Accommodation Discrimination », *International Journal of Comparative Labour Law and Industrial Relations*, 2002, vol. 18, p. 403-427 ; Waddington, L., « Reasonable Accommodation », in Schiek, D., Waddington, L. & Bell, M. (ed.), *Cases, Material and Text on National, Supranational and International Non-Discrimination Law*, Oxford, Hart, 2007, p. 754-756.

6 Bribosia, E., Ringelheim, J. & Rorive, I., « Aménager la diversité : le droit de l'égalité face à la pluralité religieuse », *Rev. trim. dr. h.*, 2009, p. 319-373, spéc. p. 321.

Bien que réservée par le législateur européen aux personnes handicapées, la nouvelle figure juridique de l'aménagement raisonnable n'a pas manqué de resurgir, à l'instar du mouvement imprimé par la Cour suprême du Canada en 1985[7], dans certaines hypothèses de discriminations indirectes fondées sur la religion[8]. En effet, pour apprécier s'il y a ou non discrimination indirecte, les juges sont parfois amenés à examiner, à l'occasion du contrôle de proportionnalité, si l'objectif légitime à la base de la différence de traitement ne peut pas être poursuivi par des mesures moins attentatoires au principe d'égalité ou à la liberté religieuse. Du reste, l'opportunité d'élargir le mécanisme d'aménagement raisonnable au-delà du handicap en droit de l'Union européenne retient l'attention des académiques[9], des organisations non gouvernementales[10] et des experts. Ainsi, le Réseau européen des experts juridiques en matière de non-discrimination, coordonné par le Human Rights Consultancy et le Migration Policy Group pour le compte de la Commission européenne[11], a commandité, en 2013, un rapport sur cette question[12] qui reste beaucoup plus prudent relativement à la pertinence d'une consécration de l'aménagement raisonnable au-delà du handicap que d'autres contributions, comme celles du projet « Religare » (Religious Diversity and Secular Models in Europe. Innovative Approaches to

7 *Commission ontarienne des droits de la personne (O'Malley) v. Simpsons-Sears* [1985] 2 *R.C.S.* 536 (dite affaire *O'Malley*).

8 À ce propos, voy. Bribosia, E., Ringelheim, J. & Rorive, I., « Aménager la diversité : le droit de l'égalité face à la pluralité religieuse », *op. cit.* ; Bribosia, E., Ringelheim, J. & Rorive, I., « L'aménagement raisonnable pour motif religieux : un concept issu d'Amérique du Nord en voie d'intégration en Belgique et en Europe », in Bayart, Ch., Sottiaux, S. & Van Drooghenbroeck, S. (dir.) *Actualités du droit de la non-discrimination*, Bruxelles, Bruges, La Charte, Die Keure, 2009, p. 354-390 ; Bribosia, E., Ringelheim, J. & Rorive, I., « Reasonable Accommodation for Religious Minorities. A Promising Concept for European Antidiscrimination Law ? », *Maastricht Journal for European and Comparative Law Review*, 2010, vol. 7, n° 2, p. 137-161.

9 Voy. notamment Ringelheim, J., « Adapter l'entreprise à la diversité des travailleurs : la portée transformatrice de la non-discrimination », *Journal européen des droits de l'homme*, 2013/1, p. 57-82.

10 Voy., par exemple, le rapport publié, en 2012, par l'ENAR – *European Network against Racism*, « Reasonable Accommodation of Cultural Diversity in the workplace », *Report of the Third ENAR Equal@work meeting.*

11 Pour une présentation du réseau, voy. http://www.non-discrimination.net/fr/about-us. Voy. aussi les réflexions de Waddington, L., « Reasonable Accommodation – Time to Extend the Duty to Accommodate Beyond Disability ? », *Nederlands Tijdschrift voor de Mensenrechten, NTM|NJCM-Bulletin*, 2011, vol. 36, n° 2, p. 186-198 (available at SSRN : http://ssrn.com/abstract=1847623).

12 Bribosia, E. & Rorive, I., *Reasonable Accommodation beyond disability in Europe ?*, rapport thématique pour le European network of legal experts in the non-discrimination field, European Commission, DG Justice, 2013, en ligne : www.non-discrimination.net.

Law and Policy)[13]. Au rang des initiatives législatives, alors que la proposition de directive qui étend au-delà de l'emploi la protection contre la discrimination fondée sur la religion ou les convictions, un handicap, l'âge ou l'orientation sexuelle, reconnaît une obligation d'aménagement raisonnable uniquement en faveur des personnes handicapées[14], le projet Religare recommande au législateur de l'Union d'amender la directive 2000/78/CE pour y prévoir un mécanisme d'aménagement raisonnable afin d'assurer le respect des croyances, pratiques et rites religieux dans l'emploi privé et public[15].

Dans quelle mesure l'aménagement raisonnable est-il un outil juridique de la gestion de la diversité religieuse pour les Cours européennes ? Telle est la première question à laquelle nous nous attellerons à répondre. Les tensions au sein même du principe d'égalité ou entre non-discrimination et protection d'autres droits fondamentaux retiendront ensuite notre attention. Celles-ci sont a priori inévitables dans la mesure où le législateur entend à la fois condamner les discriminations fondées sur le genre ou l'orientation sexuelle et celles fondées sur les convictions religieuses notamment. Certains dogmes religieux ancrés dans les notions de péché ou d'impureté se marient en effet mal avec l'égalité des sexes ou l'acception de formes dites non traditionnelles de sexualité[16]. Une approche purement binaire ou antagoniste passe cependant sous silence la complexité de la réalité du terrain où la question du genre et des identités sexuelles traverse et divise les communautés religieuses et où les frontières entre discriminations religieuses et ethniques ne sont pas toujours aisées à tracer.

1. Les balbutiements de l'aménagement raisonnable en Europe

À ce jour, la Cour de justice de l'Union européenne n'a pas encore eu l'occasion d'interpréter la directive 2000/78/CE au regard de la notion de discrimination religieuse. Seul l'arrêt *Vivien Prais*[17], prononcé en 1976

---

13 Foblets, M.-Cl. & Alidadi, K. (ed.), *Summary Report on the Religare project*, Summer 2013, en ligne : http://religareproject.eu/?q=content/final-summary-report-religare-project.

14 Article 4 de la Proposition de directive du Conseil relative à la mise en œuvre du principe de l'égalité de traitement entre les personnes sans distinction de religion ou de convictions, de handicap, d'âge ou d'orientation sexuelle, COM(2008) 426 final, 2.7.2008. Toutefois, cette proposition est enlisée depuis plusieurs années au Conseil.

15 Foblets, M.-Cl. & Alidadi, K. (ed.), *Summary Report on the Religare project*, *op. cit.*, p. 16.

16 Afin de favoriser les comparaisons, cette structure en deux temps se calque sur celle adoptée par J. Woehrling dans sa contribution au présent ouvrage.

17 C.J.C.E., 27 octobre 1976, *Viven Prais*, aff. 130-75.

dans le cadre du contentieux de la fonction publique européenne, avait conduit la Cour à mobiliser implicitement la logique de l'aménagement raisonnable : pour ne pas discriminer (indirectement) les candidats fonctionnaires, les institutions européennes doivent, dans la mesure du possible et dans les limites de la bonne organisation des concours, aménager la date des épreuves en tenant compte du calendrier des fêtes religieuses si elles ont été averties en temps utile, c'est-à-dire avant la convocation des autres candidats.

Cette jurisprudence reste isolée et c'est dans celle de la Cour européenne des droits de l'homme que l'on trouve les enseignements les plus riches[18]. Les institutions de contrôle de la Convention européenne des droits de l'homme (CEDH) ont eu à connaître de plusieurs affaires dans lesquelles une requête équivalant à une demande d'aménagement raisonnable pour motif religieux était mobilisée[19]. Elles se sont longtemps montrées peu favorables à la reconnaissance d'un « droit à l'aménagement raisonnable », que ce soit en vertu du droit à la liberté religieuse (article 9 CEDH) pris isolément, ou de ce droit combiné à l'interdiction des discriminations dans la jouissance des droits et libertés garantis par la Convention (article 14 CEDH). Sous l'angle de la liberté religieuse, ce concept pouvait pourtant trouver un appui dans le critère de proportionnalité qui conditionne la

---

18 Les développements relatifs à la jurisprudence de la Cour européenne des droits de l'homme sont, pour partie, tirés de travaux antérieurs : Bribosia, E., Rea, A., Ringelheim, J. & Rorive, I., « Reasonable Accommodation of Religious Diversity in Europe and in Belgium. Law and practice », in Bonjour, S., Jacobs, D. & Rea, A. (ed.), *The Others in Europe. Legal and Social Categorization*, Brussels, PUB, 2011, p. 91-116. Voy. également à ce sujet Henrard, K., « Duties of Reasonable Accommodation in Relation to Religion and the European Court of Human Rights : a Closer Look at the Prohibition of Discrimination, the Freedom of Religion and related Duties of State Neutrality », *Erasmus Law Review*, 2012, vol. 5, n° 1, p. 59-77 ; Alidadi, K., Foblets, M.-Cl. & Vrielink, J., *A Test of Faith ? Religious Diversity and Accommodation in the European Workplace*, Farnham, Ashgate, 2012.

19 Sur la question des aménagements raisonnables pour cause de handicap dans la jurisprudence de la Cour européenne des droits de l'homme, voy. De Schutter, O., « Reasonable Accommodations and Positive Obligations in the ECHR », in Lawson, A. & Gooding, C. (ed.), *Disability Rights in Europe. From Theory to Practice*, Oxford, Hart, 2005, p. 35-63. Sur la question de l'aménagement, pour motif religieux, de normes générales et apparemment neutres dans la jurisprudence des instances de la Convention, voy. Evans, C., *Freedom of Religion Under the European Convention on Human Rights*, Oxford, Oxford University Press, 2001, p. 168-199 ; Stavros, S., « Freedom of Religion and Claims for Exemption from Generally Applicable, Neutral Laws : Lessons from Across the Pond ? », *E.H.R.L.R.*, n° 6, 1997, p. 607-627 ; Ringelheim, J., *Diversité culturelle et droits de l'homme. La protection des minorités par la Convention européenne des droits de l'homme*, 2006, Bruxelles, Bruylant, p. 167-169 et 323-338 ; McGoldrick, D., « Accommodating Muslims in Europe : From Adopting Sharia Law to Religiously Based Opt Outs from Generally Applicable Laws », *Human Rights Law Review*, 2009, vol. 9, n° 4, p. 603-645.

compatibilité avec la Convention d'une mesure limitant la liberté de manifester sa religion. Aux termes de l'article 9, § 2 CEDH, en effet, une restriction au droit à la liberté religieuse n'est licite qu'à la condition d'être prévue par la loi et nécessaire, dans une société démocratique, à la réalisation de l'un des objectifs légitimes mentionnés dans cette disposition. Pour la Cour, la notion de « nécessité dans une société démocratique » exige un rapport de proportionnalité entre les moyens utilisés et le but poursuivi. Or, dans plusieurs affaires, elle a considéré que le caractère proportionné d'une mesure supposait notamment que, parmi plusieurs moyens d'atteindre une finalité, les autorités optent pour le moins attentatoire aux droits et libertés[20]. L'on pourrait tirer de cette approche que lorsqu'une norme, justifiée par un objectif légitime, entrave la liberté de certains individus d'observer leur religion, et qu'il apparaît qu'un aménagement de cette norme permettrait d'éviter cette ingérence dans la liberté religieuse sans pour autant compromettre la réalisation du but recherché et sans porter atteinte aux droits d'autrui, cette deuxième solution doit être privilégiée car elle constitue le moyen le moins restrictif d'atteindre l'objectif poursuivi.

La Cour et la Commission européenne des droits de l'homme, toutefois, se sont refusées à s'engager dans cette voie. En témoigne, par exemple, la décision de l'ancienne Commission européenne des droits de l'homme, du 12 juillet 1978, sur le recours d'un requérant britannique de religion sikhe alléguant que l'obligation imposée par la loi en Grande-Bretagne de porter un casque pour rouler à motocyclette emporte violation de sa liberté de religion puisqu'elle est incompatible avec le port du turban. Pour rejeter la requête, la Commission se contente de déclarer que la mesure poursuit un but légitime au regard de l'article 9, § 2 CEDH, à savoir la protection de la santé[21]. Elle estime donc inutile de procéder à un contrôle de proportionnalité en examinant si une mesure alternative, garantissant la protection de la santé sans entraver la liberté des sikhs

---

[20] Voy. Van Drooghenbroeck, S., *La proportionnalité dans le droit de la Convention européenne des droits de l'homme – Prendre l'idée simple au sérieux*, Bruxelles, F.U.S.L., 2001, p. 190-219. Ainsi, dans d'autres domaines que celui de la liberté religieuse, l'examen du critère de proportionnalité a parfois conduit la Cour à considérer qu'une norme, bien que poursuivant un but légitime en général, entraînait, dans certaines de ses applications particulières, une restriction disproportionnée à un droit. En conséquence, la Cour a jugé que le maintien de la norme sans possibilité d'exception la rendait disproportionnée par rapport à l'objectif recherché, et donc contraire à la Convention. Voy., par exemple, Cour eur. dr. h., *Gaskin c. Royaume-Uni*, 7 juillet 1989, *Série A*, vol. 160, § 49 ; Cour eur. dr. h. (Grande Chambre), *Osman c. Royaume-Uni*, 28 octobre 1998, § 149-152. Voy., sur ce point, Van Drooghenbroeck, S., *op. cit.*, p. 213, n° 282 ; Ringelheim, J., *Diversité culturelle et droits de l'homme*, *op. cit.*, p. 330-332.

[21] Comm. eur. dr. h., *X. c. Royaume-Uni*, 12 juillet 1978, *D.R.* 14, p. 234.

de pratiquer leur culte, était ou non envisageable. La Commission européenne des droits de l'homme a également été saisie de plusieurs requêtes introduites par des travailleurs relatives à des jours de congé ou l'aménagement de leur horaire. Au motif qu'un travailleur reste libre de rompre son contrat de travail, les requêtes ont été rejetées du chef de non-ingérence dans la liberté religieuse[22]. Ce raisonnement a été critiqué pour son formalisme[23]. La Commission fait ainsi l'économie d'un contrôle de la nécessité de la mesure dans une société démocratique[24] et n'ancre pas son contrôle dans les faits de l'espèce. Elle refuse également d'envisager des aménagements propres à atténuer le préjudice causé aux personnes pratiquant une religion minoritaire non reprise dans le calendrier officiel au motif que « dans la plupart des pays, seules les fêtes religieuses de la majorité de la population sont déclarées jours fériés »[25].

Avec l'arrêt de Grande Chambre *Thlimmenos* c. *Grèce* du 6 avril 2000, la mise en œuvre du principe d'égalité et de non-discrimination connaît un tournant dans la jurisprudence de la Cour. Jusque-là, la Cour considérait que la règle de non-discrimination inscrite à l'article 14 de la Convention interdisait uniquement à l'État de conférer, sans justification objective et raisonnable, un traitement différent à des personnes se trouvant dans des situations analogues. Dans l'arrêt *Thlimmenos*, elle reconnaît, pour la première fois, que la norme de non-discrimination présente une autre facette : elle fait également interdiction à l'État d'appliquer, sans justification objective et raisonnable, « un traitement identique à des personnes dont les situations sont sensiblement différentes »[26]. C'est « en adoptant la législation critiquée sans introduire les exceptions appropriées à la règle excluant de la profession d'expert-comptable

---

22 Comm. eur. dr. h., *X. c. Royaume-Uni*, 12 mars 1981 (req. n° 8160/8), *D.R.* 22, p. 39 ; *Konttinen c. Finlande*, 3 décembre 1996, *D.R.* 87-B, p. 68 ; *Stedman v. United Kingdom*, 9 avril 1997, *D.R.* 89-B, p. 10.

23 Voy. notamment Velaers, J. & Foblets, M.-C., « L'appréhension du fait religieux par le droit. – À propos des minorités religieuses », *Rev. trim. dr. h.*, 1997, n° 30, p. 273-307, p. 292-293 ; Evans, C., *op. cit.*, p. 130-131 ; Gunn, T.J., « Adjudicating Rights of Conscience Under the European Convention on Human Rights », in van der Vyver, J.D. & Witte, J. Jr (ed.), *Religious Human Rights in Global Perspective – Legal Perspectives (vol. 2)*, The Hague, Martinus Nijhoff, 1996, p. 305-330, p. 312. Voy. toutefois, en faveur de cette décision, Flauss, J.F., « Convention européenne des droits de l'homme et répression disciplinaire dans la fonction publique française », *Rev. trim. dr. h.*, 1995, n° 22, p. 201-228, p. 226.

24 Remarquez qu'une approche analogue est privilégiée par la majorité de la Cour dans son arrêt *Sessa c. Italie* du 3 avril 2012.

25 *X. c. Royaume-Uni*, § 28.

26 Cour eur. dr. h. (Grande Chambre), *Thlimmenos c. Grèce*, 6 avril 2000, § 44.

les personnes convaincues d'un crime »[27] que l'État grec a enfreint le droit du requérant de ne pas subir de discrimination dans la jouissance de son droit à la liberté religieuse. La reconnaissance implicite d'une obligation d'aménagement raisonnable[28] s'impose ici au législateur et non dans une relation entre personnes privées. Le cas d'espèce s'y prêtait particulièrement bien : non seulement l'application du droit positif grec avait conduit à la condamnation pénale du requérant, à défaut d'organiser un statut d'objecteur de conscience, mais au surplus cette condamnation l'empêchait ultérieurement d'exercer une profession pour laquelle il avait réussi haut la main les concours nationaux.

La jurisprudence postérieure de la Cour européenne des droits de l'homme montre combien l'arrêt *Thlimmenos* ne marque pas un revirement de la Cour sur la reconnaissance de la figure juridique de l'aménagement raisonnable en matière religieuse, et ce, tant dans le domaine de l'emploi[29], de la délivrance de pilules contraceptives[30], de l'accès aux services publics[31], que de l'éducation[32]. « Marge nationale d'appréciation », tel semble être le maître mot de la Cour dans ces affaires. L'arrêt *Francesco Sessa c. Italie* du 3 avril 2012 illustre également la réticence de la Cour européenne des droits de l'homme à entrer dans la logique de l'aménagement raisonnable en matière religieuse. Dans la ligne de la jurisprudence de la Commission européenne des droits de l'homme des années 1980 et 1990, pour la majorité de la Cour, fixer la date d'une audience consacrée à la production immédiate des preuves un jour où l'avocat de la partie civile ne peut être présent en raison d'une

---

27 *Ibid.*, § 48 (notre accent). Mr Thlimmenos, témoin de Jéhovah, avait été condamné pénalement pour avoir fait objection au service militaire.

28 En ce sens, Vickers, L., *Religious Freedom, Religious Discrimination and the Workplace*, Oxford, Hart, 2008, p. 221 ; Arnadottir, O.M., *Equality and non-Discrimination under the European Convention on Human Rights*, The Hague, London, New York, Martinus Nijhoff, 2003, p. 101 ; De Schutter, O., « Reasonable Accommodations and Positive Obligations... », *op. cit.*, p. 53.

29 Cour eur. dr. h., *Kosteski c. l'ex-République yougoslave de Macédoine*, 13 avril 2006, § 37.

30 Cour eur. dr. h., *Pichon et Sajous c. France*, 2 octobre 2001.

31 Cour eur. dr. h., *El Morsli c. France*, 4 mars 2008.

32 Décisions rendues le 30 juin 2009 par la cinquième section de la Cour européenne des droits de l'homme à propos de l'expulsion d'élèves musulmans ou sikhs de leur école en France en application de la loi du 15 mars 2004 interdisant le port de signes religieux ostensibles à l'école publique : *Aktas c. France*, *Ghazal c. France*, *Bayrak c. France* et *Gamaleddyn c. France*, concernent l'interdiction du port du foulard à l'école ; *Jasvir Singh c. France* et *Ranjit Singh c. France*, concernent l'interdiction du port du turban sikh et du *keski*. Voy. aussi la jurisprudence contraire du Comité des droits de l'homme commentée dans Bribosia, E., Caceres, G. & Rorive, I., « Les signes religieux au cœur d'un bras de fer : la saga Singh. (Com. D.H., *Shingara Mann Singh contre France*, 19 juillet 2013) », *Rev. trim. dr. h.*, 2014, p. 495-513.

fête juive de nature religieuse ne constitue pas une ingérence dans l'article 9 de la Convention. Et d'ajouter : « même à supposer l'existence d'une ingérence dans le droit du requérant protégé par l'article 9, § 1, la Cour estime que celle-ci, prévue par la loi, se justifiait par la protection des droits et libertés d'autrui, et en particulier le droit des justiciables de bénéficier d'un bon fonctionnement de l'administration de la justice et le respect du principe du délai raisonnable de la procédure [...], et qu'elle a observé un rapport raisonnable de proportionnalité entre les moyens employés et le but visé »[33]. Le caractère péremptoire de la motivation étonne car il conduit soit à soustraire la décision étatique au contrôle de conventionnalité, soit à dénaturer les exigences de proportionnalité. Entendons-nous bien, il est évidemment essentiel que des considérations religieuses individuelles et, par essence, multiples ne dictent pas le fonctionnement de la justice ou des institutions publiques[34]. Mais cet impératif doit s'ancrer dans une réalité et, comme le rappellent les trois juges de la minorité ayant signé une opinion dissidente commune, « la recherche d'un aménagement raisonnable de la situation litigieuse peut, dans certaines circonstances, constituer un moyen moins restrictif d'atteindre l'objectif poursuivi »[35]. À cet égard, les juges de la minorité soulignent non seulement que le requérant a immédiatement soulevé qu'il était empêché d'assister à l'audience prévue, dès le moment de sa fixation, mais encore qu'aucun élément concret ne vient étayer la thèse de la perturbation dans le fonctionnement du service public de la justice. Tout au plus notent-ils la possibilité d'inconvénients administratifs – « comme par exemple la nécessité de renouveler la notification de la date d'audience aux parties impliquées » –, mais ils écartent l'argument tiré tant de la violation du délai raisonnable que de l'urgence au motif, pour ce dernier, que l'audience en cause ne concernait pas des mesures privatives de liberté ou des personnes détenues. Comme l'a très justement noté Nicolas Hervieu, « la solution de la majorité s'insère dans une logique de "tout ou rien", là où les juges minoritaires inclinaient eux vers une logique de meilleure conciliation fondée sur la notion d'aménagement raisonnable »[36]. À cet égard, le raisonnement suivi par la majorité pour rejeter une violation de l'article 14 de la Convention ne peut que laisser perplexe : « la Cour rappelle que cette disposition interdit de traiter de manière différente, sauf justification objective et raisonnable, des personnes placées dans des situations comparables [...]. Elle observe que

---

33 Cour eur. dr. h., *Francesco Sessa c. Italie*, 3 avril 2012, § 38.

34 Dans le même sens, voy. Hervieu, N., « Valse-hésitation de la jurisprudence strasbourgeoise sur la notion d'"accommodement raisonnable" en matière religieuse », *Lettre Actualités Droits-Libertés du CREDOF*, 15 avril 2012.

35 Opinion dissidente commune aux juges Tulkens, Popovic & Keller, § 9.

36 Hervieu, N., *op. cit.*, *Lettre Actualités Droits-Libertés du CREDOF*, 15 avril 2012.

le requérant n'a nullement démontré avoir été discriminé par rapport à des personnes étant dans une situation analogue à la sienne »[37]. La notion de discrimination indirecte si chèrement acquise est ainsi mise au pilori, comme est ignoré le fait que la notion d'aménagement raisonnable peut, dans certaines circonstances, être utile pour gommer les conséquences discriminatoires qu'un calendrier, forgé pour une religion chrétienne majoritaire en Europe, produit sur les religions minoritaires[38].

Cet arrêt est d'autant plus surprenant qu'il intervient un peu plus d'un an après l'affaire *Jakobsky*[39] où la Cour européenne des droits de l'homme avait condamné, à l'unanimité et du chef d'une violation de la liberté religieuse[40], les autorités polonaises pour n'avoir pas pris au sérieux la demande d'un détenu bouddhiste de bénéficier de repas végétariens. Si l'arrêt *Jakobsky* participe du courant jurisprudentiel protecteur de la dignité des personnes incarcérées et est résolument ancré dans les faits de l'espèce (attitude dénigrante, voire hostile, des autorités carcérales ; absence de consultation de la mission bouddhiste[41] ; aucune exigence de repas préparés, cuisinés ou servis de manière particulière ; absence d'éléments étayant la thèse des autorités polonaises relative au surcoût et aux difficultés techniques de servir des repas sans viande), il témoigne d'une attitude pragmatique de la Cour reprise par les juges de la minorité de l'arrêt *Sessa*[42]. Une même approche sera suivie par la Cour dans l'affaire plus récente *Vartic c. Roumanie*[43], dont les faits sont similaires à ceux de *Jakobsky*.

Plus net semble toutefois le tournant amorcé à l'occasion de l'arrêt *Eweida et autres c. Royaume-Uni* rendu par la Cour européenne des droits de l'homme, le 15 janvier 2013[44]. Dans ces quatre affaires jointes (*Eweida*, *Chaplin*, *Ladele* et *McFarlane*)[45], la Cour se démarque de

37 Cour eur. dr. h., *Francesco Sessa c. Italie*, 3 avril 2012, § 42.

38 Peroni, L. & Ouald Chaib, S., « Francesco Sessa v. Italy : A Dilemma Majority Religion Members Will Probably Not Face », *Strasbourg Observers*, 5 avril 2012.

39 Cour eur. dr. h., *Jakobsky v. Poland*, 7 décembre 2010.

40 La Cour avait estimé qu'un examen séparé ne se justifiait pas sous l'angle du grief tiré de la violation du principe d'égalité de traitement (article 14 combiné à l'article 9).

41 Contrairement à l'affaire qui avait donné lieu à la décision de la Commission européenne des droits de l'homme, *X c. Royaume-Uni*, 5 mars 1976.

42 Dans une ligne proche des arrêts *Thlimmenos* et *Sessa*, voy. aussi, Cour eur. dr. h., *Milanović v. Serbia*, 14 décembre 2010, § 96 et 97 ; Cour eur. dr. h., *Gatis Kovalkovs v. Latvia*, 31 janvier 2012 (décision d'inadmissibilité).

43 Cour eur. dr. h., *Vartic c. Roumanie*, 17 décembre 2013.

44 Cour eur. dr. h., *Eweida e. a. c. Royaume-Uni*, 15 janvier 2013.

45 Ringelheim, J., « Adapter l'entreprise à la diversité des travailleurs : la portée transformatrice de la non-discrimination », *Journal européen des droits de l'homme*, 2013/1, p. 57-87 ; Mathieu, C., Gutwirth S. & de Hert, P., « La croix et les juges de

l'approche traditionnelle de la Commission européenne des droits de l'homme suivant laquelle le fait que le travailleur puisse renoncer à son emploi était de nature à assurer le plein exercice de sa liberté religieuse[46]. Influencée par la logique des accommodements raisonnables auxquels la haute juridiction se réfère explicitement, au titre de droit comparé pertinent[47], la Cour décide, au contraire, d'opter pour une approche casuistique où elle prend le principe de proportionnalité au sérieux et procède à une véritable mise en balance des intérêts en présence[48]. Quand la marge nationale d'appréciation que la Cour estime devoir concéder dans les cas difficiles de conflits de droits et libertés vient tempérer la sévérité du contrôle de proportionnalité, la Cour accepte toutefois d'y procéder sans s'en remettre purement et simplement à la possibilité pour le travailleur de quitter son emploi.

L'affaire *Eweida* concerne le refus de la compagnie *British Airways* d'autoriser l'une de ses employées à porter une croix chrétienne visible autour du cou et à déroger à l'uniforme imposé. Statuant sous l'angle de la liberté religieuse, la Cour européenne des droits de l'homme condamne le Royaume-Uni au motif que la volonté de projeter une certaine image de l'entreprise ne justifie pas suffisamment, *au vu des circonstances de l'espèce*[49], l'ingérence dans cette liberté dont la protection exigeait *in casu* un aménagement de l'uniforme.

Aucune violation de la liberté religieuse n'est, par contre, constatée dans l'affaire *Chaplin*, du nom d'une infirmière qui n'avait pas été

la Cour européenne des droits de l'homme : les enseignements des affaires *Lautsi, Eweida* et *Chaplin* », *Journal européen des droits de l'homme*, 2013/2, p. 238-268.

46 Au § 83 de l'arrêt précité. Voy. Oualid Chaib, S., « Religious Accommodation in the Workplace : Improving the Legal Reasoning of the European Court of Human Rights », in Alidadi, K., Foblets, M.-C. & Vrielink, J. (dir.), *A Test of Faith ? Religious Diversity and Accommodation in the European Workplace*, *op. cit.*, p. 38-41. Comp. avec l'arrêt de la Cour eur. dr. h., *Syndicatul Păstorul c. Roumanie*, 9 juillet 2013, § 146.

47 Aux § 48-49 de l'arrêt précité.

48 De Schutter, O., « Human Rights in Employment Relationships : Contracts as Power », *Journal européen des droits de l'homme*, 2013/1, p. 49 ; Ringelheim, J., *op. cit.*, *Journal européen des droits de l'homme*, 2013/1, p. 77 ; Hervieu, N., « Un nouvel équilibre européen dans l'appréhension des convictions religieuses au travail », *Lettre « Actualités Droits-Libertés » du CREDOF*, 24 janvier 2013 ; Gomes, B., Orgerit, X. & Duarte, B., « La liberté d'expression religieuse au travail à l'épreuve des soubresauts du principe de laïcité », *Lettre « Actualités Droits-Libertés » du CREDOF*, 1er mai 2013.

49 Sont ainsi soulignés : le caractère discret de la croix ; l'absence de preuve de nuisance à l'image de l'entreprise d'autres vêtements religieux, tels le turban ou le *hijab*, autorisés d'emblée ; la modification récente par l'employeur du code vestimentaire pour permettre le port visible de pièces symboliques de joaillerie religieuse attestant que l'ancienne interdiction n'était pas d'une importance cruciale (§ 94 de l'arrêt précité).

autorisée à porter une croix autour du cou pour des raisons de santé et de sécurité publiques. Au vu des motifs avancés par l'hôpital pour justifier sa politique et des solutions alternatives proposées dans l'intérêt des patients (comme le port d'une croix sous la forme d'une broche fixée à l'uniforme ou glissée sous une blouse à col montant), une importante marge d'appréciation est accordée au décideur national : « [l]es responsables hospitaliers [étant] mieux placés pour prendre des décisions concernant la sécurité dans leur établissement que le juge, qui plus est un tribunal international devant lequel personne n'a directement témoigné »[50].

Dans les affaires *Ladele* et *Macfarlane*, la Cour de Strasbourg s'est également retranchée derrière l'ample marge d'appréciation dont doivent disposer les autorités nationales, en présence de conflits de droits, pour conclure, au stade de l'examen de proportionnalité, à l'absence de violation de la liberté religieuse, éventuellement combinée avec l'interdiction des discriminations. Ainsi, dans l'affaire *Ladele*, le rejet d'une demande d'exemption d'un officier d'état civil, refusant de célébrer des partenariats civils entre couples de même sexe, au nom de sa foi chrétienne, est jugé conforme à la Convention. La dimension hautement symbolique d'une telle exemption est, en effet, un facteur dont les autorités nationales peuvent tenir compte[51]. De la même manière, dans l'affaire *McFarlane*, la Cour juge que le licenciement, par son employeur – organisme privé –, d'un thérapeute de couple, qui refusait de recevoir les couples homosexuels n'emporte pas d'atteinte disproportionnée à sa liberté religieuse. Ainsi, lorsque les croyances religieuses sont discriminatoires – sur la base de l'orientation sexuelle ou du sexe par exemple – l'accommodement pourra être jugé déraisonnable.

Cette analyse de la jurisprudence de la Cour européenne des droits de l'homme ne conduit pas à des résultats saillants et tranchés. Elle met en exergue une approche résolument casuistique et en retrait de la Cour, nous rappelant que, dans son contrôle du respect de la liberté religieuse, elle a généralement laissé la part belle à la marge nationale d'appréciation, ce corollaire du principe de subsidiarité, qui caractérise le système de protection des droits fondamentaux instauré par la Convention européenne des droits de l'homme en vertu duquel les États parties sont les premiers responsables du contrôle du respect de ces droits[52]. La logique

---

50 Au § 94 de l'arrêt précité.

51 Dans la même ligne, voy. le débat autour de la clause de conscience en France : Conseil constitutionnel, décision n° 2013-353, QPC du 18 octobre 2013, et la requête déposée à la Cour européenne des droits de l'homme par un collectif de treize maires français le 24 février 2014.

52 Dans l'affaire « linguistique belge » où la Cour a recouru pour la première fois à la doctrine de la marge nationale d'appréciation de manière expresse, elle a déclaré qu'elle « ne saurait ignorer les données de droit et de fait caractérisant la vie de la

de l'aménagement raisonnable apparaît toutefois en filigrane de certaines décisions et semble, en particulier, à l'œuvre dans l'arrêt *Eweida*, dont il est encore prématuré de prédire s'il annonce une jurisprudence nouvelle.

Il est intéressant de relever que lorsque le principe de non-discrimination est invoqué pour un refus d'aménagement raisonnable sollicité en raison d'un handicap, le contrôle européen est exercé de manière plus stricte[53] que dans la sphère religieuse. Ceci s'explique notamment par l'existence d'un consensus européen, renforcé, au niveau universel, par l'entrée en vigueur de la Convention des Nations unies relative aux droits des personnes handicapées, le 3 mai 2008[54]. Une approche similaire est, du reste, suivie par le droit fédéral des États-Unis où, dans la sphère de l'emploi, le devoir d'aménagement raisonnable n'existe, en matière religieuse, que s'il ne cause pas une « contrainte excessive » (*undue hardship*)[55] interprétée à l'aune du standard du « coût minimal » (*de minimis cost*)[56] qui est beaucoup moins exigeant que celui mis en œuvre par l'*Americans with Disabilities Act*[57].

2. Les tensions entre l'aménagement raisonnable en matière religieuse et l'interdiction des discriminations

De manière générale, la question des conflits entre droits fondamentaux suscite un intérêt renouvelé ces dernières années, notamment en raison de la multiplication des conflits de ce type déférés aux juges nationaux, européens et internationaux[58]. Si cette croissance s'explique par différents facteurs, elle est parfois exagérément gonflée à des fins idéologiques.

société dans l'État qui, en qualité de partie contractante, répond de la mesure contestée. Ce faisant, elle ne saurait se substituer aux autorités nationales compétentes, faute de quoi, elle perdrait de vue le caractère subsidiaire du mécanisme international de garantie collective instauré par la Convention » (Cour eur. dr. h., 23 juillet 1968, Série A, n° 8, § 10).

53 Voy., particulièrement, *Glor c. Suisse*, 30 avril 2009 ; *Raffray Taddei c. France*, 21 décembre 2010.

54 Voy., en particulier, l'article 5, § 3 de cette Convention.

55 Bribosia, E., Ringelheim, J. & Rorive, I., « Aménager la diversité : le droit de l'égalité face à la pluralité religieuse », *op. cit.*, p. 325-327.

56 *Trame World Airlines v. Hardison ;* 432 U.S. 63 (1977).

57 Rappelons que l'*Americans with Disabilities Act* (1991) a servi de modèle à l'article 5 de la directive 2000/78/CE.

58 Voy. notamment Brems, E., « Introduction », in Brems, E. (ed.), *Conflicts Between Fundamental Rights*, Antwerp-Oxford-Portland, Intersentia, 2008, p. 2 ; Van Drooghenbroeck, S., « Conflits entre droits fondamentaux, pondération des intérêts : fausses pistes (?) et vrais problèmes », in Renchon, J.-L. (dir.), *Les droits de la personnalité*, Actes du Xe colloque de l'Association « Famille et Droit », Louvain-la-Neuve, 30 novembre 2007, Bruxelles, Bruylant, 2009, p. 299 et s., n° 11-13.

La montée en puissance du religieux sur la scène politique participe incontestablement de ce phénomène[59], si l'on songe notamment aux questions de bioéthique, d'interruption volontaire de grossesse, de mariage entre personnes de même sexe, d'adoption par des couples homosexuels ou encore de gestation pour autrui[60].

À la différence des États-Unis et du Canada, et en raison des développements doctrinaux encore trop récents sur la notion d'aménagement raisonnable en matière religieuse, la question des tensions, voire des conflits avec d'autres droits fondamentaux reste peu explorée par les juristes en Europe[61]. Si les conflits engendrés par une demande d'aménagement pour motif religieux peuvent impliquer divers droits fondamentaux, tels que le droit au respect de la vie privée, le droit au procès équitable ou encore la liberté d'expression, ce sont sans nul doute les tensions avec l'interdiction des discriminations fondées sur le sexe ou l'orientation sexuelle qui sont le plus mobilisées dans le débat public. Ces tensions sont le plus souvent brandies par les opposants à toute application de l'aménagement raisonnable pour motif religieux, non parfois sans caricature[62]. Réfuter une approche caricaturale, qui fait d'ailleurs écho à certaines sorties médiatiques au Québec au plus fort de « la crise des accommodements », ne revient nullement à occulter les tensions vives que l'aménagement pour

---

[59] Zucca, L. « Conflicts of Fundamental Rights as Constitutional Dilemmas », in Brems, E. (ed.), *Conflicts Between Fundamental Rights*, *op. cit.*, p. 22. De manière plus générale, sur cette question voy. le volume 30 de la *Cardozo Law Review* de juin 2009, rassemblant les contributions défendues à l'occasion du symposium « Constitutionalism and Secularism in an Age of Religious Revival : The Challenge of Global and Local Fundamentalism ».

[60] Bribosia, E. & Rorive, I., *Towards a balance between right to equality and fundamental rights – À la recherche d'un équilibre entre le droit à l'égalité et d'autres droits fondamentaux*, Rapport thématique rédigé dans le cadre du *European Network of Legal Experts in the Antidiscrimination Field*, coordonnée par le *Migration Policy Group* et le *Human European Consultancy* pour la Commission européenne, 2010, p. 14-15 (en ligne : http://www.non-discrimination.net/en/home).

[61] *Ibid.*, p. 57-69. Voy. toutefois Malik, M., « Religion and Sexual Orientation : conflict or cohesion ? », in De Costa, G., Evans, M. Moodood, T. & Rivers, J. (ed.), *Religion and the Liberal State*, Cambridge, Cambridge University Press, 2013, p. 67-92.

[62] Voy. l'opinion intitulée « "Raisonnables", les accommodements ? », publiée dans la *Libre Belgique* du 18 mai 2009, et qui émanerait des membres du collectif *Rappel* (Réseau d'actions pour la promotion d'un État laïque). Les signataires concluaient en ces termes : « Pour toutes ces raisons, l'introduction des accommodements dits raisonnables dans la société belge risquerait fort de contribuer au délitement de la citoyenneté et à l'émergence d'une société communautarisée, ghettoïsée, et non réellement interculturelle ». Voy. aussi le débat organisé dans *Le Soir*, les 20 et 21 mai 2009, p. 20-21, sur le thème « Faut-il accepter les particularismes ? » Voy. enfin les contributions et échanges au sujet des accommodements raisonnables sur le blog de Nadia Geerts ainsi que sur celui de Henry Goldman, « Les blogs de Politique – Revue de débats ».

des motifs religieux peut entraîner pour la jouissance d'autres droits fondamentaux, en général, et du droit à l'égalité et à la non-discrimination, en particulier. Les développements qui suivent présentent des exemples de ces tensions tirés du droit de l'Union européenne (UE), de la Convention européenne des droits de l'homme et de certains droits nationaux. Si le juge se révèle un acteur central pour concilier, mettre en balance les intérêts en présence, ou pour arbitrer le conflit (2.2), des balises sont parfois posées par le législateur (2.1).

2.1. La conciliation des droits en tension par le législateur

Au-delà de l'accommodement raisonnable *stricto sensu*, l'aménagement de la diversité religieuse s'effectue régulièrement par la création d'exemptions ou de statuts spécifiques en faveur de certaines religions ou organisations religieuses. Ces exceptions au droit commun, destinées à favoriser la liberté de religion, peuvent générer des conflits avec d'autres droits fondamentaux, comme le droit au respect de la vie privée, ou le principe de non-discrimination. Dans certains cas, le législateur intervient, en amont, afin de fournir les lignes directrices permettant de guider les acteurs de première ligne et, éventuellement, le juge, dans la résolution de ces conflits.

En droit de l'Union européenne, il s'agit, par exemple, de l'exception spécifique à l'interdiction de discriminations directement fondées sur la religion ou les convictions, introduite dans la directive 2000/78/CE à l'article 4, § 2, en réponse notamment aux pressions exercées par les Églises et organisations religieuses. Ces dernières peuvent, à certaines conditions, traiter une personne différemment en raison de ses convictions religieuses (ne pas l'engager, la licencier, etc.), sans violer le principe de non-discrimination. Cette disposition a son pendant dans des législations américaines ou canadiennes qui dispensent les organismes à but religieux du respect des lois antidiscriminatoires dans leur politique d'admission et dans leurs relations de travail. Pour José Woehrling, ces exemptions privilégient la liberté religieuse dans le conflit qui l'oppose au droit à l'égalité[63]. C'est en effet aux fins de guider les législateurs et juges nationaux, pour encadrer le conflit entre l'interdiction de discrimination fondée sur la religion ou les convictions et la liberté religieuse, entendue comme le droit pour les Églises ou les organisations religieuses ou philosophiques de s'organiser sans immixtion de l'État[64], que cette exception spécifique a été inscrite dans le texte européen.

---

[63] Voy. la contribution de J. Woehrling au présent ouvrage.

[64] À cet égard, il est utile de garder en mémoire la référence, dans le considérant 24 du préambule de la directive 2000/78/CE, à la déclaration n° 11 relative au statut des Églises et des organisations non confessionnelles, annexée à l'acte final du traité

Parler de « guide » pour qualifier l'article 4, § 2 de la directive 2000/78/CE relève de la gageure, tant cette disposition est particulièrement opaque[65]. Il suffit de consulter les traductions très diverses dans les droits des États membres[66] et les premières interprétations jurisprudentielles pour s'en convaincre. Les controverses sont de plusieurs ordres. Cette exception présente-t-elle un caractère facultatif ou obligatoire pour les États qui transposent la directive ? Comment les notions de religion et de conviction sont-elles circonscrites afin de délimiter les bénéficiaires de l'exception ? Quelles sont les conditions d'application de cette exception et comment la différencie-t-on des « exigences professionnelles essentielles et déterminantes » ?

Nous nous contentons ici d'aborder ces questions dans le contexte des conflits de droits qui nous occupe. L'article 4, § 2, deuxième alinéa prévoit expressément que la différence de traitement fondée sur la religion ou les convictions « doit s'exercer dans le respect des dispositions et principes constitutionnels des États membres, ainsi que des principes généraux du droit communautaire, et ne saurait justifier une discrimination fondée sur d'autres motifs ». Cela revient à exiger que les autres droits et libertés fondamentaux (principes constitutionnels des États membres et principes généraux du droit de l'UE) soient respectés et, en particulier le principe de non-discrimination tiré d'autres critères de différenciation protégés. Ce qui, *in fine*, ne fait que renvoyer à la nécessaire mais difficile conciliation entre les droits et libertés fondamentaux en tension. Deux exemples illustrent les enjeux de l'article 4, § 2 de la directive 2000/78/CE. Le premier, tiré du droit anglais, porte sur le conflit entre la liberté religieuse des organisations et l'interdiction des discriminations fondée sur l'orientation sexuelle (2.1.1). Le second a trait au conflit qui oppose liberté religieuse et droit au respect de la vie privée, qui s'est retrouvé

d'Amsterdam. L'Union y reconnaît explicitement « qu'elle respecte et ne préjuge pas le statut dont bénéficient, en vertu du droit national, les Églises et les associations ou communautés religieuses dans les États membres et qu'elle respecte également le statut des organisations philosophiques et non confessionnelles ».

65 Christians, L.L. « La dé-limitation de la liberté religieuse en droit de l'Union européenne », in Duarte, B. (dir.), *Manifester sa religion : droits et limites*, Paris, l'Harmattan, 2011, p. 103-131 ; Vickers, L., *Religion et convictions : discrimination dans l'emploi – Le droit de l'Union européenne*, Commission européenne, 2006, p. 56-61.

66 Vickers, L., *Religion et convictions : discrimination dans l'emploi – Le droit de l'Union européenne*, *op. cit.*, p. 56-61 ; Chopin, I. & Uyen Do, T., *Developing Anti-Discrimination Law in Europe*, rapport rédigé pour le *European Network of Legal Experts in the non-discrimination field*, novembre 2010, en ligne : http://www.non-discrimination.net/content/media/Comparitive%20EN%2017052011.pdf. Il y est précisé que la France, le Portugal, la Roumanie et la Suède n'ont pas fait usage de cette exception spécifique au bénéfice des organisations dont l'éthique est fondée sur la religion ou les convictions.

au cœur d'affaires emblématiques portées devant la Cour européenne des droits de l'homme (2.1.2).

2.1.1. Interdiction de discriminer sur la base d'un autre motif

Encadrer le recours à l'exception par les Églises et organisations de tendance est fondamental si l'on songe aux conflits susceptibles de se manifester entre certains dogmes religieux et l'interdiction de discrimination fondée sur le sexe et sur l'orientation sexuelle[67]. À cet égard, la manière dont ces conflits ont été abordés en droit anglais est particulièrement intéressante, car le législateur est intervenu pour les trancher en amont, en créant une exemption spécifique pour les emplois liés à une religion organisée (« *where the employment is for purposes of an organised religion* »), autorisant des discriminations sur la base du sexe[68] ou de l'orientation sexuelle, dans des circonstances relativement circonscrites. Ainsi, l'exception introduite dans l'*Employment Equality (Sexual Orientation) Regulations* de 2003 (section 7(3)) et reprise dans l'*Equality Act* de 2010 (*Schedule 9, Part 1, paragraph 2*) accorde la priorité à la liberté religieuse sur l'interdiction de discrimination fondée sur l'orientation sexuelle lorsque l'emploi s'exerce pour une religion organisée. Il faut que l'employeur justifie cette différence de traitement soit pour se conformer aux doctrines de la religion, soit pour éviter d'entrer en conflit avec les convictions religieuses profondément ancrées d'un nombre significatif de fidèles (ceci s'apprécie en fonction de la nature de l'emploi et du contexte dans lequel il est exercé)[69]. Pour défendre cette réglementation particulière, le gouvernement de l'époque

---

67 À ce sujet, voy. Malik, M., *From Conflict to Cohesion : Competing Interests in Equality Law and Policy*, *op. cit.*, p. 17-30.

68 Voy. section 19(1) du *Sex Discrimination Act* de 1975 : « (1) *Nothing in this Part applies to employment for purposes of an organised religion where the employment is limited to one sex so as to comply with the doctrines of the religion or avoid offending the religious susceptibilities of a significant number of its followers* ».

69 Equality Act [2010], Schedule 9, Part 1, paragraph 2 :

« *(a) the employment is for the purposes of an organised religion,*

(b) the application of the requirement engages the compliance or non-conflict principle, and

(c) the person to whom A applies the requirement does not meet it (or A has reasonable grounds for not being satisfied that the person meets it).

(...)

(5) The application of a requirement engages the compliance principle if the requirement is applied so as to comply with the doctrines of the religion.

(6) The application of a requirement engages the non-conflict principle if, because of the nature or context of the employment, the requirement is applied so as to avoid conflicting with the strongly held religious convictions of a significant number of the religion's followers ».

avait précisé que son but était d'éviter de placer les tribunaux devant des litiges les obligeant à entrer dans des controverses théologiques sur le statut de l'homosexualité dans des doctrines religieuses particulières. Le gouvernement souhaitait ainsi imprimer un équilibre délicat entre les droits à l'emploi des personnes homosexuelles et le droit des groupes religieux à la liberté de religion[70].

L'équilibre proposé par le législateur n'a toutefois pas convaincu plusieurs associations pour la protection des droits des homosexuels et plusieurs syndicats qui ont dénoncé, devant la *High Court* à Londres, son caractère discriminatoire. Moyennant une interprétation stricte, cette exception a toutefois été jugée conforme à la directive 2000/78/CE (article 4, § 1er) et à la Convention européenne des droits de l'homme (articles 8 et 14), dans l'affaire *R (Amicus-MSF and others) v. Secretary of State for Trade and Industry and Christian Action Research Education and others*[71]. Pour le juge Richards, le législateur met en balance différents droits en conflit en organisant cette exception. Il considère que celui-ci a agi délibérément afin de limiter les questions qui auraient dû être tranchées par les cours et tribunaux dans un domaine sensible et que l'équilibre ainsi atteint est approprié[72].

Lors de l'élaboration de l'*Equality Act* 2010, il a été proposé, sans succès, de restreindre le champ d'application de cette exception et d'exiger le respect du principe de proportionnalité[73]. Une évaluation faite par la Commission européenne alors qu'elle envisageait d'introduire un recours en manquement contre le Royaume-Uni[74], émet des doutes sur la conformité de la législation anglaise à la directive 2000/78/CE sur ce point. En effet, dès lors qu'au nom du respect de prescrits religieux, une différence de traitement fondée sur la religion implique également une différence de traitement fondée sur un autre motif (ici, l'orientation sexuelle), l'article 4, § 1er de la directive 2000/78/CE s'applique (en lieu et place de l'article 4, § 2). Or cette disposition, plus stricte, prévoit que

---

70 Des précisions sur le type d'emplois visés figurent également dans les développements de la position du gouvernement : « *When drafting Regulation 7(3) we had in mind a very narrow range of employment : ministers of religion, plus a small number of posts outside the clergy, including those who exist to promote and represent religion* » (§ 91).

71 [2004] *I.R.L.R.* 430.

72 *Ibid.*, § 123-124.

73 MacColgan, A., *Report on measures to combat discrimination. Directives 2000/43/EC, & 2000/78/EC, United Kingdom 2012*, section 4.2.

74 Voy. l'avis motivé de la Commission européenne (n° 2006/2450, § 15-20) cité par Aileen Mac Colgan dans le rapport sur la transposition des directives 2000/43/CE et 2000/78/CE au Royaume-Uni (*Report on measures to combat discrimination. Directives 2000/43/EC, & 2000/78/EC, United Kingdom 2012*, section 4.2).

la différence de traitement doit, pour être licite, constituer une exigence professionnelle essentielle et déterminante[75].

2.1.2. Conflit entre la liberté religieuse et le droit au respect de la vie privée

L'exigence du respect des droits et libertés inclut logiquement celle du respect de la vie privée. En principe, des éléments relatifs à la vie privée qui ne préjugent pas de la capacité à exercer un emploi ne peuvent être pris en compte pour refuser d'embaucher un candidat ou pour licencier un employé. Le même régime est-il applicable quand l'employeur est une organisation dont l'éthique est fondée sur la religion ou les convictions ? L'on songe notamment aux cas emblématiques du licenciement d'une enseignante d'un établissement catholique ou d'un employé d'une organisation religieuse pour adultère ou remariage après divorce[76] ou encore du refus d'engager une personne au motif de son homosexualité par ce même type d'employeur[77] ?

Au cours des dernières années, la Cour européenne des droits de l'homme a été saisie à plusieurs reprises d'affaires, mettant en jeu, d'une part, le droit au respect de la vie privée et familiale d'un employé (article 8 CEDH) et de l'autre, le droit à l'autonomie des communautés religieuses (article 9 CEDH – liberté de religion – combiné à l'article 11 CEDH – liberté

---

[75] Vickers, L., *Religion et convictions : discrimination dans l'emploi – Le droit de l'Union européenne, op. cit.*, p. 64. Le cas de la politique de sélection des étudiants dans la faculté de théologie d'une université calviniste hongroise, impliquant l'exclusion des étudiants qui mènent ou prônent un mode de vie homosexuel, porté jusque devant la Cour suprême hongroise par une organisation de protection des droits des gays et lesbiennes, illustre également les cas complexes de conflits de droits susceptibles de se présenter autour de la liberté religieuse et l'articulation délicate des exceptions au principe d'égalité de traitement. Pour une présentation détaillée de cette affaire, voy. la *Revue du droit relatif à la non-discrimination*, 2005, n° 1, p. 60 et la *Revue du droit européen relatif à la non-discrimination*, 2005, n° 2, p. 66-67.

[76] Voy. notamment, Cass. fr. (ass. plén.), 19 mai 1978, *Dalloz*, 1978, p. 541, concl. R. Schmelck, note Ph. Ardant ; *J.C.P.*, 1979, II, p. 19009, rap. Sauvageot, note R. Lindon. Voy. aussi Conseil d'État belge (4e Ch.), 20 décembre 1985, *Van Peteghem*, n° 25995, commenté in De Schutter, O. & Van Drooghenbroeck, S., *Le droit international des droits de l'homme devant le juge national*, Bruxelles, Bruylant, 1999, p. 287-305.

[77] Pour un exemple en droit français, voy. Cass. fr. (soc.), *Painsecq contre Association Fraternité Saint Pie X*, 17 avril 1991, *Droit Social*, juin 1991, p. 489. Pour un exemple similaire en Lettonie relatif à un ancien ministre luthérien du culte qui avait perdu son poste après avoir déclaré publiquement son homosexualité, voy. la *Revue du droit européen relatif à la non-discrimination*, 2005, n° 2, p. 70 et *Revue du droit européen relatif à la non-discrimination*, 2007, n° 5, p. 94.

d'association)[78]. Ainsi, les affaires *Obst* et *Schüth* (dont l'issue différente s'explique essentiellement par des différences factuelles) ont donné l'occasion à la Cour de préciser sa méthode pour trancher ces conflits de droits, tout en insérant des références à l'exception spécifique contenue à l'article 4, § 2 de la directive 2000/78/CE. Dans l'affaire *Obst*, la Cour a conclu à l'absence de violation de l'article 8 de la Convention à propos de la rupture du contrat de travail et de l'excommunication d'un directeur pour l'Europe au département des relations publiques de l'Église mormone, après qu'il ait confié à sa hiérarchie avoir eu des relations extraconjugales. L'affaire *Schüth*, qui déboucha sur une condamnation de l'Allemagne, concernait la rupture du contrat de travail pour adultère et bigamie de l'organiste et chef de chœur d'une paroisse catholique, qui avait rendu publique sa séparation avec son épouse et vécu avec sa nouvelle compagne dont il avait eu un enfant, avant que le divorce ne soit prononcé.

Le raisonnement de la Cour européenne est commun aux deux espèces. Après avoir posé les obligations positives de l'État de garantir le respect de la vie privée dans les relations entre particuliers[79], la Cour rappelle qu'en présence de conflits entre deux droits reconnus par la Convention, une plus importante marge d'appréciation est accordée à l'État afin de procéder à leur conciliation[80]. Cette marge d'appréciation s'accompagne d'un contrôle européen sur l'exercice de mise en balance[81]. En s'appuyant notamment sur l'exception contenue à l'article 4, § 2 de la directive 2000/78/CE, la Cour admet la conventionnalité d'obligations de loyauté spécifiques imposées à ses employés par un employeur dont l'éthique est fondée sur la religion ou sur une croyance philosophique, et ce même si ces obligations touchent la sphère privée de l'employé[82]. L'autonomie de l'employeur n'est pas pour autant illimitée. Pour la Cour, « une décision de licenciement fondée sur un manquement à une telle obligation [de loyauté] ne peut pas être soumise [...] uniquement à un contrôle judiciaire restreint, effectué par le juge du travail étatique compétent, sans que soit prise en compte la nature du poste de l'intéressé et sans qu'il soit procédé

---

78 Cour eur. dr. h., *Obst c. Allemagne* et *Schüth c. Allemagne*, 23 septembre 2010 ; Cour eur. dr. h., *Siebenaar c. Allemagne*, 3 février 2011. Voy. aussi dans une configuration de conflit légèrement différente : Cour eur. dr. h. (Grande Chambre), *Fernandez Martinez c. Espagne*, 12 juin 2014.

79 Affaire *Obst* précitée, § 40-41.

80 Affaire *Obst* précitée, § 42-44.

81 Affaire *Obst* précitée, § 43.

82 Affaire *Obst* précitée, § 51 ; affaire *Schüth* précitée, § 69. Voy. pour un précédent ancien en ce sens jugé par la Commission européenne des droits de l'homme et relatif à la liberté d'expression d'un médecin dans un hôpital catholique : Comm. eur. dr. h., *Rommelfanger c. Allemagne*, 6 septembre 1989.

à une mise en balance effective des intérêts en jeu à l'aune du principe de proportionnalité »[83]. La logique de procéduralisation, de plus en plus fréquente dans sa jurisprudence[84], est ensuite mise en œuvre. L'existence ou l'absence d'un contrôle juridictionnel effectif des intérêts en présence par les juridictions nationales[85] permet de prononcer un arrêt de rejet dans l'affaire *Obst* et un arrêt de condamnation dans l'affaire *Schüth*. Dans ce dernier, le fait que la substance même du droit au respect de la vie privée est mise en péril justifie la violation de l'article 8 de la Convention. Ainsi, interpréter l'engagement contractuel de Mr Schüth dans le sens d'un « engagement personnel sans équivoque de vivre dans l'abstinence en cas de séparation ou de divorce. [...] affecterait le cœur même du droit au respect de la vie privée de l'intéressé »[86].

Cette solution converge vers le droit de l'Union, en particulier l'article 4, § 2 de la directive 2000/78/CE. C'est d'autant plus remarquable que la Cour européenne des droits de l'homme prend le soin de relever que la loi allemande de transposition de cette directive a été contestée par la Commission européenne, en raison d'une définition trop large de l'autonomie des organisations religieuses en ce domaine[87]. Ces affaires illustrent, de surcroît, l'étroite connexion entre les différents acteurs – législateur de l'Union et/ou législateurs nationaux, juridictions nationales, Cour de justice, Cour européenne des droits de l'homme – amenés à se prononcer sur la conciliation des droits et libertés en tension. Les indications fournies en amont par le législateur européen, qui a dessiné les contours d'une exception spécifique au bénéfice des organisations fondées sur la religion ou les convictions, sont devenues opérationnelles par l'entremise des juges nationaux, encadrés par la Cour européenne des droits de l'homme. Cette contribution à la fixation de nouvelles lignes directrices jurisprudentielles renvoie au rôle crucial des cours et tribunaux dans la conciliation des droits en tension.

---

83 Affaire *Schüth* précitée, § 69. Voy. aussi Cour eur. dr. h., *Lombardi Vallauri c. Italie*, 20 octobre 2009.

84 À propos du recours à la procéduralisation pour résoudre les conflits de droits fondamentaux, voy. notamment De Schutter, O. & Tulkens, F., « Rights in Conflict : The European Court of Human Rights as a Pragmatic Institution », in E. Brems (ed.), *Conflicts Between Fundamental Rights*, *op. cit.*, p. 207-213.

Van Drooghenbroeck, S., « Conflits entre droits fondamentaux, pondération des intérêts : fausses pistes (?) et vrais problèmes », *Les droits de la personnalité*, *op. cit.*, p. 299 et s., n° 61-69.

85 Affaire *Obst* précitée, § 49 ; affaire *Schüth* précitée, § 66-69 et 73.

86 Affaire *Schüth* précitée. Voy. aussi Cour eur. dr. h., *Lombardi Vallauri c. Italie*, 20 octobre 2009.

87 Affaire *Schüth* précitée, § 41-42 et 70.

2.2. La conciliation des droits en tension par les cours et tribunaux

Si le législateur pose parfois des balises, le plus souvent il revient au juge de résoudre les conflits de droits susceptibles de se nouer face à certaines demandes d'aménagement raisonnable fondé sur la religion. La résolution de ces conflits sera inévitablement abordée par des voies différentes en fonction du juge saisi (national, Cour de justice de l'Union européenne ou Cour européenne des droits de l'homme). Par ailleurs, aucune méthode n'est une panacée apte à résoudre mathématiquement ces cas difficiles[88]. Plutôt qu'une improbable technique d'adjudication englobante, l'on relèvera ici plusieurs techniques juridiques susceptibles de guider le juge dans sa mission. Premièrement, le principe de l'abus de droit a parfois été mobilisé, notamment par la Cour européenne des droits de l'homme, pour circonscrire l'exercice de la liberté d'expression dédiée à un discours raciste ou haineux (article 17 CEDH). Il pourrait également servir à limiter la manifestation, dans l'espace public, de préceptes religieux qui portent atteinte au principe de l'égalité de traitement des femmes ou des personnes homosexuelles, par exemple. Deuxièmement, la distinction entre les atteintes à la substance ou à la périphérie des droits en conflit[89] joue parfois également un rôle dans leur conciliation. Ce fut le cas notamment dans l'affaire *Schüth* précitée, où l'atteinte à un élément relevant du cœur de la vie privée du requérant a été déterminante. Troisièmement, à l'instar de la méthode adoptée par la Cour européenne dans les affaires *Obst* et *Schüth*, la voie procédurale constitue aussi une piste fructueuse pour réduire le subjectivisme inhérent aux solutions visant à trancher les conflits entre droits fondamentaux[90]. Plusieurs dimensions sont couvertes par cette approche procédurale. Tout d'abord, dans la résolution d'un conflit *in concreto*, il s'agit de vérifier la qualité du processus délibératif mis en œuvre par l'« autorité » impliquée (autorité publique, employeur, autorité scolaire, pouvoir législatif, organisme de

[88] Pour une présentation de ces différentes méthodes de résolution des conflits de droits, voy. Bribosia, E. & Rorive, I. *Towards a balance between right to equality and fundamental rights – À la recherche d'un équilibre entre le droit à l'égalité et d'autres droits fondamentaux*, *op. cit.*, p. 19-25 ainsi que les références citées. Voy. également Commission ontarienne des droits de la personne, « La conciliation des droits contradictoires : à la recherche d'un cadre analytique », août 2005 ; « Politique sur les droits des personnes contradictoires », 2012.

[89] Brems, E., « Introduction », in E. Brems (ed.), *Conflicts Between Fundamental Rights*, *op. cit.*, p. 5.

[90] De Schutter, O. & Tulkens, F., « Rights in Conflict : The European Court of Human Rights as a Pragmatic Institution », in Brems, E. (ed.), *Conflicts Between Fundamental Rights*, *op. cit.*, p. 207-213 ; Van Drooghenbroeck, S., « Conflits entre droits fondamentaux, pondération des intérêts : fausses pistes (?) et vrais problèmes », *Les droits de la personnalité*, *op. cit.*, p. 299 et s., n° 61-69.

promotion de l'égalité de traitement, juge national, etc.)[91] afin de concilier, dans la mesure du possible, les droits en conflit dans le respect d'une « éthique de la discussion »[92]. Ensuite, il appartient au juge saisi du litige d'évaluer dans quelle mesure il constitue le forum le plus approprié pour prendre une décision sur le conflit en cause. Pour la Cour européenne des droits de l'homme ou la Cour de justice de l'Union européenne, cela peut signifier un recours à la marge nationale d'appréciation, tandis que pour le juge national, cela peut impliquer, tout en tranchant l'affaire *in casu* en s'inspirant parfois du droit comparé, de renvoyer la balle au législateur et de susciter un débat dans des assemblées démocratiquement élues.

En guise d'illustration, nous abordons ici les conflits entre la clause de conscience pour motif religieux, qui sera le plus souvent mobilisée sous la forme d'une demande d'aménagement ou de dispense d'application d'une règle générale, d'une part, et le principe de non-discrimination fondé sur l'orientation sexuelle, de l'autre. Ces cas ont généralement été traités sous l'angle du droit de la non-discrimination (et moins directement sous celui de la liberté religieuse). Le plus souvent, ils n'opposent pas des parties qui seraient titulaires de droits subjectifs tirés du droit de la non-discrimination en raison de motifs de distinction différents, mais bien des requérants se considérant discriminés en raison de leurs convictions religieuses et des personnes excipant des considérations égalitaires (fondées sur le genre ou l'orientation sexuelle) au nom de l'intérêt général.

À l'instar de ce que J. Woehrling décrit pour le Canada[93], des controverses se sont nouées, aux Pays-Bas, depuis la reconnaissance, en 2001, du droit au mariage pour les personnes de même sexe[94], sur la question de savoir si les officiers d'état civil peuvent ou non invoquer une clause de conscience pour refuser de participer à la célébration de ces

91 Tout dépend ici du niveau où l'on se place : ainsi le juge national pourra être amené à examiner la qualité du processus mis en œuvre par une autorité publique ou un employeur pour résoudre un conflit entre deux valeurs conflictuelles ; la Cour de justice de l'Union européenne ou la Cour européenne des droits de l'homme seront quant à elles également intéressées à évaluer la qualité de la procédure devant le juge national, etc.

92 Habermas, J. *De l'éthique de la discussion*, trad. de l'allemand par M. Hunyadi, Paris, Cerf, 1992.

93 Woehrling, J., « L'actualité constitutionnelle au Canada (2004) », *Revue française de droit constitutionnel*, 2005, p. 645-657.

94 En Europe, les Pays-Bas ont été pionniers dans la reconnaissance du mariage homosexuel : la loi du 21 décembre 2000 ouvrant l'accès au mariage à des personnes de même sexe est entrée en vigueur le 1er avril 2001. Auparavant, la loi du 5 juillet 1997 sur l'introduction du partenariat enregistré, entrée en vigueur le 1er janvier 1998, avait donné la possibilité aux couples homosexuels de régler officiellement leur vie commune.

mariages. L'ancienne Commission pour l'égalité de traitement (CGB)[95] a totalement revu sa position en l'espace de quelques années. Dans un premier temps, la Commission pour l'égalité de traitement a considéré que les officiers d'état civil – « objecteurs de conscience » licenciés – avaient été victimes d'un traitement discriminatoire indirectement fondé sur leur religion. Dans deux avis rendus en 2002 et 2005[96], cet organisme, s'inscrivant dans la logique des aménagements raisonnables, a estimé que les municipalités devaient rechercher des « solutions pratiques » visant à aménager les horaires de travail afin de faire célébrer les mariages entre personnes de même sexe par des fonctionnaires n'ayant pas d'objection de conscience, tout en ne refusant pas d'employer les personnes qui s'opposaient, au nom de leur religion, à ces mariages[97]. Dans un deuxième temps, en 2008, la Commission pour l'égalité de traitement est revenue sur cette jurisprudence en mettant l'accent sur le « rôle exemplaire » que doit jouer une autorité publique dans la lutte contre les discriminations[98]. Dans ce contexte, la conscience religieuse personnelle du fonctionnaire doit plier face à un intérêt plus général, à savoir la lutte contre la discrimination à l'encontre des personnes homosexuelles.

Cette solution, loin d'avoir éteint la controverse, a engendré des réactions contrastées dans le monde politique et social néerlandais. Certains maires, souvent issus des partis libéraux ou de gauche, ont enjoint tous les officiers d'état civil à célébrer les mariages de personnes de même sexe. D'autres ont continué à suivre la position initiale de la Commission pour l'égalité de traitement en ménageant les fonctionnaires « objecteurs

---

95 Depuis le 1er octobre 2012, cette Commission n'existe plus mais ses fonctions sont exercées par une section du nouvel Institut pour les droits de l'homme en vertu de la loi du 24 novembre 2012 (Wet *van 24 november 2011, houdende de oprichting van het College voor de rechten van de mens ; Staatsblad* 2011, 573).

96 Avis n° 2002-25, § 5.8 et avis n° 2005-26, en ligne en néerlandais sur le site de la CGB : http://www.cgb.nl.

97 La Commission fondait notamment ses avis sur les travaux préparatoires de la loi néerlandaise générale de non-discrimination qui préconisaient, dans la mesure du possible, le respect des clauses de conscience (*Algemene wet gelijke behandeling (AWGB)*, 2 mars 1994 (entrée en vigueur le 1er septembre 1994).

98 Avis n° 2008-40, en ligne en néerlandais sur le site de la CGB, et commenté dans la *Revue de droit européen relatif à la non-discrimination*, 2008, n° 6/7, p. 119-120. Dans une recommandation accompagnant son avis n° 2008-40, la CGB a invité le gouvernement à ne pas autoriser les officiers d'état civil à refuser des mariages entre personnes homosexuelles (*Advies Commissie Gelijke Behandeling inzake gewetensbezwaarde ambtenaren van de burgerlijke stand. Trowens ? Geen bezwaar !*, Recommandation n° 2008-04 CET, en ligne en néerlandais sur le site de la CGB). Voy. aussi Holtmaat, R., European Network of Legal Experts in the Non-discrimination Field, *Netherlands Report on Measures to Combat Discrimination. Directives 2000/43/ EC and 2000/78/EC*, 2008, section 0.3.

de conscience » tout en garantissant la célébration des mariages[99]. Cette dernière attitude, âprement critiquée par les organisations de protection des droits des homosexuels, a reçu l'appui du gouvernement de coalition entre les libéraux (VVD) et les démocrates chrétiens (CDA)[100]. Se ralliant à l'avis rendu par le Conseil d'État, le gouvernement a décidé de ne pas introduire de proposition législative sur le sujet[101]. Pour le Conseil d'État, en effet, l'existence de solutions pragmatiques fragilise une position de principe au regard du respect de la liberté religieuse et du principe de non-discrimination fondé sur la religion[102]. Cela n'a pas empêché les parlementaires libéraux de gauche (parti D 66) de déposer une proposition de loi[103] exigeant une intervention du législateur pour garantir le principe de non-discrimination fondé sur l'orientation sexuelle dans les services publics[104]. Après un long parcours législatif, cette initiative, fruit d'un combat de treize années des militants pour les droits LGBT, a été approuvée, en 2014[105]. Le recrutement de fonctionnaires « objecteurs de conscience » est ainsi interdit pour l'avenir et les municipalités peuvent – mais ne doivent pas – licencier les actuels objecteurs de conscience[106].

---

99 Selon les chiffres fournis par le Conseil d'État, sur 415 municipalités aux Pays-Bas, seules 247 exigeaient comme condition de recrutement que les nouveaux officiers d'états civils s'engagent à célébrer tous les mariages, y compris ceux entre personnes de même sexe.

100 Plus largement sur la question de la clause de conscience des officiers d'état civil aux Pays-Bas, voy. le site de l'ONG néerlandaise « COC Nederland » pour la défense des droits de LGBT's : https://www.coc.nl/tag/weigerambtenaar.

101 Seconde chambre 2011-2012 : questions du membre Dijkstra (D66) au ministre de l'Enseignement, de la Culture et des Sciences sur l'avis selon lequel les officiers d'état civil conserveront la possibilité de refuser de participer aux mariages entre personnes de même sexe (introduit le 12 octobre 2011). Réponse du ministre Van Bijsterveldt-Vliegenthar (de l'Enseignement, de la Culture et des Sciences) (réception le 9 novembre 2011).

102 TK 2012/2013, 33 344, n° 4.

103 Proposition de loi de modification du Code civil et de la loi générale sur l'égalité de traitement relative aux fonctionnaires de l'état civil qui commettent des discriminations (Voorstel van wet van de leden Dijkstra en Schouw tot wijziging van het Burgerlijk Wetboek en de Algemene wet gelijke behandeling met betrekking tot ambtenaren van de burgerlijke stand die onderscheid maken als bedoeld in de Algemene wet gelijke behandeling, 33 344, W04.12.0331/I, Tweede Kamer der Staten_generaal, vergaderingjaar 2011-2012).

104 *Ibid.*, p. 5.

105 COC, « COC gelukkig met afschaffing weigerambtenaar », https://www.coc.nl/politiek-2/coc-gelukkig-met-afschaffing-weigerambtenaar.

106 Voorstel van wet (33.344) van 3 augustus 2012 tot wijziging van het Burgerlijk Wetboek en de Algemene wet gelijke behandeling met betrekking tot ambtenaren van de burgerlijke stand die onderscheid maken als bedoeld in de Algemene wet gelijke behandeling (Initiatiefwetsvoorstel Gewetensbezwaren ambtenaren van de burgerlijke stand), goedgekeurd door de Tweede Kamer op 11 juni 2013 en goedgekeurd door

Ces nombreux rebondissements illustrent à nouveau l'interaction étroite entre les différents acteurs – Commission pour l'égalité de traitement, tribunaux, législateur – aux fins de concilier les droits en tension. Après une oscillation entre une logique accommodante et contextuelle et une logique principielle, c'est cette dernière qui a finalement été consacrée par le législateur, mettant davantage l'accent sur le statut des officiers d'état civil en tant que représentants de l'État, censés incarner un rôle exemplaire dans la lutte contre les discriminations.

Au Royaume-Uni, une controverse analogue a conduit à une importante saga jurisprudentielle dans deux affaires emblématiques jugées en janvier 2013 par la Cour européenne des droits de l'homme[107]. L'affaire *Ladele*, proche de celles décrites aux Pays-Bas, concerne, rappelons-le[108], le licenciement d'un officier d'état civil qui refusait de participer à l'enregistrement des partenariats civils au nom de sa foi chrétienne[109]. En première instance, le tribunal du travail avait retenu une discrimination fondée directement et indirectement sur les croyances religieuses de madame Ladele, ainsi qu'une situation de harcèlement au travail[110]. Sur le modèle de l'accommodement raisonnable, le tribunal considérait qu'exiger, de l'ensemble des officiers d'état civil, la célébration de partenariats civils ne saurait se justifier par la protection des droits de la communauté homosexuelle étant donné que des officiers de l'état civil, ne faisant pas valoir de clause de conscience, pouvaient se charger de cette tâche. Autrement dit, si l'objectif poursuivi par l'autorité publique était légitime (promouvoir les droits de la communauté homosexuelle), le caractère absolu de sa mise en œuvre violait les droits de la requérante. Cette décision fut toutefois entièrement réformée en appel. La Cour du travail conclut que la discrimination directe (ainsi que le harcèlement) faisait défaut. Reprenant une distinction entre « croyance » (belief)

de Eerste Kamer op 3 juni 2014. Proposition de loi (33.344) du 3 août 2012 de modification du Code civil et de la loi générale sur l'égalité de traitement en ce qui concerne les fonctionnaires publics de l'état civil qui discriminent dans des cas visés dans la loi générale sur l'égalité de traitement, approuvée par la Deuxième Chambre (Tweede Kamer) le 11 juin 2013 et approuvée par la première Chambre (Eerste Kamer) le 3 juin 2014. Pour un aperçu des différentes étapes du dossier législatif, voy. les informations disponibles sur le site officiel du Parlement néerlandais : https ://zoek.officielebekendmakingen.nl/dossier/33344.

[107] Cour eur. dr. h., *Eweida et autres c. Royaume-Uni*, 15 janvier 2013, *op. cit.*

[108] Voy. les développements ci-dessus dans la présente contribution.

[109] Le partenariat civil permet aux partenaires homosexuels de conclure une convention à laquelle sont attachés des droits équivalents à ceux conférés par le mariage (*Civil Partnership Act*, 2004).

[110] Tribunal du travail de Londres central, *Ladele v. London Borough Islington*, aff. n° 2203694/2007 (non publié).

et « conduite » (conduct)[111], la juridiction souligne que les sanctions disciplinaires infligées à la requérante réprimaient, non ses convictions religieuses, mais le fait qu'elle n'ait pas accompli des tâches inhérentes à son poste de travail[112]. Toute autre personne tenue contractuellement de participer à l'inscription des partenariats civils qui s'en serait abstenue, pour quelque motif que ce soit, aurait été traitée d'une manière identique[113]. Pour la Cour du travail, cette solution est la seule tenable étant donné qu'une discrimination directe fondée sur les convictions religieuses ne peut être justifiée dans le système mis en place par la directive 2000/78/CE. La position défendue en première instance reviendrait, en effet, à obliger les employeurs à accéder à toute demande de leurs employés motivée par des convictions religieuses sincères (adaptation des horaires, temps de prière, tenue vestimentaire, etc.)[114], quelle que soit la nature de ces convictions[115]. Pour prendre toute la mesure des implications de cette position, la Cour du travail développe l'exemple éloquent d'un officier d'état civil, adepte d'une Église chrétienne aux États-Unis prônant la supériorité de la « race » blanche, qui pourrait invoquer cette croyance pour refuser de prononcer des mariages mixtes[116]. Cette juridiction conclut également à l'absence de discrimination indirecte au motif qu'exiger de l'ensemble des officiers d'état civil de mener des cérémonies de partenariats civils était une mesure de nature à mettre en œuvre le principe de l'égalité de traitement auquel les autorités publiques sont

---

111 Sur le recours à cette distinction pour concilier des droits en conflit, voy. notamment Malik, M., « From conflict to cohesion : competing interests in equality law and policy », *op. cit.*, p. 26 et suiv.

112 *London Borough Islington v. Ladele* [2008] UKEAT 0453_08_1912, § 55, et commenté dans la *Revue de droit européen relatif à la non-discrimination*, 2009, n° 8, p. 79-80. Dans le même sens, voy. *McClintock v. Department of Constitutional Affairs* [2008] IRLR 29. Cette affaire concerne un juge de paix qui refusa de siéger dans des instances où il pouvait être amené à placer des enfants chez des couples homosexuels.

113 *London Borough Islington v. Ladele* [2008] UKEAT 0453/08/RN, 10 décembre 2008, § 52-55.

114 *Ibid.*, § 72. Dans le même sens, voy. MacColgan, A., « Class wars ? Religion and (In) equality in the Workplace », *Industrial Law Journal*, 2009, vol. 38, n° 1, p. 11-14.

115 *London Borough Islington v. Ladele* [2008] UKEAT0453/08/RN, 10 décembre 2008, § 106.

116 Cet argument fut aussi mobilisé outre-Atlantique dans l'avis rendu par la Cour d'appel du Saskatchewan (« In the matter of Marriage Commissioners Appointed Under the Marriage Act », 2011, SKCA, 3, § 41). « Il est facile de comprendre en effet que ce refus peut être très offensant. La plupart des gens peuvent deviner aisément le préjudice personnel pouvant être causé à une personne qui se ferait dire par un fonctionnaire : "Je refuse de vous aider parce que vous êtes noir (ou asiatique ou autochtone), mais quelqu'un d'autre le fera", ou "Je refuse de vous aider parce que vous êtes juif (ou musulman ou bouddhiste), mais quelqu'un d'autre le fera". Il en va tout autant pour la personne qui se ferait dire "Je refuse de vous aider parce que vous êtes gai (ou lesbienne), mais quelqu'un d'autre vous aidera" ».

légalement soumises. Partant, l'objectif poursuivi était légitime et la Cour considéra que le refus de ménager une exception spécifique au bénéfice de l'officier d'état civil ne violait pas le principe de proportionnalité[117]. Cette décision fut ensuite confirmée par la Cour d'appel, le 15 décembre 2009, qui s'est appuyée principalement sur le caractère public de l'emploi et le droit (voire l'obligation à partir de l'entrée en vigueur de l'*Equality Act (Sexual Orientation) Regulations* 2007) de la municipalité d'imposer à tous ses fonctionnaires de respecter le principe de non-discrimination fondée sur l'orientation sexuelle dans l'accomplissement des tâches liées à leurs fonctions. Elle ajoute également que l'objection de Mme Ladele était basée sur sa conception du mariage qui ne constitue pas un élément central de sa religion et que, pour le reste, elle n'était nullement empêchée de pratiquer sa religion comme elle l'entendait[118]. Sans établir pour autant une hiérarchie catégorique entre les droits en conflit, les juridictions d'appel adoptent une posture qui conduit, au terme d'un test peu exigeant de proportionnalité, à accorder la priorité à l'objectif légitime d'égalité de traitement poursuivi par l'autorité publique sur la liberté de manifester une conviction religieuse discriminatoire. Elles ne vont toutefois pas, comme le suggérait le tiers-intervenant Liberty, jusqu'à affirmer que le refus d'accommoder la demande de Mme Ladele était obligatoire dans le chef de la municipalité, tenue de mettre en œuvre une politique d'égalité de traitement et de l'imposer à ses employés.

Le caractère public de la fonction et les devoirs spécifiques des fonctionnaires distinguent les affaires *Ladele* et *McFarlane*. Conseiller conjugal pour une organisation privée spécialisée dans les thérapies conjugales (*Relate Avon Limited*), Mr McFarlane, rappelons-le[119], fut licencié en raison de son refus de recevoir les personnes de même sexe au nom de ses convictions chrétiennes, une attitude en porte-à-faux de la politique d'égalité des chances menée par l'organisation. Dans cette affaire, tant le tribunal du travail (5 janvier 2009) que la Cour d'appel du travail (30 novembre 2009) ont rejeté l'action de Mr McFarlane. Adoptant un raisonnement similaire à celui des juridictions d'appel dans l'affaire *Ladele*, les deux juridictions du travail ont admis que le licenciement du travailleur constituait un moyen proportionné par rapport à la réalisation de l'objectif légitime consistant, pour l'organisation, à fournir ses services de conseil conjugal sans discrimination fondée sur l'orientation sexuelle. La Cour d'appel du travail considéra que le cas de l'organisation privée ne se distinguait pas fondamentalement de celui de l'autorité publique impliquée dans l'affaire *Ladele*, et qu'elle pouvait refuser

117 *Ibid.*, § 117.

118 UKEAT/0453/08/RN, § 52.

119 Voy. les développements ci-dessus dans la présente contribution.

d'accommoder des convictions contraires aux principes fondamentaux sur lesquels son éthique était fondée. Dans de telles circonstances, la question de la praticabilité d'un accommodement ne devait pas se poser, selon la Cour, puisqu'il s'agissait d'une position de principe[120]. Il découle ainsi automatiquement de l'objectif légitime de fournir des services sans discrimination que le refus d'accommoder la croyance religieuse de l'employé est proportionné[121].

Devant la Cour européenne des droits de l'homme, les affaires *Ladele* et *McFarlane* ont suscité un grand intérêt, comme en témoignent les nombreuses tierces interventions[122] introduites tantôt à l'appui des requérants et d'une protection renforcée de la liberté religieuse[123], tantôt à l'appui du Royaume-Uni[124] et de la solution adoptée par les juridictions anglaises. Sans analyser ici les différents registres d'argumentation, la posture hésitante de l'organisme de protection de l'égalité et des droits de l'homme britannique est éloquente. Après avoir annoncé une tierce-intervention en faveur des requérants et de l'accommodement de leurs croyances religieuses, la Commission a adopté la position inverse[125]. Ce volte-face est intervenu après que la Commission, divisée en interne et en proie à de vives critiques, ait organisé une consultation publique en vue d'évaluer sa position. Finalement, cet organisme défendra le mécanisme de la marge nationale d'appréciation étant donné que le droit britannique, adopté au terme d'un processus démocratique, tient compte des exemptions pour motif religieux et que les juridictions nationales ont interprété le droit selon une argumentation rigoureuse. Il en résulte, pour cet organisme, qu'« il sera généralement proportionné de refuser d'accommoder les manifestations de croyances religieuses discriminatoires dans l'emploi

---

120 Pour une présentation des faits de la cause et des procédures nationales, voy. les requêtes n° 51671/10 et 36516/10 dans les affaires *Ladele* et *McFarlane c. Royaume-Uni* introduites les 27 août 2010 et 24 juin 2010.

121 Voy. la tierce intervention de l'organisme pour l'égalité de traitement et les droits de l'homme du Royaume-Uni (Equality and Human Rights Commission) dans ces affaires, § 39.

122 Douze tierces-interventions écrites ont été déposées (voy. § 75-78).

123 Voy. notamment les observations déposées par le European Centre for Law and Justice ainsi que celles déposées par l'organisation américaine, l'Alliance Defense Fund.

124 Voy. notamment la tierce intervention de la National Secular Society et celle introduite par la Commission internationale des juristes, la FIDH et ILGA-Europe.

125 Dans deux des quatre affaires jointes, *Eweida* et *Chaplin* précitées, qui ne concernaient pas un conflit de droit, la Commission britannique est intervenue en faveur des requérantes. Voy. Equality and Human Rights Commission, « Commission proposes "reasonable accommodation" for religious and belief is needed », 11 juillet 2011 ; « British Humanist Association, « Equality Commission's intervention in Christian legal cases "wholly disproportionate" », 12 juillet 2011, en ligne : www.humanism.org.uk/news/view/850.

– qu'il soit public ou privé, mais particulièrement quand l'employé occupe des fonctions publiques. Des arguments et preuves très solides étant requis, dans de tels cas, pour prouver que l'employeur aurait agi de manière disproportionnée »[126].

Dans ces affaires hautement médiatisées, la Cour européenne des droits de l'homme s'est une nouvelle fois retrouvée en position d'arbitre. C'est sans grande surprise qu'elle se repose sur la marge nationale d'appréciation pour prononcer des arrêts de rejet et ainsi ménager un équilibre entre différents droits protégés par la Convention[127]. La Cour reconnaît que l'obligation faite par la municipalité à tous les officiers d'état civil de célébrer les partenariats entre personnes de même sexe était susceptible de discriminer indirectement Mme Ladele. Dans le même temps, le caractère particulièrement suspect des différences de traitement fondées sur l'orientation sexuelle renforce la légitimité du « but poursuivi par l'autorité locale [qui] était de fournir un service dont la qualité ne se résumait pas seulement à sa commodité et à son efficacité, mais aussi de respecter le principe primordial d'être un employeur et une autorité publique entièrement attaché à la défense de l'égalité des chances et exigeant de chacun de ses employés qu'il agisse d'une manière n'opérant aucune discrimination à l'encontre d'autrui »[128]. Au terme d'un raisonnement similaire la Cour, dans l'affaire *MacFarlane*, conclut que l'équilibre fixé par les tribunaux britanniques en accordant la priorité à la garantie des droits d'autrui par l'employeur sur la clause de conscience revendiquée par Mr. MacFarlane ne dépassait pas la marge d'appréciation dont disposaient les autorités en ce domaine. Comme le souligne N. Hervieu, accepter, au nom de la marge d'appréciation, que les autorités nationales fassent primer la protection des droits d'autrui sur les convictions religieuses, n'implique pas que la Cour juge contraire à la Convention un système qui prévoirait le droit pour un agent public de ne pas célébrer l'union d'un couple de même sexe au nom de ses convictions religieuses. Un tel système ne sera toutefois admissible qu'à la condition que sa mise en œuvre n'aboutisse pas à priver d'effet le droit des couples de même sexe reconnu au plan national[129]. En réalité, la Cour européenne se garde d'établir une hiérarchie entre liberté religieuse et

[126] *Ibid.*, § 35. Voy. aussi pour un refus d'accommodement d'un juge refusant de participer au mariage de personnes de même sexe, un arrêt de la Cour suprême espagnole, rendu le 11 mai 2009 (req. n° 69/2007), où elle insiste sur le devoir des juges d'accomplir leurs fonctions de manière non discriminatoire.

[127] Cour eur. dr. h., *Eweida et autres c. Royaume-Uni*, *op. cit.*, § 105-106 et § 109-110.

[128] *Ibid.*

[129] Hervieu, N., « Un nouvel équilibre européen dans l'appréhension des convictions religieuses au travail », *Lettre « Actualités Droits-Libertés » du CREDOF*, 24 janvier 2013.

non-discrimination fondée sur l'orientation sexuelle. Elle reste ici encore fidèle au caractère subsidiaire de la protection qu'elle a vocation à conférer[130].

En France, saisi par le Conseil d'État d'une question prioritaire de constitutionnalité, le Conseil constitutionnel français a validé la loi du 17 mai 2013 sur le mariage pour tous, alors qu'elle était critiquée par certains maires pour ne pas prévoir de clause de conscience[131]. La motivation lapidaire de cette décision repose sur la garantie du bon fonctionnement et de la neutralité du service public de l'état civil[132]. Il est fort à parier que la requête déposée à la Cour européenne des droits de l'homme, par un collectif de treize maires français, le 24 février 2014, ne devrait pas exposer à la censure européenne la position de principe adoptée par le Conseil constitutionnel qui s'inscrit dans le spectre de la marge nationale d'appréciation accordée par la Cour dans l'affaire *Ladele*[133].

Conclusion

L'aménagement raisonnable constitue-t-il un outil de gestion de la diversité religieuse auquel les juridictions européennes recourent ? La réponse se doit d'être nuancée. Du côté de la Cour de justice de l'Union européenne, la seule affaire tranchée où la logique de l'aménagement raisonnable apparaît en filigrane ne permet nullement de généraliser et l'impatience est croissante de voir la Cour de justice saisie d'une question de discrimination religieuse sur la base de la directive 2000/78/CE. Les débats et réflexions menés dans les milieux politiques ou associatifs quant à l'extension de l'obligation d'aménagement raisonnable au-delà du handicap ne permettent pas de prédire une concrétisation prochaine tant les controverses et les enjeux sont nombreux. L'analyse de la jurisprudence de la Cour européenne des droits de l'homme relative aux demandes d'aménagements pour motifs religieux est plus riche. Certes, il ne s'en dégage pas une ligne claire, la haute juridiction faisant la part belle à la marge d'appréciation des autorités nationales en matière de

---

130 Voy. en ce sens, la position du tribunal administratif de La Haye, 23 octobre 2013, W04.12.0331/I, points 4.5 à 4.15. Cette juridiction se réfère à l'affaire *Ladele* pour valider la politique de recrutement des officiers d'état civil de la municipalité de La Haye déboutant les candidats « objecteurs de conscience »).

131 Conseil constitutionnel, décision n° 2013-353, question prioritaire de constitutionnalité du 18 octobre 2013.

132 Voy. également à propos de la question de la clause de conscience, la contribution de X. Delgrange & H. Lerouxel au présent ouvrage.

133 Gury, V. & Pelosi, Y., « Droit au mariage pour tous et "clause de conscience" (Constitution) : Les officiers de l'état civil ne sauraient refuser d'appliquer la loi, ni intervenir au soutien d'une question prioritaire de constitutionnalité tendant à la critiquer », *Lettre « Actualités Droits-Libertés » du CREDOF*, 15 novembre 2013.

liberté religieuse. Toutefois, quelques décisions s'inspirent du principe de l'accommodement raisonnable, au stade de l'examen de proportionnalité. En particulier, l'arrêt *Eweida*, rendu en 2013, semble amorcer un tournant puisque la Cour ne se cache plus derrière la possibilité formelle pour un travailleur de renoncer à son emploi pour échapper à la violation de sa liberté religieuse mais s'engage dans une mise en balance des intérêts en présence, inspirée de la méthode d'aménagement raisonnable.

La prise en compte balbutiante en Europe des demandes d'accommodement pour motif religieux engendre d'immanquables tensions avec l'exigence de non-discrimination fondée sur d'autres motifs ou certains droits fondamentaux. Les exemples étudiés montrent d'abord l'imbrication étroite entre les différents acteurs dans la résolution de ces cas difficiles. Si le législateur intervient parfois en amont pour fixer des balises, celles-ci restent timides et le rôle du juge demeure central. Ni la Cour européenne des droits de l'homme, ni les juges nationaux ne disposent d'une méthode unique et englobante : ils oscillent le plus souvent d'une logique pragmatique et accommodante vers une logique principielle, ou vice-versa. L'on ne peut ici qu'en appeler à l'imagination des juristes, encore bien nécessaire pour dégager des solutions conciliatrices permettant d'accommoder au mieux les intérêts en présence ; sans oublier bien entendu de souligner que cette imagination doit idéalement être déployée en amont, par la voie de l'ajustement concerté, afin d'éviter que ces conflits n'inondent les prétoires. Ni de négliger la dimension politique de ces questions qui oblige le juriste à s'intéresser à l'agenda, parfois extrêmement conservateur, des organisations qui développent un contentieux stratégique devant les juridictions européennes pour faire avancer leur cause.

L'accommodement raisonnable, bouc émissaire d'une laïcité inhibitrice en Belgique

Xavier Delgrange et Hélène Lerouxel*

Université Saint-Louis de Bruxelles et Conseil d'État de Belgique

Je ne suis pas d'accord avec ce que vous faites mais
je me battrai pour que vous ayez le droit de le faire.**

En hommage à la prégnance de Françoise Tulkens***

1. En *jazzwomen* averties, Emmanuelle Bribosia et Isabelle Rorive nous ont proposé de tenter quelques improvisations en partant de la grille de leur propre contribution ainsi que de celle de José Woehrling. Il s'agit de transposer à la Belgique le thème des accommodements raisonnables en matière religieuse développé en droit européen, américain et canadien.

---

* Notre duetto était entouré d'un magnifique orchestre de chambre, avec Patrick Charlier, directeur adjoint du Centre pour l'égalité des chances et la lutte contre le racisme, aux exercices pratiques et mises en situation ; Pierre-Olivier de Broux, professeur à l'Université Saint-Louis de Bruxelles (USL), aux échos historiques ; Pauline Delgrange, sociologue, et son pop-rock gantois ; Luc Detroux, conseiller d'État et assistant à l'USL, aux arrangements harmoniques ; Hugues Dumont, professeur à l'USL, à la direction polyphonique ; Mathias El Berhoumi, professeur à l'USL, aux consonances orientales ; Isabelle Hachez, professeur à l'USL, au continuo rythmique ; David Koussens, professeur titulaire de la chaire de recherche sur les religions en modernité avancée à la Faculté de théologie et d'études religieuses à l'Université de Sherbrooke, Canada, aux accents québécois ; Bruno Louis, juge au Conseil du Contentieux des étrangers, à l'ouverture philosophique ; Laurence Vancrayebeck, auditrice au Conseil d'État et assistante à l'USL, à l'enseignement du solfège créatif ; Sébastien Van Drooghenbroeck, professeur à l'USL et assesseur au Conseil d'État, aux percussions strasbourgeoises évidemment mais aussi de plus en plus genevoises. Nos remerciements vont également à Prosper Atangana, bibliothécaire du Conseil d'État, pour les sources documentaires qu'il nous a dénichées.

** Aurait écrit Voltaire si son interlocuteur était passé de la parole aux actes et s'il avait vraiment écrit ou prononcé le fameux « je ne suis pas d'accord avec ce que vous dites, mais je me battrai jusqu'au bout pour que vous puissiez le dire ».

*** C'est en effet son opinion séparée dans l'affaire *Sessa c. Italie* (voy. ci-après) qui fut l'étincelle de ces propos. Sur l'influence des opinions dissidentes de la désormais vice-présidente honoraire de la Cour européenne des droits de l'homme, voy. Ringelheim,

Leurs œuvres écrites pour *big band* sont réduites à un *duetto* franco-belge pour harmonium et loure. Le choix de ces deux instruments est inusuel et pourrait générer quelques dissonances. Une brève explication s'impose. Le saxophone aurait sonné avec un accent belge plus prononcé. Mais l'harmonium, cet orgue des églises pauvres[1], fût-ce par son nom mais également sa plus grande discrétion, exprime davantage le raisonnable des accommodements. En outre, comme le révèle son étymologie, il permet l'expression de plusieurs voix sans rompre l'harmonie. Quant à la loure, ce biniou normand, elle tente de survivre à l'irruption de l'État laïque pour perpétuer les chansons traditionnelles et autres ritournelles locales. Espérons que de cette improbable rencontre ne sorte pas une bourrée, danse paysanne d'une tradition pesante, totalement imperméable aux influences culturelles bruissant dans le monde même si elle fleure bon son terroir.

2. Pour réduire avec suffisamment de fidélité une œuvre monumentale, l'arrangement doit saisir la ligne mélodique en l'isolant de la manière la plus épurée. Transposée aux accommodements raisonnables, cette méthode les dépouille de leurs fioritures pour laisser apparaître, dans son extrême rigueur, le principe de proportionnalité.

Apparenté au mot « commodité », l'« accommodement » naît en 1585, après avoir emprunté la forme latine d'« *accommodatio* », puis celle francisée d'« *accommodation* »[2]. Au XVIIe, qualifiant souvent le logement, il est un synonyme d'*arrangement* ou d'*amélioration*. De manière plus abstraite, il décrit un *règlement amiable*, une *composition*, un *compromis* ou encore une *conciliation* dans le cadre d'un différend. De cette acception se déduit l'intérêt, sinon la nécessité d'infléchir certaines positions de principe.

L'accommodement porte donc en lui l'idée de nuance et de modération, d'équilibre ou encore d'harmonie. C'est ce que souligne d'ailleurs sa définition classique en recourant à l'expression « arrangement convenable ». Aussi, l'idée même de l'affubler du qualificatif « raisonnable » relève-t-elle de la redondance, à tout le moins dans le langage courant[3]. Qu'importe, l'expression existe et a sa mélodie,

---

J., « The art of dissenting, A few words on Judge Tulkens' legacy », août 2012, http://strasbourgobservers.com ; Winisdoerfer, Y., Gillet, A. & Ruffenach, S., « L'interdiction de la discrimination dans les opinions séparées de Françoise Tulkens », in *Aux côtés de Françoise Tulkens*, n° spécial du *J.T.*, 2012/29, p. 594-595.

1 Une autre raison du choix de cet instrument sera révélée à ceux qui auront eu le courage de poursuivre ce pensum jusqu'à sa conclusion.

2 Gaffiot, F., *Dictionnaire latin français*, Hachette, 1934 (*accommodatio*).

3 L'on sait en effet qu'en droit, le terme « raisonnable » renvoie à l'examen de proportionnalité et à un traitement susceptible de justification rationnelle, relevant de la raison pratique (voy. ci-après, n° 3).

celle de la promesse d'un contrat social renouvelé valorisant les diversités culturelles et cultuelles de nos démocraties contemporaines.

3. Dans leur texte fondateur, coécrit avec Julie Ringelheim, Emmanuelle Bribosia et Isabelle Rorive précisaient que le concept d'aménagement raisonnable traduit une idée capitale dans l'évolution de la conception de l'égalité, à savoir que si des personnes appartenant à certains groupes minoritaires sont dans l'incapacité d'accéder à un emploi ou à un service, le problème ne réside pas nécessairement dans les spécificités que ces personnes présentent par rapport à la majorité, il peut également résulter de ce que l'environnement est conçu sans tenir compte de leur situation. L'attention est ainsi déplacée des particularités de la personne empêchée de bénéficier d'un emploi ou d'un service, vers les données du contexte susceptibles de constituer un obstacle à l'accès de ces individus aux secteurs concernés. [...] Dans cette optique, il n'appartient pas seulement aux personnes de s'adapter à leur environnement. L'idéal d'égalité requiert que l'environnement soit lui-même, dans la mesure du possible, aménagé de manière à permettre à chacun de participer pleinement à la vie sociale, en tenant compte des caractéristiques propres à certaines catégories d'individus[4].

Les accommodements raisonnables ont été mis en lumière, théorisés et juridicisés au Canada[5], où ils reçoivent une définition élaborée et développée par les tribunaux des droits de la personne, puis fixée par la Cour suprême en 1985 dans un arrêt Simpsons-Sears. Cette affaire concernait une adepte de l'église adventiste du septième jour dont la pratique religieuse lui imposait le respect du sabbat et l'empêchait, en conséquence de travailler le week-end, ce qui lui imposait un horaire à temps partiel. La Cour consacre l'obligation d'accommodement en la faisant découler du principe d'égalité et de l'interdiction de la discrimination : « l'obligation [...] consiste à prendre des mesures raisonnables pour s'entendre avec le plaignant, à moins que cela ne cause une contrainte excessive »[6]. Par la suite, la jurisprudence s'est affinée et

---

4 Bribosia, E., Ringelheim, J. & Rorive, I., « Aménager la diversité : le droit de l'égalité face à la pluralité religieuse », *Rev. trim. dr. h.*, 2009, p. 324. Voy. dans le même sens, notamment, Jackson Preece, J., « Émergence de normes en matière d'accommodement raisonnable en faveur des minorités en Europe », *Accommodements institutionnels et citoyens : cadres juridiques et politiques pour interagir dans des sociétés plurielles*, Publications du Conseil de l'Europe, Tendances de la cohésion sociale, n° 21, 2009, p. 117-134.

5 C'est néanmoins aux États-Unis que ces figures ont vu le jour. Voy. Caceres, G., « L'aménagement raisonnable en matière religieuse : lorsque les concepts franchissent l'Atlantique », *R.D.I.D.C.*, 2012/1, p. 7-57, sp. p. 10-13.

6 *Commission ontarienne des droits de la personne (O'Malley) c. Simpsons-Sears*, [1985] 2 R.C.S. 536, 555. Voy. notamment Koussens, D., « Le port de signes religieux dans les écoles québécoises et françaises. Accommodements (dé)raisonnables ou

élargie à toute discrimination (même directe), en ne se limitant plus aux relations de travail et en embrassant désormais tous les motifs prohibés de discrimination. Bien que l'accommodement touche d'abord des cas individuels, la jurisprudence canadienne peut l'étendre à la situation de groupes. C'est en définitive une véritable obligation juridique d'accommoder qui pèse sur les différentes autorités, en ce compris le législateur lui-même[7].

Cette définition technique est propre au Canada, pays de *common law*[8]. Elle n'est pas transposable comme telle dans les systèmes juridiques de droit continental vouant un culte à la loi, qui plus est lorsque ceux-ci, comme la Belgique ou la France, optent pour un régime répressif de limitation des droits et libertés. Il revient alors en effet au législateur de définir au préalable le contour des droits garantis et d'organiser lui-même une éventuelle procédure de dérogation aux limites établies, alors que la procédure négociée suivie en droit canadien évoque davantage le régime préventif exclu par le Constituant belge. Dans notre système, en principe, l'accommodement doit donc être envisagé par le législateur. Il n'en reste pas moins que les accommodements raisonnables sont consubstantiels à toute société métissée[9]. Ce métissage débouche, comme le relève Marc Verdussen, sur « des revendications normatives » de la part des différentes composantes de la société[10]. Les accommodements raisonnables incarnent donc un défi, celui « de montrer que la diversité ethnoculturelle peut déboucher sur des règles qui permettent de rencontrer ces revendications tout en étant compatibles avec les principes qui gouvernent les démocraties libérales et spécialement avec les principes de liberté, d'égalité et de neutralité. Ne sont-ce pas là les conditions d'un *multiculturalisme*

---

interdiction (dé)raisonnée ? », *Globe, Revue internationale d'études québécoises*, volumes 10/2 et 11/1, 2007-2008, p. 115-131 ; du même auteur, « Neutrality of the State and Regulation of Religious Symbols in Schools in Quebec and France », *Social Compass*, n° 56/2, 2009, p. 202-213.

7 Maclure, J. & Taylor, Ch., *Laïcité & liberté de conscience*, éd. La Découverte, Paris, 2010, p. 83-87 ; voy. la contribution de J. Woehrling au présent ouvrage.

8 Bosset, P., « Droits de la personne et accommodements raisonnables : le droit est-il mondialisé ? », *R.I.E.J.*, 2009, p. 1-32.

9 « Societies have always contained people of different religious convictions, ethnic backgrounds, diverging of this state of affairs does not imply a commitment to the normative claims of multiculturalism, witch focuses on respecting (rather than stigmatizing) cultural differences and accommodating (rather than including) this multiplicity of perspectives » (R. Pierik, « Multiculturalism », *International Encyclopedia in Social Policy*, cité par Verdussen, M., « Diversité culturelle et droit public : propos introductifs », in Ringelheim, J. (dir.), *Le droit et la diversité culturelle*, Bruxelles, Bruylant, 2011, p. 71-72).

10 Verdussen, M., *op. cit.*, p. 71-72.

raisonnable ? »[11]. Comme le résume Marie-Claire Foblets, « l'idée est qu'un État démocratique doit permettre à chacun et chacune de participer pleinement et sur pied d'égalité à la vie en société et, si faire se peut, dans le respect de la diversité : l'objectif est l'égalité dans la diversité »[12]. Il n'est dès lors pas surprenant que ces accommodements constituent l'un des fils conducteurs de l'ensemble des contributions de l'ouvrage de Julie Ringelheim, *Le droit et la diversité culturelle*, tant ils imprègnent les différentes branches du droit, public, social, pénal, familial, etc.

4. Au vu de ces éléments, nous proposerons la définition synthétique suivante : la pratique des accommodements raisonnables est une démarche d'aménagement harmonieux de l'espace public, dans le respect des singularités, notamment confessionnelles, de chacune des composantes de la société. Il s'agit de mettre effectivement en œuvre la règle générale nécessaire à la société démocratique mais avec tact, d'une manière qui sauvegarde aussi largement que possible les droits et libertés des membres de la communauté. Sa concrétisation juridique est polymorphe : elle peut s'incarner dans une faculté de dérogation incorporée dans la norme elle-même[13], une interprétation conciliante du droit[14], ou encore une tolérance *contra-legem*[15].

Somme toute, l'harmonie sociétale s'accommode d'une pluralité de voix proposant nombre de variations pour autant que la ligne mélodique dessinée démocratiquement ne soit pas altérée et que l'une des voix ne soit pas étouffée par une dissonance. Tout est donc question de mesure et d'accord.

5. Les accommodements raisonnables prennent néanmoins une toute autre dimension lorsqu'ils sont happés par le débat politique. Ils deviennent alors le symbole de politiques « multiculturelles » et, à ce titre, hérissent les tenants d'une certaine laïcité[16]. Ce n'est pas un hasard

---

[11] *Ibid.*

[12] Foblets, M.-C., « Le droit face à la multiplication des revendications identitaires. Pluriculturalité et pluralisme juridique au départ de l'expérience belge », in Ringelheim, J. (dir.), *op. cit.*, p. 885.

[13] C'est ainsi que procède la Communauté flamande en matière de programmation scolaire (voy. ci-après). C'est également par cette technique qu'est autorisé l'abattage rituel (voy. ci-après).

[14] Tel est le cas de la programmation scolaire en Communauté française (voy. ci-après). En France, où c'est à la loi que l'on voue un culte, l'accommodement raisonnable sera logé dans des circulaires (Caceres, G., *op. cit.*, p. 35-36).

[15] La circoncision est ainsi tolérée alors qu'elle méconnaît manifestement le droit pénal et la législation médicale (voy. ci-après).

[16] Le phénomène est identique en France, voy. notamment Goldman, H., *Le rejet français de l'islam. Une souffrance républicaine*, Paris, PUF, 2012, p. 176-181 ; Baubérot, J., *La laïcité falsifiée*, Paris, éd. La Découverte, 2012, p. 139-144.

s'ils ne sont devenus un enjeu politique en Belgique qu'à la suite de ce que la société canadienne a appelé « la crise des accommodements raisonnables », qui n'est rien d'autre qu'un chiffon rouge agité par les médias à partir de demandes d'aménagements mal exposées et donc incomprises par l'opinion publique. Un mouvement d'opposition aux accommodements s'est, en effet, développé en 2007-2008 et a débouché sur la création de la commission Bouchard-Taylor, laquelle n'a toutefois pas mis fin à la controverse[17]. Hervé Hasquin s'interroge :

> la laïcité peut-elle, sans risque de renoncer à l'essence même de ses principes fondamentaux, accepter les « accommodements raisonnables », c'est-à-dire des adaptations aux législations en vigueur pour permettre à des individus de jouir d'une véritable liberté religieuse ? Le port du foulard, le débat sur les minarets en Suisse ou encore celui relatif à l'enseignement du fait religieux dans les écoles sont représentatifs des clivages et du malaise[18].

L'historien Jean-Philippe Schreiber, qui fut membre du Comité de pilotage des Assises de l'interculturalité[19], place la société face à une alternative :

> faut-il se contenter, pour garantir la paix sociale sans mettre en cause le principe d'égalité, d'envisager des solutions pragmatiques, des ajustements, des politiques culturelles et pédagogiques qui tiennent compte de la part identitaire des individus ? Ou faut-il plutôt aller de l'avant vers un multiculturalisme actif, fait d'accommodements raisonnables, de discriminations positives, de liberté religieuse accrue, et faire évoluer le droit vers la reconnaissance des différences, en les entérinant, comme le prônent les avocats de la « seconde modernité » ?[20]

En écho, pour la philosophe Nadia Geerts, membre fondatrice du Réseau d'action pour la promotion d'un État laïque (RAPPEL) :

> le modèle communautariste anglo-saxon, qui a inspiré les accommodements raisonnables nés au Québec, s'inspire de la logique selon laquelle l'égalité ne consiste pas à traiter également des individus objectivement différents, mais à traiter les individus différemment les uns des autres, en fonction de leurs différences [...]. L'introduction des accommodements dits « raisonnables » dans la société belge risquerait fort de contribuer au délitement de la citoyenneté et à l'émergence d'une société communautarisée, ghettoïsée, et non réellement interculturelle. Contre cette logique, nous en appelons à

---

17 Voy. l'ouvrage précité de Maclure, J. & Taylor, Ch.

18 « Préface » à De Smet, F., *Vers une laïcité dynamique, Réflexion sur la nature de la pensée religieuse*, Bruxelles, Académie royale de Belgique, 2012, p. 10.

19 Voy. ci-après.

20 Schreiber, J.-Ph., *La crise de l'égalité. Essai sur la diversité multiculturelle*, Bruxelles, Espace de Libertés, 2012, p. 13.

un modèle de société où tout citoyen jouit des mêmes droits et des mêmes devoirs[21].

Cette alternative permet de souligner la variété des conceptions possibles de la laïcité. Historiquement, la laïcité s'est construite en s'opposant à la religion d'État. Cette laïcité que nous appellerons émancipatrice n'a été rendue possible que par cette première laïcité de combat, qui, nous le verrons, était déjà accommodante. Elle repose sur la liberté de religion et sur l'égal traitement qui est réservé par l'État à tous les cultes et pensées philosophiques, ainsi qu'à leur possible expression dans l'espace public. La laïcité n'entend cependant pas, bien au contraire, nier l'individu dans ses dimensions sociale et spirituelle. L'État est alors poussé, dans une société composée d'une multiplicité des conceptions philosophiques et religieuses, à trouver des expressions inédites au principe d'égalité, en recourant à des aménagements, des accommodements. Jean Baubérot rappelle qu'en France, la laïcité « a eu ses tâtonnements, ses tensions internes, ses grandeurs et ses faiblesses. [...]. Mais, au bout du compte, c'est une laïcité de liberté et de raison qui s'est politiquement imposée en 1905 »[22].

Aujourd'hui, il est à craindre qu'après une période faste, où l'émancipation des individualités notamment sur le plan cultuel a pu être favorisée, la laïcité se fasse inhibitrice. Ce qualificatif emprunté au lexique médical décrit, en psychanalyse, la perte ou la diminution d'une fonction dont la conscience, ou une culpabilité inconsciente, interdit l'exercice[23]. Par extension, elle se rapporte à un état d'impuissance ou de paralysie[24]. Rapportée à la laïcité, l'inhibition traduit un double phénomène : la censure et pire encore, l'autocensure. D'une part, l'État, par la contrainte, légifère, encadre et cherche en quelque sorte à stériliser l'espace public, muselant de ce fait l'expression de variations au sein de l'*agora*. D'autre part, l'individu lui-même ne s'autorise plus à afficher ou affirmer ses convictions dans la sérénité et au grand jour. Les tenants d'une laïcité émancipatrice dénoncent les tendances abusivement anticléricales de la laïcité actuelle : « (...) certaines décisions prises par la "nouvelle laïcité" cherchent à rendre l'espace public aseptisé quant à l'expression religieuse »[25] ou s'attristent de ce constat :

> Le combat pour la laïcité ne peut en aucun cas devenir un combat contre la reconnaissance effective du pluralisme des convictions ni contre les droits

---

[21] Geerts, N., « "Raisonnables", les accommodements ? », carte blanche publiée dans *La Libre Belgique* du 18 mai 2009.

[22] Baubérot, J., *op. cit.*, p. 48.

[23] http://www.psychologies.com/Dico-Psycho/Inhibition.

[24] *Le Grand Robert* « inhibition ».

[25] Baubérot, J., *op. cit.*, p. 143.

individuels qui, dans un État pleinement démocratique, garantissent cette liberté religieuse. [...] La laïcité n'est pas l'organisation du combat contre les religions, ni le prosélytisme en faveur de l'athéisme. Elle ne peut pas justifier la guerre de l'État contre certains de ses citoyens[26].

Toujours est-il qu'aujourd'hui, la laïcité n'a pas de contenu univoque, elle est, comme le soulignent Jocelyn Maclure et Charles Taylor, « complexe, car elle est faite d'un ensemble de finalités d'arrangements institutionnels »[27]. Devant l'impossibilité de lui donner un contenu figé, ne convient-il pas mieux de l'envisager « comme un outil par lequel l'État va concrètement tenter de réguler le pluralisme dans le domaine religieux »[28]. Au demeurant, il est indéniable que jamais la laïcité n'a été utilisée dans le but d'enfermer totalement le religieux dans l'intimité de la sphère exclusivement privée. Il y a donc toujours eu matière à accommodements dans l'espace public. Quoi qu'il en soit, « la laïcité comporte des dimensions différentes selon le modèle politique dans lequel elle s'inscrit, que ce modèle soit libéral ou communautarien »[29].

La Belgique a connu, et connaît toujours essentiellement, la laïcité émancipatrice (1). Elle est, depuis quelques années, confrontée à sa face inhibitrice (2).

1. L'accommodement raisonnable, une tradition de la laïcité belge émancipatrice

6. Appliqué à la liberté de religion, l'accommodement raisonnable se loge dans le cadre du rapport que l'État entretient avec le religieux. Il est donc tributaire de la conception que ce dernier adopte de la *neutralité* à la belge ou de la *laïcité* à la française. Cette notion de laïcité-neutralité[30] est étroitement liée aux notions de sphères privée et publique, termes très souvent utilisés lorsqu'il s'agit de fixer un cadre à l'expression d'opinions

---

26 Rosa-Rosso, N. & Jacquemain, M., « Les deux laïcités », in Jacquemain, M. & Rosa-Rosso, N. (dir.), *Du bon usage de la laïcité*, Bruxelles, Aden, 2008, p. 5-10.

27 Maclure, J. & Taylor, Ch., *op. cit.*, p. 11.

28 Koussens, D., « Le port de signes religieux dans les écoles québécoises et françaises. Accommodements (dé)raisonnables ou interdiction (dé)raisonnée ? », *Globe, Revue internationale d'études québécoises*, 2007-2008, p. 116. Dans le même sens, De Smet, F., *Vers une laïcité dynamique*, *op. cit.*, p. 103-104.

29 Koussens, D., *op. cit.*, p. 117.

30 Dans la suite de cet article, nous utiliserons indifféremment, au gré de nos références, les termes de neutralité (à la belge) et de laïcité (à la française) qui nous paraissent largement recouvrir la même notion (voy. Dumont, H. & Delgrange, X., « Le principe de pluralisme face à la question du voile islamique en Belgique », *Droit & Société*, 2008/68, p. 76-86). Elle se distingue de la laïcité à la belge (voy. ci-après), que nous identifierons comme telle.

de nature convictionnelle[31]. Certains entendent en effet les cantonner dans l'intimité des foyers tandis que d'autres acceptent leur expression publique. Or, l'accommodement n'est envisageable que dans la mesure où le religieux a le droit de cité. Cela étant, en pratique, l'accommodement est inévitable et consubstantiel au savoir-vivre en société. Jean Baubérot constate que la question des accommodements déborde celle de la laïcité. Michel Crozier a montré que le meilleur moyen de bloquer une société consiste à appliquer, à la lettre et sans aucun discernement, lois et règlements[32]. C'est pourquoi, en général, on n'agit pas ainsi. Une laïcité sans accommodement serait comme un code de la route devenu fou, qui obligerait les automobilistes à rouler toujours à la même vitesse, sans tenir compte de la largeur de la route et de la configuration du terrain[33].

La Belgique, avec ses particularismes, a favorisé, au moins jusqu'à la fin du siècle dernier, l'éclosion et l'épanouissement des accommodements, en adoptant une conception particulièrement émancipatrice de la laïcité (1.2). Elle leur a fait une place dès l'origine de l'État, dans sa Constitution de 1831 (1.1).

1.1. La laïcité constitutionnelle belge, une laïcité émancipatrice et accommodante

7. Emmanuelle Bribosia et Isabelle Rorive envisagent l'hypothèse qu'« alors que l'exigence de garantir la liberté religieuse qui, aux côtés de la liberté d'expression et d'association, doit permettre aux individus de vivre en accord avec leurs croyances dans la sphère privée, la consécration d'un principe de non-discrimination fondé sur des motifs religieux et philosophiques traduit l'émergence d'un nouveau standard dans la sphère publique ou semi-publique (...) »[34].

Le droit positif n'a toutefois pas attendu les directives anti-discrimination pour permettre l'expression du religieux dans l'espace public. Déjà l'article 19 de la Constitution belge, demeuré inchangé depuis 1831, consacre « l'exercice public » de la liberté « des » cultes. De même, l'article 9 de la Convention de sauvegarde des droits de l'homme et des libertés fondamentales garantit, notamment, « la liberté de manifester sa religion ou sa conviction individuellement ou collectivement, en public ou en privé, par le culte, l'enseignement, les pratiques et l'accomplissement des rites »[35]. Ce fut toujours le cas. La loi française du 9 décembre 1905

---

31 Voy. Maclure, J. & Taylor, Ch., *op. cit.*, p. 49-54.

32 Note 26 de Baubérot, J. : « M. Crozier, *La société bloquée*, Le seuil, Paris, 1970 ».

33 Baubérot, J., *op. cit.*, p. 140.

34 Voy. leur contribution au présent ouvrage.

35 Il en va de même, par exemple, de l'article 18 de la Déclaration universelle des droits de l'homme et l'article 18 du Pacte international relatif aux droits civils et politiques.

concernant la séparation des Églises et de l'État, toujours citée comme le modèle abouti en matière de laïcité, n'a jamais entendu enfermer la religion dans la stricte intimité des foyers[36]. Michel Leroy rappelle ainsi que la laïcité selon la loi de 1905 a pour objectif « de permettre le libre épanouissement de convictions différentes sur son sol, et leur coexistence. Les seules limites résident dans les nécessités de l'ordre public et de la propre viabilité de l'État ainsi conçu »[37].

8. Dès avant sa présentation sur les fonds baptismaux en 1831, l'État belge pratiquait les accommodements raisonnables. Ainsi, sous l'empire de la Loi fondamentale orangiste de 1815, des arrêtés royaux avaient-ils été adoptés pour permettre aux juifs de prêter le serment constitutionnel sans ôter leur *kippa* alors que la règle voulait que l'on se découvre en ce moment solennel[38].

Qu'il soit permis de se contenter de rappeler l'organisation de deux libertés fondamentales qui ont singularisé la Constitution belge de 1831 et lui permettent de revendiquer le titre, certes pas le monopole, de lieu saint des accommodements raisonnables : les libertés des cultes et de l'enseignement, ainsi que leur corollaire, leur financement par l'autorité publique. Ces deux matières furent d'ailleurs débattues en parallèle lors des travaux du Congrès national[39], tant l'on considérait qu'elles étaient imbriquées. Certes, en soi et vu d'aujourd'hui, le subventionnement des cultes ou de l'enseignement confessionnel n'est pas un accommodement raisonnable mais la simple application d'une option politique dans le respect du principe d'égalité. Néanmoins, si l'on se reporte aux conceptions du début du XIXe siècle et si l'on prend en compte la toute puissance de l'Église catholique d'alors, il est permis d'y voir les germes d'une démarche d'accommodement raisonnable.

9. En premier lieu, la liberté « des cultes » – et non du culte[40] – fut proclamée dans la Constitution de 1831 malgré l'opposition farouche de l'Église catholique romaine. Depuis le XVIe siècle, celle-ci revendiquait

[36] Article 1er de la loi de 1905 : « La République assure la liberté de conscience. Elle garantit le libre exercice des cultes sous les seules restrictions édictées ci-après dans l'intérêt de l'ordre public ».

[37] Leroy, M., « L'État belge État laïc », *Mélanges en hommage à Francis Delpérée. Itinéraires d'un constitutionnaliste*, Bruxelles, Bruylant, 2007, p. 841. Voy. également Caceres, G., *op. cit.*, p. 42.

[38] Huybrechts, L., « La multiculturalité en droit pénal », in Ringelheim, J. (dir.), *op. cit.*, p. 834-835.

[39] Voy. Van Goethem, H., « L'Église catholique et la liberté de religion et du culte en Belgique, dans les Constitutions de 1815 et 1831 », *Liberté, pluralisme et droit. Une approche historique*, Bruxelles, Bruylant, 1995, p. 184.

[40] Voy. Rigaux, M.-F. & Christians, L.-L., « La liberté de culte », in Verdussen, M. & Bonbled, N. (dir.), *Les droits constitutionnels en Belgique*, vol. 2, *op. cit.*, p. 865.

en effet le monopole de l'exercice cultuel, si bien qu'il n'était pas admissible à ses yeux de concéder la liberté aux autres religions[41]. Le hasard est étranger au fait que l'encyclique *Mirari Vos* du pape Grégoire XVI, qui condamnait les libertés modernes et la séparation de l'Église et de l'État, fut publiée l'année qui suivait la proclamation de la Constitution belge. Que le primat de Belgique, le cardinal Sterckx, omit de la publier était également révélateur de la culture du compromis chevillée à l'État naissant[42]. Le cardinal intervint également auprès de Rome pour éviter une condamnation papale de la Constitution belge.

La Belgique avait déjà expérimenté la liberté religieuse avant son indépendance. La Loi fondamentale orangiste de 1815 célébrait l'union de deux Nations en un État où le catholicisme et le protestantisme étaient d'une importance équivalente[43]. Elle consacrait la liberté de religion et le financement des cultes[44]. En se séparant des Pays-Bas, notamment pour des motifs religieux, l'État belge naquit très homogène du point de vue cultuel, le catholicisme représentant plus de 99 % de la pratique religieuse[45]. Cette quasi-homogénéité aurait pu inciter la jeune Nation à consacrer une religion d'État. Fruit d'un compromis entre les élites laïques et catholiques, ce fut finalement l'option de la garantie de la liberté des cultes qui fut retenue, bénéficiant à tous et pas seulement à la religion catholique dominante[46].

---

41 Voy. Van Goethem, H., *op. cit.*, p. 184.

42 Voy. Van Goethem, H., *op. cit.*, p. 193. Le Cardinal Sterckx affirma que la Belgique n'était pas concernée par la séparation de l'Église et de l'État puisque « les deux pouvoirs ne sont pas complètement séparés : les ministres du Culte recevaient un traitement, une loi réglait le fonctionnement des fabriques d'église, chaque année le gouvernement reconnaissait de nouvelles paroisses par arrêtés royaux, etc. » (Van Goethem, H., *op. cit.*, p. 193). Voy. aussi Sägesser, C., *Le prix de nos valeurs, Financer les cultes et la laïcité en Belgique*, Bruxelles, éd. du CAL, 2010, p. 11-18.

43 Van Goethem, H., *op. cit.*, p. 191 et 195.

44 Comme déjà avant elle le Concordat napoléonien de 1801, qui enterrait la hache de guerre suite à la confiscation des biens du clergé par la Révolution française (Wattier, S., *op. cit.*, p. 27-28).

45 Van Goethem, H., *op. cit.*, p. 194 ; Wattier, S., *op. cit.*, p. 24. Errera relevait en 1918 que « la Belgique, sur ses 7 571 000 habitants environ, compte peut-être à peine 45 à 50 000 protestants et 15 à 18 000 israélites. Peu de pays ont aussi peu de dissidents. Mais combien y a-t-il d'incroyants ? » (*Traité de droit public belge*, 2e éd., Paris, Giard & Brière, 1918, p. 82). Voy. aussi C. Sägesser, C., *op. cit.*, p. 24.

46 Cela permettait en outre à l'État de se prémunir d'une accusation de discriminer le culte protestant, majoritaire aux Pays-Bas dont il s'affranchissait. Van Goethem ajoute : « il y a encore une explication pour cette largesse d'esprit envers les autres cultes : en fait, elle ne signifiait pas grand-chose puisque le nombre de protestants et de juifs était minime en Belgique. Ce système de liberté contribuerait surtout à l'épanouissement des religions catholiques ». Selon Huyttens, « quant aux cultes et aux communions dissidentes, c'est une conséquence de la liberté accordée aux opinions religieuses,

La liberté religieuse fut assurée dès le 16 octobre 1830 par un arrêté du Gouvernement provisoire abrogeant toute loi entravant la liberté des cultes[47]. L'article 19 de la Constitution, qui place sur un même pied la liberté de religion et la liberté d'expression, avec une préséance accordée à la première, est issu d'une proposition de compromis émanant de l'Église catholique elle-même[48]. La première mouture permettait au législateur d'interdire l'exercice public d'un culte par mesure d'ordre, ce qui fit craindre le retour au régime napoléonien ou orangiste. Suite à l'intervention de l'Église, la possibilité de mesures préventives fut abandonnée au profit d'un régime répressif, davantage garant de la liberté. Si l'article 19 prolonge le régime constitutionnel précédant, le Congrès national fit preuve d'originalité en garantissant explicitement, à l'article 20, le droit de ne pas participer aux rites cultuels, et donc la « liberté négative » en matière religieuse[49].

Oscar Orban le proclame avec fougue : « en garantissant la liberté des cultes, il est donc clair que la Constitution garantit autre chose que la liberté religieuse des individus, ou seulement des Belges. C'est la liberté des sociétés religieuses, de l'Église et même des églises qu'elle proclame et sauvegarde, dans leur organisation et dans leur vie collective, extérieure et publique »[50]. Et l'auteur de rappeler l'importance acquise en Belgique par les processions qui par définition, se déroulent sur la voie publique. La question de la soumission de ces rites au régime préventif des manifestations en plein air fut débattue[51]. La Cour de cassation mit fin à la controverse en reconnaissant la constitutionnalité d'un arrêté de police pris par le bourgmestre de Liège, qui interdisait une procession à la suite d'une autre manifestation similaire ayant provoqué des désordres sur la voie publique. Le rite peut investir l'espace public, il ne peut l'envahir. Selon Paul Errera, « la Cour de cassation, en reconnaissant la constitutionnalité de l'arrêté de police de Liège, n'a pas entendu légitimer une interdiction générale et que n'aurait pas provoqué un trouble effectif

c'est à ce seul titre que l'État peut leur devoir un traitement » (*Discussions du congrès national de Belgique, 1830-1831*, IV, Bruxelles, 1844, p. 599, cité par Van Goethem, H., *op. cit.*, p. 189).

47 Errera, P., *op. cit.*, p. 85.

48 Précisément d'une lettre adressée par le Cardinal Méan au Congrès (voy. Orban, O., *Le droit constitutionnel de la Belgique, Tome III, Libertés constitutionnelles et principes de législation*, Liège, Dessain, Paris, Giard&Brière, 1911, p. 593-595 ; Van Goethem, H., *op. cit.*, p. 190 ; Dujardin, V., « Les droits constitutionnels originaires », in Verdussen, M. & Bonbled, N. (dir.), *Les droits constitutionnels en Belgique*, Volume 1, *op. cit.*, p. 55).

49 Voy. Dujardin, V., *op. cit.*, p. 56-57.

50 Orban, O., *op. cit.*, p. 589.

51 Errera, P., *op. cit.*, p. 87-89 ; Orban, O., *op. cit.*, p. 600-601.

ou imminent. Le problème juridique se ramène donc à une question de tact politique, ce qui est presque toujours le cas dans les conflits entre la liberté et l'autorité »[52]. Faire de la politique et dire le droit avec tact, une façon de pratiquer les accommodements raisonnables…

10. Contrairement à la liberté des cultes, le principe de leur financement ne fut acquis qu'en fin de Congrès national[53]. Ici encore, le Constituant belge se conforma aux régimes constitutionnels précédents qui trouvaient leur source dans le dédommagement de la spoliation des biens du clergé par la Révolution française[54]. Depuis lors, très rares sont encore les États à faire des ministres de cultes reconnus, en quelque sorte, des fonctionnaires de l'État[55]. C'est à ce titre que d'aucuns considèrent que la Belgique ne connaît pas une séparation étanche de l'Église et de l'État[56] mais une « neutralité bienveillante »[57], propice aux accommodements raisonnables.

De nos jours, alors que les stigmates de la spoliation se sont estompés, la justification la plus souvent avancée d'un financement des ministres du Culte est que ceux-ci remplissent des fonctions « répondant à un grand intérêt social, et non pas simplement comme une chose d'intérêt privé, concernant les fidèles pris comme une réunion d'individus »[58], c'est-à-dire dans le soutien qu'ils apportent aux personnes qui s'adressent à elles[59]. Oscar Orban affirmait déjà à l'aube du XXe siècle que « le système voulu par le Congrès, c'est l'indépendance de l'Église et l'État mais avec protection de l'État pour les cultes. La protection de l'État consiste simplement à soutenir l'existence et le développement des religions positives, considérées comme un besoin social, à leur accorder en vue du bien commun des faveurs, des avantages, des marques d'intérêt et de bienveillance »[60]. N'est-ce pas là une définition, certes surannée,

52 Errera, P., *op. cit.*, p. 89.

53 Sägesser, C., *op. cit.*, p. 13.

54 Voy. notamment Orban, O., *op. cit.*, p. 601-608 ; Wattier, S., *op. cit.*, p. 29.

55 Voy. Wattier, S., « Le financement des cultes au XXIe siècle : faut-il réviser l'article 181 de la Constitution ? », *Rev. b. dr. const.*, 2011/1, p. 23.

56 En ce sens, Van Goethem, H., *op. cit.*, p. 194 ; Wattier, S., *op. cit.*, p. 25.

57 Christians, L.-L., « Le financement des cultes en droit belge : bilan et perspectives », *Quaderni di diritto e politica ecclesiastica*, 2006, p. 83, cité par Wattier, S., *op. cit.*, p. 25.

58 Pandectes, *verbo* « fabrique d'église », Bruxelles, *Larcier*, 1892, n° 602.

59 Ainsi le libéral Lebeau estimait-il que les membres du clergé catholique avaient droit à un subventionnement « à titre des services qu'ils rendent » (Huyttens, E., *op. cit.*, p. 576, cité par Van Goethem, H., *op. cit.*, p. 191). Voy. également Dumont, H. & Delgrange, X., « Le principe de pluralisme… », *op. cit.*, p. 85 ; Leroy, M., *op. cit.*, p. 837 ; Wattier, S., *op. cit.*, p. 29 ; Ninane, G., *op. cit.*, p. 158-159.

60 Orban, O., *op. cit.*, p. 614.

des obligations positives pesant sur l'État qui doit concrétiser les droits consacrés par la Constitution ? Aux yeux du Constituant de 1831, déjà, l'effectivité de la liberté de religion supposait le financement des cultes[61].

Dans son principe, l'article 181 postule le financement indifférencié des ministres des Cultes et consacre donc la neutralité de l'État[62]. Au vu de la position quasi monopolistique de l'Église catholique de 1831, il aurait pu être soutenu que les autres cultes – protestants et israélites – n'atteignaient pas la masse critique pour pouvoir revendiquer un subventionnement public. Le Constituant a toutefois voulu financer ces cultes ultra-minoritaires, dans une démarche qui n'est pas sans rappeler celle des accommodements raisonnables, même si le financement fut organisé en privilégiant le culte catholique[63]. Le principe était toutefois établi.

11. Par la révision constitutionnelle du 5 mai 1993, le financement des cultes a été étendu aux « traitements et pensions des délégués des organisations reconnues par la loi qui offrent une assistance morale selon une conception philosophique non confessionnelle »[64]. Dans la foulée, une loi du 21 juin 2002 a reconnu le Conseil central laïque, composé du Centre d'Action Laïque et de l'Unie Vrijzinnige Verenigingen, comme une organisation qui offre une assistance morale selon une conception philosophique non confessionnelle. Cette extension a permis, selon Michel Leroy, « la mise sur pied d'égalité des courants religieux et philosophiques reconnus, lesquels, mis ensemble, pourvoient aux besoins spirituels de la quasi-totalité de la population, selon les aspirations de chacun »[65].

La « conception philosophique non confessionnelle » dénommée dans le langage courant belge « laïcité » est depuis lors assimilée à un culte[66], ce qui la distingue évidemment radicalement de son homonyme

---

[61] Voy. Dumont, H. & Delgrange, X., *op. cit.*, p. 82-86.

[62] Le libéral Defacqz, membre du Congrès, s'exclama : « il faut que la puissance temporelle prime et absorbe en quelque sorte la puissance spirituelle, parce que la loi civile étant faite dans l'intérêt de tous, elle doit l'emporter sur ce qui n'est que de l'intérêt de quelques-uns » (Huyttens, E., *op. cit.*, p. 587, cité par Van Goethem, H., *op. cit.*, p. 190 ; pour une autre contextualisation de cette citation, voy. Orban, O., *op. cit.*, p. 590).

[63] Sägesser, C., « Le financement public des cultes en France et en Belgique : des principes aux accommodements », in Foret, F. (ed.), *Politique et religion en France et en Belgique*, Bruxelles, éd. de l'ULB, 2009, p. 91-105, sp. p. 97 ; Wattier, S., *op. cit.*, p. 36.

[64] Article 181, § 2, de la Constitution. Voy. S. Wattier, *op. cit.*, p. 25-27.

[65] Leroy, M., *op. cit.*, p. 837.

[66] Dobbelaere, K., « Laïcisation, forme manifeste de la sécularisation », in Foret, F. (ed.), *Politique et religion en France et en Belgique*, *op. cit.*, p. 44-46 ; Sägesser, C., *op. cit.*,

français. Alors qu'en France, à l'instar de la neutralité en Belgique, la laïcité qualifie l'État et implique le pluralisme, en Belgique, elle est, comme le souligne Michel Leroy, « une des tendances que ce pluralisme protège. D'où une situation quelque peu ambiguë : contenant et contenu à la fois »[67]. Le Conseil d'État a également récemment relevé que « la Constitution belge n'a pas érigé l'État belge en un État laïc. Les notions de laïcité, conception philosophique parmi d'autres, et de neutralité sont distinctes »[68].

12. En second lieu, l'autre signe distinctif de la Constitution de 1831 réside dans la consécration de la liberté d'enseignement. C'est là une pure invention belge[69]. Elle exprime la volonté du jeune État de tourner la page du monopole public en matière d'enseignement, établi par l'administration napoléonienne et perpétué par le régime hollandais[70]. Elle est dès lors particulièrement révélatrice de l'option prise en faveur du pluralisme philosophique qui signifie en substance que les autorités publiques doivent intervenir de manière positive pour aider les diverses tendances idéologiques et philosophiques représentatives à développer leurs activités d'utilité publique, et les associer à l'élaboration des politiques et à la gestion des services publics relevant de leur domaine d'intervention, en veillant à ce qu'aucune d'entre elles n'acquière une position prépondérante qui pourrait porter atteinte aux droits et libertés des autres[71].

Les droits et libertés seront donc garantis non par le monopole d'État dont on craint le despotisme, mais par l'équilibre des différentes tendances présentes sur l'*agora*. Le principe qui gouverne toute l'organisation de l'enseignement obligatoire est celui du libre choix des parents de confier l'éducation de leurs enfants à une école confessionnelle ou neutre, sans autre considération – notamment pécuniaire – que le respect de leurs convictions philosophiques et religieuses[72]. Tel fut déjà le souci de la

p. 27-29. Pour Marc Uyttendaele, « les organisateurs "laïques" qui, de haute lutte, ont obtenu ce financement ont été les fossoyeurs du principe de laïcité qu'elles prétendaient défendre » (« D'un État neutre à un État laïc », *La Libre Belgique*, 20 novembre 2012). Quant à François De Smet, il dénonce « l'infinie duplicité » du Centre d'action laïque qui, tout à la fois, milite en faveur de la laïcité institutionnelle et est une tendance philosophiquement engagée (*Vers une laïcité dynamique*, *op. cit.*, p. 22-24).

67 Leroy, M., *op. cit.*, p. 845.

68 C.E., arrêt n° 210 000, *op. cit.*, 6.7.2.

69 Voy. notamment Gilissen, J., « La Constitution belge de 1831 : ses sources, son influence », p. 124 ; Dujardin, V., *op. cit.*, p. 69-70.

70 El Berhoumi, M., *Le régime juridique…*, *op. cit.*, n° 23.

71 Dumont, H. & Delgrange, X., « Le principe de pluralisme… », *op. cit.*, p. 82.

72 Delgrange, X. & El Berhoumi, M., « Les droits en matière d'enseignement », in Verdussen, M. & Bonbled, N. (ed.), *op. cit.*, vol. 2, p. 1211-1216.

loi du 23 septembre 1842 « sur l'instruction primaire » qui satisfit les deux seuls « partis »[73] représentés au Parlement à l'époque, les libéraux et les catholiques : aux premiers, le principe du développement d'un réseau d'enseignement public qui, au niveau primaire, serait à charge des communes ; aux seconds, l'enseignement de la religion dans le programme des écoles officielles, donné sous la direction des ministres du Culte et sous la surveillance et l'inspection des délégués des chefs de culte[74]. La « clé de voûte »[75] de cette loi était donc l'instauration d'une double inspection, qui permettait aux catholiques de considérer que « la base de l'instruction » était confessionnelle et que le législateur « voulait que l'atmosphère de l'école fût religieuse »[76]. Hormis la brève parenthèse de la loi du 1er juillet 1879 adoptée par un Parlement où les libéraux jouissaient d'une majorité absolue – loi qualifiée de « Malheur » par les catholiques qui déclencha d'ailleurs la première guerre scolaire – la présence du ministre du Culte ou de son représentant dans l'école officielle, sous le contrôle d'une inspection confessionnelle, perdure. C'est d'ailleurs la loi, toujours en vigueur en Communauté française, du 29 mai 1959, dite du « Pacte scolaire », celle ayant définitivement mis fin aux guerres scolaires, qui le consacre[77]. De nos jours encore, les cours de religion et de morale échappent à tout contrôle de la part de l'autorité publique, n'étant soumis

---

73 Sur le caractère quelque peu anachronique du terme « parti » pour désigner la composition du Congrès national, voy. Errera, P., *op. cit.*, p. 10-12.

74 Voy. Delgrange, X., « La neutralité de l'enseignement en Communauté française », *A.P.*, 2007-2008/2, p. 121-122 ; Delgrange, X. & El Berhoumi, M., *op. cit.*, p. 1179-1181.

75 Depaepe, M., De Vroede, M., Minten, L. & Simon, F., « L'enseignement primaire », in Grootaers, D. (ed.), *Histoire de l'enseignement en Belgique*, Bruxelles, Crisp, 1998, p. 133.

76 Orban, O., *op. cit.*, p. 532.

77 Article 9 de la loi : « Dans les établissements d'enseignement de l'État, l'enseignement de la religion est donné par les ministres des cultes ou leur délégué nommés par le ministre de l'Instruction publique sur proposition des chefs des cultes intéressés. Dans les autres établissements officiels d'enseignement secondaire, il est donné par les ministres des cultes ou leur délégué nommés par le pouvoir organisateur sur proposition des chefs des cultes intéressés [...]. L'inspection des cours de religion dans les établissements d'enseignement de l'État est assurée par les délégués des chefs des cultes nommés par le ministre de l'Instruction publique sur proposition des chefs des cultes intéressés. Dans les autres établissements officiels d'enseignement ainsi que dans les établissements d'enseignement libre subventionné, l'inspection de l'enseignement de la religion est exercée par les délégués des chefs des cultes ». En Communauté flamande, les professeurs de morale sont soumis au même statut, où ils dépendent de « l'instance compétente de la morale non confessionnelle », à savoir l'Unie Vrijzinnige Verenigingen (voy. Delgrange, X., « Le cours de morale entre neutralité et prosélytisme », actes de la table ronde du 25 avril 2009 sur : Neutralité de l'enseignement de la Communauté française mais engagement du professeur de morale ?, *Entre-Vues*, 2009, p. 26, www.entre-vues.net).

ni aux socles de compétences et autres compétences terminales, ni à l'approbation ministérielle des programmes[78].

En tout cas, au vu de cette tradition d'une présence en les murs de l'école d'un représentant du culte chargé d'une mission prosélyte, l'interdiction de tout signe convictionnel faite aux enseignants est à tout le moins paradoxale. Il est, en effet, difficile de faire cohabiter dans une même école un professeur de religion, représentant officiel de son culte, et l'exigence d'une neutralité exclusive[79] qui s'impose non seulement au comportement mais également à l'apparence des fonctionnaires. Une neutralité « ouverte » ou une laïcité émancipatrice commanderait à tout le moins un accommodement. Et l'on attendrait celui-ci davantage dans une atténuation du principe de séparation de l'Église et de l'État, qui permettrait de s'assurer que tout enseignement dispensé aux élèves respecte les fondements de la démocratie, plutôt que dans l'apparence vestimentaire des porteurs de la parole.

13. L'interprétation absolutiste donnée à l'article 21 de la Constitution, qui consacre ce principe de séparation, génère en quelque sorte une concurrence entre deux autorités dans deux dimensions essentielles de l'espace public, l'enseignement et le culte. L'État doit ainsi partager le pouvoir, certes dans des domaines limités mais importants et sensibles, avec des autorités autonomes au premier sens du terme, sur lesquelles il s'interdit tout contrôle : la désignation et les activités des ministres du Culte ainsi que des maîtres de religion ou de morale.

Pareille conception de la séparation de l'Église et de l'État n'est plus admissible au regard du développement du droit international des droits de l'homme. C'est dans l'ensemble des activités humaines que le justiciable a droit à la protection de l'État contre les exactions éventuelles d'autorités, publiques ou privées, ou d'individus. L'État est donc dans l'obligation de se doter des moyens de contrôler les activités de tous les acteurs de la société et de mettre fin aux comportements liberticides[80]. Quoi qu'il

---

78 Voy. Delgrange, X., « Plaidoyer pour une étude de droit comparé intrafédéral de l'enseignement, une ébauche sur le thème des cours philosophiques à l'école », numéro anniversaire de *Tijdschrift voor Onderwijsrecht en Onderwijsbeleid*, 2006-2007, p. 326-329. Voy. encore en ce sens l'arrêt du Conseil d'État n° 223 201 du 17 avril 2013, *XXX c. Commune de Grâce-Hollogne*.

79 Sur cette forme de neutralité, qui s'oppose à la neutralité inclusive, voy. Delgrange, X., « Mixité sociale, mixité religieuse : le droit de l'enseignement face à la diversité », in Ringelheim, J. (dir.), *op. cit.*, p. 537-538.

80 Voy. en ce sens, notamment, Delgrange, X., « La neutralité… », *op. cit.*, p. 137-142 ; du même auteur, « Le cours de morale… », *op. cit.*, p. 15-19 ; Dord, O., « Entre laïcité et exigences européennes, une politique publique de lutte contre les dérives sectaires est-elle possible ? », in Gonzalez, G. (dir.), *Laïcité, liberté de religion et Convention européenne des droits de l'homme*, Bruxelles, Bruylant, 2006, p. 232-235.

en soit, cette reconnaissance de l'autonomie d'autorités concurrentes à l'État consacre une ouverture de l'*agora* à l'expression des différentes croyances qui coexistent nécessairement dans toute société laïque.

1.2. L'épanouissement des accommodements raisonnables par la laïcité émancipatrice

14. La Belgique, terre d'accueil, a opté pour une laïcité propre à favoriser l'épanouissement des accommodements raisonnables, toujours en faisant application du principe de proportionnalité. Sa législation fourmille en effet de ces accommodements. Louis-Léon Christians cite ainsi une loi du 10 mars 1900 qui contraignait déjà l'employeur à donner à l'ouvrier le temps d'accomplir les devoirs de son culte[81]. Nous nous attarderons sur quatre matières emblématiques, les accommodements visant à garantir le libre choix de l'école (1.2.1), les pratiques rituelles que sont la circoncision et l'abattage (1.2.2), la clause de conscience dans les lois intervenues dans le domaine de la bioéthique (1.2.3) et enfin le mariage homosexuel (1.2.4).

1.2.1. L'accommodement de la norme scolaire pour garantir le libre choix des parents

15. L'école est par nature un terrain propice à la culture de l'accommodement puisque s'y rencontrent les libertés de culte et d'enseignement, dont nous avons déjà évoqué l'importance lors de la construction de l'État belge. La loi dite du Pacte scolaire contient une disposition, l'article 4, dont le premier alinéa permet aux parents adeptes de cultes minoritaires reconnus de donner à leurs enfants une éducation conforme à leurs convictions, dans un certain confort : « le droit des parents de choisir le genre d'éducation de leurs enfants implique la possibilité de disposer à une distance raisonnable d'une école correspondant à leur choix ». C'est donc cette fois la distance qui doit être accommodée de manière raisonnable. Déjà la fameuse loi du 19 mai 1914 décrétant l'instruction obligatoire se souciait de respecter les convictions des parents[82]. Datant toutefois d'une époque où l'on n'envisageait encore guère les obligations positives en vue de garantir l'effectivité des droits fondamentaux, elle se contentait de dispenser de l'obligation scolaire les enfants dont les parents ne trouvaient pas l'école de leur choix dans un rayon de quatre kilomètres. N'ayant pas encore pris la mesure de l'ampleur de ses obligations dans la concrétisation des droits fondamentaux, l'État en venait à permettre à des parents de priver leurs enfants d'instruction au nom du respect de

---

[81] Voy. Christians, L.-L., *op. cit.*, p. 638, note 22.

[82] Voy. El Berhoumi, M., *Le régime juridique de la liberté d'enseignement à l'épreuve des politiques scolaires*, Bruxelles, Bruylant, 2013, p. 325-327 et 407-408.

leurs propres convictions. L'accommodement était déraisonnable. Errera le dénonçait en déplorant cette « possibilité d'éluder l'obligation scolaire, aucun contrôle n'étant possible ; elle est dangereuse pour ne point dire anarchique, en ce qu'elle rend chaque citoyen juge du mode selon lequel l'autorité organise un service public, lequel doit et peut ne froisser aucune conscience »[83].

La question se pose toutefois de savoir si l'article 4 de la loi du Pacte scolaire garantit bien que tout parent trouvera à une distance raisonnable une école de la confession reconnue dont il est adepte. Le second alinéa apparaît plus frileux lorsqu'il se contente d'imposer à l'État, au titre des obligations positives, une offre scolaire pouvant se limiter à un choix binaire, c'est-à-dire entre un enseignement confessionnel et un enseignement non confessionnel. Faut-il en déduire que les parents n'auraient que cette alternative, sans considération pour la confession de leur choix ? C'est comme cela que la disposition semblait être appliquée[84]. Actuellement encore, la Cour constitutionnelle admet que le législateur se contente de garantir le choix entre une école libre confessionnelle – et donc très majoritairement catholique – et une école neutre qui, par définition, respecte toutes les convictions[85].

16. La Communauté flamande a mis fin à l'incertitude en remplaçant la vieille législation du Pacte scolaire par des décrets définissant très précisément la notion d'école de libre choix, ouvrant le droit à un régime préférentiel en termes de normes de programmation[86]. Ainsi, l'article 99 du décret du 25 février 1997 relatif à l'enseignement de base définit-il l'école de libre choix comme celle qui « est reconnue par l'instance compétente du culte ou de la philosophie en question »[87]. L'article 25 du même décret impose à la Communauté, à la demande de parents qui optent soit pour l'enseignement officiel soit pour l'enseignement libre basé sur une religion ou une philosophie reconnue, et qui ne le trouvent

[83] Errera, P., *op. cit.*, p. 511, cité par El Berhoumi, M., *op. cit.*, p. 326.

[84] Voy. Houben, R. & Ingham, F., *Le pacte scolaire et son application*, Bruxelles, Cepess, 2e éd., 1962, p. 131-133.

[85] Voy. Delgrange, X., et El Berhoumi, M., « Les droits en matière d'enseignement », in Verdussen, M. & Bonbled, N., *op. cit.*, vol. 2, p. 1213-1216.

[86] Voy. notamment Overbeeke, A., « Maakt het Arbitragehof school met een eigen *religie*-concept ? Grasduinen in de jurisprudentie over levensbeschouwelijke kwesties », *T.O.R.B.*, 2006-07/2-3-4, p. 168-187 ; Veny, L., *Onderwijsrecht, I. Dragende beginselen*, Brugge, die Keure, 2010, p. 197-209.

[87] Un arrêté du Gouvernement flamand du 5 juin 1989 avait déjà complété l'arrêté royal du 2 août 1984 portant rationalisation et programmation de l'enseignement maternel et primaire ordinaire afin de prévoir que les établissements d'enseignement sont répartis, en fonction du pouvoir organisateur dont ils dépendent, entre différents groupes, notamment les philosophies et cultes reconnus. Voy. Overbeeke, A., « Segregatie… », *op. cit.*, p. 306.

pas à une distance de quatre kilomètres au plus, soit de financer une telle école même si elle ne répond pas aux normes de programmation, soit d'intervenir dans les frais de transport vers une telle école. Pour ce faire, il suffit que seize élèves y soient inscrits pour qu'elle puisse ouvrir et demeurer[88], alors que pour les autres écoles, les normes de programmation varient selon la densité de la population et les années d'existence, entre vingt-cinq et cent quarante inscrits[89]. En outre, l'école de libre choix bénéficie d'un surcroît de subventions[90].

Le régime est donc bien plus favorable pour le libre choix d'une confession que pour celui d'une pédagogie alternative[91]. Ce recentrage sur le clivage confessionnel et philosophique ne prend pas en compte la volonté du Constituant de 1988 qui avait manifesté son souci de dépasser celui-ci en étendant justement le libre choix aux méthodes pédagogiques[92]. Il a cependant été avalisé par la Cour constitutionnelle[93]. En effet, des parents contestaient que la qualification d'école de libre choix soit exclusivement réservée aux écoles basées sur une philosophie ou une religion reconnue, excluant ainsi celles fondées sur une conception pédagogique particulière. Et la Cour de leur répondre que

> l'adoption d'une réglementation qui, en vue d'assurer réellement le libre choix des parents et compte tenu de la diversité des opinions religieuses et philosophiques, permet que des écoles libres qui ne répondent pas aux normes ordinaires de programmation et de rationalisation soient subventionnées relève de la liberté politique du législateur décrétal. [...]. L'obligation inscrite à l'article 24, § 4, deuxième phrase, de la Constitution, qui impose au législateur décrétal de tenir compte des différences objectives, notamment des caractéristiques propres à chaque pouvoir organisateur qui justifient un traitement approprié, ne peut être interprétée de manière si large qu'elle impliquerait l'obligation de prévoir des normes préférentielles pour les

88 Article 100 du décret.

89 Article 102 du décret et arrêté du Gouvernement flamand du 17 juin 1997 relatif aux normes de programmation et de rationalisation dans l'enseignement fondamental ordinaire.

90 Voy. l'article 100, § 2, du décret.

91 Voy. Overbeeke, A., « Segregatie, desegregatie, integratie ? Het recht op shoolkeuze en – stinchting, shoolkeuzegedgag en de gevolgen ervan voor de shoolsamenstelling », *T.O.R.B.*, 2003-04/4-5, p. 303-318, sp. p. 305 ; Weekers, B., « De Mijlpaal in Tongeren : de juridische positie van de ouder bij het oprichting van een methodeschool in de praktijk », *T.O.R.B.*, 2006-07/2-3-4, p. 368-373.

92 Voy. Delgrange, X. & El Berhoumi, M., *op. cit.*, p. 1213-1216.

93 Pour sa part, la section de législation du Conseil d'État s'était inquiétée d'une rupture d'égalité entre les différentes dimensions du libre choix. Voy. l'avis n° 25 538/1 du 18 septembre 1996 sur un avant-projet devenu le décret flamand du 25 février 1997 relatif à l'enseignement fondamental, *Doc. P. Fl.*, 1996-97, n° 451/1, p. 303. Voy. aussi El Berhoumi, M., *op. cit.*, n° 313.

écoles dont la spécificité réside dans certaines conceptions pédagogiques ou éducatives. Le législateur décrétal a choisi, en adoptant la réglementation critiquée, de se rallier aux choix opérés par l'autorité fédérale, notamment en exécution de l'article 181 de la Constitution. Cette attitude ne saurait, compte tenu notamment de l'article 24, § 1er, alinéa 4, de la Constitution[94], être considérée comme manifestement déraisonnable. Dès lors que la liberté active d'enseignement est assurée de manière suffisante par les normes ordinaires de programmation et de rationalisation, la liberté d'enseignement, garantie par la Constitution, est respectée[95].

Si donc l'article 24, § 4, de la Constitution, lorsqu'il consacre l'égalité dans l'enseignement en imposant de prendre en compte les différences objectives, n'impose pas l'adoption de normes préférentielles dans le cadre des accommodements raisonnables, à tout le moins, l'autorise-t-il[96] !

17. En Communauté française, l'article 4 de la loi du Pacte scolaire a, en théorie, été vidé de sa substance. Confronté à un avant-projet qui imposait des normes de création et de maintien plus sévères que celles permises par l'article 4 de la loi du Pacte, conformément à l'article 24, § 1er, alinéa 2, de la Constitution, la section de législation du Conseil d'État s'est inquiétée de la survivance de cette disposition clef du Pacte scolaire[97]. En réponse, le dispositif a été modifié afin de préciser que

---

94 « Les écoles organisées par les pouvoirs publics offrent, jusqu'à la fin de l'obligation scolaire, le choix entre l'enseignement d'une des religions reconnues et celui de la morale non confessionnelle ».

95 C.C., arrêt n° 85/98 du 15 juillet 1998, B. 5.7.1. et 2. L'exigence qu'une école de libre choix opte pour un culte ou une philosophie reconnus et qu'elle ne s'ouvre que de l'accord de l'instance compétente de ce culte ou de cette philosophie, si elle prive certaines minorités d'accommodements raisonnables, présente l'avantage d'éviter qu'une tendance sectaire ne profite de ceux-ci (voy. Overbeeke, A., « Maakt het Arbitragehof school met een eigen *religie*-concept ? ... », *op. cit.*, p. 177-179).

96 La Cour constitutionnelle a également imposé un certain accommodement raisonnable en considérant que les restrictions apportées à la possibilité de demander un changement d'école au cours d'un cursus scolaire, si elles se justifient pour des raisons pédagogiques, doivent s'effacer si la demande de changement est motivée par des préoccupations convictionnelles : « Lorsqu'un parent fait valoir qu'il ne peut plus se retrouver dans le projet pédagogique d'un établissement pour des raisons de conviction religieuse ou philosophique, les articles 19 et 20 de la Constitution, combinés avec l'article 24, § 1er, de la Constitution, avec l'article 9 de la Convention européenne des droits de l'homme et avec l'article 18 du Pacte international relatif aux droits civils et politiques, exigent qu'il puisse, en principe, adapter son choix d'école. Le chef d'établissement, l'inspection ou le ministre doivent, au moment où ils donnent un avis au sujet du changement d'école, tenir compte du droit fondamental en cause » (C.C., arrêt n° 119/2008, B. 11). Voy. Delgrange, X. & El Berhoumi, M., *op. cit.*, p. 1215.

97 Avis n° 49 730/2 du 15 juin 2011 sur un avant-projet devenu le décret du 19 juillet 2011 modifiant diverses dispositions relatives à l'enseignement secondaire, *Doc. P.C.F.*, 2010-11, n° 231/1, p. 40-43.

ces normes de maintien valent également pour les écoles de libre choix et qu'elles modifient donc implicitement l'article 4 de la loi du Pacte scolaire[98]. L'exposé des motifs du projet justifie cette option au nom d'une stricte application du principe d'égalité : les normes de création et de maintien « doivent être d'application pour l'ensemble des établissements. On risquerait sinon de créer une discrimination entre établissements et une difficulté pour la Communauté française de subventionner des établissements qui ne réunissent pas des populations suffisantes pour garantir la qualité de l'enseignement, notamment en raison de la nécessité de rassembler des élèves d'âges et de niveaux trop différents »[99].

Cela n'empêche toutefois pas la Communauté française de continuer à réserver discrètement un sort favorable à certaines écoles, en vue de garantir le libre choix des parents. Ainsi, l'Athénée juif Maïmonide, implantée à Anderlecht, bénéficie depuis de nombreuses années de dérogations aux normes de rationalisation et même d'une dérogation à la dérogation[100]. Le seuil fixé par la législation pour le secondaire est de quatre cents élèves. Or l'Athénée Maïmonide n'en comptait plus que 60 pour l'année scolaire 2012-2013. Le cabinet de la ministre de l'Enseignement obligatoire, Marie-Dominique Simonet, justifie cette mise sous baxter permanente : « le judaïsme est un culte reconnu et nous avons le devoir de financer et soutenir ce type d'enseignement »[101]. En bon accommodement raisonnable, il y a la lettre, rigide, et l'esprit de la lettre, souple.

---

[98] Article 5*bis* du décret du 29 juillet 1992 portant organisation de l'enseignement secondaire de plein exercice.

[99] Exposé de motifs du projet devenu le décret du 19 juillet 2011 précité, *Doc. P.C.F.*, 2010-11, n° 231/1, p. 13.

[100] Article 5 *quinquies* du décret du 29 juillet 1992 portant organisation de l'enseignement secondaire de plein exercice. Voy. déjà l'arrêté du Gouvernement de la Communauté française du 17 mars 1998 portant dérogation aux normes de rationalisation pour certains établissements d'enseignement secondaire. Voy. encore récemment l'arrêté du Gouvernement de la Communauté française du 19 juillet 2012 portant dérogation aux normes de rationalisation pour certains établissements d'enseignement secondaire. L'autre Athénée secondaire juif de la région Bruxelles, Ganenou, bénéficie du même régime. Dans l'arrêté du 17 mars 1998, ils étaient les deux seuls établissements libres visés. Ces arrêtés individuels ne sont pas soumis au Conseil d'État et ne motivent pas le choix des établissements bénéficiaires. L'Athénée Ganenou bénéficie par ailleurs de dérogations s'agissant de normes de maintien d'options (voy. l'arrêté du Gouvernement de la Communauté française du 30 août 2012 accordant, pour l'année 2012-2013, dérogation à diverses normes dans l'enseignement secondaire).

[101] Dorzée, H., « L'Athénée juif Maïmonide en difficulté financière », *Le Soir*, 25 janvier 2013, p. 6.

1.2.2. Les pratiques rituelles

18. Deux pratiques rituelles fournissent l'exemple de beaux accommodements raisonnables, l'une, la circoncision, en tant que coutume *contra legem*, et l'autre, l'abattage, en tant que dérogation incorporée dans la norme elle-même.

19. La circoncision pour motifs religieux « renvoie à l'acceptation généralisée de cette pratique au sein de deux grands monothéismes »[102], le judaïsme et l'islam. Cette pratique religieuse est tolérée de longue date en Europe[103], dans l'indifférence des tribunaux, du moins jusqu'il y a peu, alors qu'elle est susceptible de heurter les conceptions de l'acte médical, d'une part, des droits de mineurs, plus particulièrement de leur l'intégrité physique, d'autre part.

En revanche, l'excision, cette autre pratique rituelle et cultuelle ancestrale, ne peut en aucun cas être considérée comme accommodante ni raisonnable[104]. Certes, ces opérations ont en commun de porter atteinte à l'intégrité physique, qui plus est, le plus souvent d'un enfant[105]. Cependant, l'excision exprime « la volonté d'éliminer toute possibilité de jouissance et de perpétuer l'oppression de la femme. [...]. La circoncision opérée chez les garçons ne les prive pas de la jouissance »[106]. Le tribunal administratif de Lyon a jugé que :

> l'excision constitue une mutilation du corps de la femme qui génère des souffrances très intenses ; qu'elle est fréquemment suivie de complications

---

[102] Fercot, C., « Circoncision pour motifs religieux (tribunal de grande instance – Landgericht – de Cologne) : Le prépuce de la discorde », *Lettre « Actualités Droits-Libertés » du CREDOF*, 13 juillet 2012, voy. aussi in *La Revue des Droits de l'Homme*, 20 juillet 2012, http://revdh.org/tag/acte-chirurgical/.

[103] La question de la polygamie ne sera pas abordée ici. En effet, même si certains accommodements sont recherchés, ce n'est pas en vue de tolérer cette pratique mais essentiellement d'éviter que ses victimes, les femmes et les enfants, ne soient discriminées. Voy. Carlier, J.-Y., « Diversité culturelle et droit international privé : vers des accommodements réciproques ? », in Ringelheim, J. (dir.), *op. cit.*, p. 699-711 ; Carlier, J.-Y. & Henricot, C., « Belgique, de l'exception d'ordre public aux accommodements réciproques ? », in Bernard-Maugiron, N. & Dupret, B. (dir.), *Ordre public et droit musulman de la famille en Europe et en Afrique du Nord*, Bruxelles, Bruylant, 2012, p. 241-278.

[104] Huybrechts, L., « La multiculturalité en droit pénal », in Ringelheim, J. (dir.), *op. cit.*, p. 821-846.

[105] Charvoz, C., *Transmissions identitaires au sein de familles multiculturelles et multireligieuses : Prénom, religion, circoncision et droits de l'enfant*, Mémoire de recherche n° DE2013 MIDE 11-12/22, Genève, mai 2013.

[106] Rapport de la Commission de la Justice du Sénat sur un projet devenu la loi du 28 novembre 2000 relative à la protection de la jeunesse, *Doc. Parl.*, *Sénat*, session 1999-2000, n° 280/5, p. 17. Voy. Wattier, I., « La loi du 28 novembre 2000 relative à la protection de la jeunesse », *J.T.*, 2001, p. 440.

infectieuses pouvant entraîner le mort, qu'aucune nécessité thérapeutique ou tout autre motif d'ordre sanitaire ne la justifie et qu'elle procède du seul usage rituel et culturel ; que, par suite, l'excision pratiquée, contre leur volonté, sur une personne ou sur ses enfants, constitue un traitement inhumain et dégradant au sens de l'article 3 de la Convention européenne de sauvegarde des droits de l'homme et des libertés fondamentales[107].

De même, l'article 38 de la Convention du Conseil de l'Europe sur la prévention et la lutte contre la violence à l'égard des femmes et la violence domestique du 11 mai 2011, interdit explicitement les mutilations génitales féminines et enjoint les États parties à prendre « les mesures législatives ou autres nécessaires pour ériger en infractions pénales » de telles mutilations. De manière plus large, l'article 42 de cette Convention exclut que l'excision – entre autres actes de violence – puisse être justifiée par la culture, la coutume, la religion, la tradition ou le prétendu « honneur ».

20. La circoncision rituelle sollicite les mêmes principes que l'excision – liberté de religion et intégrité physique des mineurs – mais la résolution de l'équation est toute autre. L'ablation du prépuce a, indiscutablement, des conséquences irréversibles. Pratiquée sur un mineur, voire un nourrisson, elle se passe nécessairement de son consentement éclairé. Les droits de l'enfant, notamment celui de son intégrité physique, sont donc à prendre en compte dans l'analyse de la proportionnalité de l'atteinte à ces droits. Se pose tout d'abord la question de son utilité : est-ce un acte médical ? La loi du 23 mai 2013 réglementant les qualifications requises pour poser des actes de médecine esthétique non chirurgicale et de chirurgie esthétique a étendu la notion d'acte médical à « tout acte technique médical, comportant un passage à travers la peau ou les muqueuses, et visant principalement l'apparence corporelle d'un patient pour des motifs esthétiques, à l'exclusion de tout but thérapeutique ou reconstructeur »[108]. À suivre cette définition, la circoncision, qu'elle soit décidée dans un but thérapeutique ou non, est un « acte médical ». Un non-médecin qui la pratiquerait habituellement encourrait donc une condamnation du chef d'exercice illégal de la médecine. Or, selon certains rituels, elle est pratiquée par une personne, par exemple un *mohel*[109], qui n'est pas nécessairement un médecin, la qualité religieuse primant sur l'appartenance au corps médical. Suffit-il que la circoncision soit

---

107 Trib. Adm. Lyon, 12 juin 1996, note de Levinet, M., *Rev. trim. dr. h.*, 1996, p. 697-720. Voy. Langenaken, E., « À propos de l'intervention du droit pénal dans les pratiques sexuelles minoritaires par delà le consentement des partenaires », *Rev. dr. pén.*, 2003/4, p. 484.

108 Article 2, § 1er, alinéa 4, de l'arrêté royal n° 78 du 10 novembre 1967 relatif à l'exercice des professions des soins de santé, inséré par l'article 5 de la loi du 23 mai 2013.

109 Le *mohel* (en hébreu, *mohalim* au pluriel) est la fonction de celui qui exécute la *Brit milah* selon la tradition juive, c'est-à-dire la circoncision rituelle d'un enfant mâle au huitième jour après sa naissance.

pratiquée par un médecin pour franchir avec succès les étapes du test de proportionnalité ? Tel n'a pas été la conclusion du tribunal de grande instance de Cologne qui, dans un jugement du 7 mai 2012, a estimé que :

> la circoncision d'un enfant dépourvu de capacité de consentement, pratiquée, selon les règles de l'art, par un médecin avec l'autorisation de ses parents pour des motifs religieux, n'est pas exclue du champ de la prévention de coups et blessures volontaires sous l'angle de l'adéquation sociale. L'autorisation donnée par les parents ne peut constituer une cause de justification, étant donné que le droit des parents à l'éducation religieuse des enfants ne peut primer sur le droit de l'enfant à l'intégrité physique et à l'autodétermination. La circoncision d'un enfant dépourvu de la capacité de consentir n'est conforme à son bien-être ni sous l'angle de la préservation de sa place au milieu socioreligieux, ni sous l'angle du droit parental à l'éducation[110].

En l'espèce, la circoncision avait un but religieux exclusivement mais avait été pratiquée par un médecin en milieu hospitalier, sur demande des parents de l'enfant concerné. Pour en arriver à cette décision, décriée sur tout le continent et pas seulement dans les milieux juifs et musulmans, où la pratique est courante, voire systématique, la juridiction allemande a procédé à une mise en balance des droits fondamentaux en présence et a fait une stricte application du principe de proportionnalité : la liberté de pratiquer un rite religieux est confrontée au droit à l'intégrité physique de l'enfant, par hypothèse incapable de donner son consentement à une modification durable et irréparable de son corps[111]. Et le tribunal de conclure : « Même si elle devait être considérée comme nécessaire, la violation de l'intégrité physique résultant de la circoncision réalisée à des fins d'éducation religieuse s'avère en toute hypothèse disproportionnée ».

Jusqu'alors, et dans toute l'Europe, la circoncision était tolérée au titre du respect des cultes et constituait donc un accommodement. Le tribunal rhénan lui a ôté son qualificatif de raisonnable. Cette décision est critiquable. Si l'application du principe de proportionnalité traduit évidemment le souci du juge de trouver la voie la moins dommageable entre différents droits fondamentaux, la mise en balance des intérêts en présence aurait pu se conclure en faveur de la liberté de conscience des parents plutôt qu'au respect de l'intégrité physique de l'enfant[112].

---

110 Une traduction de ce jugement a été publiée dans *JLMB*, 2013, p. 143. Pour un commentaire et une autre traduction du même jugement, voy. Grossholz, C., « La circoncision infantile en cause : la décision du Tribunal de Cologne du 7 mai 2012 », *RFDA*, 2012, p. 843-848.

111 Grivel, P., « La circoncision religieuse : droit des parents contre droit de l'enfant », *Le blog Dalloz*, 27 septembre 2012.

112 En ce sens, Libchaber, R., « Circoncision, pluralisme et droits de l'homme », *D.*, 2012, p. 2044.

À l'opposé de la décision allemande, un arrêt de la Cour d'appel de Douai a confirmé, le 15 juin 2010, la relaxe d'un prévenu qui, se faisant passer pour un chirurgien auprès des parents, avait sur une table de cuisine circoncis un nourrisson qui avait failli en mourir. Cette décision ne doit pas être saluée pour autant. Dans cette affaire, en effet, les parents portèrent plainte pour exercice illégal de la médecine[113]. Or, le débat judiciaire dévia et porta principalement sur la circoncision. Son caractère rituel fut préféré à tout autre argument. Une correcte application du principe de proportionnalité aurait pu conduire le juge à trancher en faveur des parents et à condamner le prévenu pour exercice illégal de la médecine. Sans doute la peur de stigmatiser des communautés minoritaires a-t-elle fait déserter la raison et, avec elle, le droit des prétoires. En tout état de cause, la décision allemande aura eu le mérite d'imposer à nos démocraties européennes une introspection sur le sujet, tant elle a suscité de vives réactions. L'hôpital pédiatrique de Zurich a suspendu toute circoncision suite à cette décision et « mis en place un moratoire sur les enjeux éthiques et médicaux de cette opération » pour finalement l'autoriser à nouveau si l'accord exprès des deux parents est donné[114].

Un très rapide tour d'horizon révèle que si elle a toujours été tolérée, cette pratique est rarement réglementée et se trouve même réunir les éléments constitutifs des infractions d'atteinte à l'intégrité physique[115]. Le sujet est d'une manière générale assez absent des prétoires européens notamment sous l'angle pénal. Quelques décisions ont pu ici ou là aborder la question lors de contentieux relatifs à l'autorité parentale. En Belgique, la Cour d'appel de Liège a considéré dans un arrêt du 9 avril 1981 que la « circoncision ne représente pas une pratique contraire à l'ordre public international belge, même si, en dehors de certains États, elle ne repose que sur une tradition religieuse ou une coutume culturelle »[116]. Mais d'ajouter que « l'immunité médicale se situe par l'état de nécessité qui peut dépendre de facteurs psychiques pouvant eux-mêmes découler de considérations esthétiques ou du respect de règles éthiques, pour autant qu'ils ne soient pas indéfendables au plan médical ou psychologique ».

---

113 http://peripetiesjudiciaires.nordblogs.com/archive/2012/07/19/circoncision-le-debat-cache.html.

114 Voy. Trécourt, F., « *L'hôpital de Zurich autorise à nouveau la circoncision* », *Le Monde des religions*, publié le 17 août 2012.

115 Voy. Libchaber, R., *op. cit.*, p. 2046.

116 Liège (ch. jeun.), 9 avril 1981, *Rev. trim. dr. fam.*, 1982, p. 331. Pour la France, voy. notamment De Gaulmyn, I., « Le délicat débat juridique sur la circoncision en Europe », *La Croix*, 8 août 2012.

En France également, la circoncision est tolérée sans toutefois bénéficier d'un encadrement légal[117].

En Belgique, la pratique en privé de la circoncision n'est pas chiffrée mais l'on observe, au travers des demandes de remboursement faites auprès de l'INAMI, qu'elle est courante et vraisemblablement de plus en plus fréquemment pratiquée dans le cadre hospitalier : « Si aucune statistique officielle ne permet de distinguer les circoncisions effectuées pour des raisons médicales, personnelles ou rituelles – l'Inami n'impose pas au médecin de spécifier les modalités de cette circoncision –, on estime que depuis 25 ans, environ un garçon sur trois né en Belgique serait circoncis. Selon les hôpitaux wallons et bruxellois, 80 à 90 % des cas répondraient à un impératif culturel et/ou religieux »[118]. Réagissant à la décision du tribunal de grande instance de Cologne, la ministre de la Santé belge a précisé que le principal réside dans le fait que les circoncisions « se fassent dans les meilleures conditions d'hygiène. Le fait qu'elles soient pratiquées par un médecin est en soi une garantie optimale ». C'est en cela que la décision allemande apparaît particulièrement sévère puisque la circoncision condamnée avait été pratiquée par un médecin dans le respect le plus strict des règles d'hygiène.

À l'heure actuelle, la circoncision rituelle s'apparente donc à une coutume *contra legem*. Ce serait « l'idée que la circoncision est pratiquée sur nos continents depuis des temps immémoriaux qui justifierait cette tolérance »[119]. La Cour d'appel de Liège a considéré que la circoncision n'était pas une « option fondamentale de l'éducation » d'un enfant[120]. À ce jour, il n'est pas envisagé de remettre en cause la circoncision rituelle ni même son remboursement par l'Inami[121]. Qui plus est, « si l'on décidait d'interdire toutes atteintes corporelles à visée non thérapeutique chez les enfants, on remettrait en cause les oreilles percées de certains bébés, les *piercings* et tatouages des adolescents, l'otoplastie[122], etc. »[123],

---

117 Conseil d'État de France, « Réflexions sur la laïcité », Rapport public du Conseil d'État 2004, *La Documentation française*, 2004, p. 331-333.

118 Kramps, G., « La circoncision, trop coûteuse ? », Centre communautaire laïc juif, 10 août 2012, http://cclj.be/article/3/3389.

119 Langenaken, E., *op. cit.*, p. 483.

120 En France, la jurisprudence des juges civils tend, depuis 2000, à considérer la circoncision comme un « acte grave », qui nécessite donc l'accord des deux parents. Voy. Grossholz, C., *op. cit.*, p. 845 ; Duvert, C., « Autorité parentale et circoncision rituelle », *D.*, 2001, p. 1585.

121 « La circoncision rituelle en hausse en Belgique », *La Libre Belgique*, 10 août 2012.

122 L'otoplastie est une opération plastique destinée à corriger les défauts congénitaux ou acquis de l'oreille, *Méd. Biol.*, t. 3, 1972.

123 Grivel, P., « La circoncision religieuse : droit des parents contre droit de l'enfant », *op. cit.*

interventions qui ne sont envisagées que pour des raisons esthétiques sans que cela ne choque le badaud et qui ne s'appuient donc pas sur un principe à valeur constitutionnelle, comme la liberté de religion, pour être pratiquées.

En définitive, la voie la moins dommageable ne pourrait-elle être trouvée en adoptant une loi autorisant la circoncision, bien qu'il s'agisse d'une intervention chirurgicale non thérapeutique, mais exigeant qu'elle soit pratiquée selon les règles de l'art médical, à savoir par un médecin et en un lieu approprié ? C'est la voie qu'a empruntée l'Allemagne qui, suite à la décision du tribunal de Cologne, s'est dotée, le 12 décembre 2012, d'une loi autorisant cette pratique rituelle pour peu qu'elle respecte un cadre médical professionnel. L'acte chirurgical pourra être réalisé par une personne formée et qualifiée, telle qu'un médecin, s'il se conforme à « *un traitement adapté et effectif de la douleur* ». Le texte reconnaît également à une personne désignée par une communauté religieuse, comme un *mohel* juif[124], le droit de procéder à ce type d'opération dans les six premiers mois suivant la naissance d'un enfant, si elle se conforme à ces conditions[125].

L'intervention législative permettrait en outre de mettre fin à l'amalgame pratiqué par certains entre la circoncision et l'excision[126]. Avec Évelyne Langenaken, il faut au contraire considérer qu'« apparaît clairement le statut variable donné à l'intégrité physique selon que l'on se situe dans l'une ou l'autre pratique : relatif – c'est-à-dire pouvant être mise en balance avec d'autres principes fondamentaux – quand il s'agit de la circoncision, absolu lorsqu'il s'agit de l'excision. La gravité de l'atteinte à l'intégrité physique justifie amplement cette différence de traitement sur le plan juridique »[127]. L'assemblée parlementaire du Conseil de l'Europe a, à cet égard, adopté dernièrement une résolution, « Le droit des enfants à l'intégrité physique »[128]. Elle comporte un considérant qui n'est pas exempt d'ambiguïté, où elle se montre

124 L'article 10 du décret impérial du 29 août 1862, relatif au culte israélite en Alsace-Moselle, disposait déjà : « le mohel doit être pourvu d'un certificat délivré par un docteur en médecine ou chirurgie, désigné par le préfet, et constatant que l'impétrant offre au point de vue de la santé publique toutes les garanties nécessaires », Conseil d'État de France, « Réflexions sur la laïcité », *op. cit.*, p. 331-332.

125 « Les députés allemands votent une loi autorisant la circoncision », *Le Monde*, 12 décembre 2012. Voy. aussi Schreiber, J.-Ph., « La loi allemande sur la circoncision », *Observatoire des religions et de la laïcité*, 16 décembre 2012.

126 Voy. par exemple Schreiber, J.-Ph., *La crise de l'égalité. Essai sur la diversité multiculturelle*, Bruxelles, Espace de Libertés, 2012, p. 134.

127 Langenaken, E., *op. cit.*, p. 486.

128 Résolution 1952 (2013) adoptée le 1er octobre 2013, www.assembly.coe.int.

> particulièrement préoccupée par une catégorie particulière de violations de l'intégrité physique des enfants, que les tenants de ces pratiques présentent souvent comme un bienfait pour les enfants, en dépit d'éléments présentant manifestement la preuve du contraire. Ces pratiques comprennent notamment les mutilations génitales féminines, la circoncision de jeunes garçons pour des motifs religieux, les interventions médicales à un âge précoce sur les enfants intersexués, et les piercings, les tatouages ou les opérations de chirurgie plastique qui sont pratiqués sur les enfants, parfois sous la contrainte (point 2).

Elle semble alors mettre sur le même pied la circoncision et l'excision. Dans ses recommandations cependant, elle oppose clairement ces deux pratiques. Elle recommande aux États membres, d'un côté, de « condamner publiquement les pratiques les plus préjudiciables, comme les mutilations génitales féminines, et adopter la législation les interdisant » (point 7.5.1) tandis qu'elle invite ces États à « définir clairement les conditions médicales, sanitaires et autres à respecter s'agissant des pratiques qui sont aujourd'hui largement répandues dans certaines communautés religieuses, telles que la circoncision médicalement non justifiée des jeunes garçons » (point 7.5.2). Ce faisant, l'Assemblée parlementaire invite l'ensemble des États européens à s'inspirer de la solution accommodante dégagée en Allemagne[129].

21. Autre rite cultuel, l'abattage a trouvé depuis longtemps des solutions accommodantes en Belgique. À la différence de la circoncision cependant, l'abattage est réglementé et les accommodements permettant l'expression concrète de la liberté religieuse sont prévus dans notre législation. L'article 16, § 1er, de la loi du 14 août 1986 relative à la protection et au bien-être des animaux prévoit en principe que « l'abattage ne peut se pratiquer qu'après étourdissement de l'animal ou, en cas de force majeure, suivant la méthode la moins douloureuse » mais recourt à l'aménagement en ajoutant ce tempérament : ces exigences « ne s'appliquent toutefois pas aux abattages prescrits par un rite religieux ». Le législateur délègue ensuite au roi le soin de déterminer les méthodes d'étourdissement et d'abattage en fonction des circonstances de l'abattage et de l'espèce animale tout en précisant là encore que « le roi peut déterminer que certains abattages prescrits par un rite religieux doivent être effectués dans des abattoirs agréés ou dans des établissements agréés [...], par des sacrificateurs habilités à ce faire par les représentants du culte ». L'arrêté royal du 11 février 1988 relatif à certains abattages prescrits par un rite religieux, encadre les abattages conformes aux rites juif et musulman, notamment, d'une part, en exigeant que les sacrificateurs soient habilités

---

[129] Le rapport de la députée allemande, Marlene Rupprecht, révèle d'ailleurs que l'initiative de cette résolution fait suite aux débats parlementaires ayant conduit à l'adoption de la loi allemande (Rapport n° 13042 du 6 septembre 2013, www.assembly.coe.int, § 8 et 14).

par le Consistoire central israélite de Belgique ou par l'organe représentatif des musulmans de Belgique, et d'autre part, en interdisant tout abattage privé[130].

Examinant une proposition de loi tendant à interdire les abattages rituels au nom de la défense des animaux, l'assemblée générale de la section de législation du Conseil d'État a considéré que « la suppression de la dérogation à l'exigence d'étourdissement préalable en cas d'abattage rituel, si elle poursuit l'objectif légitime de mieux assurer le bien-être des animaux, porte une atteinte disproportionnée à la liberté de religion consacrée par l'article 9 de la Convention. Elle priverait en effet certains fidèles de la possibilité de se procurer et de manger une viande jugée par eux plus conforme aux prescriptions religieuses »[131]. Les principes en balance dans le problème de l'abattage rituel ne sont, de toute évidence, pas équivalents. Il n'est, en effet, pas démontré que le bien-être animal fasse partie des buts légitimes au nom desquels la liberté religieuse puisse être restreinte, ni même, dans l'affirmative, qu'il soit mieux assuré par l'étourdissement de l'animal.

1.2.3. La clause de conscience en matière de bioéthique

22. La Belgique est longtemps restée à la traîne, s'agissant de la laïcisation de sa législation dans le domaine de la bioéthique. Alors que la France, par exemple, dépénalisait l'avortement dès 1975 sous la houlette de Simone Veil, elle attendit 1990 pour sauter le pas. Et encore, dans les circonstances dramatiques que l'on sait. Peut-on considérer que le tour de passe-passe constitutionnel qui a permis au roi Baudouin de se dispenser des devoirs de sa charge sans provoquer une crise de régime fut un accommodement de la norme constitutionnelle[132] ? Il ne fut en tout cas pas raisonnable. Ne fut-ce que parce que le roi n'a pu préserver la

---

[130] L'article 20, § 1er, alinéa 4 de la loi du 5 septembre 1952 relative à l'expertise et au commerce des viandes dispose que « Le Roi peut régler l'apport des animaux dans les abattoirs, ainsi que fixer les conditions dans lesquelles les abattages de nécessité et les abattages privés sont autorisés dans les abattoirs ». Cette disposition n'est cependant pas utilisée.

[131] Avis n° 40 350/AG du 16 mai 2006 sur une proposition de loi « modifiant la loi du 5 septembre 1952 relative à l'expertise et au commerce des viandes et la loi du 14 août 1986 relative à la protection et au bien-être des animaux, en ce qui concerne les abattages rituels », *Doc. parl.*, *Sénat*, 2005-06, n° 3-808/6, p. 6. L'avis fait application des principes dégagés par la Cour européenne des droits de l'homme dans son arrêt de grande chambre *Cha'are Shalom ve Tsedek c. France*, du 27 juin 2000, où la Cour s'était justement retranchée derrière la possibilité pour les intéressés de se procurer de la viande abattue selon leur rite sur le marché belge, plus accommodant, pour se dispenser de « de se prononcer sur la compatibilité de la restriction alléguée par la requérante avec les exigences fixées au paragraphe 2 de l'article 9 de la Convention » (§ 84).

[132] En ce sens Schreiber, J.-Ph., *op. cit.*, p. 141.

virginité de sa conscience qu'en condamnant d'autres, qui partageaient ses convictions, à se sacrifier. Il revint en effet au Gouvernement, dirigé par le social-chrétien Wilfried Martens, de sanctionner et promulguer la loi. Singulière conception de la compassion chrétienne[133].

L'attitude du roi a-t-elle eu pour effet paradoxal d'aider les partis sociaux-chrétiens à se laïciser ? Toujours est-il que la loi du 3 avril 1990 relative à l'interruption de grossesse semble avoir brisé une digue. Après les années 1990, en effet, les lois laïques ont déferlé : certaines ont un ancrage médical (euthanasie, procréation médicale assistée), d'autres, comme le mariage homosexuel, concernent l'organisation de la société... Toutes ont permis à la Belgique de faire figure de modèle en matière de laïcisation de la société, bien devant la France qui ne l'a toujours pas rattrapée[134].

23. Ces lois, pour s'affranchir du dogme confessionnel, ont dû prévoir des accommodements, plus couramment appelés « clauses de conscience » ou « objections de conscience », qui permettent au professionnel sollicité de refuser de contribuer à appliquer la loi considérée. À chaque fois, la liberté de religion est mise en balance avec un autre droit, à la maîtrise de son corps. La liberté de religion trouve donc à s'exprimer par le truchement de la clause de conscience. Si cette dernière est toujours appréhendée de la même manière, elle ne reçoit pas les mêmes conditions d'application suivant le contexte et l'époque. Varient en effet, d'une part, le nombre plus ou moins important de personnes pouvant se prévaloir de la clause ; d'autre part, les éventuelles obligations qui sont faites aux bénéficiaires de la clause, d'abord, d'informer au plus vite de leur refus, ensuite, de préciser les raisons dudit refus, et enfin, de diriger le patient vers un confrère qui ne fera pas usage de la clause.

Nous devons la première clause du genre à la loi du 3 avril 1990 relative à l'interruption de grossesse. L'article 350 du Code pénal prévoit désormais qu'« aucun médecin, aucun infirmier ou infirmière, aucun auxiliaire médical n'est tenu de concourir à une interruption de grossesse.

---

133 L'ancien Premier ministre revient sur cet épisode dans ses mémoires : « Lieven van Gerven, président du Davidsfonds à cette époque, m'a demandé publiquement comment la conscience de Martens pouvait être tellement plus élastique que celle du roi. La réponse est très simple [...]. En tant que législateur, j'avais laissé parler ma conscience et j'avais voté contre la loi. Mais en tant que membre du pouvoir exécutif, je n'étais plus une personne douée de conscience, mais une fonction » (Martens, W., *Mémoires pour mon pays*, Bruxelles, Racine, 2006, p. 187). Manifestement, le roi n'était pas imprégné des mêmes valeurs démocratiques.

134 L'adoption récente, après plus de cent soixante-dix heures de débats à l'Assemblée nationale française du « mariage pour tous », le 23 avril 2013, fait de la « patrie des droits de l'homme » le 9e pays européen à légaliser l'union de personnes de même sexe et le 14e dans le monde.

Le médecin sollicité est tenu d'informer l'intéressée, dès la première visite, de son refus d'intervention ». Quant au Code de déontologie médicale du 19 novembre 1975, il prévoit, en son article 86, alinéas 3 et 4 que : « dans tous les cas, le médecin est libre d'y prêter son concours. Il peut s'y refuser pour des motifs personnels. Ses collaborateurs doivent jouir à tous égards de la même liberté ». Cette première mouture est très faiblement encadrée. En effet, jusqu'à présent, le professionnel de santé doit juste informer l'intéressée de son refus de participer à l'interruption de grossesse mais ne doit pas en spécifier les raisons, raisons, qui, si elles sont souvent d'ordre éthique, peuvent tout aussi bien « être fondées sur la constatation qu'une situation de détresse ou la détermination d'interrompre la grossesse font défaut »[135]. Aucun délai ne lui est imposé. Or, le moment de l'information est crucial dans la mesure où l'IVG doit intervenir, pour rester légale, dans le délai assez court de douze semaines. En tardant, le refus peut tout simplement rendre celle-ci impossible, ou illégale. En définitive, la clause de conscience n'est réellement encadrée qu'en ce qui concerne les personnes pouvant s'en prévaloir : c'est-à-dire le personnel médical. Dans une affaire *Pichon et Sajous c. France*, la Cour européenne des droits de l'homme, saisie sur la base de l'article 9 de la Convention par deux pharmaciens français qui avaient été condamnés pour refus de vente, s'est prononcée sans équivoque : « Dès lors que la vente du produit est légale, intervient sur prescription médicale uniquement et obligatoirement dans les pharmacies, les requérants ne sauraient faire prévaloir et imposer à autrui leurs convictions religieuses pour justifier le refus de vente de ce produit, la manifestation desdites convictions pouvant s'exercer de multiples manières hors de la sphère professionnelle »[136]. Une telle jurisprudence est parfaitement transposable en Belgique : les pharmaciens ne sont pas visés par l'article 350 du Code pénal et ne peuvent donc pas se prévaloir d'une clause de conscience pour refuser de vendre des médicaments abortifs.

Pierre Galand, alors président du Centre d'Action Laïque, dans son discours d'ouverture du colloque organisé en avril 2010 pour fêter les vingt ans de la loi dépénalisant l'avortement[137], soulignait qu'en Belgique, « il existe, même dans les hôpitaux publics, des médecins qui refusent de pratiquer les IVG même en cas de détresse extrême. [...] [D]ans notre pays, de nombreux centres de planning familial peinent à trouver des médecins acceptant de pratiquer les interruptions volontaires

135 Voy. Nys, H., *La médecine et le droit*, Kluwer, 1995, p. 183.

136 Cour eur. dr. h., *Pichon et Sajous c. France*, 2 octobre 2001.

137 Voy. Génicot, G., *Droit médical et biomédical*, Liège, Larcier, 2010, p. 546-553.

de grossesse »[138]. Le droit à l'avortement est donc malmené par le jeu de la « clause de conscience ». Cet accommodement, ne mettrait-il pas le principe du droit à l'avortement en danger si l'on y recourt de manière déraisonnable ? La disposition actuelle, inchangée depuis la loi du 3 avril 1990 dépénalisant l'avortement, mériterait d'être évaluée en vue d'un éventuel encadrement plus strict.

La Cour européenne des droits de l'homme impose aux États qui ont légalisé l'avortement de le rendre concret et effectif : « une fois que le législateur a décidé d'autoriser l'avortement, il ne doit pas concevoir le cadre légal correspondant d'une manière qui limite dans la réalité la possibilité d'obtenir l'obligation d'adopter une telle intervention »[139]. En d'autres termes, une obligation positive pèse sur les États permettant l'avortement, que celui-ci soit volontaire ou thérapeutique. Très concrètement, le système doit notamment prendre en compte le facteur temps, qui précisait-elle encore récemment, « présente une importance critique »[140]. La clause de conscience applicable en matière d'avortement devrait donc être plus étroitement encadrée pour respecter les préceptes européens mais aussi tout simplement la volonté du législateur.

24. La clause de conscience prévue dans la loi du 28 mai 2002 relative à l'euthanasie[141], épouse la même problématique tout en intégrant quelques correctifs. Cette loi, en dépénalisant partiellement le geste euthanasique transforme un acte auparavant délictueux en geste médical[142]. Incarnant les tenants du droit de mourir dans la dignité, et plus largement ceux qui militent en faveur d'une conception maximale du droit de l'individu à l'autodétermination et à la libre disposition de son corps[143], l'optique sociétale de la loi heurte certaines convictions religieuses. La clause de conscience alors prévue par l'article 14 de la loi a été formulée en des termes plus restrictifs que celle figurant dans la loi de 1990. Le

---

[138] Galand, P., Discours d'ouverture, *Les 20 ans de la loi sur l'avortement. De la subversion au droit*, Actes du colloque du 1er avril 2010 organisé par le Centre d'Action Laïque (CAL), p. 4, http://www.laicite.be/images/tinymce/docs/zone05/591b-ActescolloqueIVG.pdf.

[139] Cour eur. dr. h., *Tysiąc c. Pologne*, 20 mars 2007, § 110. Voy. Roman, D., « L'avortement devant la Cour européenne, À propos de l'arrêt CEDH, 20 mars 2007, Tysiąc c. Pologne », *Revue de droit sanitaire et social*, 2007, n° 4, p. 643 et s.

[140] Cour eur. dr. h., 26 mai 2011, *R.R. c. Pologne*, § 203. Pour un commentaire de l'arrêt, voy. Larralde, J.-M., « La Cour européenne des droits de l'homme et le droit à l'avortement : entre avancées prudentes et conservatisme assumé », *Rev. trim. dr. h.*, 2012, p. 609-624.

[141] Pour une étude complète de la question et une comparaison avec la loi néerlandaise, voy. Leleu, Y.-H. & Génicot, G., « L'euthanasie en Belgique et aux Pays-Bas », *Rev. trim. dr. h.*, 2004, p. 5-50 ; Génicot, G., *op. cit.*, p. 634-674.

[142] Génicot, G., *op. cit.*, p. 659.

[143] Leleu, Y.-H. & Génicot, G., *op. cit.*, p. 7-10.

refus est désormais encadré dans un délai et doit être explicité. La loi précise même que « dans le cas où son refus est justifié par une raison médicale, celle-ci est consignée dans le dossier médical du patient ». La référence aux conceptions éthiques de l'objecteur, sans être explicite, n'en est pas moins clairement envisagée dans les possibilités de refus. Pour le reste, aucune obligation systématique n'est faite au médecin objecteur de permettre au patient d'être mis en contact avec un autre professionnel. En outre, comme elle précise que non seulement le médecin mais également « aucune autre personne » n'est tenue de participer à une euthanasie, elle a un champ d'application plus large qu'en matière d'avortement. Ainsi, les pharmaciens peuvent-ils refuser de délivrer une ordonnance laissant supposer qu'elle se destine à la pratique d'une euthanasie. La loi n'oblige toutefois pas le médecin objecteur à diriger le malade vers un de ses confrères.

25. Enfin, une dernière version de la « clause de conscience », nettement améliorée, apparaît dans la loi du 6 juillet 2007 relative à la procréation médicalement assistée et à la destination des embryons surnuméraires et des gamètes[144], qui obéit à la logique des lois bioéthiques en assurant « la consécration des prérogatives corporelles nouvellement conquises par l'individu grâce aux progrès scientifiques ; corrélativement, [la] nécessité de borner ces prérogatives par l'imposition de barrières reflétant la présence constante de l'ordre social, juridique et moral, au travers de limitations visant à couper court à d'inévitables risques de dérives »[145]. Petite particularité : elle voit le jour alors même que la pratique est déjà bien développée en Belgique mais sans cadre juridique, en s'en remettant à « la compétence et (à) la liberté de ses médecins et scientifiques en la matière, dont ils étaient supposés user avec raison et conscience, au profit de couples ou de femmes célibataires, tant nationaux qu'étrangers »[146]. Ainsi l'article 5 de la loi ne vise plus des individus mais « les centres de fécondation » et exige d'eux qu'ils fassent « preuve de la plus grande transparence quant à leurs options en ce qui concerne l'accessibilité au traitement ; ils ont la liberté d'invoquer la clause de conscience à l'égard des demandes qui leur sont adressées ». Une position de principe leur est en quelque sorte demandée, ce qui permet d'éclairer assez vite le patient, avant même qu'il aille consulter. Par ailleurs, le refus est encadré dans un délai strict, un mois à compter de la décision du médecin consulté. Il doit être formulé par écrit et indiquer obligatoirement s'il se base sur des raisons médicales ou sur l'invocation de la clause de conscience. Enfin,

---

144 Génicot, G., *op. cit.*, p. 588-609.

145 Voy. Génicot, G., « La maîtrise du début de la vie : la loi du 6 juillet 2007 relative à la procréation médicalement assistée », *J.T.*, 2009, p. 19.

146 Voy. Génicot, G., *op. cit.*, p. 19.

dans le cas où le ou les demandeurs en ont exprimé le souhait, il est fait obligation au centre de fécondation objecteur de fournir les coordonnées d'un autre centre de fécondation auquel ils peuvent s'adresser.

L'art d'accommoder progresse. Dans aucune de ces lois dites laïques, la liberté de religion n'a été oubliée, les clauses de conscience en assurent l'expression. Leur encadrement s'est heureusement précisé au fil du temps, de sorte qu'un équilibre puisse être atteint entre l'obligation de rendre effective une loi dont la vocation première est d'être générale et les convictions religieuses de certains. Il reste à souhaiter que les balises prévues en 2007 soient transposées à la clause de conscience en matière d'avortement, qui à l'heure actuelle ne garantit pas pleinement l'effectivité de la législation. Il n'en demeure pas moins que, pour soulager sa conscience, le médecin doit mettre entre parenthèses l'éthique de sa profession. En prononçant le « serment d'Hippocrate », il s'engage en effet « à ce que des convictions politiques ou philosophiques, des considérations de classe sociale, de race, d'ethnie, de nation, de langue, de genre, de préférence sexuelle, d'âge, de maladie ou de handicap n'influencent pas mon attitude envers mes patients »[147].

1.2.4. Pas de clause de conscience pour le mariage homosexuel

26. Quant au mariage homosexuel, il fait également et nécessairement figure de loi laïque. Ce n'est d'ailleurs pas un hasard si des officiers d'état civil ont tenté ici ou là d'invoquer une clause de conscience pour se soustraire à la célébration d'une telle union. En Belgique, rien de tel mais sa voisine française, dans un débat tristement houleux, n'a pas hésité à aborder le sujet. Ainsi, le 20 novembre 2012, lors du 95e congrès des Maires, le président François Hollande, en évoquant le mariage pour tous, s'employa à dire que : « la loi s'applique pour tous dans le respect de la liberté de conscience » mais ajoutait que « les possibilités de délégation (d'un maire à ses adjoints) existent et peuvent être élargies ». Devant le tollé provoqué, un démenti précisa dès le lendemain que « la loi doit s'appliquer partout, dans toutes les communes »[148]. La loi n° 2013-404 du 17 mai 2013 ouvrant le mariage aux couples de personnes de même sexe a finalement été votée sans qu'une clause de conscience n'ait été prévue. Le Conseil constitutionnel a validé l'obligation faite à l'officier de l'état civil de célébrer le mariage :

---

[147] Serment du Conseil national de l'Ordre des médecins de Belgique, version juillet 2011, www.ordomedic.be.

[148] Voy. Marmouyet, F., « Mariage pour tous : pas de clause de conscience pour les maires », La Croix, 18 octobre 2013.

> en ne permettant pas aux officiers de l'état civil de se prévaloir de leur désaccord avec les dispositions de la loi du 17 mai 2013 pour se soustraire à l'accomplissement des attributions qui leur sont confiées par la loi pour la célébration du mariage, le législateur a entendu assurer l'application de la loi relative au mariage et garantir ainsi le bon fonctionnement et la neutralité du service public de l'état civil ; qu'eu égard aux fonctions de l'officier de l'état civil dans la célébration du mariage, il n'a pas porté atteinte à la liberté de conscience. [...]. Les dispositions contestées, qui ne méconnaissent ni le principe de pluralisme des courants d'idées et d'opinions, ni le principe de la libre administration des collectivités territoriales, ni aucun autre droit ou liberté que la Constitution garantit, doivent être déclarées conformes à la Constitution[149].

Le Conseil constitutionnel rejoint ainsi la Cour européenne des droits de l'homme qui a considéré que les convictions religieuses d'un officier de l'état civil devaient s'incliner devant la nécessité d'assurer une égale application de la loi[150]. Le cas de l'officier d'état civil[151] ne peut se comparer à celui du corps médical. L'implication personnelle n'est évidemment pas comparable lorsqu'il s'agit de décider de la vie ou d'acter un engagement[152]. En outre, les futurs mariés ne peuvent pas se marier dans n'importe quelle commune alors qu'un patient n'est pas tenu de se faire soigner dans un hôpital ou par un médecin précis. Aucun accommodement ne pourrait être raisonnable à cet égard, et c'est heureux que la Belgique, la Grande-Bretagne et la France n'y aient pas fait droit[153].

2. L'accommodement raisonnable menacé par une laïcité devenue inhibitrice

27. Les pages qui précèdent permettent de considérer que la Belgique peut s'enorgueillir d'être un pays ayant adopté, dès son origine, une conception émancipatrice de la laïcité, favorisant ainsi un certain art du vivre ensemble. Malheureusement, une nouvelle conception de la laïcité, plus rigide, est évoquée dans le débat politique et social. Elle a tendance à vouloir neutraliser l'espace public et inhiber[154] l'expression de croyances

---

[149] Conseil constitutionnel, décision n° 2013-353 QPC du 18 octobre 2013. Voy. Tukov, C., « Le soap opera juridico-politique de l'année 2013 ? À propos de la clause de conscience des maires et la célébration du mariage de couple de même sexe », *J.C.P.*, 2013, p. 1986-1988.

[150] Cour eur. dr. h., *Eweida et autres c. Royaume-Uni*, 15 janvier 2013, § 102-106. Voy. la contribution d'E. Bribosia et I. Rorive au présent ouvrage.

[151] Parienté, J., Roucaute, D. & Béguin, F., *Le monde société*, 21 novembre 2012,

[152] En ce sens, Tukov, C., *op. cit.*, p. 1988.

[153] S'agissant du Canada, voy. la contribution de José Woehrling au présent ouvrage.

[154] Sur le sens attaché ici à la notion d'inhibition, voy. ci-avant.

religieuses au point de les renvoyer dans des sphères plus privées. Il y a donc à craindre pour ce bel équilibre social (2.1). D'aucuns voudraient lui donner un coup de boutoir final en consacrant la laïcité dans la Constitution (2.2). De l'autre côté de l'Atlantique, l'on s'inquiète de cette « laïcité très agressive » qui se développe en France et en Belgique, notamment. L'on peut lire dans un récent rapport de la Commission américaine sur les libertés religieuses internationales, qui relève du Congrès des États-Unis :

> during the past few years there have been increasing restrictions on, and efforts to restrict, various forms of religious expression in Western Europe, particularly religious dress and visible symbols, ritual slaughter, religious circumcision, and the construction of mosques and minarets. These, along with limits on freedom of conscience and hate speech laws, are creating a growing atmosphere of intimidation against certain forms of religious activity in Western Europe. These restrictions also seriously limit social integration and educational and employment opportunities for the individuals affected[155].

2.1. Vers la fin des accommodements raisonnables dans une laïcité inhibitrice

28. Un mouvement en deux temps, mais qui se superposent, a transformé radicalement la laïcité et ses effets sur la société. D'émancipatrice, elle est devenue, dans certains de ses aspects, inhibitrice, sinon carrément liberticide. Le premier temps est celui de la montée en puissance de l'exigence d'égalité aux dépens de la liberté, surtout religieuse. Cette évolution s'aperçoit très clairement dans le droit de l'enseignement. Elle a également provoqué l'échec de tentatives d'institutionnalisation d'accommodements raisonnables, menées notamment par les Assises de l'interculturalité (2.1.1). Le second temps voit l'apparition de législations d'interdiction qui ne se contentent plus de renforcer l'égalité mais cherchent à sanctionner des comportements jugés non conformes à la vision que la majorité se fait de la vie en société (2.1.2). Ce double mouvement a pour effet de saper les bases des accommodements raisonnables, à savoir la volonté de lutter contre les discriminations indirectes et l'exigence d'une application rigoureuse du principe de proportionnalité avant d'admettre ou d'appliquer une restriction aux libertés. Porté au nom du refus du « multiculturalisme » en ce qu'il génèrerait la ségrégation, il cache de plus en plus péniblement une dimension islamophobe (2.1.3).

---

155 United States Commission on International Religious Freedom, *Annual Report 2013*, p. 281, http://www.uscirf.gov. La présidente de cette commission, Katrina Lantos Swett, présentait ainsi ce rapport : « Dans certains pays, une laïcité très agressive place les personnes religieuses dans des positions inconfortables et difficiles en ce qui concerne le plein exercice de leurs convictions et croyances » (« La France a une "laïcité très agressive", d'après un rapport d'experts américains », *L'express*, 30 avril 2013).

2.1.1. *L'égalité uniformisatrice et le rejet de la lutte contre les discriminations indirectes*

29. Le principe d'égalité a connu une évolution remarquable, se faisant sans cesse plus exigeant[156]. L'on est ainsi passé de l'exigence d'égalité devant la loi à celle d'une égalité par la loi. La première suppose simplement que la loi soit la même pour tous, d'où l'importance accordée à l'abolition des privilèges et des ordres[157]. L'exigence d'égalité par la loi assigne à celle-ci la mission combien plus ambitieuse de combattre les inégalités, le droit devenant un instrument de l'égalité des conditions. Le passage d'une simple exigence d'égalité formelle, abstraite (devant la loi) à une égalité réelle, substantielle (par la loi) se marque par le fait que l'on ne se contente plus de traquer la discrimination active, qui suppose que des catégories de personnes soient traitées différemment sans justification, mais que l'on se préoccupe dorénavant de sa face passive ou indirecte. La discrimination passive est bien plus sournoise puisqu'elle se tapit sous une apparence d'uniformité : tout le monde est traité d'une manière identique. Mais là gît justement la discrimination. En effet, pareille uniformité ne prend pas en compte la situation radicalement différente des destinataires du traitement. Le plus souvent, l'autorité politique n'a pas la volonté, ni même la conscience d'adopter une norme discriminatoire.

Pour combattre ces discriminations passives, la Cour européenne des droits de l'homme a fait évoluer sa jurisprudence dans un arrêt *Thlimmenos* du 6 avril 2000 :

> La Cour a conclu jusqu'à présent à la violation du droit garanti par l'article 14 de ne pas subir de discrimination dans la jouissance des droits reconnus par la Convention lorsque les États font subir sans justification objective et raisonnable un traitement différent à des personnes se trouvant dans des situations analogues. Toutefois, elle estime que ce n'est pas la seule facette de l'interdiction de toute discrimination énoncée par l'article 14. Le droit de jouir des droits garantis par la Convention sans être soumis à discrimination est également transgressé lorsque, sans justification objective et raisonnable,

[156] Sur cette évolution, voy. Krenc, F., « La loi de l'égalité des usagers du service public : une loi surannée ? », in Dumont, H. & al. (dir.), *Le service public, 2. Les « lois » du service public*, Bruxelles, la Charte, 2009, p. 177-229 ; Renauld, B. & Van Drooghenbroeck, S., « Le principe d'égalité et de non-discrimination », in Verdussen, M. & Bonbled, N. (dir.), *Les droits constitutionnels en Belgique*, vol. 2, *op. cit.*, p. 553-605.

[157] C'est afin de marquer la rupture avec le régime hollandais de 1815, qui rétablit partiellement les ordres abolis par la Révolution française, que l'on plaça en tête de l'article 10 un premier alinéa : « Il n'y a dans l'État aucune distinction d'ordre ».

les États n'appliquent pas un traitement différent à des personnes dont les situations sont sensiblement différentes[158].

Il y aura discrimination indirecte lorsqu'une norme ou une pratique présente les apparences de la neutralité mais, dans les faits, affecte particulièrement une catégorie de personnes en raison des caractéristiques qui les unissent (origine, sexe, religion, etc.), même si telle n'est pas l'intention de l'autorité. Ainsi, selon la Cour européenne des droits de l'homme, « lorsqu'une politique générale cause des préjudices disproportionnés à un groupe particulier de personnes, il n'est pas exclu que cela puisse être considéré comme discriminatoire nonobstant le fait que la politique en cause ne soit pas spécifiquement conçue ou dirigée contre ce groupe »[159]. L'on se concentre donc davantage ici sur les effets de la norme ou du comportement pour traquer les discriminations cachées. Par exemple, servir du porc à tous les enfants dans une cantine scolaire est strictement respectueux de l'égalité formelle mais aura pour conséquence d'exclure les musulmans et les juifs pratiquants.

C'est pour obvier les effets de discriminations passives que les accommodements raisonnables sont apparus[160]. Ces approfondissements de l'exigence d'égalité sont toutefois récusés par les tenants de la laïcité inhibitrice lorsqu'il s'agit de les appliquer dans le domaine religieux, au nom d'une conviction : contrairement à d'autres traits de la personnalité susceptibles de mettre à mal l'égalité des individus, la croyance religieuse est une décision personnelle que l'on peut changer. Dès lors, il n'y a pas lieu de prendre cette caractéristique en compte pour déroger à l'uniformité et une hiérarchie s'établit : la liberté religieuse doit s'incliner devant l'égalité uniformisatrice. Ainsi, Jean-Philippe Schreiber s'inquiète d'une mise en cause du

---

158 Cour eur. dr. h. (Grande Chambre), *Thlimmenos c. Grèce*, 6 avril 2000, § 44. Voy. la contribution d'E. Bribosia et I. Rorive au présent ouvrage.

159 Cour eur. dr. h., arrêt du 4 mai 2001, *Hugh Jordan c. Royaume-Uni*, § 154, traduit par Krenc, F., *op. cit.*, p. 208.

160 Voy. notamment Koussens, D., « Le port de signes religieux dans les écoles québécoises et françaises. Accommodements (dé)raisonnables ou interdiction (dé)raisonnée ? », *Globe, Revue internationale d'études québécoises*, volumes 10/2 et 11/1, 2007-2008, p. 121-122 ; du même auteur, « Neutrality of the State and Regulation of Religious Symbols in Schools in Quebec and France », *Social Compass*, n° 56/2, 2009, p. 205-206 ; Jackson Preece, J., « Émergence de normes en matière d'accommodement raisonnable en faveur des minorités en Europe », *Accommodements institutionnels et citoyens : cadres juridiques et politiques pour interagir dans des sociétés plurielles*, Publications du Conseil de l'Europe, Tendances de la cohésion sociale, n° 21, 2009, p. 117-134 ; Ringelheim, J., « Adapter l'entreprise à la diversité des travailleurs : la portée transformatrice de la non-discrimination », *Journal européen des droits de l'homme*, 2013/1, p. 57-82.

projet égalitaire des Lumières. Une mise en cause qui se manifeste surtout dans la vision culturaliste de la société qui se développe de plus en plus. Celle-ci voit dans l'universalisme un paternalisme éculé qui aurait eu la prétention d'émanciper par la coercition, au nom de valeurs ethnocentrées, et elle lui oppose des politiques différenciées, multiculturalistes ou interculturalistes, dans le but de prétendument mieux gérer notre diversité sociale – sans trop de souci de rompre ainsi avec le principe d'égalité des citoyens[161].

À suivre cet auteur, seule une égalité individuelle et indifférenciée semble concevable. En effet, l'égalité devant la loi est « un principe sacré en démocratie. Elle s'applique de manière uniforme, afin de garantir le libre exercice des droits fondamentaux pour tous les citoyens, et ne consent à des distorsions mineures tant que celles-ci renforcent ce principe et ne l'affaiblissent pas »[162]. Dans le même ordre d'idée, Nadia Geerts oppose l'égalité de la tradition républicaine française, qui « consiste à octroyer à tous les mêmes droits et les mêmes devoirs, sans considération pour leurs particularismes individuels » à l'approche québécoise, qui « considère au contraire que l'égalité consiste à traiter différemment des individus différents, car les traiter de la même manière leur ferait subir une […] discrimination indirecte »[163]. Or Jean-Philippe Schreiber dénonce le fait que la notion de discrimination indirecte s'est « insinuée dans le droit belge ces dernières années ». La « distorsion à la règle commune » est selon lui admissible en vue de permettre à « des personnes affectées par un handicap de bénéficier d'un traitement différencié […]. En revanche, si l'on détourne ce principe pour l'étendre à des catégories de personnes que l'on considère de manière abusive être en situation de faiblesse semblable, cette dérive est porteuse d'une grave atteinte à la conception démocratique de l'égalité ». Tel serait le cas si l'on accordait des accommodements raisonnables « au bénéfice de supposées minorités ethniques ou religieuses »[164]. Et l'auteur de conclure :

> ce qui, tragiquement, est au cœur de l'abus qu'il y a à mettre sur le même plan l'accommodement pour motif ethno-religieux et l'aménagement dicté par le handicap, c'est que l'on peut en effet changer de religion, mais pas troquer son handicap contre un meilleur état physique. En outre, dans le premier cas, il ne s'agit pas de corriger une discrimination mais d'accorder un privilège,

---

161 Schreiber, J.-Ph., *La crise de l'égalité. Essai sur la diversité multiculturelle*, Bruxelles, Espace de Libertés, 2012, p. 19-20.

162 Schreiber, J.-Ph., *op. cit.*, p. 181.

163 Geerts, N., « Accommodements raisonnables : quelle égalité à l'école ? », *Toiles@penser*, Cahiers d'éducation permanente de La Pensée et les Hommes, dossier n° 2012-023-004, p. 10, www.lapenseeetleshommes.be.

164 Schreiber, J.-Ph., *op. cit.*, p. 135.

alors que dans le second, l'égalisation de la situation des moins valides à l'égard des personnes valides est bien l'objectif[165].

Édouard Delruelle, alors directeur adjoint du Centre pour l'égalité des chances, allait dans le même sens dans sa note minoritaire déposée dans le cadre du Rapport des Assises de l'interculturalité[166]. Cette thèse se fonde sur un postulat : « les droits de l'homme ne peuvent exister sans hiérarchie, parce que les droits et libertés sont toujours en tension. Quand il y a conflit, il faut que des principes s'imposent aux autres. Il en va ainsi de la liberté religieuse, qui est certes un droit inaliénable, mais qui ne peut, dans la hiérarchie des droits, s'imposer au principe d'égalité »[167]. Reprenant la formule d'Orwell, Vincent de Coorbyter constate que, selon le principe de neutralité, la religion est un type de conviction « plus égal que d'autres » alors que, selon la laïcité, elle constitue un type de conviction « moins égal que d'autres »[168].

30. Ce n'est évidemment pas un hasard si l'école constitue un enjeu majeur pour les tenants de cette égalité uniformisatrice. Selon Jean-Philippe Schreiber,

> si l'on considère que des problèmes se posent dans notre société, en termes d'intégration, le réflexe logique n'est-il pas de considérer que l'effort doit porter là où la cohésion se construit à l'école ? C'est là que le creuset intégrateur a toujours fonctionné, c'est là que l'homogénéisation s'est faite, c'est là que l'insertion sociale a débuté. Depuis cent cinquante ans, l'école assure ce rôle, elle est une véritable usine de la citoyenneté. N'est-il dès lors pas sage, plutôt que d'approfondir les disparités à l'école, de veiller à s'y affranchir de ce qui sépare : la caractérisation religieuse par le cours de religion, la caractérisation ethno-religieuse par le port de signes ostentatoires ? Bien entendu, ce sont avant tout des politiques volontaristes luttant contre le défaut de mixité sociale qui feront le plus progresser les choses ; mais elles n'ont pas de sens si elles ne s'arc-boutent pas sur le principe d'une école où l'égalité s'affiche et se construit[169].

Le souci d'assurer l'égalité et l'homogénéisation par l'école amène cet auteur à dénoncer l'article 14 de la Convention ONU relative aux

---

165 Schreiber, J.-Ph., *op. cit.*, p. 136.

166 Rapport final des Assises de l'interculturalité, 2010, p. 122, www.belgium.be. À propos de ce rapport, voy. ci-après ainsi que la contribution de J. Ringelheim au présent ouvrage.

167 Schreiber, J.-Ph., *op. cit.*, p. 182. Cette profession de foi apparaît dès l'entame de l'ouvrage : « J'ai la forte conviction, en effet, qu'on ne peut soumettre une liberté première, le principe d'égalité, à une liberté dérivée, le droit à la différence ou le droit à la liberté religieuse par exemple » (p. 12).

168 de Coorbyter, V., « Neutralité et laïcité : une opposition en trompe-l'œil », Politique, n° 65, juin 2010, p. 64.

169 Schreiber, J.-Ph., *op. cit.*, p. 180-181.

droits de l'enfant qui impose aux États de respecter le droit de l'enfant à la liberté de pensée, de conscience et de religion, estimant que l'enfant « n'est pas mûr pour résister à la pression de l'entourage familial »[170]. De même, Nadia Geerts avance que la vocation émancipatrice de l'institution scolaire est d'exiger « que chaque enfant soit considéré avant tout comme tel, sans être sommé d'observer jusque dans l'enceinte de l'école les obligations religieuses imposées par ses parents »[171]. Justement, le droit international des droits de l'homme impose aux États, lorsqu'ils interviennent en matière scolaire, de respecter les convictions des parents et consacre la liberté de ceux-ci d'éduquer leurs enfants, notamment et surtout dans le domaine des convictions[172]. Ce faisant, ces auteurs sacrifient le cœur de la laïcité, à savoir la neutralité, puisqu'ils revendiquent le droit pour l'école officielle de contrer les convictions des parents qui leur confient leurs enfants.

En Communauté française, à tout le moins depuis le décret « missions » du 24 juillet 1997, la volonté de réaliser autant que possible l'égalité des élèves a nécessairement mis à mal la liberté de l'enseignement, tant dans sa dimension organisationnelle que de libre choix[173]. La tendance apparaît déjà nettement dans la dévaluation de l'article 4 du Pacte scolaire narrée plus haut[174] : le souci du libre choix des parents a dû s'estomper pour ne pas faire d'ombre au principe d'égalité.

---

170 Schreiber, J.-Ph., *op. cit.*, p. 148.

171 Geerts, N., *op. cit.*, p. 12.

172 Ainsi l'article 2 du Premier Protocole à la Convention européenne des droits de l'homme assigne-t-il à l'État l'obligation de respecter « les droits des parents d'assurer cette éducation et cet enseignement conformément à leurs convictions philosophiques et religieuses ». Une seule disposition se retrouve à l'identique dans les deux pactes ONU de 1966 : « les États parties au présent Pacte s'engagent à respecter la liberté des parents […] de faire assurer l'éducation religieuse et morale de leurs enfants conformément à leurs propres convictions » (article 18.4 du Pacte international relatif aux droits civils et politiques ; article 13.3 du Pacte international relatif aux droits économiques, sociaux et culturels). Même la récente Charte des droits fondamentaux de l'Union européenne du 7 décembre 2000 garantit « le droit des parents d'assurer l'éducation et l'enseignement de leurs enfants conformément à leurs convictions religieuses, philosophiques et pédagogiques ».

173 Voy. Dumont, H., « Du pacte scolaire au décret "missions", quels déplacements ? Approche juridique », in Dumont, H. *et al.*, *Le décret du 24 juillet 1997 définissant les missions prioritaires de l'enseignement. Approche interdisciplinaire*, Bruxelles, FUSL, 1999, p. 490-505 ; Delgrange, X. & El Berhoumi, M., *op. cit.*, p. 1175-1176, 1205-1206 et 1290-1294. Ces amours carnivores entre liberté et égalité sont le thème de la thèse de Mathias El Berhoumi, *Le régime juridique de la liberté d'enseignement à l'épreuve des politiques scolaires* Bruxelles, Bruylant, 2013 (pour une présentation synthétique de cette thèse, voy. El Berhoumi, M., « La liberté d'enseignement entre érosion et résistance », *La Revue Nouvelle*, mars 2013, p. 32-45).

174 Voy. ci-avant.

Le sort réservé à des écoles dont le projet repose sur des pédagogies originales est également révélateur. On sait que le Constituant de 1988, lorsqu'il communautarisa l'enseignement, exprima sa volonté de favoriser ces projets aux côtés de ceux fondés sur des options philosophiques et religieuses. Voilà que, tant en Communauté flamande que française, le législateur entreprit d'imposer des normes à ce point précises en matière de contenu de l'enseignement que des pédagogies alternatives ne pouvaient plus se développer. Les écoles Steiner, notamment, ont introduit des recours devant la Cour constitutionnelle. Si celle-ci s'est faite très sévère dans le diagnostic – violation manifeste de la liberté d'enseignement – le remède prescrit était particulièrement homéopathique : prévoir une procédure de dérogation suffisait pour que la compatibilité avec cette liberté soit restaurée[175]. Alors que la Constitution proclame toujours la liberté d'enseignement et persiste à prohiber toute mesure préventive, les établissements ne peuvent plus obtenir un assouplissement des normes relatives au contenu de l'enseignement qu'en passant par des procédures de dérogation contraignantes et restrictives[176]. Alors qu'au nom de la liberté, les accommodements raisonnables pouvaient s'afficher au sein de la législation et jouir dès lors du même rang que la règle qu'ils modulent, ils doivent désormais se terrer dans d'obscures procédures dérogatoires, quémandées au cas par cas, avec le risque de stigmatisation que cela comporte.

31. La question d'une consécration explicite des accommodements raisonnables dans le droit belge fait actuellement débat. Les dernières Assises de l'interculturalité se sont tenues en 2010 et ont succédé à la Commission du dialogue interculturel[177]. L'un des thèmes de ces Assises était « l'analyse de la notion d'"accommodements raisonnables" et de son éventuelle implémentation »[178]. Le Rapport final expose les tensions exprimées au sein des Assises lorsque fut envisagée une politique d'« aménagement raisonnable », notamment dans le domaine de l'emploi. Les uns y étaient favorables. Les autres la rejetaient vivement, excipant du risque d'une « culturalisation » excessive du tissu social :

---

[175] C.C., arrêts 76/96 du 18 décembre 1996, B. 9 ; n° 49/2001 du 18 avril 2001, B. 11.

[176] Delgrange, X. & El Berhoumi, M., *op. cit.*, p. 1234.

[177] Sur les travaux de cette commission, voy. Dumont, H. & Delgrange, X., *op. cit.*, p. 87-95 et, dans le présent ouvrage, la contribution de J. Ringelheim.

[178] Rapport final des Assises de l'interculturalité, 2010, www.belgium.be, p. 64. Il est précisé : « dans ce rapport, nous avons choisi de nommer "aménagements" ce que les Québécois nomment "accommodements", traduction littérale de l'anglais "accommodations". Ce choix se justifie par le vocabulaire en vigueur dans la tradition juridique francophone européenne, où des "aménagements raisonnables" existent déjà en faveur des personnes handicapées. Toutefois, c'est surtout la terminologie des "accommodements raisonnables" qui a été utilisée dans les débats, le plus souvent à partir de l'expérience québécoise » (note de bas de page 15).

> Ces mesures dérangent, non seulement chez nous, mais partout où le débat est lancé, parce qu'elles abordent la question de l'agencement de la diversité de manière résolument protectrice des minorités et peuvent de ce fait être perçues comme attentatoires à une forme libérale de « vivre ensemble ». Elles traduisent une volonté politique qui pose la diversité comme fondement de l'avenir de nos sociétés démocratiques, et valorise celle-ci par rapport aux principes de l'égalité et de l'égalité des chances, et non inversement. C'est une optique qui met mal à l'aise car elle rappelle que l'acquis c'est la liberté, ce qui remet sur la table certains équilibres que l'on croyait définitivement acquis : l'apparence de neutralité dans le chef des services publics, le retrait du religieux en matières civiles, l'utilisation du critère de représentativité pour les cultes reconnus, l'effacement juridique de critères d'appartenance ethnique, etc.[179]

C'est l'éternel combat de l'égalité formelle contre l'égalité matérielle...

Le Comité de pilotage des Assises invitait à s'inscrire dans la démarche initiée par le Conseil de l'Europe[180] et à envisager d'étendre le concept d'aménagement raisonnable, actuellement réservé aux personnes souffrant de handicap dans le monde du travail, « aux personnes (in) directement désavantagées du fait de leur origine, de leur conviction et/ou de leur culture »[181]. Il n'y eut d'accord que sur un point : « il est nécessaire de poursuivre la réflexion »[182]. Toutefois, le Comité de pilotage proposait d'élargir sans plus attendre « la voie citoyenne », « qui vise à la recherche d'"ajustements concertés" : entre personnes de bonne volonté, il doit être possible de trouver des solutions mutuellement satisfaisantes »[183]. Il faut donc immédiatement commencer par recenser les demandes d'accommodements et identifier les pratiques qui se développent avec succès. Il faut encore instituer une instance « parfaitement neutre et experte » qui puisse formuler des avis « quasi juridiques » sur des demandes d'aménagement raisonnable, à l'instar de feue la Halde française, depuis devenue le *Défenseur des droits*[184], ou de la *Commissie*

---

179 Rapport, *op. cit.*, p. 19.

180 *Accommodements institutionnels et citoyens : cadres juridiques et politiques pour interagir dans les sociétés plurielles*, Conseil de l'Europe (Tendances de la cohésion sociale, n° 21) Strasbourg, 2009.

181 Rapport, *op. cit.*, p. 22. Cette invitation fait l'objet de la recommandation n° 6, Rapport, *op. cit.*, p. 118.

182 Rapport, *op. cit.*, p. 66.

183 Rapport, *op. cit.*, p. 65. La seconde voie est qualifiée de « "judiciaire" : faute d'un accord, la demande est présentée devant un juge qui statue soit en déboutant le demandeur de sa demande jugée "déraisonnable", soit en imposant un aménagement à l'autre partie ».

184 La Haute Autorité de lutte contre les discriminations et pour l'égalité (Halde) a été supprimée par une loi adoptée le 15 mars 2011. Elle est, en réalité, fusionnée au sein d'un Défenseur des droits avec trois autres autorités administratives indépendantes : le

voor Gelijke Behandeling aux Pays-Bas. Cet élargissement de la « voie citoyenne » par la mise en place de nouveaux outils (adaptation du calendrier des jours fériés légaux ; soutien à des groupes spécifiques accueillant des personnes appartenant à des minorités ethniques, culturelles et/ou religieuses, en priorité les jeunes et les femmes ; adaptation des services de soins et des établissements de santé ; discriminations positives en faveur des personnes issues de minorités dans les emplois publics...) permettrait de faire l'économie de la « voie judiciaire »[185].

Julie Ringelheim expose, dans sa contribution à cet ouvrage, les raisons de l'échec des Assises de l'interculturalité, constatant que ses conclusions n'ont pratiquement eu aucune suite politique. Ainsi, la dernière déclaration de politique du Gouvernement de la Communauté française, en 2009, contenait l'annonce suivante : « en articulation avec les Assises de l'interculturalité et avec le Centre pour l'égalité des chances et la lutte contre le racisme, le Gouvernement organisera le débat sur la notion d'accommodement raisonnable et sur la manière dont elle pourrait être mise en œuvre pour prévenir et résoudre des difficultés ou des conflits liés à l'interculturalité »[186]. Il n'y eut point de suite. Le calendrier scolaire est un bel exemple d'inertie. Le Rapport des Assises recommande l'adaptation du calendrier des jours fériés légaux afin « de trouver un équilibre entre les fêtes chrétiennes et celles d'autres courants religieux et philosophiques »[187]. En effet, si les catholiques bénéficient d'un congé pour leurs fêtes religieuses, les élèves juifs ou musulmans se voient refuser pareil privilège[188]. Une réforme décrétale est envisagée mais qui ne semble pas intégrer la préoccupation des accommodements raisonnables[189], à la

---

médiateur de la République, le défenseur des enfants et la Commission de déontologie de la sécurité. Voy. sur ce point : « La Halde est morte, vive le Défenseur des droits ! », le 10 juin 2011, www.inegalites.fr/spip.php?article1453 ; Caceres, G., *op. cit.*, p. 50-53.

185 Rapport, *op. cit.*, p. 67.

186 Déclaration de politique communautaire 2009-2014 « Une énergie partagée pour une société durable, humaine et solidaire », *Doc. parl.*, P.C.F., S.E. 2009, p. 168.

187 Rapport, *op. cit.*, p. 49.

188 Voy. Geerts, N., « Réforme du calendrier scolaire : au-delà du cosmétique », 7 avril 2013, www.enseignons.be.

189 « Noël et Pâques éjectés du calendrier scolaire », *La Libre Belgique*, 26 mars 2013. Certes, l'article 9 de l'arrêté du Gouvernement de la Communauté française du 22 mars 1984 fixant le régime des vacances et des congés permet bien l'obtention de dérogations mais uniquement pour « des raisons exceptionnelles et dûment motivées ». La fête de l'Aïd ne peut être qualifiée d'exceptionnelle puisqu'elle survient tous les ans. Or la réforme en projet n'envisage pas de modifier cette disposition, même si des dérogations au niveau de l'ensemble d'un établissement, compte tenu de ses spécificités, semblent être prévues, ce qui serait une avancée vers un aménagement raisonnable (voy. « Le nouveau calendrier scolaire agite tous azimuts », *La Libre Belgique*, 27 mars 2013).

différence de ce qui a cours en Flandre, où des jours d'absence peuvent être octroyés aux élèves en raison de fêtes religieuses[190]. En outre, si les noms des vacances ont été déconfessionnalisés (ne dites plus vacances de Pâques mais de printemps), le rythme scolaire n'a toutefois pas été adapté aux besoins pédagogiques – qui supposeraient un nombre fixe de semaines d'école entrecoupé de quinze jours de repos – demeurant soumis au calendrier liturgique qui fait voguer les vacances au gré des phases de la lune.

De même, la Note de politique générale du précédent Gouvernement fédéral dirigé par le socialiste E. Di Rupo en matière d'égalité des chances contient plusieurs points qui rencontrent les propositions émises par le Comité de pilotage des Assises de l'interculturalité : le Centre pour l'égalité des chances sera institué par un accord de coopération et deviendra interfédéral[191], une Institution nationale des droits de l'homme sera érigée[192], un baromètre de la diversité, permettant de dresser « de manière scientifique un état des lieux de la diversité en Belgique », sera mis en place de manière structurelle[193]. Par ailleurs, le Centre pour l'égalité des chances met en place des outils destinés à venir en aide aux différents acteurs de la société en matière de neutralité et d'aménagements raisonnables[194]. Le Rapport final expose les tensions exprimées au sein des Assises lorsque fut envisagée une politique d'« aménagement raisonnable », notamment dans le domaine de l'emploi. Les uns y étaient favorables. Les autres la rejetaient vivement, excipant du risque d'une « culturalisation » excessive du tissu social :

> Ces mesures dérangent, non seulement chez nous, mais partout où le débat est lancé, parce qu'elles abordent la question de l'agencement de la diversité de manière résolument protectrice des minorités et peuvent de ce fait être

[190] Voy. la circulaire du 8 juillet 2005, « Afwezigheden en in- en uitschrijvingen in het voltijds gewoon secundair onderwijs en het deeltijds secundair onderwijs », 2.1.7 : « Het beleven van de feestdagen die inherent zijn aan de door de Grondwet erkende levensbeschouwelijke overtuiging van de leerling, overtuiging die door de school moet worden gerespecteerd », www.ond.vlaanderen.be/edulex.

[191] Note de politique générale, Égalité des chances, *Doc. parl.*, Ch., 2012-13, n° 53 2586/13, p. 31. Voy. le projet de loi portant assentiment à l'accord de coopération du 23 juillet 2012 visant à créer un Centre interfédéral pour l'égalité des chances et la lutte contre le racisme et les discriminations, *Doc. parl.*, Sénat, 2012-13, n° 5-2137/1.

[192] Note de politique générale, *op. cit.*, p. 32. Voy. également la proposition de loi créant une Commission fédérale des droits de l'homme, déposée par Olivier Maingain, *Doc. parl.*, Ch., n° 53 418/1 et l'avis de l'assemblée générale de la section de législation du Conseil d'État n° 48 858/AG du 7 décembre 2010, *Doc. parl.*, Ch., n° 53 418/2.

[193] Note de politique générale, *op. cit.*, p. 34-36.

[194] Voy. notamment Centre pour l'égalité des chances, *Les signes d'appartenance convictionnelle, État des lieux et pistes de travail*, 2009 (mise à jour 2012), http://signes.diversite.be.

perçues comme attentatoires à une forme libérale de « vivre ensemble ». Elles traduisent une volonté politique qui pose la diversité comme fondement de l'avenir de nos sociétés démocratiques, et valorise celle-ci par rapport aux principes de l'égalité et de l'égalité des chances, et non inversement. C'est une optique qui met mal à l'aise car elle rappelle que l'acquis c'est la liberté, ce qui remet sur la table certains équilibres que l'on croyait définitivement acquis : l'apparence de neutralité dans le chef des services publics, le retrait du religieux en matières civiles, l'utilisation du critère de représentativité pour les cultes reconnus, l'effacement juridique de critères d'appartenance ethnique, etc[195].

C'est l'éternel combat de l'égalité formelle contre l'égalité matérielle...

32. Les tensions entre ces deux dimensions de la laïcité, émancipatrice et inhibitrice, parcourent jusqu'au Centre pour l'égalité des chances et la lutte contre le racisme, lui-même, à propos de la question très sensible de l'apparence de neutralité des fonctionnaires. Le bourgmestre d'Anvers et président de la NVA, Bart De Wever, a contribué à les mettre en évidence en jetant son pavé hebdomadaire dans la mar(r)e médiatique[196] :

> Une femme peut-elle porter un foulard ? Naturellement. Mais pas derrière un guichet. Qui est le visage de la Ville d'Anvers se voit imposer la neutralité. Un employé au guichet ne peut pas non plus porter un t-shirt avec la mention « Eigen volk eerst ». Je ne veux pas non plus que quelqu'un avec un t-shirt arc-en-ciel s'assoie derrière un guichet. Parce qu'un homosexuel, par un tel symbole, fait comprendre qu'il ou elle appartient à cette obédience. Et les autres personnes reconnaissent cela. Je veux fermer les yeux sur des expressions discrètes d'identités individuelles. Mais un client de la Ville d'Anvers n'a que faire de savoir si l'employé au guichet est un homosexuel islamique qui vote pour le Vlaams Belang[197].

Invités à réagir à ces propos, les deux directeurs du Centre, s'ils s'accordèrent évidemment pour condamner l'assimilation d'une orientation

---

195 Rapport, *op. cit.*, p. 19.

196 Ce faisant, nous tombons à notre tour dans son piège. Mais l'exemple est tellement parlant. Il est trop fort !

197 Traduction libre de : « Mag een vrouw een hoofddoek dragen ? Uiteraard. Maar niet achter een loket. Wie het gezicht is van de stad Antwerpen, wordt neutraliteit opgelegd. Een loketbeambte mag ook geen t-shirt dragen met het opschrift *Eigen volk eerst*. Ik wil ook niet dat iemand met een regenboog-T-shirt achter het loket zit. Omdat een homoseksueel via een dergelijke symboliek duidelijk maakt dat hij of zij die obediëntie is toegedaan. En andere mensen herkennen dat [...]. Ik wil bescheiden uitingen van individuele identiteit door de vingers zien, maar een klant bij de stad Antwerpen heeft er geen boodschap aan te weten dat de loketbeambte een homoseksuele islamiet is die voor Vlaams Belang stemt ». Propos tenus dans une interview accordée à Joël De Ceulaer et Johan Rasking, « Geen homo-T-shirt achter loket », *De Standaard*, 2 février 2013, p. 15.

sexuelle avec une obédience, par définition choisie[198], se divisèrent quant à l'admissibilité d'une interdiction de l'expression de convictions par les fonctionnaires. Le directeur Jozef De Witte, s'arcboutant sur la laïcité émancipatrice, considère

> qu'il s'agit d'une discussion fantôme. Nous préoccupons-nous de symboles ou de la réalité ? Combien de migrants, combien de personnes handicapées travaillent dans les services communaux anversois ? C'est ce qui me paraît intéressant. Pas ce qu'elles mettent sur la tête ou ce qui figure sur leur t-shirt. Je dirais même plus : en tant que vieux soixante-huitard qui réclamait la liberté, je trouve remarquable combien nous devons maintenant totalement redevenir des souris grises. Ce que j'attends de quelqu'un au guichet communal, c'est qu'il me traite correctement, aimablement, efficacement et professionnellement. Son apparence, je m'en fiche comme de l'an quarante[199].

À l'opposé, Édouard Delruelle, alors directeur adjoint du Centre, confesse qu'à titre purement personnel, car le Centre n'a pas pris de position sur le sujet, je suis partisan de la neutralité exclusive des services publics et donc de l'interdiction pour les agents d'afficher leurs convictions dans l'exercice de leur fonction. À titre personnel, je considère qu'interdire le port du foulard aux fonctionnaires n'est pas discriminatoire. Mais attention, une telle interdiction ne vise pas seulement le foulard. Il est clair que cela vise toute expression de conviction[200]. Ce débat a été ravivé

---

198 Voy. notamment Gutiérrez, R., « Une interdiction discriminatoire, absurde, inapplicable », *Le Soir*, 4 février 2013, p. 4.

199 Traduction libre de : « dat is een fantoomdiscussie. Zijn we met symbolen bezig of met realiteit ? Hoeveel migranten, hoeveel mensen met een handicap werken er bij de Antwerpse stadsdiensten ? Dat vind ik interessant. Niet wat ze op hun hoofd zetten of op hun T-shirt staat. Plus : als oude soixante-huitard die de vrijheid claimde, vind ik het merkwaardig hoe we nu bijna met zijn allen weer grijze muizen moeten zijn. Wat ik verwacht van iemand aan de balie van de stad is dat die mij correct, vriendelijk, vlot en professioneel behandelt. Hoe die eruit ziet, zal mij worst wezen » (Peeters, T., « De onverdraagzamen krijgen eten en drinken dankzij het klimaat in dit land », *De Morgen*, 9 février 2013, p. 6. Dans le même sens, voy. Henri Goldman dans : Duchâteau, J.-P., « Faut-il interdire tout signe ostentatoire dans l'administration », *La Libre Belgique*, 8 février 2013, p. 52.

200 Duchâteau, J.-P., *op. cit.*, p. 53. Déjà lors des Assises de l'interculturalité de 2010, dont il était membre du Comité de pilotage, Édouard Delruelle avait établi une note minoritaire dans laquelle il affirmait : « je suis opposé à une modification de la loi antidiscrimination de 2007. L'analogie entre la situation de handicap et la liberté de conviction me semble une erreur de droit fondamentale. La loi antidiscrimination a pour but de protéger l'égalité des individus dans l'exercice de leurs droits (dont celui de leur conviction), mais ne doit pas être instrumentalisée pour résoudre un autre problème, qui est celui du vivre-ensemble dans un contexte de pluralisme culturel. Cette question ne pourra être réglée que par l'ajustement concerté des acteurs sociaux ». Dénonçant la prise en compte excessive du clivage majorité/minorité culturelle, il affirme : « je suis convaincu que la solution aux problèmes interculturels, en dernier ressort, n'est pas… culturelle, mais se trouve dans une refondation de l'État social européen et dans

lorsque la Ville de Gand a décidé d'autoriser à nouveau ses fonctionnaires à arborer des signes convictionnels[201]. Comme le relèvent Jocelyn Maclure et Charles Taylor,

> cet enjeu ne pose pas de défi particulier aux conceptions républicaines de la laïcité, selon lesquelles il va de soi que les employés de l'État ne peuvent afficher leurs convictions religieuses dans l'exercice de leurs fonctions. [...] Il s'agit toutefois d'une question plus difficile pour les modèles libéraux et pluralistes de la laïcité, qui cherchent pour leur part à mettre en équilibre, d'un côté, une protection ample de la liberté de conscience et de religion et, de l'autre, le respect égal dû à tous les citoyens, qui exige la neutralité des institutions publiques[202].

2.1.2. Les législations d'interdiction et l'estompement de l'exigence de proportionnalité

33. La laïcité renforce son caractère inhibiteur lorsqu'elle induit l'adoption de législations interdisant certains comportements dans l'espace public. Comme l'écrit Pascal Jan, « d'offensive, la laïcité devient donc défensive. Il ne s'agit pas de convaincre mais de se défendre. Il ne s'agit plus d'obliger mais d'interdire. Le projet de loi sur l'application de la laïcité dans les établissements primaires et secondaires d'enseignement public illustre à merveille ces sentiments »[203]. Pourtant, Vincent de Coorebyter, relève que la laïcité, comme la neutralité,

> ne s'impose qu'à l'appareil d'État au sens strict ; elle contraint les pouvoirs publics et le pouvoir politique, ce qu'on peut appeler la sphère publique au sens étatique de l'expression [...]. Mais la neutralité ou la laïcité ne contraint pas l'espace public au sens de Habermas, l'espace médiatique, délibératif, associatif, de vie collective... qui est ouvert, y compris en droit français, à la libre expression de toutes les convictions [...]. L'idée, souvent répandue en France, selon laquelle la laïcité imposerait la relégation du religieux dans la sphère privée est une aberration au regard du droit français, qui ne dit rien de tel : il y a ici trois sphères à l'œuvre – sphère publique ou d'État, espace public au sens de Habermas, et sphère privée –, et non deux[204].

---

des politiques "généralistes" en matière d'emploi, de logement, d'urbanisme, etc. » (Rapport Assises de l'interculturalité, *op. cit.*, p. 122-123).

201 Voy. le débat entre Henri Goldman, qui répond oui, et Édouard Delruellle, qui répond non, à la question : « faut-il autoriser le voile au guichet d'un service public ? », *La Libre Belgique*, 30 mai 2013, p. 52-53.

202 Maclure, J. & Taylor, Ch., *Laïcité & liberté de conscience*, *op. cit.*, p. 56-57.

203 Jan, P., « La laïcité à l'école : le droit national contre le "droit local". La loi plutôt que la négociation. Question de valeurs », *Revue du droit public*, 2004/2, p. 304.

204 de Coorebyter, V., « Neutralité et laïcité : une opposition en trompe-l'œil », *op. cit.*, p. 62. C'est également le deuxième argument avancé par Marc Jacquemain pour s'opposer à l'interdiction du voile (« Dix arguments laïques contre l'interdiction

Dès lors, si elles se revendiquent d'une certaine laïcité, des législations telles que celles qui interdisent le port du voile par les élèves ou celui de la burqa dans l'espace public sont en fait des lois antilaïques. C'est pourquoi les tenants de la laïcité inhibitrice s'efforcent de découper l'espace public habermassien pour y établir des zones où la laïcité pourrait s'imposer aux citoyens, notamment aux élèves dans le cadre scolaire[205]. Le Rapport final expose les tensions exprimées au sein des Assises lorsque fut envisagée une politique d'« aménagement raisonnable », notamment dans le domaine de l'emploi. Les uns y étaient favorables. Les autres la rejetaient vivement, excipant du risque d'une « culturalisation » excessive du tissu social :

> Ces mesures dérangent, non seulement chez nous, mais partout où le débat est lancé, parce qu'elles abordent la question de l'agencement de la diversité de manière résolument protectrice des minorités et peuvent de ce fait être perçues comme attentatoires à une forme libérale de « vivre ensemble ». Elles traduisent une volonté politique qui pose la diversité comme fondement de l'avenir de nos sociétés démocratiques, et valorise celle-ci par rapport aux principes de l'égalité et de l'égalité des chances, et non inversement. C'est une optique qui met mal à l'aise car elle rappelle que l'acquis c'est la liberté, ce qui remet sur la table certains équilibres que l'on croyait définitivement acquis : l'apparence de neutralité dans le chef des services publics, le retrait du religieux en matières civiles, l'utilisation du critère de représentativité pour les cultes reconnus, l'effacement juridique de critères d'appartenance ethnique, etc.[206]

C'est l'éternel combat de l'égalité formelle contre l'égalité matérielle…

Mais Caroline Fourest clôture strictement cet espace d'accommodement : « du point de vue de la philosophie politique, une partie du problème posé par les "accommodements raisonnables" et le multiculturalisme provient du fait que l'État se comporte comme une entreprise, comme si son rôle était d'accommoder ses "clients" en fonction de leurs croyances. Au lieu de faire primer l'intérêt général en les traitant pour ce qu'ils sont… des citoyens »[207]. Certes, L'État n'est pas une entreprise et doit continuer à exercer l'*imperium*, mais pourquoi ne pourrait-il pas être accommodant avec les citoyens et même avec les fonctionnaires, si ceux-ci n'ont pas un comportement qui génère un « trouble caractérisé » ? Il convient toutefois de relever que, validant la loi française du

législative du voile », in Jacquemain, M. & Rosa-Rosso, N. (dir.), *Du bon usage de la laïcité*, *op. cit.*, p. 78-81).

205 Voy. notamment Geerts, N., « Du droit d'exprimer ses convictions, tant en public qu'en privé », in Geerts, N. (dir.), *La laïcité à l'épreuve du XXI*e *siècle*, Bruxelles, Luc Pire, 2009, p. 85-95.

206 Rapport, *op. cit.*, p. 19.

207 Fourest, C., *op. cit.*, p. 280.

11 octobre 2010 interdisant la dissimulation du visage dans l'espace public, le Conseil constitutionnel s'est bien gardé d'évoquer l'article 1er de la Constitution consacrant la laïcité de la République française[208]. Marthe Fatin-Rouge Stéfanini et Xavier Philippe notent que s'appuyer sur la laïcité pour valider la loi « aurait eu des répercussions sociales et politiques trop importantes en montrant que la République française ne tolère pas de pratique religieuse trop ostensible dans l'espace public ; ce qui aurait notamment conduit à condamner toute expression vestimentaire ostensible de la religion en dehors des lieux de culte et quel que soit le culte »[209]. De même, en Belgique, la Cour constitutionnelle n'a pas fait cas de la neutralité pour rejeter les recours contre la loi du 1er juin 2011 visant à interdire le port de tout vêtement cachant totalement ou de manière principale le visage[210].

34. Le Mouvement réformateur, parti libéral francophone, a développé la doctrine suivante : « si la diversité culturelle constitue avant tout une chance pour tous, elle se doit d'être accompagnée par les pouvoirs publics vers les chemins d'un "vivre ensemble" respectueux de tous et de chacun »[211]. Les libéraux francophones opposent deux modèles de société. Il y aurait, d'une part, le multiculturalisme

> qui envisage l'individu essentiellement comme le membre d'une communauté caractérisée par une culture, une religion, une origine ethnique. Ce courant se fonde généralement sur le relativisme culturel et les accommodements raisonnables, c'est-à-dire l'affirmation inconditionnelle de l'équivalence des systèmes de pensée et la justification de la différenciation des droits. Il y aurait, d'autre part, l'interculturalisme, qui « fait prévaloir l'individu sur ses attaches culturelles, philosophiques ou religieuses » : les droits et les devoirs du citoyen ne sont pas fonction de ses affinités ni de ses origines ethniques. Ce modèle postulerait également qu'une société ne peut se construire et favoriser au mieux l'intégration de tous que si les citoyens partagent un patrimoine commun de valeurs fondamentales, telles que le droit à la vie, la liberté de conscience, la démocratie, l'égalité de l'homme et de la femme ou encore la séparation des Églises et de l'État. Et de conclure : « Nous souscrivons à ce modèle de société. C'est en raison de ce choix clair pour ce modèle que les

---

208 Conseil constitutionnel, décision n° 2009-581 du 25 juin 2009.

209 Fatin-Rouge Stéfanini, M. & Philippe, X., « Le Conseil constitutionnel face à la loi anti-burqa : entre garantie des droits fondamentaux, sauvegarde de l'ordre public et stratégie politique », *R. fr. dr. const.*, n° 87, 2011, p. 553.

210 Sur cette loi, voy. Vrielink, J., Ouald Chaib, S. & Brems, E., « Boerkaverbod », *NjW*, n° 244, 2011, p. 398-414 ; Delgrange, X., « Quand la burqa passe à l'ouest, la Belgique perd-elle le nord ? », in Roy, O. & Koussens, D. (dir.), *Quand la burqa passe à l'Ouest. Enjeux éthiques, politiques et juridiques*, Presses universitaires de Rennes, 2013, p. 197-236 ; Kuty, F., « L'article 563bis du Code pénal ou l'interdiction de dissimuler son visage dans les lieux accessibles au public », *J.T.*, 2012, p. 81-89.

211 Tel est le thème de l'essai précité de François De Smet, *Vers une laïcité dynamique*.

auteurs de la présente proposition préconisent d'interdire le port, dans l'espace public, de tout vêtement dissimulant totalement ou de manière principale le visage. Il nous paraît important d'insister sur le fait que l'interdiction que nous postulons ne repose pas seulement sur des considérations d'ordre public mais plus fondamentalement sur des considérations sociales, indispensables au "vivre ensemble" dans une société émancipatrice et protectrice des droits de tous et de chacun »[212].

Se fondant sur cette doctrine, le Mouvement réformateur a pris de nombreuses initiatives législatives, visant notamment à imposer une neutralité exclusive dans la fonction publique, à l'école...[213] Les réglementations interdisant le port de signes convictionnels à l'école ou dans l'espace public attaquent toutefois frontalement les accommodements raisonnables en trois aspects : elles sapent leurs fondements, la lutte contre les discriminations indirectes et la recherche de la voie la moins dommageable, cette dimension ultime du principe de proportionnalité ; elles établissent une hiérarchie entre les différentes libertés, la religion étant reléguée face à d'autres expressions ; et, plus directement, elles ont pour objet de prohiber l'accommodement.

35. Chacun sait que le contrôle du respect du principe d'égalité passe par l'examen du critère de distinction puis par l'analyse de la mesure[214]. Spontanément, le confort de l'homonymie des qualificatifs invite à établir un lien entre l'accommodement et le critère de distinction, central dans le contrôle du respect du principe d'égalité, puisque tous deux doivent être raisonnables. À la réflexion[215], les accommodements raisonnables constituent l'étape ultime du contrôle de proportionnalité. Ils ne sauraient en effet modaliser la distinction pratiquée par l'autorité entre

---

212 *Doc. Parl.*, Chambre, n° 52 2289/1. Pour une critique de cette approche manichéenne, voy. Delruelle, É., « Droits de l'homme et "choc des civilisations" », *Rev. trim. dr. h.*, 83/2010, p. 573-589. De même, Emmanuelle Bribosia et Isabelle Rorive dénoncent les nombreuses confusions, voire l'instrumentalisation, qui président à cette présentation de l'interculturalisme, relevant notamment qu'au Canada, c'est au nom de ce même modèle que l'on s'oppose à une interdiction générale du voile intégral (« Le rôle de l'égalité et de la non-discrimination dans la mise en œuvre d'un dialogue interculturel en Europe », Symposium international sur l'interculturalisme, Montréal, 25-27 mai 2011, p. 6-7, www.symposium-interculturalisme.com).

213 Mouvement réformateur, *Dix propositions pour favoriser le vivre ensemble*, 2009, www.mr.be.

214 Pour un exposé des étapes du contrôle du respect du principe d'égalité et de non-discrimination, passant notamment par l'identification du critère qui doit être raisonnable, et de la proportionnalité de la mesure, qui suppose son adéquation et sa nécessité, voy. Krenc, F., « La loi de l'égalité des usagers du service public : une loi surannée ? », *op. cit.*, p. 177-229 ; Renauld, B. & Van Drooghenbroeck, S., « Le principe d'égalité et de non-discrimination », *op. cit.*, p. 553-605.

215 Voy. la contribution d'E. Bribosia & I. Rorive ainsi que celle de José Woehrling au présent ouvrage.

la catégorie de personnes visées et celle qui y échappe. Ils opèrent, en revanche, sur la modulation de la norme ou de la pratique, afin de tenir compte de la situation spécifique de la personne visée. Les accommodements raisonnables ont donc vocation à s'appliquer pareillement dans le cadre du contrôle du respect du principe d'égalité et de non-discrimination et dans celui de la validité de toute restriction à un droit, qu'elle procède ou non à une distinction.

Dans l'arrêt *Sessa c. Italie*, la Cour européenne des droits de l'homme s'en tient à une application mécanique des principes, sans envisager d'inviter la justice italienne à prendre en compte les exigences de la religion juive pour fixer le calendrier des audiences[216]. Ce raisonnement n'a pas convaincu Françoise Tulkens, la présidente de la chambre ayant rendu l'arrêt, qui s'est dès lors fendue d'une opinion dissidente :

> 9. Sur l'exigence de proportionnalité, qui permet de déterminer la nécessité de l'ingérence dans une société démocratique, la jurisprudence de la Cour est très claire : le caractère proportionné d'une mesure suppose que, parmi plusieurs moyens permettant d'atteindre le but légitime poursuivi, les autorités choisissent celui qui est le moins attentatoire aux droits et libertés[217]. Dans cette perspective, la recherche d'un aménagement raisonnable de la situation litigieuse peut, dans certaines circonstances, constituer un moyen moins restrictif d'atteindre l'objet poursuivi[218].
>
> 10. Or, en l'espèce, nous pensons que les conditions étaient réunies pour tenter d'arriver à un aménagement et un aménagement raisonnable – c'est-à-dire qui n'entraîne pas pour les autorités judiciaires une charge disproportionnée – de la situation. Avec quelques concessions, celui-ci aurait permis d'éviter une ingérence dans la liberté religieuse du requérant, sans pour autant compromettre la réalisation du but légitime que constitue de toute évidence la bonne administration de la justice[219].

Nous ne nous écarterons de cette opinion que s'agissant de la latitude laissée aux autorités publiques. Plutôt que le facultatif « peut », nous opterions pour l'impératif « doit » : en toute circonstance, l'autorité est tenue de rechercher un aménagement raisonnable qui permettrait d'atteindre l'objectif légitime poursuivi sans restreindre de manière

---

[216] Cour eur. dr. h., *Francesco Sessa c. Italie*, 3 avril 2012. Voy. la contribution d'E. Bribosia & I. Rorive au présent ouvrage.

[217] Note 2 de l'opinion séparée : Van Drooghenbroeck, S., *La proportionnalité dans le droit de la Convention européenne des droits de l'homme. Prendre l'idée simple au sérieux*, Bruxelles, Bruylant-Publications des Facultés universitaires Saint-Louis, 2001, p. 190-219.

[218] Note 3 de l'opinion séparée : Bribosia, E., Ringelheim, J. & Rorive, I. « Aménager la diversité : le droit de l'égalité face à la pluralité religieuse », *Rev. trim. dr. h.*, 2009, p. 319 et s.

[219] Opinion séparée cosignée par les juges Tulkens, Popovic & Keller.

excessive les droits de la personne concernée. À nos yeux ce n'est donc pas une opportunité qui lui est offerte mais une obligation de moyen qui lui est ainsi assignée.

La nécessité de rechercher la voie la moins dommageable a encore été énoncée récemment par la Cour européenne des droits de l'homme, statuant en grande chambre, dans l'arrêt *Mouvement Raëlien c. Suisse* du 13 juillet 2012 : la Cour doit examiner si l'ingérence considérée, en l'occurrence une restriction à la liberté religieuse, « était proportionnée aux buts légitimes poursuivis et correspondait à un "besoin social impérieux" » (§ 67) et si les motifs invoqués par l'autorité nationale apparaissaient « pertinents et suffisants » (§ 69), rappelant enfin que « lorsqu'elles décident de restreindre les droits fondamentaux des intéressés, les autorités doivent choisir les moyens les moins attentatoires aux droits en cause » (§ 75)[220]. Or le Conseil constitutionnel français n'a pu valider la loi anti-burqa qu'en ne pratiquant qu'un « contrôle de proportionnalité de façade », pour reprendre l'expression de Marthe Fatin-Rouge Stéfanini et Xavier Philippe[221]. En Belgique, la Cour constitutionnelle dut tout autant fermer les yeux pour ne pas suspendre[222] puis annuler[223] la version locale de cette loi. Le Conseil d'État de Belgique

220 Requête n° 16354/06. L'assemblée générale de la section de législation du Conseil d'État a dernièrement fait application de cette jurisprudence pour apprécier la proportionnalité d'une proposition de loi « modifiant la loi du 29 juillet 1934 interdisant les milices privées en vue d'interdire les groupements non démocratiques » (Avis 52.522/AG du 19 février 2013, *Doc. parl.*, Chambre, 2011-12, n° DOC 53 809/9).

221 Fatin-Rouge Stéfanini, M. & Philippe, X., *op. cit.*, p. 557.

222 Arrêts n° 148/2011 du 5 octobre 2011 et n° 179/2011 du 17 novembre 2011. Voy. Delgrange, X., « La désobéissance civile, seul recours effectif contre la loi ? », note sous l'arrêt n° 148/2011, *J.T.*, 2011, p. 709-712 ; Minette, S., Wattier, S. & Christians, L.-L., « Cour constitutionnelle et préjudice religieux : la preuve du caractère absolu des convictions », note sous l'arrêt n° 148/2011, *C.P.D.K.*, 2011/3, p. 443-451.

223 Arrêt n° 145/2012 du 6 décembre 2012. Sur l'absence de contrôle de proportionnalité dans cet arrêt, voy. Delgrange, X., « Quand la burqa passe à l'ouest, la Belgique perd-elle le nord ? », *op. cit.* Voy. également sur cet arrêt Agten, T., « "Boerkaverbod" doorstaat de toets van het Grondwettelijk Hof », *Tijdschrift voor Mensenrechten*, 2013/1, p. 15-16 ; Ouald Chaib, S., « Belgian Constitutional Court says Ban on Face Coverings does not violate Human Rights », *Strasbourg Observers*, décembre 2012, http://strasbourgobservers.com ; Christians, L.-L., Minette, S. & Wattier, S., « Le visage du sujet de droit : la burqa entre religion et sécurité », *J.T.*, 2013/13, p. 242-245 ; Flo, J. & Vrielink, J., « Belgisch Grondwettelijk Hof acht "boerkaverbod" grondwettig », *Juristenkrant*, 2012, n° 260, p. 15 ; Ninane, G., « Le débat sur la nécessité des restrictions au droit à l'expression dans une société plurielle… lorsque la liberté est la règle », *Jurisprudence de Liège, Mons et Bruxelles*, 2013/11, p. 647-656 ; Vrielink, J., « De Grondwet aan het gezicht onttrokken. Het Grondwettelijk Hof en het "boerkaverbod" », *Tijdschrift voor Bestuurswetenschappen en Publiekrecht*, 2013, n° 4, p. 250.

a été contraint au même exercice pour valider le congédiement d'une enseignante voilée par la Ville de Charleroi[224].

36. Traditionnellement, dans la jurisprudence de la Cour européenne des droits de l'homme comme dans celle des juridictions belges, une restriction à une liberté ne sera admise que si elle est strictement nécessaire à la poursuite d'un intérêt supérieur. Ainsi, saisie par un révisionniste assumé d'un recours contre une loi réprimant la négation du génocide, la Cour constitutionnelle a considéré que le législateur peut intervenir « de manière répressive lorsqu'un droit fondamental est exercé de manière telle que les principes de base de la société démocratique s'en trouvent menacés et qu'il en résulte un dommage inacceptable pour autrui »[225]. Suivant ce précédent, la Cour n'aurait pu valider la loi « anti-burqa » que si elle avait démontré que dissimuler son visage dans l'espace public menace les fondements de la société belge. Elle ne l'a pas fait et n'aurait évidemment pas pu le faire. La liberté religieuse, en tout cas celle de ses rites, jouit donc d'une protection moins grande que celle de l'expression d'idées, fussent-elles aussi nauséabondes que le révisionnisme[226].

37. Enfin et surtout, les réglementations d'interdiction ont pour objet de prohiber la recherche d'un accommodement raisonnable. Au Québec, la Commission des droits de la personne et des droits de la jeunesse s'est appuyée sur le principe de l'accommodement raisonnable pour autoriser une jeune fille à porter le *hijab* dans une école publique qui imposait un uniforme incompatible avec ce vêtement[227]. Dans un retentissant arrêt de 2006, la Cour suprême du Canada autorisa un jeune sikh à porter son kirpan dans l'école publique qu'il fréquentait – qui aurait pu être prohibé en tant qu'arme potentielle – en rappelant que le principe de

[224] C.E., assemblée générale, arrêt (en suspension) n° 210 000 du 21 décembre 2010, publié avec les extraits du rapport contraire du Premier auditeur Benoît Cuvelier dans *A.P.*, 2012/2, p. 342-368. Voy. Delgrange, X., « Mixité sociale, mixité religieuse : le droit de l'enseignement face à la diversité », in Ringelheim, J. (dir.), *op. cit.*, p. 560-567 ; El Berhoumi, M., « Les juridictions suprêmes contre le voile : commentaire de deux arrêts engagés », in Ringelheim, J. (dir.), *op. cit.*, p. 571-599 ; Ringelheim, J., « Le Conseil d'État et l'interdiction du port du voile par les enseignants : paradoxale neutralité », *A.P.*, 2012/2, p. 368-384 ; Ninane, G., « Liberté de religion et interdiction des signes religieux », *op. cit.*, p. 181-188. C.E., assemblée générale, arrêt (au fond) n° 223 042 du 27 mars 2013, X c. Ville de C.E. Voy. El Berhoumi, M., « Foulard à l'école : le Conseil d'État veut en finir avec la saga carolorégienne », *A.P.*, à paraître.

[225] Cour constitutionnelle, arrêt n° 45/96 du 12 juillet 1996, B. 7.15.

[226] Voy. Delgrange, X., « Quand la burqa passe à l'ouest, la Belgique perd-elle le nord ? », *op. cit.*

[227] Commission des droits de la personne et des droits de la jeunesse, « Le port du foulard islamique dans les écoles publiques, avis du 21 décembre 1994 » (COM-388-6.1.1), cité par Koussens, D., « Le port de signes religieux… », *op. cit.*, p. 123-124 ; « Neutrality of the State… », *op. cit.*, p. 206.

l'accommodement raisonnable s'impose à l'institution scolaire[228]. Ce principe requiert que les intérêts en cause soient examinés *in concreto* et dûment mis en balance, l'autorisation étant individuelle et circonstanciée. Comme le rappelle David Koussens, « la Cour suprême ne généralise pas pour autant le port du *kirpan* et sa décision ne fait jurisprudence qu'en ce que la procédure de l'accommodement devient celle que les écoles canadiennes doivent respecter pour décider si des élèves peuvent être individuellement autorisés à porter un signe religieux dans l'enceinte de l'établissement scolaire »[229].

En Belgique, les autorités scolaires ont utilisé de vieilles règles vestimentaires qui, au nom de la décence et de la bienséance, interdisaient notamment le port du training ou du string mais aussi le couvre-chef, pour interdire le voile, sans que le Conseil d'État n'y voie une atteinte excessive à la liberté d'expression religieuse des élèves[230].

Un autre jeune sikh, émigré lui en France, a permis de mettre en exergue la divergence profonde qui existe entre la vision inhibitrice de la laïcité et celle émancipatrice qui requiert le recours aux accommodements raisonnables. Bikramjit Singh, un sikh de nationalité indienne s'est en effet plaint du comportement de la France à son égard. En 2002, il entreprit ses études secondaires dans un lycée où on l'autorisa à porter ses vêtements rituels, en l'occurrence le « *keski* », un mini-turban[231]. Survint la loi du 15 mars 2004 interdisant le port de signes religieux ostensibles à l'école publique. À la rentrée suivante, en septembre 2004, Bikramjit refusa de se défaire de son « *keski* ». Il fut interdit de classe et finalement exclu de l'enseignement public. Si la loi de 2004 a franchi sans encombre les contrôles internes et a été validée par la Cour européenne des droits de l'homme[232], elle n'a pas résisté au regard extérieur de Genève. Le Comité des droits de l'homme des Nations unies a, d'entrée, considéré que l'exclusion d'un élève au motif qu'il porte un vêtement religieux est une restriction à sa liberté de manifester sa religion, liberté garantie par

---

228 Cour suprême du Canada, arrêt du 2 mars 2006, *Multani c. Commission scolaire Marguerite Bourgeoys*.

229 Koussens, D., « Le port de signes religieux… », *op. cit.*, p. 129.

230 Voy. Delgrange, X., « Interdire le foulard à l'école ? Quand le législateur se voile la face », *Journal du Juriste*, 2004, n° 29, p. 14-15 (notes infrapaginales dans le n° 30, p. 10) ; « La démocratie voilée », note sous C.E., arrêt n° 175 886 du 18 octobre 2007, *Revue régionale de droit*, 2007, p. 363-384.

231 « L'auteur et sa famille considéraient le keski comme un compromis entre les exigences de leurs traditions ethniques et religieuses et le principe de la laïcité » (point 2.4). Il précise qu'il « se sent dénudé et avili sans son turban » (point 3.10).

232 Cour eur. dr. h., *Dogru c. France et Kervenci c. France*, 4 décembre 2008. Voy. Delgrange, X., « Mixité sociale, mixité religieuse : le droit de l'enseignement face à la diversité », in Ringelheim, J. (dir.), *op. cit.*, p. 552-553.

l'article 18 du Pacte relatif aux droits civils et politiques. Il rappelle dès lors qu'il

> 8.5 lui incombe d'évaluer si cette restriction est nécessaire et proportionnée au but visé, tel que défini par l'État partie. Le Comité réaffirme que l'État peut limiter la liberté de manifester une religion si l'exercice de cette liberté nuit à l'objectif déclaré de protection de la sécurité, de l'ordre, de la santé et de la morale publics, ainsi que des droits fondamentaux et des libertés d'autrui.
>
> 8.6 Le Comité reconnaît que le principe de laïcité est en soi un moyen par lequel un État partie peut s'efforcer de protéger la liberté religieuse de l'ensemble de la population et que la loi (du 15 mars 2004) a été adoptée en réaction à des affaires réelles dans lesquelles il y a eu ingérence dans la liberté religieuse des élèves et même, dans certains cas, des menaces contre leur sécurité physique. Le Comité considère donc que la loi (du 15 mars 2004) sert les objectifs de protection des droits et libertés d'autrui, de l'ordre public et de la sécurité publique. Il note en outre que l'État partie ne soutient pas que la laïcité impose en soi que les bénéficiaires de services publics évitent le port de signes ou de vêtements religieux ostensibles dans les bâtiments publics de manière générale ou dans les établissements d'enseignement en particulier et que la loi a été adoptée en réaction à des incidents récents.
>
> 8.7 [...]. Le Comité considère que l'État partie n'a pas donné de preuves convaincantes qu'en portant son keski l'auteur aurait présenté une menace pour les droits et libertés des autres élèves ou pour l'ordre au sein de l'établissement scolaire. Le Comité estime en outre que l'exclusion définitive de l'auteur d'un établissement scolaire public est disproportionnée et a eu des conséquences graves pour l'instruction à laquelle l'auteur, comme toute personne de son âge, a droit dans l'État partie. Il n'est pas convaincu que l'exclusion était nécessaire et que le dialogue entre les autorités scolaires et l'auteur ait vraiment pris en considération la situation et les intérêts particuliers de ce dernier. L'État partie a appliqué cette sanction préjudiciable à l'auteur, non parce que sa conduite personnelle créait un risque concret, mais simplement parce qu'il a été considéré comme appartenant à une large catégorie de personnes définies par leur conduite motivée par des raisons religieuses. À cet égard, le Comité note que l'État affirme que cette large extension de la catégorie de personnes à qui il est interdit de respecter les préceptes de leur religion simplifie l'administration de la politique restrictive mise en place, mais estime qu'il n'a pas été démontré que le sacrifice des droits de ces personnes était nécessaire ou proportionné aux buts visés. Pour toutes ces raisons, le Comité conclut que l'exclusion de l'auteur de son lycée n'était pas nécessaire au titre du paragraphe 3 de l'article 18 du Pacte, qu'elle a porté atteinte à son droit de manifester sa religion et qu'elle constitue une violation de l'article 18 du Pacte[233].

[233] Comité des droits de l'homme des Nations unies, Communication n° 1852/2008 du 1er novembre 2012, *Bikramjit Singh c. France*, www.ccprcentre.org. Voy. Bribosia, E.

Voici donc l'interdiction générale faite aux élèves fréquentant les écoles officielles françaises de porter des signes convictionnels dénoncée par le Comité des droits de l'homme des Nations unies. La Belgique subira-t-elle prochainement le même sort que la Patrie des droits de l'homme ? Quoi qu'il en soit, l'impératif de recherche de la voie la moins dommageable s'impose à l'autorité publique, qu'elle œuvre à la concrétisation d'un droit dans le cadre de l'exécution d'une obligation positive ou qu'elle soit amenée à restreindre la jouissance d'un droit en vue de sauvegarder l'intérêt général ou de protéger les droits d'autrui[234].

38. Certaines cloches commencent à tinter. Ce n'est certes pas encore le glas de l'inhibition mais à tout le moins le tocsin annonciateur d'un malaise face à des postures de plus en plus ouvertement liberticides. Examinant une proposition de décret visant à interdire le port du voile dans les établissements scolaires, l'assemblée générale de la section de législation du Conseil d'État s'est interrogée, dans le cadre d'un contrôle de proportionnalité, sur la justification apportée à cette restriction à la liberté de religion. Selon les développements de la proposition, le port du voile serait l'expression de la soumission de la femme à l'homme, compromettant son émancipation[235]. Le Conseil d'État relève que l'interdiction ne serait admissible que si le législateur pouvait démontrer la crédibilité de l'affirmation selon laquelle le port du voile a bien la portée que lui prête la proposition, en s'appuyant sur des faits qui permettent de corroborer ce point de vue[236]. Or, se fondant sur la jurisprudence de la Cour constitutionnelle allemande et du Tribunal fédéral suisse, le Conseil d'État constate que la signification du port du voile n'est pas univoque et peut être un moyen d'identification culturelle dépourvu d'expression de soumission de la femme, voire un moyen efficace d'intégration dans

---

& Rorive, I., « Droit de l'égalité et de la non-discrimination », *Journal européen des droits de l'homme*, 2013/2, p. 325-326.

[234] Voy. Hachez, I., « La portée des droits constitutionnels », in Verdussen, M. & Bonbled, N. (dir.), *Les droits constitutionnels en Belgique*, vol. 1, *op. cit.*, p. 331-354.

[235] « Aldus blijkt dat de indieners van oordeel zijn dat het dragen van een hoofddoek een uiting is van de onderwerping van de vrouw aan de man, en dat die praktijk de emancipatie van de vrouw in het gedrang kan brengen » (avis 49 974/AG du 10 juillet 2012 sur une proposition de décret de la Communauté flamande « houdende het instellen van het verbod op het dragen van een hoofddoek in onderwijsinstellingen en centra voor leerlingenbegeleiding van de Vlaamse Gemeenschap », déposée par B. Bouckaert *et al.*, Doc. Parl., *Vl P.*, 2010-11, n° 1027/2, p. 9). Voy. G. Ninane, *op. cit.*, p. 179-180.

[236] « Om een dermate ingrijpende maatregel als een algemeen verbod voor alle schoolgaande meisjes te kunnen steunen op de overweging dat het dragen van een hoofddoek de uiting is van een bepaalde maatschappijvisie die in de islam wordt gehuldigd, een visie waarin de vrouw onderworpen zou zijn aan de man, moet de decreetgever aannemelijk maken dat hij kan steunen op feiten die dat uitgangspunt in redelijkheid staven » (p. 10).

la société. Il conclut que les auteurs de la proposition n'avancent pas de justification suffisante de la nécessité de satisfaire à un besoin social impérieux[237].

Réagissant au fait que Mahinur Ozdemir, élue au Parlement de la Région de Bruxelles-Capitale dans les rangs du Centre démocrate humaniste, prêta serment voilée, le député MR Denis Ducarme s'est exclamé que « le voile est l'étendard de l'islamisme » et a dénoncé ces députés « qui jouent la carte du communautarisme, de l'intégrisme, du radicalisme »[238]. Il a déposé une proposition de modification du Règlement de la Chambre afin d'interdire « le port ostensible de signes religieux » par les députés, au motif que « le pouvoir législatif de notre État de droit se doit de conserver le principe de neutralité de l'État par rapport aux questions religieuses et de ne pas voir ses membres manifester ostensiblement de préférence à l'égard de particularismes religieux lors des travaux de la Chambre des représentants »[239]. Cette initiative pourrait prêter à l'hilarité lorsque l'on songe à ces députés qui affichent leurs convictions dans le nom de leur parti. Le Centre pour l'égalité des chances saisit l'occasion pour rappeler avec sérieux que « le parlement est par excellence "le" lieu de débat où les élus doivent pouvoir défendre divers courants de pensée et exprimer des convictions très différentes en jouissant d'une liberté d'expression la plus large possible. La jurisprudence de la Cour européenne des droits de l'homme ne laisse aucun doute à cet égard »[240]. Et de citer la

---

237 « In termen van grondrechten moet besloten worden dat de indieners geen pertinente, minstens geen voldoende redenen geven ter verantwoording van de noodzaak om aan een bepaalde dwingende sociale behoefte te voldoen. Daardoor verantwoorden zij uiteraard ook niet de evenredigheid van het voorgestelde algemene verbod ten aanzien van de vrijheid van godsdienst » (p. 11). Le Conseil d'État se fonde sur l'arrêt de la Cour européenne des droits de l'homme du 10 juin 2010, affaire *Témoins de Jehovah de Moscou c. Russie*, § 160 : « The Court finds that the interference with the applicants' right to freedom of religion and association was not justified. The domestic courts did not adduce "relevant and sufficient" reasons to show that the applicant community forced families to break up, that it infringed the rights and freedoms of its members or third parties, that it incited its followers to commit suicide or refuse medical care, that it impinged on the rights of non-Witness parents or their children, or that it encouraged members to refuse to fulfil any duties established by law. The sanction pronounced by the domestic courts was excessively severe in view of the lack of flexibility in the domestic law and disproportionate to whatever legitimate aim was pursued ».

238 « Ozdemir blessée par les propos de Ducarme sur le voile », *Le Soir*, 23 février 2012.

239 Proposition portant révision du Règlement de la Chambre en ce qui concerne l'interdiction du port ostensible de signes religieux dans le chef des membres de la Chambre durant les travaux parlementaires, *Doc. parl.*, Chambre, 2010-11, n° 53 1144/1.

240 Centre pour l'égalité des chances, *Les signes d'appartenance convictionnelle. État des lieux et pistes de travail*, *op. cit.*

jurisprudence strasbourgeoise : « le critère de "neutralité politique" ne saurait s'appliquer à des députés de la même façon qu'à d'autres agents de l'État, les premiers, par définition, ne pouvant pas être "politiquement neutres" »[241].

Saisie d'une proposition de loi visant à interdire le port de signes convictionnels par les présidents, secrétaires et assesseurs de bureaux de vote, l'assemblée générale de la section de législation du Conseil d'État a relevé que ces personnes se trouvent dans une tout autre situation que les fonctionnaires, par exemple, à qui une neutralité exclusive est imposée. En effet, ce sont souvent « de simples citoyens occasionnellement associés à une mission de service public – l'organisation des élections –, non pas en vertu d'une "démarche volontaire", mais bien en vertu d'une désignation à laquelle ils ne peuvent en principe se soustraire, à peine de sanctions pénales ». Or c'est justement cette démarche volontaire qui a permis de considérer que l'imposition d'une neutralité exclusive était une restriction acceptable aux droits fondamentaux de ces fonctionnaires, puisque ceux-ci auraient pu choisir un autre emploi non astreint à la neutralité. Le Conseil d'État effectue alors un contrôle de proportionnalité approfondi, qui l'amène à considérer qu'il existe déjà des mécanismes moins attentatoires aux libertés et qui permettent de garantir la neutralité et l'impartialité du processus électoral. Il pointe notamment l'article 95 du Code électoral, qui permet au citoyen d'exciper d'une « cause légitime » pour refuser de remplir les fonctions de président ou d'assesseur. Se fondant sur la jurisprudence ayant fait usage de cette notion, le Conseil d'État estime qu'il

> n'y a pas lieu d'exclure *a priori* que l'observance sincère d'impératifs – entre autres vestimentaires – dictés par une conviction particulière, puisse être retenue par les autorités compétentes comme un « motif valable » ou une « cause légitime », au sens des dispositions précitées du Code électoral. Dans cette interprétation conciliante, ces dispositions offrent la possibilité de réaliser, ou à tout le moins de chercher à réaliser, *in concreto* et dans chaque cas particulier, le juste équilibre des intérêts en présence requis par la Constitution et la Convention européenne des droits de l'homme.

Et de conclure que la proposition examinée, en ce qu'elle écarte cette voix moins dommageable qui autorise des accommodements raisonnables, ne serait pas compatible avec les libertés de religion et d'expression[242].

---

[241] Cour eur. dr. h. (Grande Chambre), *Zdanoka c. Lettonie*, 16 mars 2006, § 117.

[242] Avis de l'assemblée générale de la section de législation du Conseil d'État n° 52 520/AG du 8 janvier 2013 sur une proposition de loi modifiant le Code électoral en vue d'interdire le port de signes convictionnels par les membres des bureaux électoraux, déposée par M. Bacquelaine et consorts, *Doc. parl.*, Chambre, 2012-13, n° 53 120/2. Voy. dans le même sens l'avis 52 521/AG du 8 janvier 2013 sur une proposition de loi modifiant le Code électoral en vue de garantir la neutralité des bureaux de vote, déposée par M. De Man, *Doc. parl.*, Chambre, 2012-13, n° 53 256/2.

Le Conseil d'État a convaincu une majorité de parlementaires qui ont enterré la proposition. Appliquant rigoureusement le principe de proportionnalité, en invitant notamment le législateur à rechercher la voie la moins dommageable, la section de législation du Conseil d'État redonne droit de cité aux accommodements raisonnables. La vigilance reste toutefois de mise. L'époque est, en effet, à l'affadissement de l'*agora*, à la censure cultuelle et partant culturelle.

2.1.3. Brandir un accommodement déraisonnable pour masquer l'islamophobie ?

39. Les objections au mécanisme des accommodements raisonnables expriment la peur de la perte des valeurs communes, fondatrices et identitaires de la société, d'autant plus lorsque l'État s'est construit sur un modèle unitaire donnant la préférence à l'assimilation plutôt qu'à l'intégration[243]. Ainsi, l'accommodement, plutôt que de servir le principe d'égalité, est perçu comme de nature à permettre à certaines communautés d'obtenir des privilèges, et à servir ainsi la « tyrannie des minorités » – minorités qui refuseraient de s'intégrer – et l'archaïsme des intégrismes[244].

Outre ces considérations de nature idéologique, les détracteurs du principe de l'accommodement raisonnable mettent essentiellement en avant les dérives auxquelles son application peut donner lieu pour en rejeter le principe même. En fait, ce qui est dénoncé, ce sont les accommodements déraisonnables, ceux qui n'ont pas été guidés par le respect du principe de proportionnalité, même appliqué dans son extrême exigence. Jean-Philippe Schreiber dénonce ainsi les risques que ferait courir l'acceptation d'accommodement : « comment être pompier sikh, coiffé d'un turban, par exemple ? Ou encore, en matière d'équité entre travailleurs ou entre élèves – si ceux-ci demandent à se soustraire, pour des raisons religieuses, à une visite médicale obligatoire, pratiquent un jeûne et ne peuvent dès lors assurer leurs prestations ou souhaitent des aménagements horaires en fonction de leurs obligations religieuses »[245]. Un accommodement raisonnable selon Nadia Geerts :

> Passer du droit à la différence à la différence des droits. C'est ce qu'a fait un tribunal allemand, par exemple, en refusant le divorce à une femme de

---

[243] Voy. ci-avant.

[244] Jézéquel, M., « L'obligation d'accommodement raisonnable : ses potentiels et ses limites », *Accommodements institutionnels et citoyens : cadres juridiques et politiques pour interagir dans des sociétés plurielles*, éd. du Conseil de l'Europe, 2009, p. 34-35; Fournier, F., « Les résistances à la diversité culturelle : l'argumentaire antipluraliste et autres objections courantes », *Accommodements institutionnels et citoyens : cadres juridiques et politiques pour interagir dans des sociétés plurielles*, *op. cit.*, p. 199-205 ; Schreiber, J.-Ph., *op. cit.*, p. 136.

[245] Schreiber, J.-Ph., *op. cit.*, p. 133.

confession musulmane victime de violences conjugales persistantes. La juge, en effet, a estimé que « dans ces milieux, il n'est pas inhabituel que l'homme exerce son droit de châtiment corporel sur sa femme ». Et de citer à l'appui de sa décision des extraits du Coran, rappelant en outre que le couple s'était marié « selon les lois islamiques »[246].

Bien évidemment, un accommodement raisonnable doit avant tout être… raisonnable. Certes, il peut être malaisé de distinguer ce qui est raisonnable et ce qui ne l'est pas[247]. Mais le juriste n'est pas moins bien outillé pour établir les contours de cette notion que lorsqu'il doit définir le principe d'égalité, les bonnes mœurs, l'ordre public… Il est aidé d'une méthode qui, si elle ne débouche pas sur une réponse mathématique et univoque, lui permet de trouver une solution raisonnable. Appliquant strictement le principe de proportionnalité, il écartera toute demande d'accommodement qui porte une atteinte excessive à l'intérêt général ou aux droits d'autrui. Prendre comme exemple d'accommodement raisonnable la décision du tribunal allemand qui vient d'être évoquée relève soit d'une totale incompréhension de la notion, soit de la pure malhonnêteté intellectuelle[248]. Envisager de permettre à un pompier de porter un accoutrement qui le mettrait en danger et ferait courir des risques à autrui serait évidemment tout sauf raisonnable.

Caroline Fourest défend cette idée :

> pensée pour accommoder des demandes minoritaires et culturelles, la bonne volonté multiculturaliste se transforme en passoire face à des revendications religieuses radicales. Surtout lorsqu'elles sont portées au nom d'une religion minoritaire comme l'islam. Empruntant l'accent du culturel et le visage du minoritaire, les exigences les plus intolérantes, notamment contraires à l'égalité hommes-femmes et à la liberté d'expression, brouillent sa grille de lecture. La laïcité s'avère bien plus efficace pour filtrer le bon grain de l'ivraie, à savoir une demande culturelle anodine d'une demande rétrograde. Encore faut-il faire le bon diagnostic[249].

Nous ne sommes pas convaincus de l'efficacité du filtre laïque tant, notamment à l'échelle française, dès lors notamment que « les textes sur la laïcité sont des textes généraux qui ne peuvent tenir compte des

---

246 Geerts, N., « "Raisonnables", les accommodements ? », *op. cit.*, cité aussi par J.-Ph. Schreiber, *op. cit.*, p. 31-32.

247 Schreiber, J.-Ph., *op. cit.*, p. 133.

248 D'autant plus si l'on omet de préciser que le juge a été dessaisi du dossier pour partialité, comme l'avaient pourtant relevé les médias de l'époque (voy. par exemple Fourest, C., « Les tribunaux sous pression du religieux », *Le blog de Caroline Fourest*, 6 juin 2008 ; Versieux, N., « En Allemagne, une juge refuse un divorce au nom du Coran », *Libération*, 23 mars 2007).

249 Fourest, C., *op. cit.*, p. 215.

particularismes propres à chaque culte »[250]. L'on relève, en effet, que le contenu du concept de laïcité n'a jamais cessé d'évoluer. Partant il est dangereux, voire intellectuellement malhonnête, d'y faire une référence constante sans en avoir au préalable défini clairement les contours :

> (…) la conception de la laïcité du législateur de 1905 n'était plus celle du pouvoir constituant de 1946. L'insertion du concept de laïcité dans la Constitution, au demeurant par une majorité politique tout autre que celle qui avait adopté la loi de 1905 mais aussi à tous les aménagements et toutes les inflexions dont celle-ci avait fait l'objet entre-temps telles que les lois de 1907, 1908, 1942, le *modus vivendi* de 1924, le statut particulier de l'Alsace-Moselle, etc.[251]

Cela étant, si les critiques de part et d'autre de l'Atlantique se rejoignent, elles doivent être appréhendées « raisonnablement », c'est-à-dire différemment selon le contexte politique dans lequel elles prennent place. Le communautarisme n'est, en effet, pas vécu de la même manière dans les pays anglo-saxons que dans les pays d'Europe continentale. Ressenti de manière positive par les uns, il est source d'angoisse et traduit même parfois l'échec d'une politique d'assimilation chez les autres. Pour Émilio Santoro, l'accommodement raisonnable est fortement imprégné de la logique juridique de *common law*. Il estime donc, avec Édouardo Ruiz Vieytez, que le succès des accommodements raisonnables dépend de l'appui d'une politique inclusive, c'est-à-dire de la valorisation d'une citoyenneté démocratique pluraliste[252], au détriment de l'État identitaire et de la prétendue neutralité des règles qui en sont le produit[253]. Selon eux, c'est en définitive le modèle politique et l'arrière-plan idéologique qui conditionnent l'efficacité des accommodements raisonnables.

40. Les analystes les plus éminents convergent pour déceler, dans la critique du communautarisme qui fonde celle des accommodements raisonnables, un rejet des populations musulmanes, communément appelé « islamophobie ». Ce terme aussi doit être précisé. Étymologiquement, il s'est formé à partir du mot « islam » et du suffixe « phobie », qui dérive

---

250 Delsenne, L., « De la difficile adaptation du principe républicain de laïcité à l'évolution socio-culturelle française », *Revue du droit public*, 2005/2, p. 453.

251 Woehrling, J.-M., « L'interdiction pour l'État de reconnaître et de financer un culte. Quelle valeur juridique aujourd'hui ? », *Revue du droit public*, 2006/6, p. 1645.

252 Ruiz Vieytez, E.J., « Aménagement raisonnable : dépasser la convention européenne des droits de l'homme pour rendre compte de la pluralité dans les institutions nationales », *Accommodements institutionnels et citoyens : cadres juridiques et politiques pour interagir dans des sociétés plurielles*, *op. cit.*, p. 136-137.

253 Santoro, E., « Ha da, passa' 'a nuttata : l'accommodement raisonnable, outil de coexistence fondé sur le respect des droits dans une société plurielle », *Accommodements institutionnels et citoyens : cadres juridiques et politiques pour interagir dans des sociétés plurielles*, *op. cit.*, p. 227-230.

de *phobos* (*φόβος*), « peur », « effroi » en grec ancien. Une peur, aussi irrationnelle soit-elle, n'est pas condamnable en soi. Aujourd'hui, ce terme n'est plus employé pour décrire une simple angoisse, toujours assez naturelle chez tout individu face à la différence, ou même une réelle aversion, qui relèverait alors plutôt de la sphère psychiatrique. Il décrit le rejet, le refus. Et là encore, l'objet du rejet doit être précisé. Certains y voient celui de l'islam en tant que religion et donc manifestation de la pensée. D'autres y trouvent le refus des personnes embrassant la religion musulmane. En d'autres termes, le concept est imprécis, et donc à manier avec prudence, tant il mêle la critique d'une religion à celle de ses adeptes. Ces confusions sont d'autant plus malheureuses que la peur souvent ressentie l'est à propos des intégristes, lesquels ne s'incarnent évidemment pas dans « le bon père de famille » musulman pratiquant. La première conception serait une opinion parfaitement dicible dans le cadre de la liberté d'expression. La seconde, parce qu'elle s'attaque à l'individu, à sa singularité, à une partie de son identité, est ni plus ni moins qu'une forme de discrimination basée sur l'appartenance religieuse. La dimension islamophobe que nous percevons aujourd'hui dans la société et entendons dénoncer dans ces lignes, c'est sans confusion possible cette toute dernière acception. Nous conservons l'expression volontairement, parce que comme la laïcité, elle évoque tant en disant si peu. Mais loin de chercher à fausser le débat, nous voulons débusquer les postures liberticides qui se cachent derrière ce terme à la sémantique ambiguë.

Certes, l'islam est davantage susceptible de susciter la critique du communautarisme dans la mesure où, comme le relève Henri Goldman, il « est resté dans sa pratique majoritaire une orthopraxie, c'est-à-dire une religion communautaire mettant l'accent sur des rites et des pratiques socialement partagés, à travers lesquels les croyants se relient entre eux et font communauté »[254]. L'auteur relève néanmoins que cette qualification doit être nuancée s'agissant de l'islam importé dans la société européenne qui est censé permettre aux nouvelles générations de s'affranchir du poids des traditions. Encore faudrait-il donner les moyens à ces populations de s'intégrer et de s'imprégner des valeurs de la démocratie occidentale. Or la politique d'intégration est un fiasco[255], nos écoles sont parmi les

---

254 Goldman, H., *Le rejet de l'Islam, une souffrance républicaine*, Paris, PUF, 2012, p. 58. Voy. dans le même sens la contribution de José Woerhling au présent ouvrage.

255 Dernièrement encore, le directeur du Centre pour l'égalité des chances et la lutte contre le racisme, Jozef De Witte, dénonçait la faillite de la politique migratoire en Belgique. Celle-ci s'est développée bien trop tardivement – à la toute fin des années 1980 alors que l'immigration officielle avait été stoppée bien avant – et avec des moyens dérisoires, le politique craignant que chaque euro consacré à ce secteur ne provoque une voix en faveur du Vlaams Belang. « Quand une politique échoue, il faut regarder du côté de ceux qui la font. Pas vers les migrants », affirme-t-il dans une interview au Morgen. « Je n'ai pas de problèmes à ce que les migrants aient des obligations, mais

plus ségrégationnistes[256]. Il apparaît même que la volonté de « visibiliser l'islam dans l'espace public » est destinée à lui obtenir la place qu'il mérite dans une société multiconfessionnelle où il se sent discriminé par rapport aux autres religions[257].

Il est néanmoins plus aisé d'adopter des législations d'interdiction que de pratiquer une politique d'intégration. La dérive xénophobe de ces législations est largement dénoncée. Ainsi, Pierre Bourdieu dénonçait déjà, à l'occasion des premières sanctions frappant des lycéennes voilées en 1989, qu'

> en projetant sur cet événement mineur, d'ailleurs aussitôt oublié, le voile des grands principes, liberté, laïcité, libération de la femme, etc., les éternels prétendants au titre de maître à penser ont livré, comme dans un test projectif, leurs prises de position inavouées sur le problème de l'immigration : du fait que la question patente – faut-il ou non accepter à l'école le port du voile dit islamique ? – occulte la question latente – faut-il ou non accepter en France les immigrés d'origine nord-africaine ? –, ils peuvent donner à cette dernière une réponse autrement inavouable[258].

L'entrée en vigueur des lois « anti-burqa » française et belge n'a pas réduit Thomas Hammarberg, le commissaire aux droits de l'homme du Conseil de l'Europe, au silence. Dans son Carnet des droits de l'homme, il écrivait au mois de juillet 2011 que « l'islamophobie et les préjugés à l'encontre des musulmans continuent de miner l'esprit de tolérance en Europe. Le débat sur l'interdiction de la burqa et du niqab dans les lieux publics en est l'un des symptômes »[259]. Même condamnation de la décision du Conseil constitutionnel validant la loi anti-burqa : « derrière les arguments relatifs à la dignité des femmes, à l'égalité des sexes et à l'ordre public, la loi contre la dissimulation du visage dans l'espace

---

actuellement il y a un trop grand déséquilibre. En tant que société, nous avons aussi des obligations envers les migrants » (T. Peeters, « Integratiebeleid is mislukt », *De Morgen*, 9 février 2013, p. 1).

256 Voy. Verhoeven, M., « Politique éducatives et diversité culturelle : des philosophies d'intégration aux compromis locaux », in Ringelheim, J. (dir.), *op. cit.*, p. 471-501 ; Delgrange, X., « Mixité sociale… », *op. cit.*, p. 504-510 ; du même auteur, « De quelle liberté d'enseignement se soucie le citoyen ? », *La Revue Nouvelle*, mars 2013, p. 51-55.

257 Torrekens, C., « Intégrer l'islam dans l'espace public des anciennes sociétés d'immigration : neutralité, laïcité et conflits en France et en Belgique », in F. Foret (ed.), *Politique et religion en France et en Belgique*, Bruxelles, éd. de L'Université de Bruxelles, 2009, p. 121-136, sp. p. 123-124.

258 Bourdieu, P., *Interventions, 1961-2001. Science sociale & action politique*, Paris, Agone, 2002, p. 305.

259 Hammarberg, Th., « Sanctionner les femmes qui portent la burqa ne les libérera pas », *Carnet des droits de l'homme*, 20 juillet 2011, http://commissioner.cws.coe.int/tiki-view_blog_post.php?postId=158.

public apparaît clairement comme une réponse à l'islamophobie montante fondée sur une confusion entre islam, décolonisation, immigration, insécurité, crise économique, chômage et terrorisme »[260].

Jean Baubérot dénonce à son tour les dérives d'une certaine laïcité contemporaine[261]. Il relève que « jusqu'à la "nouvelle laïcité", la xénophobie (...) ne prend guère le masque de la laïcité »[262] et que, « dans le vocabulaire de la laïcité historique (le mot communautarisme) n'existe pas »[263]. Il évoque alors des études établissant un parallèle entre l'antisémitisme au moment de l'affaire Dreyfus et « l'anti-islam d'aujourd'hui », « on prétend que ces minorités réclament des droits différents, en fait, ce qu'on leur reproche, c'est essentiellement une différence de sociabilité, qui se manifeste par le vêtement et la nourriture (...). Au contraire de la laïcité historique, la (nouvelle laïcité) ne supporte pas la diversité religieuse et discrimine les minorités »[264]. Il conclut en établissant un autre parallèle, entre le sort réservé aux protestants sous l'Édit de Nantes et celui des musulmans pratiquants d'aujourd'hui : ils peuvent pratiquer leurs rites mais cela les rend suspects[265].

41. Un exemple d'un deux poids, deux mesures, qui ne peut que renforcer le ressentiment de la communauté musulmane, peut être trouvé dans l'attitude des autorités politiques à l'égard des demandes de subventionnement d'écoles confessionnelles.

En Communauté flamande, la législation prévoit le subventionnement d'un réseau confessionnel musulman[266]. Celui-ci n'a cependant jamais vu le jour, d'une part parce que les représentants de la communauté musulmane préfèrent majoritairement jouer la carte de l'intégration au sein des établissements existants mais également parce que, derrière l'indifférenciation des législations, les responsables politiques s'opposent

---

260 Fatin-Rouge Stéfanini, M. & Philippe, X., « Le Conseil constitutionnel face à la loi anti-burqa : entre garantie des droits fondamentaux, sauvegarde de l'ordre public et stratégie politique », *Revue française de droit constitutionnel*, 2011/87, p. 548. De même, Olivier Cayla dénonce un législateur et un juge constitutionnel « préférant l'hypocrisie d'une argumentation juridique factice, destinée à dissimuler – justement ! – la réalité d'une intention politique inavouable, ou au moins juridiquement incorrecte », (« Dissimulation du visage dans l'espace public : l'hypocrisie du juge constitutionnel trahie par la sincérité des circulaires ? », *Recueil Dalloz*, 5 mai 2011, n° 17, p. 1166-1170).

261 C'est également l'objet de l'ouvrage précité d'Henri Goldman, *Le rejet de l'Islam, une souffrance républicaine*.

262 Baubérot, J., *La laïcité falsifiée*, *op. cit.*, p. 81.

263 Baubérot, J., *op. cit.*, p. 82.

264 Baubérot, J., *op. cit.*, p. 82-83.

265 Baubérot, J., *op. cit.*, p. 83-84.

266 Voy. ci-avant.

à l'édification d'un tel réseau, arguant qu'il serait contre-productif en termes d'intégration[267].

La situation est comparable en Communauté française. La réglementation permet le subventionnement d'écoles libres fondées sur une confession reconnue, dont l'islam[268]. Le moins que l'on puisse écrire est que les autorités politiques ne promeuvent pas cette option, même si de rares écoles musulmanes sont subventionnées. L'introduction d'une demande de subventionnement d'une école musulmane secondaire à Anderlecht a récemment suscité un débat au sein du Parlement de la Communauté française qui illustre bien les limites de l'application du principe d'égalité lorsqu'il est revendiqué par une telle école. Alors que la ministre de l'Enseignement obligatoire, Marie-Dominique Simonet, rappelait que les conditions de subventionnement ne portent pas seulement sur des normes de programmation mais aussi et surtout sur des critères qualitatifs, notamment le respect du décret « missions » qui requiert entre autres la promotion de la démocratie, des droits de l'homme et de l'égalité des genres[269], la formation des enseignants, le respect des socles de compétences, la soumission à l'inspection, etc., des parlementaires se sont inquiétés de ce que la ministre n'étudierait pas avec une attention particulière le dossier introduit récemment par une école musulmane, lui reprochant de se retrancher derrière le cadre légal. Développant une conception particulière de la liberté d'enseignement, ces parlementaires vont jusqu'à prôner l'interdiction du port de signes convictionnels dans les écoles confessionnelles et l'exigence de cours déconfessionnalisés, mis à part le cours de religion. Bref, une école confessionnelle, si elle opte pour la religion musulmane, devrait être neutre[270]. La ministre exprima

---

267 Voy. Overbeeke, A., « Segregatie, desegregatie, integratie ? », *op. cit.*, p. 306.

268 Voy. notamment l'article 4 de la loi du 29 mai 1959 dite du Pacte scolaire. Voy. ci-avant.

269 Voy. les articles 6 à 11 du décret « missions » du 24 juillet 1997. L'article 24 de la loi du Pacte scolaire pose, comme condition de subventionnement, notamment, le respect du décret « missions ».

270 Ainsi, le député MR Alain Destexhe déclarait : « si je reconnais le droit de mettre en place des écoles musulmanes, il me semble néanmoins que nous ne pouvons pas faire comme si la création de ces établissements était tout à fait comparable à la mise en place d'écoles catholiques, par exemple. [...] Le risque est évidemment que tous les cours, pas seulement celui de religion, ne baignent dans une atmosphère religieuse alors que le religieux devrait occuper une place très précise et limitée » (Parlement de la Communauté française, *CRIC*, 2011-12, n° 105-Éduc. 19, p. 11). À cet égard, il n'est pas inintéressant de comparer la foi qui est accordée aux différents projets éducatifs. Ainsi, les écoles catholiques s'engagent-elles à évangéliser en éduquant (www.segec.be/fedefoc/Pedagogique/projedupeda.htm ; voy. à cet égard Delgrange, X., « La neutralité de l'enseignement en Communauté française », *op. cit.*, p. 145-146) mais on ne les prend pas au sérieux (selon Alain Destexhe, « dans la grande majorité des écoles libres catholiques, l'enseignement est déconfessionnalisé », *op. cit.*, p. 11). L'école

d'ailleurs son malaise : « j'ai l'impression que vous croyez qu'il y a des lois pour certains et des lois pour d'autres. Moi, j'ai des lois pour tout le monde et je suis vigilante »[271].

Il est manifeste que le développement d'un réseau d'écoles musulmanes ne serait pas un facteur d'intégration des élèves qui les fréquenteraient. L'on n'aperçoit toutefois pas comment l'on pourrait juridiquement s'y opposer. Il faut donc user de conviction, ce qui suppose notamment que les élèves musulmans et leurs parents se sentent accueillis dans les établissements existants, qu'ils ne se sentent pas discriminés. Dans le cas contraire, ils seraient poussés vers un repli identitaire. Que l'école officielle prohibe la manifestation de convictions religieuses n'affecte pas considérablement les élèves d'obédience chrétienne ou israélite puisque ceux-ci peuvent se réfugier dans des établissements qui affichent ces convictions. Mais au nom de quoi pourrait-on tout à la fois priver les jeunes musulmans de leur liberté d'expression religieuse dans les écoles officielles et dissuader leurs parents et plus généralement la communauté musulmane d'ouvrir des écoles islamiques[272] ? La première condition pour attirer les élèves musulmans dans les écoles officielles et contribuer ainsi à leur intégration est donc de leur ouvrir un espace d'expression au sein de ces écoles. L'on ne ferait qu'en revenir à la lettre et à l'esprit des décrets « neutralité » qui garantissent la liberté d'expression, notamment religieuse, des élèves[273]. Il s'indiquerait en outre d'en revenir à la définition d'une neutralité inclusive, permettant une large expression de la part du corps enseignant, dans le strict respect de la non-discrimination des élèves et de la prohibition du prosélytisme, évidemment[274]. Il faudrait même envisager certains accommodements raisonnables, par exemple, outre l'adaptation des congés évoquée plus haut, en proposant des repas sinon *halal* dans les cantines, au moins acceptables pour toutes les confessions, comme une assiette végétarienne.

Al Amal s'engage, pour sa part, à respecter la législation dont le décret « missions » et à accueillir « tous les élèves quelles que soient leurs croyances et s'engage à leur garantir le plus grand respect de leur liberté de conscience et de culte » (www.alamal.be) mais on ne la croit pas davantage.

271 *Ibid.*

272 Ainsi, en Flandre, la plateforme féministe BOEH, par la voix de son avocat Stefan Sottiaux, par ailleurs professeur de droit constitutionnel à la KUL, dénonce-t-elle le fait que l'interdiction du port du voile dans les écoles chasse les jeunes musulmanes vers un enseignement privé, ghettoïsé (Ysebaert, T., « Strijd tegen verbod op hoofddoek herbegint », *De Standaard*, 4 février 2013, p. 2-3).

273 Voy. Delgrange, X., « La neutralité de l'enseignement en Communauté française », *op. cit.*, p. 152-154 ; du même auteur, « Mixité sociale... », *op. cit.*, p. 551-560.

274 Voy. en ce sens H. Goldman, H., « Un tiers perturbateur, les musulmans », *La Revue Nouvelle*, mars 2013, p. 75-79.

Par ailleurs, comment la Communauté française pourrait-elle s'opposer, voire simplement freiner l'ouverture d'écoles islamiques au nom de la lutte contre la ghettoïsation et de la nécessité de déconfessionnaliser l'école même libre alors que, dans le même temps, elle subventionne, à coups de dérogations aux normes de population scolaire[275], des écoles israélites qui, manifestement, rejettent toute mixité sociale et donc méconnaissent les principes fondamentaux consacrés par le décret « missions » ? Lorsqu'elles imposent le port de la *kippa* et n'acceptent qu'une nourriture conforme au rite israélite, ces écoles ne font jamais qu'exercer leur liberté constitutionnelle d'enseignement. Mais, selon la revue Shalom-Magazine, l'« Athénée Maimonide n'accepte pas d'enfants issus de mariages mixtes ni ceux dont l'un des parents a été converti par une communauté libérale. Beth Aviv accepte des enfants dont seul le père est juif, mais s'ils souhaitent poursuivre leurs études secondaires à l'école Ganenou, ils doivent se convertir au judaïsme »[276]. Que la Communauté française, comme le permet sa propre législation, déroge aux règles relatives au nombre d'élèves exigés pour qu'une école puisse être subventionnée participe d'une politique d'accommodement raisonnable bien comprise. Mais lorsqu'elle ferme les yeux sur une sélection des élèves fondée sur leur origine familiale ou leur pratique religieuse, en méconnaissance de sa législation relative au droit à l'inscription et aux principes fondamentaux du décret « missions », ne devient-elle pas déraisonnablement accommodante ? La question est évidemment sensible. À tout le moins convient-il alors de ne plus exciper des craintes d'un ghetto scolaire islamique pour s'opposer à l'ouverture d'écoles musulmanes.

42. En définitive, c'est un peu comme si les accommodements raisonnables faisaient l'objet d'un régime d'extinction. Ils continuent à profiter aux bénéficiaires traditionnels, sans doute au nom d'une théorie des droits acquis, alors que les communautés arrivées plus récemment dans l'espace public n'y ont pas droit. Parce que leurs valeurs sont moins respectables ou moins compatibles avec la culture dominante ? Priver les musulmans, notamment, des bénéfices de la laïcité émancipatrice est catastrophique. Si, de surcroît, notre hypocrisie nous commande d'imposer uniformément la laïcité inhibitrice afin de dissimuler la stigmatisation d'une culture, nous aurons tous perdu.

---

[275] Voy. ci-avant.

[276] Süssmann, R., « Vie juive Bruxelloise », Shalom, vol. XLIII, printemps 2005, p. 5, www.shalom-magazine.com.

2.2. Vers une inscription de la laïcité dans la Constitution ?

43. Le Constituant de 1831 n'aurait pu décréter le caractère laïc de l'État belge pour la simple raison que le mot « laïcité » ne fit son apparition qu'en 1877, dans le dictionnaire Littré[277]. C'est donc implicitement que la Belgique est devenue un État laïc, comme d'ailleurs l'ensemble des démocraties européennes. En effet, si celles-ci sont parties d'une organisation des relations entre les cultes et l'État très diversifiée, allant de la consécration d'une Église nationale à un régime de séparation « indifférentiste », elles convergent vers un « modèle européen » fondé sur le pluralisme et comportant deux niveaux, le premier étant constitué de la garantie individuelle et collective des libertés religieuses, le second consacrant un système de partenariat entre l'État et les cultes en matière de reconnaissance et de financement de ceux-ci[278]. Il ne pourrait d'ailleurs guère en aller autrement à partir du moment où la Cour européenne des droits de l'homme rappelle à l'envi qu'il « n'est pas de société démocratique sans que le pluralisme, la tolérance et l'ouverture d'esprit se traduisent effectivement dans son régime institutionnel, que celui-ci soit soumis au principe de la prééminence du droit, qu'il comporte essentiellement un contrôle efficace de l'exécutif, exercé sans préjudice du contrôle parlementaire, par un pouvoir judiciaire indépendant, et qu'il assure le respect de la personne humaine »[279].

La Constitution belge se caractérise par son pragmatisme et répugne à l'emphase de déclaration solennelle[280]. Elle pratique ainsi la séparation des pouvoirs sans le proclamer. S'il lui arrive de se faire solennelle, ne sombre-t-elle pas dans l'incantation ? Ainsi, ce n'est qu'en 1998 qu'elle a consacré l'indépendance des juges, sans qu'il soit démontré que celle-ci en est sortie renforcée[281]. Depuis qu'à partir de 1993, la Constitution

---

[277] Leroy, M., *op. cit.*, p. 834.

[278] Voy. Messner, F., « Les rapports entre les Églises et les États en Europe : la laïcité comme modèle ? », in Gonzalez, G. (dir.), *Laïcité, liberté de religion et Convention européenne des droits de l'homme*, *op. cit.*, p. 51-80.

[279] Cour eur. dr. h., *Young, James et Webster*, 13 août 1980, § 63.

[280] Voy. Velaers, J., « De onafhankelijkheid van de rechterlijke macht na de recente herzieneing van de Grondwet », *Limb. Rechtsl.*, 2000, p. 374 ; Van Drooghenbroeck, S. & De Jonghe, D., « L'envers des droits constitutionnels : les devoirs constitutionnels », in Verdussen, M. & Bonbled, N. (dir.), *op. cit.*, vol. 1, p. 418-419. Ainsi, la Belgique figure parmi les 20 % d'États qui se sont dispensés de faire précéder leur Constitution d'un préambule (Ferrari, S., « Constitution et religion », in Troper, M. & Chagnollaud, D. (dir.), *Traité international de droit constitutionnel*, Paris, Dalloz, 2012, p. 442).

[281] À propos de cette constitutionnalisation, Jan Velaers cite deux proverbes, l'un flamand (« quand le renard prêche la passion, paysan, prend garde à tes poules »), l'autre arabe (« l'on ne parle jamais autant d'eau que dans le désert ») avant de s'interroger : « doit-on se faire du souci » à la suite de cette constitutionnalisation ? (*op. cit.*, p. 375-376). Voy. également Van Drooghenbroeck, J.-F. & Van Drooghenbroeck, S., « Les garanties

débute par l'affirmation du caractère fédéral de l'État belge, l'a-t-elle prémuni contre toute évolution confédérale, voire séparatiste ? Ces fâcheux précédents n'ont pas découragé certains parlementaires de proposer l'inscription de la laïcité dans la Constitution, sans que l'on puisse pour autant les soupçonner de vouloir donner le coup de grâce à ce principe[282]. Ces propositions partent du postulat qu'il faut armer davantage la société belge pour lui permettre d'affronter son caractère de plus en plus multiculturel : « si elle est une richesse sur le plan culturel, la diversité pose au monde politique un problème majeur : comment rendre conciliables l'organisation de la société selon des normes acceptables par tous et l'indispensable tolérance démocratique vis-à-vis des choix d'appartenance religieuse ou philosophique ? »[283]. Dès lors, « les dispositions constitutionnelles doivent être renforcées afin de permettre à l'État de jouer un rôle actif dans la promotion des droits et valeurs fondamentaux nécessaires à la vie en société »[284]. Même si ce n'est qu'implicite, c'est l'irruption de la culture musulmane et la montée en puissance de la religion islamique qui requiert, aux yeux de ces auteurs, la recherche de nouveaux équilibres au sein de la société[285].

44. Une première question a trait à l'endroit où il conviendrait d'inscrire la laïcité dans la Constitution. Dans la Constitution de la Cinquième République française, ce principe est inscrit au frontispice, dès la première phrase de l'article 1er, où non seulement la laïcité de l'État est proclamée mais tous ses ingrédients sont énoncés « La France est une République indivisible, laïque, démocratique et sociale. Elle assure l'égalité devant la loi de tous les citoyens sans distinction d'origine, de race ou de religion. Elle respecte toutes les croyances. Son organisation

---

constitutionnelles de l'indépendance de l'autorité judiciaire », in Dirix, E. & Leleux Y.-H. (ed.), *Rapports belges au Congrès de l'académie internationale de droit comparé à Utrecht*, Bruxelles, Bruylant, 2006, p. 522.

282 Voy. Ninane, G., « Liberté de religion et interdiction des signes religieux », *op. cit.*, p. 159-161.

283 Amendement n° 1 d'Olivier Maingain au projet de déclaration de révision de la Constitution, *Doc. parl.*, Chambre, 2002-03, n° DOC 50 2389/2, p. 1. Cette proposition fut reprise en 2007 par François Roelants du Vivier, alors sénateur MR (*Doc. parl.*, Sénat, 2006-07, n° 3-2134/1) puis, en 2012, sous une forme amendée, par le même Olivier Maingain, député FdF (*Doc. parl.*, Chambre, 2012-2013, n° DOC 53 2527/1). Voy. dans le même sens la proposition de Mme Amina Derbaki Sbaï, alors sénatrice socialiste, « de déclaration de révision de l'article 1er de la Constitution, en vue d'y introduire la notion de laïcité politique », *Doc. parl.*, Sénat, 2006-07, n° 3-2112/1.

284 Proposition Maingain, *op. cit.*, p. 9.

285 Selon les développements de la proposition de Mme Derbaki Sbaï, « cette diversité suscite, pourtant, interrogations, inquiétudes, peurs qui conduisent dans certaines circonstances à une incompréhension des règles de vie communes, voire à une recrudescence des tensions ou de la violence » (*op. cit.*, p. 1).

est décentralisée ». Très proches de leur modèle, certaines propositions invitent à inscrire la laïcité dans l'article 1er de la Constitution belge[286]. La difficulté est que cette disposition figure dans le Titre premier, intitulé « De la Belgique fédérale, de ses composantes et de son territoire ». Ce titre énonce la division de l'État fédéral belge en communautés, régions, régions linguistiques, provinces et communes. Il semble parfaitement étranger au principe de la laïcité. Si les auteurs des propositions veulent définir la laïcité comme un élément de l'organisation des pouvoirs[287], elle trouverait mieux sa place dans l'introduction au Titre III de la Constitution, « Des pouvoirs ». Si par contre l'affirmation de la laïcité n'est jamais que le rappel de l'obligation pour l'État de « garantir activement les droits de l'homme »[288], alors elle sera heureusement accueillie dans le Titre II, « Des Belges et de leurs droits ».

La valeur ajoutée de l'inscription de la laïcité dans la Constitution n'apparaît cependant pas avec évidence à la lecture des développements de ces propositions. Ainsi, selon l'auteur de la première initiative, Olivier Maingain, alors député MR,

> l'affirmation du principe de laïcité dans la Constitution permettrait d'exiger des formations politiques appelées à se présenter au scrutin électoral de souscrire une déclaration reconnaissant ce principe ainsi que les autres valeurs démocratiques (par exemple : Titre II de la Constitution dont le principe de l'égalité entre les hommes et les femmes inscrit à l'article 11bis). Le non-respect par les associations ou les partis de ces principes autoriserait les autorités publiques, au terme d'une procédure juridictionnelle, à les priver des avantages que la loi leur accorde ou pour les partis politiques, à se présenter aux élections[289].

---

[286] Voy. l'amendement précité d'Olivier Maingain et les propositions précitées de M. Roelants du Vivier et de Mme Derbaki Sbaï.

[287] Selon Olivier Maingain, « l'État laïc constitue l'espace public où s'élabore le consensus qui justifie la structure de base de la société démocratique et qui organise les institutions sociales, culturelles et politiques ainsi que la manière dont elles interagissent » (proposition, *op. cit.*, p. 4). Selon de Mme Derbaki Sbaï, « la laïcité est essentiellement une question politique et non pas une question religieuse. C'est-à-dire que cela relève de l'État et non pas de la religion. Il revient à l'État d'être laïque et non pas aux religions » (*op. cit.*, p. 3).

[288] Proposition de Maingain, M., *op. cit.*, p. 9. Cette proposition vise à « insérer un nouvel article 7*ter* relatif à la laïcité de l'État ».

[289] Amendement n° 1 au projet de déclaration de révision de la Constitution, *op. cit.*, p. 4-5. De même, selon Mme Derbaki Sbaï, « l'affirmation explicite du principe de laïcité permettrait d'exiger (des groupements idéologiques, confessionnels ou non confessionnels), de souscrire à une déclaration d'adhésion à ce principe » (*op. cit.*, p. 4).

L'auteur définit encore la laïcité au sens large[290] comme renvoyant au « principe d'une société autonome par rapport à l'hétéronomie religieuse ou philosophique. Cela signifie que dans les sociétés laïques, le fondement du pouvoir est contenu dans le débat démocratique, sans dépendre de prescrits religieux »[291]. L'auteur reconnaît que ces principes sont déjà contenus dans les articles 19 à 21 de la Constitution. La question devient alors : pourrait-on imposer aux partis politiques et aux associations subventionnées par l'État de souscrire explicitement aux droits et libertés consacrés par le titre II de la Constitution ? L'on sait que la loi du 4 juillet 1989 relative à la limitation et au contrôle des dépenses électorales impose déjà pareille obligation aux partis politiques même si la sanction se limite à un retrait partiel du financement et non à une interdiction de se présenter aux élections. Sans s'appesantir sur l'opportunité de permettre une telle sanction[292], il est permis de douter que la simple mention de la laïcité dans l'article 1er de la Constitution permettrait au législateur de faire obstacle à la participation d'un parti politique à une compétition électorale. S'agissant de subordonner le subventionnement d'association au respect des principes démocratiques, aux premiers rangs desquels figure l'obédience aux droits et libertés, point n'est besoin de réviser la Constitution pour l'imposer. La loi du Pacte culturel de 1973 portait déjà pareille exigence[293]. De même, les écoles libres qui prétendent au subventionnement doivent respecter les droits fondamentaux des élèves[294]. Est-ce en raison de leur absence de portée juridique que ces propositions de révision de la Constitution ont été écartées sans faire l'objet d'une discussion[295] ?

Au-delà des objectifs affichés par les auteurs des propositions qui viennent d'être exposées, les tenants de sa version inhibitrice voient dans

290 Au sens restreint, elle renvoie à l'expérience française de séparation de l'Église et de l'État. Même si ce sens est écarté, les développements des propositions se réfèrent constamment à la situation française.

291 Amendement, *op. cit.*, p. 3.

292 Voy. à cet égard, notamment, Velaers, J., « Quelques réflexions sur la "démocratie combative" en droit public belge », in Dumont, H. & al. (dir.), *Pas de liberté pour les ennemis de la liberté ? Groupements liberticides et droit*, Bruxelles, Bruylant, 2000, p. 319-330. Dans le même ouvrage, Dumont, H. & Tulkens, F., « Les activités liberticides et le droit public belge », p. 297-305.

293 Voy. Dumont, H. & Tulkens, F., « Les activités liberticides et le droit public belge », *op. cit.*, p. 241-260.

294 Article 24, § 3, de la Constitution ; article 29 de la Convention relative aux droits de l'enfant du 20 novembre 1989. Voy. Delgrange, X., « La neutralité de l'enseignement en Communauté française », *op. cit.*, p. 145-146.

295 Rapport de la Commission de la Chambre, *Doc. parl.*, Chambre, 2002-03, n° DOC 50 2389/3, p. 32-33 ; Rapport de la Commission du Sénat, *Doc. parl.*, Sénat, 2006-2007, n° 3-2377/3, p. 32-33.

la constitutionnalisation de la laïcité l'opportunité d'avancées sur deux terrains en particulier, la contestation du financement des cultes et le sapement des accommodements raisonnables. Pour ce faire, la laïcité à la française est présentée comme univoque et claire[296].

45. Marc Uyttendaele affirme que le principe de laïcité

> implique une césure radicale entre l'État et les Églises. Or qui peut croire à une césure radicale lorsque l'on sait que l'État belge reconnaît et finance les cultes ? Qui peut croire à une césure radicale lorsque l'on sait que le service public de l'enseignement, financé par les pouvoirs publics, est pris en charge, dans une proportion significative, par des pouvoirs organisateurs dont l'originalité est précisément leur vocation confessionnelle ? Qui peut croire à cette césure radicale lorsque les écoles publiques sont tenues constitutionnellement de dispenser des cours de religion, voire de morale « laïque » aux élèves, dès la première primaire ?[297]

L'auteur affirme dès lors que la laïcité ne se trouve « ni implicitement ni en germe », dans le droit constitutionnel belge et pointe « les conséquences vertigineuses qu'aurait cette initiative, laquelle conduirait à débattre du financement public des cultes, du financement des différents réseaux d'enseignement [...] ».

Pourtant, la laïcité telle qu'elle est consacrée par la Constitution française ne s'oppose ni au financement des cultes ni à celui d'un enseignement confessionnel. En effet, les Constitutions de 1946 et de 1958 n'ont pas entendu donner valeur constitutionnelle à la loi du 9 décembre 1905 relative à la séparation des Églises et de l'État[298]. Jean Rivero mettait en exergue un arrêt du Conseil d'État de France du 1er avril 1949, Chaveneau, dont « les principes sont formels : l'État laïque a contracté l'obligation d'assurer le libre exercice des cultes à ceux qui vivent au sein de ses établissements, et, pour cela, d'entretenir les services d'aumônerie indispensables. Dès lors, toute mesure susceptible de priver les élèves de la libre pratique de leur culte et de l'enseignement religieux est illégale »[299]. En outre, ce serait aller dramatiquement à rebours du cours de l'histoire que de s'arcbouter sur cette vision simpliste et anticléricale

---

[296] Une laïcité particulièrement « stricte », portée « par certains républicains français ou par la plupart des laïques militants en Belgique », comme l'analyse Vincent de Coorebyter, « La constitutionnalisation de la laïcité », *Le Soir*, 28 novembre 2012.

[297] Uyttendaele, M., « D'un État neutre à un État laïque », *La Libre Belgique*, 20 novembre 2012.

[298] Voy. notamment Woehrling, J.-M., « L'interdiction pour l'État de reconnaître et de financer un culte. Quelle valeur juridique aujourd'hui ? », *Revue du Droit Public*, 2006/6, p. 1633-1669 ; Flavier, H., « Le financement public des cultes en France et le principe de laïcité », *Revue du Droit Public, 2010/6*, p. 1597-1615.

[299] Rivero, J., « De l'idéologie à la règle de droit : la notion de laïcité dans la jurisprudence administrative », *La laïcité*, Paris, PUF, 1960, p. 278-279.

de la laïcité[300], au moment où la France se rend compte que le système de la loi de 1905 a des effets pervers inquiétants, notamment en ce qu'il discrimine les religions implantées récemment sur son territoire – les plus anciennes bénéficiant des acquis antérieurs au régime de 1905[301] – et en ce qu'il ne permet pas de contrôler les ministres de cultes financés par l'étranger[302].

Pour revenir en Belgique, à suivre les développements des propositions examinées, la démarche de leurs auteurs s'inscrirait « en continuité de l'esprit de la Constitution de 1830 », qui est « d'instaurer une non-ingérence réciproque entre l'État et les Églises » et « n'est aucunement une remise en cause des principes constitutionnels qui ont prévalu lors de la création de l'État belge pour ce qui a trait des rapports entre les Églises et l'État »[303]. Il est au contraire permis de se demander s'il ne faudrait pas modifier deux dispositions constitutionnelles qui ont tendance à figer le rapport de l'État belge et des cultes et à l'empêcher de prendre en compte l'évolution multiculturelle de la société.

Tout d'abord, si le financement des cultes tel qu'il fut établi en 1831 put être présenté comme d'une modernité accommodante à l'égard des religions minoritaires[304], l'absence de critères de reconnaissance des cultes et de financement de ceux-ci, établis *a priori*, combinée avec la très relative évolution de la part respective des cultes reconnus en fonction du nombre de leurs adeptes (surtout l'effondrement de la pratique religieuse catholique, conjuguée avec la montée en puissance de l'islam) ne permettent plus d'affirmer que les cultes bénéficient aujourd'hui d'une égalité de traitement et donc que l'État belge demeure neutre en cette matière[305]. Dès lors, le système belge prête le flanc à la

---

300 Voy. en ce sens l'analyse de de Coorebyter, V., « Laïcité, neutralité et multiculturalité », *Politique*, n° 66, septembre-octobre 2010.

301 La doctrine française pointe deux raisons. D'une part, l'islam s'est implanté après la loi de 1905, alors que les anciens cultes reconnus ont bénéficié de conditions favorables au développement de lieux de culte avant cette loi (Le Roux, M., note sous Trib. Adm. de Cergy-Pontoise du 23 octobre 2012, Association des musulmans de Saint-Gratien, *A.J.D.A.*, 2012/12, 1er avril 2013, p. 695). Par ailleurs, bien souvent, les lieux de culte anciens sont des propriétés publiques entretenues par l'État (voy. Delsenne, L., « De la difficile adaptation du principe républicain de laïcité à l'évolution socio-culturelle française », *Revue du Droit Public*, 2005/2, p. 452).

302 Voy. Papi, S., « L'insertion des mosquées dans le tissu religieux local en France : approche juridique et politique », *Revue du Droit Public*, 2004/5, p. 1339-1353 ; Flavier, H., « Le financement public des cultes en France et le principe de laïcité », *Revue du Droit Public*, 2010/6, p. 1597-1615.

303 Amendement n° 1 au projet de déclaration de révision de la Constitution, *op. cit.*, p. 4-5.

304 Voy. ci-avant.

305 Sägesser, C., *Le prix de nos valeurs…*, *op. cit.*, p. 33-51 ; S. Wattier, *op. cit.*, p. 36-42.

critique que Caroline Fourest réserve à ce qu'elle désigne comme une « laïcité de reconnaissance » ou « laïcité ouverte », à savoir celle qui reconnaît et subventionne les différentes religions mais en réservant un traitement préférentiel à la religion historique, raison pour laquelle elle prône une « laïcité d'indifférence », qui assure une parfaite égalité entre les religions en les ignorant[306]. Nous penchons, au contraire, en faveur du maintien du système belge, propre à servir une laïcité d'ouverture, ou émancipatrice, à condition de l'adapter aux taux de fréquentation des différentes obédiences. Si l'article 181 de la Constitution devait être interprété comme ne permettant pas une telle évolution[307], sa révision s'imposerait[308].

Ensuite, le souci est de plus en plus exprimé de voir l'État investir dans la formation des ministres des Cultes ainsi que des professeurs de religion, essentiellement pour s'assurer que l'enseignement qu'ils prodiguent est conforme aux valeurs démocratiques[309]. Il pourrait difficilement le faire à Constitution inchangée. En effet, le Constituant de 1831 s'est illustré en faisant une application radicale du principe de la séparation de l'Église et de l'État. L'article 21 de la Constitution lui interdit toute immixtion dans la désignation puis dans l'activité des ministres des cultes rémunérés par les deniers publics[310]. Que l'État se prive ainsi de veiller non seulement à la correcte affectation des deniers publics mais plus fondamentalement à la préservation des droits fondamentaux et de l'ordre public ne fut jamais contesté, jusqu'à la montée en puissance du culte musulman. Comme le rappelle Caroline Sägesser,

---

306 Fourest, C., *La dernière utopie, menaces sur l'universalisme*, Paris, Grasset, 2009, p. 239-252.

307 Voy. à cet égard l'avis de l'assemblée générale de la section de législation du Conseil d'État n° 49 285/AG du 26 avril 2011 sur une proposition de loi visant à fixer un critère objectif de répartition du budget finançant les cultes et la laïcité, (*Doc. parl.*, Chambre, 2010-11, n° DOC 53 1214/2) où, examinant une proposition entendant fixer de nouveaux critères de financement requérant qu'il soit tenu compte de l'importance relative des cultes et organisations philosophiques reconnus, le Conseil d'État semble considérer que, puisque l'article 181 de la Constitution impose au législateur de porter au budget les sommes « nécessaires » aux traitements et pensions des ministres des Cultes et des délégués, le financement doit se baser sur les besoins des cultes, notamment le nombre de leurs ministres respectifs, et non leur représentativité dans la population.

308 En ce sens, Wattier, S., *op. cit.*, p. 36-42.

309 Voy. notamment Laporte, Chr., « On attend la formation des imams », *La Libre Belgique*, 4 mars 2013, p. 7.

310 Wattier, S., *op. cit.*, p. 30-32. Il est à noter que la Cour constitutionnelle a considéré que, s'agissant d'autres aspects du financement des cultes, ceux-ci n'étant pas visés par l'article 21, peuvent faire l'objet d'une ingérence de la part de l'autorité publique, pour autant qu'elle soit proportionnée (arrêts n° 152/2005 du 5 octobre 2005, B. 5 ; n° 93/2010 du 23 juillet 2010, B. 8).

il convient de se rappeler le contexte de l'adoption de cet article en 1831, qui avait pour but d'émanciper l'Église catholique du contrôle de l'État, particulièrement dans la nomination des évêques, contrôlée par le souverain sous le régime précédent. Durant tout le XIXe siècle, et encore aujourd'hui, la jurisprudence a interprété très largement la portée de cet article ; mais aujourd'hui, c'est un obstacle au contrôle des activités, de la qualité et de la formation des ministres du Culte. Il n'est en rien déraisonnable que l'État, qui paie leurs traitements, puisse exiger des garanties, notamment en matière de diplôme, de connaissance des langues nationales et de casier judiciaire vierge du personnel des organisations convictionnelles[311].

Plutôt donc que d'insérer le principe de laïcité dans notre Constitution sans remettre aucunement en cause les autres principes que celle-ci consacre, mieux vaudrait réviser ses articles 21 et 181 afin de s'assurer que les deniers publics ne financent pas des activités antidémocratiques ou criminelles et qu'ils sont distribués dans le respect de l'égalité des citoyens.

46. La laïcité inhibitrice regarde au mieux avec réticence les accommodements raisonnables, autant de portes ouvertes sur le multiculturalisme[312]. Comme en écho à cette préoccupation, les auteurs des propositions invoquées se fondent sur Geneviève Koubi pour affirmer que « la laïcité n'est pas seulement une valeur, elle répond aux formes mêmes de la République (assurant) de son unité sociale et de son esprit démocratique, elle est d'ordre normatif, elle est à la base de toute règle de droit »[313]. Certes, cette auteure revendique la laïcité comme ayant une densité juridique forte : « ce principe est source d'une règle de droit (constitutionnel) ; il ne saurait se définir comme une "valeur", ce serait aussi le déprécier que de le présenter comme un simple principe de valeur constitutionnelle : le principe de laïcité surdétermine les autres principes, il les structure, il les encadre, il les transcende »[314]. Geneviève Koubi insiste toutefois sur le fait que la République laïque est celle qui, selon l'article 1er de la Constitution française, « respecte toutes les croyances ». Elle en déduit le caractère radicalement anti-laïque de lois telles que celles qui interdisent le port du voile, expression d'une croyance religieuse :

> le respect des principes issus de la laïcité induit l'application des principes du pluralisme et de la neutralité du service public ; il implique la protection de la liberté d'information et de la liberté d'expression et notamment de la liberté

311 Sägesser, C., *Le prix de nos valeurs, etc.*, *op. cit.*, p. 79-80.

312 Voy. ci-avant.

313 Citation quelque peu tronquée de Koubi, G., « La laïcité dans le texte de la Constitution », *Revue de droit Public*, 1997, p. 1316 dans : Amendement n° 1 au projet de déclaration de révision de la Constitution, *op. cit.*, p. 4 ; Proposition de Roelandts du Vivier, M., *op. cit.*, p. 4 ; proposition de M. Maingain, M., *op. cit.*, p. 6.

314 Koubi, G., *op. cit.*, p. 1312.

de conscience et de ses corollaires que sont l'expression et la manifestation des convictions. La loi ne pouvant interdire que les « actions nuisibles à la société »[315], ne pourraient être prohibés que les actes de pression, les actions de propagande, le prosélytisme contraires au respect des croyances ; ne pourraient être sanctionnés que les agissements et les comportements portant atteinte à l'ordre public, dans toutes ses dimensions (sécurité, protection de la santé et respect de la dignité). Sur le plan du droit constitutionnel, la laïcité est intégrée dans la définition de l'ordre juridique ; elle permet ainsi de prévenir toute atteinte aux libertés, donc à la liberté religieuse[316].

L'éminent Jean Rivero concluait ainsi son analyse de l'arrêt Chaveneau qui vient d'être cité :

> nous sommes très loin de la laïcité conçue comme ignorance du fait religieux, très loin, même, de la laïcité qui se borne à tolérer l'exercice des cultes : l'État laïque, en tant que tel, a contracté, à l'égard de ses citoyens, une obligation, celle de leur permettre de suivre les impératifs de leur conscience. Il lui appartient de s'équiper pour faire face à cette obligation ; et ce n'est pas seulement une faculté que sa laïcité lui laisse, c'est une obligation qu'elle lui impose : la neutralité n'est pas seulement le devoir de ne rien faire qui puisse attenter à la liberté des options religieuses, elle a un contenu positif, elle emporte le devoir de permettre, à ceux qui ont opté, de suivre leur option[317].

Serait-ce aller trop loin que d'envisager que, de nos jours, il considérerait que l'article 1er de la Constitution française, tel qu'il a été remodelé par la révision de 1995, enjoignant au « respect de toutes les croyances »[318], invite voire astreint aux accommodements raisonnables ? D'ailleurs, le rapport Stasi, s'il invitait, d'un côté, à chasser le voile des écoles, constatait, de l'autre, que la République française pratiquait déjà les accommodements raisonnables et préconisait d'autres aménagements sur le modèle québécois[319]. Encore qu'à suivre Jean Baubérot, la laïcité française a toujours été accommodante. Il rappelle que pour tempérer le zèle précipité de ceux qui, forts de la loi sur l'obligation et la laïcité de l'enseignement primaire public de 1882, arrachèrent les crucifix des classes sans ménagement et sans considération pour l'émotion d'une partie de la population, une circulaire invita à n'appliquer la loi qu'avec « respect quand un consensus existe », justifiant ainsi cet accroc à la neutralité : « la loi de laïcité n'est pas une loi de combat (mais) une de

---

315 Note 53 de l'article de Koubi, G. : Article 5 de la Déclaration des droits de l'homme et du citoyen de 1789 : « La loi n'a le droit de défendre que les actions nuisibles à la société… ».

316 Koubi, G., *op. cit.*, p. 1319.

317 Rivero, J., *op. cit.*, p. 278.

318 Sur l'importance de ce remodelage et sur la portée de l'exigence de respect, voy. Koubi, G., *op. cit.*, p. 1314-1315.

319 Koussens, D., « Le port de signes religieux… », *op. cit.*, p. 125-126.

ces grandes lois organiques qui sont destinées à vivre avec le pays, à entrer dans ses mœurs, à faire partie de son patrimoine ». Il faut éviter de « porter le trouble dans les familles ou dans les écoles ». Et Baubérot de conclure : « on ne saurait être plus accommodant ! Or cette laïcité roseau, qui plie mais ne rompt pas, va réussir à braver les tempêtes et à s'établir »[320].

Conclusion

> Nous avions tout classé, tout ordonné : les valeurs consensuelles pour la sphère publique, et les éventuelles convictions religieuses pour le for interne et la sphère privée. Et voilà maintenant que tout se brouille à nouveau.
>
> Nous avions fait de notre pluralisme même notre credo, persuadés d'ainsi rendre justice à l'autre et de faire droit à toutes les différences. Et voilà que l'autre – un autre vraiment différent ? – se rappelle à nous, nous terrorise parfois, et creuse à nouveau la différence. Nos certitudes s'ébranlent, nos repères se mettent à vaciller : comment, dans cette nouvelle donne, distribuer désormais la liberté, l'égalité et la solidarité ?[321]

47. Nos valeurs ne peuvent rester consensuelles sans respect de la diversité des individus composant l'*agora*. La laïcité se doit d'en donner le *la*, et la société de rester attentive à garantir à chacun et de manière égalitaire sa liberté de religion. Les accommodements raisonnables ne sont que les correctifs indispensables qui en permettent la réalisation pleine et entière. Ils traduisent ce que Marie-Claire Foblets appelle « l'égalité dans la diversité »[322]. En effet,

> le principe sous-jacent à l'accommodement raisonnable ne peut être que le principe systématique et pragmatique du *common law*. […]. Historiquement, les dispositions de *common law* n'ont pas été validées par la raison : elles sont le fruit d'un long processus qui a permis de démontrer leur caractère raisonnable à mesure qu'on ne cessait de s'appuyer sur elles. Ces dispositions incarnent une sagesse qui explique leur résistance au passage du temps et leur aptitude à se modifier constamment à la lumière de la pratique. […]. C'est à l'aune du *common law* qu'on mesure la rationalité, et non l'inverse. De même, le développement de l'accommodement raisonnable ne devrait être orienté que par sa capacité réelle à régler des situations individuelles en construisant, pour chaque occasion, une rhétorique justifiant la décision[323].

---

[320] Baubérot, J., *La laïcité falsifiée*, *op. cit.*, p. 139-140.

[321] Ost, F., *Antigone voilée*, Bruxelles, De Boeck, Théâtre, 2009, p. 5.

[322] Foblets, M.-C., « Le droit face à la multiplication des revendications identitaires. Pluriculturalité et pluralisme juridique au départ de l'expérience belge », in Ringelheim, J. (dir.), *op. cit.*, p. 885.

[323] Santoro, E., « Ha da, passa' 'a nuttata : l'accommodement raisonnable, outil de coexistence fondé sur le respect des droits dans une société plurielle », *Accommodements*

C'est donc se tromper de partition que de percevoir les accommodements raisonnables comme une version moderne et détournée d'un privilège. Ils en sont l'exact contraire. La crise sociétale actuelle n'est pas un leurre. Face aux angoisses qui apparaissent, les discours se radicalisent et nous servent une conception de la laïcité véritablement inhibitrice, tendant à unifier l'espace public sous couvert de l'égalité, s'éloignant donc de ses vertus émancipatrices originelles. Au-delà des discours, certaines législations encore ponctuelles heureusement traduisent en termes juridiques cette fermeture à la particularité confessionnelle de certains : l'interdiction du port du voile et la loi *anti-burqa* en sont les exemples les plus visibles.

La laïcité est pourtant l'affaire de tous. Nous ne pouvons que souscrire aux propos de Jean Baubérot selon lesquels

> la capacité d'une personne à promouvoir la laïcité est peut-être moins liée à son rapport personnel à la religion qu'à sa disposition à une certaine « gymnastique intellectuelle » lui permettant de dissocier ses propres convictions, ce qu'elle considère comme étant le vrai et le bien dans l'ordre du spirituel et/ou philosophique, et de l'ordonnancement politique de ce qui peut être juste dans la société[324].

Michel Leroy allait déjà dans ce sens en dénonçant la tentation actuelle d'adopter une laïcité inhibitrice :

> compte tenu de ce que la laïcité (de l'État) tient à son organisation et celle (des citoyens) à leurs convictions, c'est l'État qui doit être laïc, pour permettre à ses citoyens de mener en toute tranquillité une vie conforme à leurs convictions, et d'en changer éventuellement. Mais un État laïc n'a nullement besoin que tous ses citoyens le soient. Un État dont tous les citoyens le seraient n'aurait même aucun besoin de l'être. L'objectif premier de la laïcité de l'État est au contraire de permettre le libre épanouissement de convictions différentes sur son sol, et leur coexistence. Les seules limites résident dans les nécessités de l'ordre public et de la propre viabilité de l'État ainsi conçu. L'ordre public commande notamment le respect d'autres droits fondamentaux et au premier chef du droit à la vie [...][325].

C'est cette hauteur de vue qui fait défaut aujourd'hui et qui empêche d'accueillir sereinement les revendications de liberté et d'expression confessionnelle d'individus dont la culture ne fait pas partie des traditions européennes les plus anciennes. Jean Rivero affirmait déjà en 1960 à propos de la laïcité : « nulle doctrine n'est à l'abri de ses propres petitesses,

---

institutionnels et citoyens : cadres juridiques et politiques pour interagir dans des sociétés plurielles, éd. du Conseil de l'Europe, 2009, p. 236-237.

324 Baubérot, J., *op. cit.*, p. 148.

325 Leroy, M., *op. cit.*, p. 841.

et la laïcité pas plus qu'une autre : mais toutes ont besoin qu'on les garde contre leurs zélateurs intempestifs »[326].

Même Caroline Fourest met en garde contre ce qu'elle désigne comme une « laïcité autoritaire », qui serait une évolution de la laïcité à la française vers plus de fermeture, « l'une cherchant réellement un équilibre entre lieux de la norme et lieux de la liberté, l'autre cédant à la tentation de tout régler par l'interdiction, quitte à porter atteinte aux libertés individuelles »[327]. Cette dernière prend donc « le risque de tomber dans l'autoritarisme »[328]. Elle conclut : « la laïcité ne doit pas se confondre avec l'antireligieux, l'égalité avec l'uniformité, l'intégration avec l'assimilation, ni la nation avec la tradition »[329].

48. Pierre Rosanvallon observe que la singularité de l'individu est « définie par une variable de relation ; elle n'est pas un état. La différence est dans son cas ce qui lie, et non ce qui sépare. L'égalité des singularités [...] implique [...] que chaque individu se manifeste par ce qui lui est propre. Le fait de la diversité est dans ce cas l'étalon de l'égalité »[330]. L'auteur attire l'attention sur ce qu'il nomme « une crise de réciprocité » chez les classes moyennes et populaires actives, c'est-à-dire une inégalité dans l'implication dans la cité : certains donnent, payent beaucoup et d'autres profitent, sont exonérés de certaines contraintes, de certains devoirs[331]. Parmi les cibles de choix, l'on trouve les immigrés accusés d'être les principaux profiteurs de la solidarité nationale. Il a été examiné, en parallèle, d'un point de vue sociologique, que le degré d'implication des individus dans la cité dépend de la perception qu'ils ont de l'implication des autres. « D'où, à l'inverse, les formes de retrait direct ou larvé, que provoque ce qui est perçu comme une rupture de réciprocité »[332]. Le défi actuel de nos sociétés modernes serait celui de savoir vivre en égaux, non pas d'être égaux en tant que tels.

Pierre Rosanvallon s'oppose ainsi à l'indistinction qui est le contraire de l'égalité, mais une forme de désindividualisation du monde, présente dans l'utopie communiste. Il s'agit plutôt de trouver des formes de distinction positives, sous le rapport fondamental de l'égalité : être

---

326 Rivero, J., *op. cit.*, p. 280.

327 Fourest, C., *op. cit.*, p. 264. Et l'auteure d'illustrer son propos : « c'est la tentation de Riposte laïque ou de Regards de Femmes, qui ont lancé une pétition demandant l'interdiction du voile, y compris dans les écoles privées, les administrations et les entreprises » (*ibid.*).

328 Fourest, C., *op. cit.*, p. 265.

329 Fourest, C., *op. cit.*, p. 283.

330 Rosanvallon, P., *La société des égaux*, Paris, Seuil, 2011, p. 359.

331 Rosanvallon, P., *op. cit.*, p. 375-380.

332 Rosanvallon, P., *op. cit.*, p. 377.

à la fois semblables et singuliers. C'est ainsi, qu'en permettant à chacun d'exprimer sa singularité, en recourant le cas échéant à des accommodements raisonnables, que l'on permettra non seulement son intégration au sein de l'*agora* mais aussi que l'on favorisera sa participation à la vie de la cité, pour l'enrichissement de tous. Il est d'ailleurs tout aussi important de souligner que l'accommodement raisonnable, en servant l'individu singulier, l'affranchit de son appartenance éventuelle à une communauté, une église, un dogme[333]. C'est donc, à ce titre, un réel facteur d'émancipation ainsi qu'un mécanisme efficace et indolore à l'émergence d'un nouveau projet de vivre-ensemble, d'un contrat social renouvelé.

49. Les accommodements raisonnables ne peuvent pas non plus être réduits à l'apport d'un concept étranger, d'office perçu comme suspect, et d'autant plus s'il provient d'une tradition juridique très différente, comme la *common law* canadienne[334]. Ils existent ici en Belgique, doivent demeurer et continuer à permettre à une laïcité émancipatrice, porteuse de liberté, et plus généralement au vivre-ensemble, d'évoluer et d'assurer à chacun une place dans la cité. Ils ne doivent donc pas se voir ternis par l'expression même qui les désigne et qui fleure l'importation canadienne. Le recours à des modèles sociaux, sociétaux et juridiques étrangers ne peut être qu'un enrichissement dans une société démocratique. Il est même souhaitable lorsqu'il permet de trouver des solutions à des problèmes communs. Cela étant, comme l'explique Pierre Bosset, tout emprunt étranger « exige un minimum de précautions, car dans ce domaine, l'exotisme est un danger et non un attrait »[335]. Il serait, en effet, bien ironique que cette expression d'origine étrangère jette la suspicion sur un concept permettant justement de faire en sorte d'aménager la société en vue d'y accueillir ce qui est précisément de cultures variées, etc.

50. L'accommodement peut se faire raisonnable à tous les stades du vivre ensemble, dans l'espace public, que ce soit à l'échelle purement individuelle, dans la pratique quotidienne la plus anodine, ou à une échelle plus collective au moyen d'aménagements prévus dans la législation elle-même. Recours ultime et salvateur, le juge, en tant que garant des libertés, doit être au service de cette laïcité accommodante et veiller à ce que des correctifs interviennent pour que l'égalité de

---

[333] Santoro, E., *op. cit.*, p. 231-236.

[334] En ce sens Christians, L.-L., « Diversité au travail. Entre cultures et consciences, entre identité et éthique. Enjeux juridiques des recompositions postmodernes du religieux », in Ringelheim, J. (dir.), *op. cit.*, p. 635.

[335] Bosset, P., « Droits de la personne et accommodements raisonnables : le droit est-il mondialisé ? », *R.I.E.J.*, 2009, p. 16 et suiv.

chacun soit assurée. Cette responsabilité pèse toutefois sur chaque citoyen. Jean-Philippe Schreiber conte une anecdote[336] : dans un avion, un homme lui demande d'échanger de place parce que ses convictions lui interdisent de côtoyer une femme. Il refuse : ce serait participer à un avilissement de la femme. Ce faisant, il applique à la lettre la méthode des accommodements raisonnables : la demande est entendue, évaluée et rejetée mais pour un motif légitime, tant l'atteinte à la dignité de la femme eut été déraisonnable. Un raisonnement identique a conduit au licenciement d'un fonctionnaire de la Ville de Bruxelles qui se refuse, par convictions religieuses, à serrer la main d'une femme, en l'occurrence son échevine de tutelle[337].

Cet évènement fait écho à un autre, qui date un peu mais garde toute sa saveur et son enseignement aujourd'hui. En 1947, un instituteur s'était vu, pour manquement à la laïcité, refuser l'inscription au concours de l'inspection primaire parce qu'il avait placé « sous un symbole religieux l'enseignement de l'école publique ». Les faits seraient cocasses s'ils n'avaient eu de si lourdes conséquences : le symbole n'était autre que l'*harmonium* de l'église et l'instituteur y avait eu recours pour accompagner les chants très laïques de ses élèves, à défaut de piano disponible. Le Conseil d'État de France, alors saisi, refusa de voir dans cette initiative une « attitude contraire au principe de la neutralité scolaire »[338].

L'accommodement, pour être raisonnable, doit favoriser le vivre ensemble. Il ne l'est plus lorsqu'il implique une restriction déraisonnable aux droits d'autrui. En prenant au sérieux une demande fondée sur des convictions religieuses, c'est-à-dire en lui appliquant le principe de proportionnalité, l'autorité ou le simple interlocuteur recherche un accommodement. Cette démarche doit être saluée parce qu'elle est l'expression d'un respect des singularités qui se côtoient dans l'espace public. En définitive, la notion d'accommodement raisonnable n'est-elle pas victime d'un phénomène courant : lorsqu'un concept bénéficie d'un surcroît de popularité qui l'amène à s'aventurer en dehors de son champ lexical, en l'espèce le droit, pour investir le langage courant, il risque d'être alourdi d'une charge émotionnelle qui le dénature. L'accommodement raisonnable, pour le juriste soucieux des droits de l'homme, ne peut conduire à une solution déraisonnable. Seulement, l'application rigoureuse du principe d'égalité requiert qu'il soit envisagé.

---

[336] Schreiber, J.-Ph., *op. cit.*, p. 131-132.

[337] « Un fonctionnaire musulman licencié pour son extrémisme », *Le Soir*, 13 mai 2013.

[338] Conseil d'État de France, arrêt *Connet* du 4 mai 1947, cité par Rivero, J., *op. cit.*, p. 279-280.

Ce qui fut fait rigoureusement et légitimement dans l'avion et à la ville de Bruxelles. Le rejet de l'accommodement raisonnable reposerait-il sur un tragique malentendu ? Cette maxime d'un autre temps ne peut-elle finalement se revendiquer d'une laïcité moderne et dynamique : « paix sur la terre aux hommes de bonne volonté »[339] ?

[339] Évangile selon Saint-Luc, 2.14.

Quatrième partie

Regards sociologiques comparés

Voiles/Voiler

Pascale Fournier et Emmanuelle Jacques

Université d'Ottawa

> Comme nous aurons plus loin à étoffer cette absence d'événement, l'imminence visible et configurée de son non-lieu [...] dans la syntaxe du rideau, de l'écran, du voile.
>
> Jacques Derrida, *La dissémination*[1]

Introduction

Voiles. *Voiler*. Dissimuler le visage. Interdire de dissimuler le visage : dévoiler. Le 11 octobre 2010, la France promulgue la *Loi interdisant la dissimulation du visage dans l'espace public*[2]. Nulle part dans la loi ne peut-on lire les mots « *burqa* », « *niqab* », « voile intégral ». Pourtant, il ne fait aucun doute que c'est là son principal objet, comme le révèlent les discours des parlementaires lors de son adoption par l'Assemblée nationale le 13 juillet 2010. Le député Nicolas Perruchot se vantait alors « d'opposer au voile intégral le refus sans appel de la République »[3]. Bérengère Polletti renchérissait : « La burqa, le niqab [...] sont une prison pour les femmes [...], la condamnation à n'être plus rien »[4].

En juin 2011, le gouvernement belge adopte une loi similaire modifiant le Code criminel afin d'« interdire le port de tout vêtement

---

1 Derrida, J., « La double séance », *La dissémination*, Paris, Seuil, 1972, p. 206.

2 L'article premier énonce que « Nul ne peut, dans l'espace public, porter une tenue destinée à dissimuler son visage ». En cas d'infraction, la personne s'expose à 150 euros d'amende et à l'obligation d'accomplir un stage de citoyenneté. En outre, toute personne en forçant une autre à dissimuler son visage est passible d'une peine d'un an de prison et de 30 000 euros d'amende. *Loi interdisant dissimulation du visage dans l'espace public*, Paris, adoptée le 7 octobre 2010.

3 Assemblée nationale française, XIIIe législature, Session extraordinaire de 2009-2010, Compte rendu intégral, Deuxième séance du mardi 13 juillet 2010.

4 *Ibid.*

cachant totalement ou de manière principale le visage ». Encore une fois, ni le titre de la loi, ni le texte des articles ne font référence au véritable objet de l'interdiction. La chambre des représentants a d'ailleurs refusé deux amendements proposés par Jean-Marie Dedecker pour remplacer l'intitulé « Proposition de loi visant à interdire le port de tout vêtement cachant totalement ou de manière principale le visage » par « Proposition de loi interdisant le port de la Burqa ou du Niqab »[5]. Pourtant, à l'Assemblée des représentants de Belgique, les discussions ne concernent que le port du voile intégral. Corinne de Permentier, par exemple, soutient que : « la burqa est une déshumanisation totale de la femme [...], une atteinte à sa dignité [...], une prison ambulante »[6].

Au Québec, le gouvernement libéral a proposé, en mars 2010, le Projet de loi n° 94 : *Loi établissant les balises encadrant les demandes d'accommodement dans l'Administration gouvernementale et dans certains établissements*[7]. L'article 6 prévoit qu'« [e]st d'application générale la pratique voulant qu'un membre du personnel de l'Administration gouvernementale ou d'un établissement et une personne à qui des services sont fournis par cette administration ou cet établissement aient le visage découvert lors de la prestation des services ». Le projet de loi québécois, tout comme ses équivalents français et belge, semble religieusement neutre à première vue. Ses rédacteurs ont sciemment évité les mots « *niqab* » ou « *burqa* » et font plutôt du « visage découvert » une pratique dite d'« application générale ». Ainsi, non seulement ils n'identifient pas clairement l'objet de l'interdiction mais, par le truchement des balises aux accommodements raisonnables, ils passent sous silence le geste même de l'interdiction. Selon certains défenseurs du projet de loi au sein de l'Assemblée nationale, la liberté de religion n'entre même pas en jeu, le projet de loi offrant simplement un code de conduite aux personnes de toutes les confessions religieuses[8]. Pourtant, au lendemain du dépôt de ce

---

5 Chambre des Représentants de Belgique, « Amendements », *Proposition de loi visant à interdire le port de tout vêtement cachant totalement ou de manière principale le visage*, 30 mars 2011, Doc. 53 0219/003.

6 Chambre des Représentants de Belgique, « Rapport fait au nom de la Commission de l'Intérieur, des Affaires générales et de la Fonction publique, par Mme Leen Dierick », *Proposition de loi visant à interdire le port de tout vêtement cachant totalement ou de manière principale le visage, Proposition de loi interdisant de porter dans les lieux et espaces publics des tenues vestimentaires marquant le visage, Proposition de loi sur l'exercice de la liberté d'aller et venir sur la voie publique*, 18 avril 2011, Doc 53 0219/004.

7 Projet de loi n° 94, présenté le 24 mars 2010, *Loi établissant les balises encadrant les demandes d'accommodement dans l'Administration gouvernementale et dans certains établissements*, Québec, 1re Session, 39e Législature.

8 Assemblée nationale du Québec, *Journal des débats*, 39e législature, 1re session, 2010-2011, vol. 41, n° 116. (26 novembre 2010) p. 2 (Hon. M. Fortin) : « Il ne s'agit

projet de loi, les titres des journaux insistaient majoritairement sur l'interdiction du voile intégral : « Québec niqab bill would make Muslim women unveil »[9] ; « Québec body rules against right to wear the niqab »[10] ; « Port du niqab : une loi inutile »[11] ; « La question du niqab continue de diviser »[12] ; « Le gouvernement Charest chasse la *burqa* et le *niqab* des bureaux de l'État »[13]. Pourquoi ce décalage entre les mots de la loi et ceux qu'on emploie pour la décrire ? Pourquoi ces textes législatifs sont-ils rédigés en pareilles circonvolutions ?

Cette impression de décalage entre ce que la loi annonce et ce qu'elle réalise effectivement est particulièrement tenace dans le cas du projet québécois. En effet, la question polémique du port du voile intégral se pose ici sur fond de débat sur les accommodements raisonnables, un sujet largement médiatisé qui exacerbe les sensibilités existantes ou imaginées, comme on a pu le constater lors de la « crise des accommodements raisonnables » de 2006-2007. Les commissaires Bouchard et Taylor qualifient d'ailleurs cette crise de « crise des perceptions »[14], ce qui témoigne du caractère émotif du débat et ce qui contribue de surcroît à cette impression de « décalage ».

Cette notion de décalage guidera notre étude du projet de loi 94 : nous nous arrêterons d'abord à la problématique des accommodements raisonnables et aux prétendues balises que le projet de loi prétend y apporter, avant de passer à l'interdiction du voile islamique qui s'y trouve en filigrane. Dans la première partie, nous nous intéresserons à l'écart entre les mots employés dans le projet de loi et ce qu'il tente de

---

pas d'imposer un choix aux femmes voilées, entre leur liberté religieuse et recevoir des prestations de services, mais plutôt un code de conduite. La neutralité de l'État laisse totalement à votre discrétion votre préférence sur le port de signe ou vous identifier à une religion. Que vous soyez musulman et que vous portiez un voile sur les cheveux, un catholique avec sa croix en pendentif dans le cou ou encore un Juif avec son bonnet, vous êtes totalement libre ».

9 Chung Hung, A., « Quebec niqab bill would make Muslim women unveil », *The Star*, 25 mars 2010.

10 Séguin, R., « Quebec body rules against right to wear », *The Globe and Mail*, 17 mars 2010.

11 Desrosiers, N., « Projet de loi 94 – Port du niqab : une loi inutile », *Le Devoir*, 3 avril 2010.

12 « Québec, la question du niqab continue de diviser », *TVA Nouvelles*, 19 mai 2010.

13 Richer, J., « Le gouvernement Charest chasse la burqa et le niqab des bureaux de l'État », *Le Droit*, 24 mars 2010.

14 « Nous avons ainsi constaté qu'il existait un certain décalage entre les pratiques qui ont cours sur le terrain (notamment dans les milieux de l'éducation et de la santé) et le sentiment de mécontentement qui s'est élevé dans la population » : Bouchard, G., Taylor, Ch., *Fonder l'avenir, le temps de la conciliation*, Québec, Publications du Québec, 2008, p. 18.

réaliser. Nous serons particulièrement attentives à la dimension textuelle de la loi, aux liens qu'elle tisse avec d'autres textes, à la construction de sens qui s'y opère. À première vue, le projet de loi entretient de fortes relations intertextuelles avec le discours de la crise des accommodements raisonnables : le projet de loi apparaît comme une réponse à cette crise, il en a absorbé tout un vocabulaire et des mots-clés importants. Pourtant, cette intertextualité n'est que de surface, puisque le projet de loi ne répond pas aux exigences formulées pendant la crise : bien qu'il annonce la création de balises aux accommodements, il ne fait que reproduire les règles établies par la Cour suprême du Canada. Le projet de loi ne réalise donc pas le projet annoncé dans son intitulé et passe totalement sous silence son véritable objet : l'interdiction du port du voile intégral islamique. Dans la deuxième partie, nous nous pencherons sur les arguments des partisans de l'interdiction du voile intégral afin de comprendre pourquoi l'accommodement du voile intégral est impossible. Dans les discours des divers intervenants, la simple vue de la femme intégralement voilée apparaît comme un message au contenu très précis. Nous concevrons donc le voile comme un signe et nous nous intéresserons au décalage qui existe entre les multiples signifiés qui lui sont associés, changeant au gré de ses « lecteurs ».

1. Voiler l'interdiction par l'encadrement : les accommodements raisonnables entrent en scène

1.1. Les « accommodements raisonnables » : décalage entre le concept juridique et l'enflure médiatique

Plusieurs commentateurs, dont le juriste Pierre Bosset, remarquent que « l'accommodement raisonnable, […] un terme technique à l'usage des juristes […] est passé dans le langage populaire »[15], un glissement de sens s'opérant entre les deux. Sébastien Grammond et David Robitaille notent également que : « l'accommodement raisonnable a […] eu du mal à franchir indemne les frontières du droit »[16]. Selon le Conseil du statut de la femme, « [u]ne pléthore d'interprétations ont été accolées aux 'accommodements raisonnables' »[17]. Stéphane Bernatchez parle d'un

---

15 Bosset, P., « Les fondements juridiques et l'évolution de l'obligation d'accommodement raisonnable », Québec, Commission des droits de la personne et des droits de la jeunesse, Cat. 2.500.128, p. 1-2. En ligne : http://collections.banq.qc.ca/ark:/52327/bs1904056.

16 Robitaille, D. & Grammond, S., « Les processus d'accommodement religieux et autochtone dans les institutions publiques canadiennes : quelques comparaisons », *Les Cahiers de droit*, vol. 50, 2009, p. 78.

17 Conseil du statut de la femme, « Droit à l'égalité entre les hommes et les femmes et liberté religieuse », Avis, Québec, Conseil du statut de la femme, 2007, p. 11. On

« écart entre le droit et le monde vécu »[18]. C'est d'ailleurs ce qui incitait Marc-André Dowd, alors président de la Commission des droits de la personne et des droits de la jeunesse, à publier le 17 novembre 2006 une note visant à « clarifier le concept d''accommodement raisonnable' »[19] et à rappeler son « sens précis »[20].

À l'origine, le concept juridique d'accommodement raisonnable est un « moyen visant à rétablir l'égalité dans une situation concrète et individualisée de discrimination »[21]. Les auteurs de doctrine remarquent que le glissement de sens entre les usages juridique et populaire de l'expression se produit à plusieurs niveaux : d'abord, le discours populaire tend à omettre l'exigence de raisonnabilité qui est intrinsèque au concept, et qui limite déjà les demandes d'accommodement. Ensuite, ce même discours tend à faire de l'accommodement, une mesure essentiellement individuelle, évaluée au cas par cas, l'apanage de communautés entières. De plus, on a beaucoup lié cette problématique à la question de l'immigration et à la gestion de la diversité religieuse et culturelle alors que le concept peut s'appliquer à tous les motifs de discrimination (il peut y avoir accommodement pour un handicap ou pour une grossesse, par exemple)[22]. Finalement, on en fait souvent une question de tolérance et de générosité de la majorité à l'égard de la minorité, alors qu'il s'agit d'une

---

peut également y lire aux pages 11-12 : « La notion galvaudée d'"accommodement raisonnable" a du même coup été vidée de sa substance : toutes sortes de situations ont été décrites comme étant des accommodements raisonnables et condamnées comme tels », et à la p. 13 : « l'usage populaire de la notion d'accommodement raisonnable n'est pas toujours en harmonie avec sa définition juridique ».

18 Bernatchez, S., « Les enjeux juridiques du débat québécois sur les accommodements raisonnables », *R.D.U.S.*, vol. 38, 2007, p. 264.

19 Dowd, M.-A., « Accommodements raisonnables : éviter les dérapages », Québec, Commission des droits de la personne et des droits de la jeunesse, 17 novembre 2006, Cat. 2.600.222.

20 *Ibid.*

21 Bosset, P., « Les fondements juridiques et l'évolution de l'obligation d'accommodement raisonnable », Québec, Commission des droits de la personne et des droits de la jeunesse, Cat. 2.500.128, p. 1-2.

22 « Le fait que l'obligation d'accommodement raisonnable soit considérée comme une conséquence naturelle du droit à l'égalité induit un deuxième phénomène, qui est l'application potentielle de ce concept à l'ensemble des motifs de discrimination interdits par la loi. [...] Sans controverses ni déchirements, l'obligation d'accommodement raisonnable s'applique aujourd'hui à des motifs de discrimination dont l'extrême variété interdit de réduire l'accommodement raisonnable, comme on est trop souvent porté à le faire, à un outil de gestion de la diversité religieuse » : Bosset, P., « Les fondements juridiques et l'évolution de l'obligation d'accommodement raisonnable », Québec, Commission des droits de la personne et des droits de la jeunesse, Cat. 2.500.128, p. 6.

question de droit de la personne[23]. Le projet de loi 94 se trouve au cœur de ce déchirement sémantique. En le proposant, le gouvernement pose un geste à la fois politique et juridique : d'une part, le projet doit calmer la « crise » ; de l'autre, il participe à l'élaboration du concept juridique d'accommodement. Il s'inscrit donc à la fois dans le « discours de la crise » et dans le corpus légal et jurisprudentiel consacré aux accommodements raisonnables. Comment le projet de loi navigue-t-il entre ces deux pôles sémantiques ? À quelle définition d'accommodement raisonnable fait-il référence ?

Le concept d'intertextualité jette un éclairage intéressant sur ce phénomène. Cette notion, apparue à la fin des années 1960 dans les travaux du groupe Tel Quel et de Julia Kristeva, repose sur la prémisse suivante : « [t]out texte se construit comme une mosaïque de citations, tout texte est absorption et transformation d'un autre texte »[24]. Gérard Genette la définit comme une « relation de coprésence entre deux ou plusieurs textes, c'est-à-dire eidétiquement et le plus souvent, par la présence effective d'un texte dans un autre »[25]. L'intertextualité s'incarne sous trois formes principales, plus ou moins explicites ou littérales : la citation, le plagiat et l'allusion. Bien que le législateur n'emploie pas de guillemets pour citer ses sources, et que personne ne songe à l'accuser de plagiat, le texte de loi n'en est pas moins un assemblage de textes empruntés au discours social et juridique ambiants. Kristeva invitait d'ailleurs à ce que l'« ensemble social [soit] considéré comme ensemble textuel »[26]. Cette notion nous permet donc de penser le projet de loi 94 comme un assemblage de « fragments de langages sociaux »[27], médiatiques et juridiques. Notre étude intertextuelle, en rapprochant le texte du projet de loi d'autres textes, nous permet de révéler ces rapports. Le projet de loi

---

23 « La question de la justification des accommodements raisonnables est vue comme se réduisant à celle de déterminer comment les membres de la majorité québécoise devraient se comporter à l'endroit de leurs immigrants » : Weinstock, D., « Réflexions critiques sur le rapport Taylor-Bouchard », in Gaudreault-Desbiens, J.-F. (dir.), *Le droit, la religion et le raisonnable*, Montréal, éd. Thémis, 2009, p. 105 ; « La représentation de la question des accommodements raisonnables en fonction d'une distinction entre les Québécois dits "de souche" et les autres en est une, tout comme l'est celle de ces accommodements comme découlant de la "générosité" de la majorité historique à l'endroit des minorités, laquelle occulte la logique des droits sur laquelle sont fondés les accommodements en question » : Gaudreault-Desbiens, J.-F., « Introduction », *Le droit, la religion et le raisonnable*, Montréal, éd. Thémis, 2009, p. 12.

24 *Sèméiôtikè, Recherches pour une sémanalyse*, Paris, Seuil, 1969, p. 146.

25 Genette, G., *Palimpsestes, la littérature au second degré*, Paris, Seuil, coll. « Points – Essais », 1982, p. 8.

26 Kristeva, J., « Problèmes de la structuration du texte », *Théorie d'ensemble*, Paris, Seuil, 1968, p. 311.

27 Barthes, R., « Théorie du texte », *Encyclopedia Universalis*, Paris, 1973.

est donc engagé dans une double relation intertextuelle : d'une part, avec le « discours de la crise » ; de l'autre, avec celui du droit.

1.2. L'intertexte de la « crise des accommodements raisonnables » : répéter pour donner l'impression d'entendre

En 2006-2007, le Québec vit la « période d'ébullition »[28] de la « crise des accommodements raisonnables » : les expressions de malaise, de mécontentement et « les légendes urbaines [...] se multipli[ent] à propos de tel ou tel accommodement "déraisonnable" qui aurait été consenti au nom de la liberté de religion »[29]. Plusieurs cas d'accommodements font l'objet d'une couverture médiatique extensive, provoquant une « tempête dans les courriers des lecteurs des journaux québécois »[30]. Les résultats d'une étude communiquée par le Conseil du statut de la femme révèlent d'ailleurs qu'entre novembre 2006 et juillet 2007, « 799 articles contenant textuellement l'expression "accommodements raisonnables" avaient été publiés dans La Presse (Montréal), Le Devoir (Montréal), Le Droit (Ottawa) et Le Soleil (Québec) »[31]. Les textes consacrés aux accommodements raisonnables foisonnent donc dans les médias pendant cette période. En réponse à cette crise, le Premier ministre Jean Charest annonce, le 8 février 2007, la création d'une Commission de consultation sur les pratiques d'accommodement liées aux différences culturelles, présidée par l'historien et sociologue Gérard Bouchard et l'auteur et philosophe Charles Taylor. Des forums sont mis sur pied pour inviter la population à prendre la parole, plus de neuf cents mémoires sont soumis à la Commission, 13 recherches commandées à des spécialistes, les audiences de la Commission retransmises à la télévision et un volumineux rapport, *Fonder l'avenir. Le temps de la conciliation*[32], publié en 2008 par ses présidents. Encore là, les textes consacrés aux accommodements raisonnables abondent.

---

28 Bouchard, G. & Taylor, Ch., *Fonder l'avenir, le temps de la conciliation*, Québec, Publications du Québec, 2008, p. 53.

29 Gaudreault-Desbiens, J.-F., « Introduction », *Le droit, la religion et le raisonnable*, Montréal, éd. Thémis, 2009, p. 3.

30 Karmis, D., « Le "dissensus" québécois : l'affaire du kirpan sous la loupe », in Venne, M. & Fahmy, M. (dir.), *L'annuaire du Québec 2007 : Le Québec en panne ou en marche ?* Anjou / Montréal, Fides, publié en collaboration avec l'Institut du Nouveau Monde, 2007, p. 139.

31 Conseil du statut de la femme, « Droit à l'égalité entre les hommes et les femmes et liberté religieuse », Avis, Québec, Conseil du statut de la femme, 2007, p. 12.

32 Bouchard, G., Taylor, Ch., *Fonder l'avenir, le temps de la conciliation*, Québec, Publications du Québec, 2008.

Plusieurs autres institutions et organismes se mettent de la partie. Mentionnons quelques-unes de ces initiatives : le 24 août 2007, le Conseil du statut de la femme produit un avis sur les accommodements raisonnables intitulé *Droit à l'égalité entre les hommes et les femmes et liberté religieuse*[33] ; le 11 octobre 2006, le ministère de l'Éducation crée un Comité consultatif sur l'intégration et l'accommodement raisonnable en milieu scolaire, lequel produit un rapport intitulé *Une école québécoise inclusive : dialogue, valeurs et repères communs*[34]. La Commission des droits de la personne et des droits de la jeunesse publie également plusieurs avis et documents sur le sujet[35].

On retrouve dans le projet de loi de nombreux échos aux textes consacrés aux accommodements raisonnables en 2006-2007. D'abord, le simple titre de la loi projetée : *Loi établissant les balises encadrant les demandes d'accommodement dans l'Administration gouvernementale et dans certains établissements*, rappelle deux passages des rapports *Fonder l'avenir. Le temps de la conciliation*[36] et *Une école québécoise inclusive : dialogue, valeurs et repères communs*[37]. Dans le premier, les commissaires remarquent que « [l]'un des principaux motifs d'inquiétude qu'il nous a été donné d'entendre au cours de nos consultations portait sur l'absence présumée de balises quant au traitement des demandes d'accommodement ou d'ajustement »[38]. Dans le second, le comité note que « [l]es attentes le plus souvent exprimées par les directions portent sur l'importance de disposer de balises claires en matière d'accommodement raisonnable à

---

33 Conseil du statut de la femme, « Droit à l'égalité entre les hommes et les femmes et liberté religieuse », Avis, Québec, Conseil du statut de la femme, 2007.

34 Comité consultatif sur l'intégration et l'accommodement en milieu scolaire, *Une école québécoise inclusive : dialogue, valeurs et repères communs*, Rapport, Montréal, 15 novembre 2007.

35 Commission des droits de la personne et des droits de la jeunesse : http://www.cdpdj.qc.ca/publications/Pages/default.aspx ; Voy. notamment Dowd, M.-A., « Accommodements raisonnables : éviter les dérapages », Québec, Commission des droits de la personne et des droits de la jeunesse, 17 novembre 2006, Cat. 2.600.222 ; Bosset, P., « Les fondements juridiques et l'évolution de l'obligation d'accommodement raisonnable », Québec, Commission des droits de la personne et des droits de la jeunesse, 2007, Cat. 2.500.128. Plus récemment, Carpentier, D., *Avis sur les directives de la régie de l'assurance maladie du Québec en matière d'accommodement raisonnable*, Québec, Commission des droits de la personne et des droits de la jeunesse, mars 2010, Cat. 2.119-1.1.

36 Bouchard, G. Taylor, Ch., *Fonder l'avenir, le temps de la conciliation*, Québec, Publications du Québec, 2008, p. 19.

37 Comité consultatif sur l'intégration et l'accommodement en milieu scolaire *Une école québécoise inclusive : dialogue, valeurs et repères communs*, Rapport, Montréal, 15 novembre 2007.

38 Bouchard, G., Taylor, Ch., *Fonder l'avenir, le temps de la conciliation*, Québec, Publications du Québec, 2008, p. 19.

propos du statut de la religion et des manifestations religieuses à l'école publique et dans l'espace scolaire »[39]. La population s'inquiète de l'absence de balises, le gouvernement répond par un projet de loi dont les premiers mots du titre sont « établissant les balises ». Le lien semble enfantin, presque trop facile à établir.

Cette inquiétude relative à l'absence de balises se conjugue souvent avec un appel aux « valeurs québécoises ». Dans le discours populaire, on retrouve en effet de manière récurrente l'idée que les accommodements menacent les valeurs québécoises, dont font partie la laïcité, l'égalité des sexes et l'attachement à la langue française. En 2006, le politicien Mario Dumont avait contribué à lancer le débat sur les accommodements raisonnables en affirmant : « on ne peut défendre l'identité québécoise avec un genou à terre », ce qui, selon Stéphane Bernatchez, « a immédiatement placé l'accommodement de la diversité religieuse en opposition à l'identité québécoise »[40]. Prenons également l'exemple de cet intervenant aux consultations générales sur le projet de loi 94 affirmant que « certains groupes ou minorités n'ont pas le droit fondamental de faire en sorte que les valeurs personnelles aient préséance sur les valeurs partagées que les Québécoises et les Québécois chérissent depuis longtemps »[41]. De fait, les commissaires Bouchard et Taylor, dans leur rapport, remarquent que la plupart des intervenants entendus ont affirmé « leur profond attachement à l'héritage de la Révolution tranquille (tout particulièrement à la langue française comme langue commune, à l'égalité hommes-femmes, à la laïcité) »[42]. Ils ajoutent que « [c]e message a été si fortement, si unanimement martelé que le discours politique s'en est aussitôt emparé pour le traduire en programmes ou en projets de loi »[43].

En effet, en juin 2008, l'Assemblée nationale adopte une loi[44] modifiant le préambule de la *Charte des droits et libertés de la personne* et y insérant l'article 50.1 : « Les droits et libertés énoncés dans la présente Charte sont garantis également aux femmes et aux hommes »[45].

---

39 Comité consultatif sur l'intégration et l'accommodement en milieu scolaire, *Une école québécoise inclusive : dialogue, valeurs et repères communs*, Rapport, Montréal, 15 novembre 2007, p. 29.

40 Bernatchez, S., « Les enjeux juridiques du débat québécois sur les accommodements raisonnables », *R.D.U.S.*, vol. 38, 2007, p. 238.

41 Assemblée nationale du Québec, *Journal des débats*, 39e législature, 1re session, 2010-2011, vol. 41 n° 116 (26 novembre 2010) (Mitchel Fortin).

42 Bouchard, G., Taylor, Ch., *Fonder l'avenir, le temps de la conciliation*, Québec, Publications du Québec, 2008, p. 37.

43 *Ibid.*

44 Loi annuelle, adoptée le 10 juin 2008, *Loi modifiant la Charte des droits et libertés de la personne*, Ch. 15.

45 *Charte des droits et libertés de la personne*, L.R.Q., Ch. C-12.

Lors de son adoption par l'Assemblée nationale, la ministre responsable de la Condition féminine, Christine St-Pierre, affirme poser : « un geste nécessaire afin que notre société soit véritablement imprégnée de cette valeur prééminente, prépondérante et prédominante que représente l'égalité entre les femmes et les hommes. C'est aussi une valeur à laquelle les Québécois sont très attachés »[46]. Le projet de loi 94 n'est donc pas la seule réponse législative à la crise des accommodements raisonnables. Les politiciens servent un discours extrêmement semblable, fondé sur les valeurs chères aux Québécois, lors du point de presse sur le projet de loi 94. Le Premier ministre Jean Charest affirme : « Avec ce projet de loi, nous établissons des balises pour mieux vivre ensemble au Québec. Nous affirmons avec fierté les valeurs qui nous rassemblent »[47]. Yolande James, lors du même point de presse, demandait : « aux nouveaux arrivants de respecter les valeurs communes du Québec. Ces dernières sont, entre autres, la primauté du français, l'égalité entre les hommes et les femmes et la séparation de la religion et de l'État. Ces valeurs sont le fondement de l'identité québécoise. Ce sont ces valeurs qui rassemblent les Québécois de toutes origines et sur lesquelles nous ne pouvons faire de compromis afin de préserver notre identité collective »[48].

Dans son texte même, l'existence du projet de loi est principalement justifiée par le « droit à l'égalité entre les femmes et les hommes » et « le principe de la neutralité religieuse de l'État », auxquels il est fait référence non seulement dans les notes explicatives mais également à l'article 4. Le fait de réitérer les valeurs québécoises dans les discours et de traduire ces valeurs en assises légales dans le projet de loi semble être le principal moyen employé pour donner l'impression de baliser les demandes d'accommodements. Aux excès invoqués dans le discours populaire, on oppose le respect des valeurs communes, par la subordination de tout accommodement au respect de la Charte. D'un point de vue légal, ce raisonnement se tient-il ? Comme le demande si bien Stéphane Bernatchez : « Une première question irrésolue consiste à déterminer si les valeurs – telle celle exprimée par le principe de

---

46 Assemblée nationale du Québec, *Journal des débats*, 38e législature, 1re session, 2007-2008, vol. 40 n° 94 (5 juin 2008) (Christine St-Pierre).

47 « Point de presse de M. Jean Charest, Premier ministre, Mme Kathleen Weil, ministre de la Justice, Mme Yolande James, ministre de l'Immigration et des Communautés culturelles et de Mme Christine St-Pierre, ministre de la Culture, des Communications et de la Condition féminine », Québec, 24 septembre 2010. En ligne : http://www.assnat.qc.ca/es/actualites-salle-presse/conferences-points-presse/ConferencePointPresse-4765.html.

48 *Ibid.*

l'égalité des sexes – peuvent être des limites raisonnables aux demandes d'accommodements religieux »[49].

1.3. Inadéquation des mots et de l'intention du législateur

Le projet de loi réalise-t-il véritablement ce qu'il annonce ? Plutôt que de proposer de nouvelles balises encadrant les accommodements raisonnables, il se contente d'en énumérer les principes en termes extrêmement généraux tout en émettant clairement l'interdiction d'accommoder les femmes intégralement voilées.

1.3.1. La définition

L'article premier du projet de loi définit ainsi la notion d'accommodement : « Constitue un accommodement l'aménagement, dicté par le droit à l'égalité, d'une norme ou d'une pratique d'application générale fait en vue d'accorder un traitement différent à une personne qui, autrement, subirait des effets préjudiciables en raison de l'application de cette norme ou de cette pratique. »[50] Cette définition est conforme à la jurisprudence de la Cour suprême du Canada.

L'obligation d'accommodement raisonnable est apparue au milieu des années 1980 dans la jurisprudence consacrée aux lois sur les droits de la personne dans les milieux de travail. C'est dans l'affaire *Simpsons-Sears* que le juge McIntyre a importé en droit canadien ce concept issu de la jurisprudence américaine, en l'appliquant au *Code des droits de la personne :* « Le Code confère le droit de ne pas être victime de discrimination dans son emploi. Même si aucun droit ne saurait être considéré comme absolu, une conséquence naturelle de la reconnaissance d'un droit doit être l'acceptation sociale de l'obligation générale de le respecter et de prendre des mesures raisonnables afin de le protéger. »[51] Le principal fondement normatif de l'obligation d'accommodement est le droit à l'égalité, mais la notion repose sur une conception particulière de ce droit, « qui tranche avec celle qui veut que l'égalité signifie un traitement identique »[52]. Dans l'article premier de ce projet de loi, tout comme dans la jurisprudence de la Cour suprême du Canada, la vision de

---

[49] Bernatchez, S., « Les enjeux juridiques du débat québécois sur les accommodements raisonnables », *R.D.U.S.*, vol. 38, 2007, p. 259.

[50] Projet de loi n° 94, présenté le 24 mars 2010, *Loi établissant les balises encadrant les demandes d'accommodement dans l'Administration gouvernementale et dans certains établissements*, Québec, 1re Session, 39e Législature.

[51] *Commission Ontarienne des Droits de la Personne* c. *Simpsons-Sears*, [1985] 2 R.C.S. 536, § 22.

[52] Bosset, P., « Les fondements juridiques et l'évolution de l'obligation d'accommodement raisonnable », Québec, Commission des droits de la personne et des droits de la jeunesse, Cat. 2.500.128, p. 1.

l'égalité matérielle prévaut : pour atteindre l'égalité véritable, il importe parfois de modifier une norme d'application générale afin d'accorder un traitement différent à une personne.

Par contre, il importe de mentionner que le concept juridique d'accommodement raisonnable, bien que circonscrit et appliqué par la Cour depuis une trentaine d'années, comporte toujours des zones grises. Ainsi, une controverse subsiste quant à la possibilité de fonder l'accommodement sur d'autres droits et libertés que le droit à l'égalité. La jurisprudence relative aux accommodements raisonnables fonde parfois cette obligation sur la liberté de religion plutôt que le droit à l'égalité comme tel. Ce fut le cas, par exemple, dans l'affaire de l'érouv[53] à Outremont[54]. Certains auteurs de doctrine, dont José Woehrling, soutiennent « qu'une “obligation d'accommodement” en matière religieuse [...] [peut] apparaître autant en vertu de la liberté de religion que du droit à l'égalité »[55]. L'existence de cette zone grise s'explique sans doute par le fait que les droits et libertés ne sont pas des concepts imperméables les uns aux autres et qu'ils peuvent se chevaucher. D'ailleurs, « la liberté de conscience et de religion, d'une part, la protection contre la discrimination fondée sur la religion ou les convictions, d'autre part, constituent deux protections susceptibles d'être invoquées de façon largement interchangeable »[56]. Dans le projet de loi, la définition fournie à l'article 1 ne fait pas place aux accommodements fondés sur la liberté de religion. Est-ce un choix délibéré du législateur pour restreindre la portée de cette obligation ? Faut-il interpréter ce geste comme une tentative de hiérarchisation des droits et libertés fondamentaux ?

1.3.2. Les limites

Le projet de loi établit deux types de « balises » aux accommodements raisonnables : les droits consignés dans la Charte (l'égalité des sexes et la neutralité religieuse de l'État) et le critère de la raisonnabilité. Dans les deux cas, le projet de loi n'apporte absolument rien de neuf à l'état du droit. Il n'établit donc aucune balise, mais ne fait que les réitérer.

---

[53] Un érouv est une clôture destinée à servir une communauté juive qui vit selon les lois et les règles du Talmud et de la Torah.

[54] *Rosenberg et al.* c. *Outremont (Ville d')*, [2001] R.J.Q. 1556, AZ-50087285 (Soquij), § 29 : « the concept of accommodation to the exercise of guaranteed freedoms, including freedom of religion, is very much a part of the constitutional fabric in this country ».

[55] Woehrling, J., « Quelle place pour la religion dans les institutions publiques ? », in Gaudreault-Desbiens, J.-F. (dir.), *Le droit, la religion et le raisonnable*, Montréal, éd. Thémis, 2009, p. 118.

[56] *Ibid.*, p. 117.

Le préambule et l'article 4 du projet de loi « subordonne[nt] tout accommodement au respect de la Charte des droits et libertés de la personne, notamment du droit à l'égalité entre les femmes et les hommes et du principe de la neutralité religieuse de l'État »[57]. Comme on le sait, l'égalité entre les sexes est consignée aux articles 10 et 50.1 de la Charte. De plus, le principe de neutralité religieuse de l'État, « selon lequel l'État ne favorise ni ne défavorise une religion ou une croyance particulière »[58], découle directement de la liberté de conscience et de religion, consignée à l'article 3 de la Charte. Comme l'affirme José Woehrling, « [l]a liberté de religion impose une obligation de neutralité à l'État en matière religieuse qui l'empêche de privilégier ou de défavoriser une religion par rapport aux autres »[59]. C'est ce qu'avait statué la Cour suprême du Canada dans *Big M Drug Mart*[60] en 1985.

Est-il vraiment nécessaire de rappeler que tout accommodement doit respecter la Charte lorsque l'obligation d'accommodement elle-même émane des droits qui y sont consignés et que la Charte, comme nous le savons tous, possède un statut quasi constitutionnel ? Son article 49 al. 1 prévoit d'ailleurs qu'« [u]ne atteinte illicite à un droit ou à une liberté reconnu par la présente Charte confère à la victime le droit d'obtenir la cessation de cette atteinte et la réparation du préjudice moral ou matériel qui en résulte »[61]. Le fait de spécifier que tout accommodement doit respecter la Charte apparaît donc comme une forme de truisme, qui permet de douter de la présomption interprétative selon laquelle le législateur ne parle pas en vain. Le législateur met en application ce principe extrêmement général, auquel faisait référence le juge McIntyre dans *Simpson-Sears :* « Dans toute société, les droits d'une personne entreront inévitablement en conflit avec les droits d'autrui. Il est alors évident que tous les droits doivent être limités afin de préserver la structure sociale dans laquelle chaque droit peut être protégé sans porter atteinte indûment aux autres. »[62]

---

57 Préambule, *Projet de loi n° 94 : Loi établissant les balises encadrant les demandes d'accommodement dans l'Administration gouvernementale et dans certains établissements*, Québec, 2010.

58 Article 4, *Projet de loi n° 94 : Loi établissant les balises encadrant les demandes d'accommodement dans l'Administration gouvernementale et dans certains établissements*, Québec, 2010.

59 Woehrling, J., « L'obligation d'accommodement raisonnable et l'adaptation de la société à la diversité religieuse », (1998) 43 *R.D. McGill*, p. 371.

60 « [...] protéger une religion sans accorder la même protection aux autres religions a pour effet de créer une inégalité destructrice de la liberté de religion dans la société » : *R.* c. *Big M Drug Mart* [1985] 1 R.C.S. 295, § 98.

61 *Charte des droits et libertés de la personne*, L.R.Q., Ch. C-12.

62 *Commission Ontarienne des Droits de la Personne* c. *Simpsons-Sears*, [1985] 2 R.C.S. 536, § 24.

Le préambule et l'article 5 du projet de loi énoncent qu'« [u]n accommodement ne peut être accordé que s'il est raisonnable, c'est-à-dire s'il n'impose au ministère, à l'organisme ou à l'établissement aucune contrainte excessive eu égard, entre autres, aux coûts qui s'y rattachent et à ses effets sur le bon fonctionnement du ministère, de l'organisme ou de l'établissement ou sur les droits d'autrui »[63]. Pourtant, ce critère de la raisonnabilité existe déjà et permet de contrôler les demandes d'accommodement. C'est d'ailleurs ce qu'avaient noté les commissaires Bouchard et Taylor dans leur rapport :

> la crainte d'un « effet domino » n'est pas fondée. Il existe en effet plusieurs critères qui permettent d'évaluer les demandes d'accommodement ou d'ajustement. Ainsi, ces demandes peuvent être rejetées si elles entraînent ce que les juristes appellent une « contrainte excessive », c'est-à-dire un coût déraisonnable, un bouleversement dans le fonctionnement de l'organisme ou de l'établissement, une atteinte aux droits d'autrui, à la sécurité ou à l'ordre public. Plusieurs institutions publiques se sont d'ores et déjà inspirées des balises juridiques de la contrainte excessive pour définir des modes d'évaluation qui tiennent compte de leurs singularités[64].

Le concept de contrainte excessive a été développé en même temps que celui d'accommodement, par le juge McIntyre dans *Simpsons-Sears* :

> Si on accepte la thèse selon laquelle une obligation d'accommodement incombe à l'employeur, il devient nécessaire de la délimiter de façon réaliste. L'obligation dans le cas de la discrimination par suite d'un effet préjudiciable, fondée sur la religion ou la croyance, consiste à prendre des mesures raisonnables pour s'entendre avec le plaignant, à moins que cela ne cause une contrainte excessive : en d'autres mots, il s'agit de prendre les mesures qui peuvent être raisonnables pour s'entendre sans que cela n'entrave indûment l'exploitation de l'entreprise de l'employeur et ne lui impose des frais excessifs[65].

Par contre, lorsqu'on poursuit la lecture du projet de loi, l'article 6 détonne radicalement par rapport à ceux qui précèdent. Nous passons d'une perspective générale sur l'ensemble des types d'accommodements à l'examen spécifique des cas de personnes au visage voilé. L'intitulé nous annonçait l'établissement de balises encadrant les demandes d'accommodements, mais nous voilà ailleurs. La simple lecture du

---

63 Article 5, *Projet de loi n° 94 : Loi établissant les balises encadrant les demandes d'accommodement dans l'Administration gouvernementale et dans certains établissements*, Québec, 2010.

64 Bouchard, G., Taylor, Ch., *Fonder l'avenir, le temps de la conciliation*, Québec, Publications du Québec, 2008, p. 19.

65 *Commission Ontarienne des Droits de la Personne* c. *Simpsons-Sears*, [1985] 2 R.C.S. 536, § 23.

préambule laisse sentir la présence d'un corps étranger dans le projet de loi. Si au premier et deuxième paragraphe on annonce la « fin » et les moyens, au troisième paragraphe, on « énonce aussi ». Nous sommes dans l'addition, la juxtaposition, mais non dans la suite logique.

L'article 6 prévoit qu'

> [e]st d'application générale la pratique voulant qu'un membre du personnel de l'Administration gouvernementale ou d'un établissement et une personne à qui des services sont fournis par cette administration ou cet établissement aient le visage découvert lors de la prestation des services. Lorsqu'un accommodement implique un aménagement à cette pratique, il doit être refusé si des motifs liés à la sécurité, à la communication ou à l'identification le justifient[66].

Même si à première vue l'article 6 ne vient que limiter les situations dans lesquelles une demande d'accommodement doit être refusée, en pratique, il empêche carrément les femmes intégralement voilées de participer à la vie publique. D'abord, le projet de loi s'applique dans toute l'Administration gouvernementale, ce qui, en raison de la très grande étendue du financement public au Québec, couvre un large éventail de services : des ministères aux centres de la petite enfance en passant par les écoles, les hôpitaux ou les résidences pour personnes âgées. De plus, la loi est rédigée de telle manière que si des motifs liés à la sécurité, la communication ou l'identification le justifient, il « doit » être refusé. L'article 51 de la *Loi d'interprétation* prévoit que « Chaque fois qu'il est prescrit qu'une chose sera faite ou doit être faite, l'obligation de l'accomplir est absolue ; mais s'il est dit qu'une chose "pourra" ou "peut" être faite, il est facultatif de l'accomplir ou non. »[67] Cette formulation de l'article empêche donc le fonctionnaire de faire une détermination au cas par cas des accommodements raisonnables, comme c'est normalement le cas dans ce domaine, et comme les articles 4 et 5 le permettent. Finalement, il est difficile d'imaginer une utilisation des ressources publiques n'exigeant pas de communiquer avec quelqu'un et/ou de confirmer l'identité d'une personne[68]. La femme portant le *niqab* serait donc très limitée et devrait trouver les quelques endroits publics où on accepterait de la servir. Ironiquement, le fait de limiter l'accès aux accommodements raisonnables est un moyen plus insidieux et de portée plus vaste que l'interdiction pure et simple du droit criminel. Alors qu'une

---

66 Article 6, *Projet de loi n° 94 : Loi établissant les balises encadrant les demandes d'accommodement dans l'Administration gouvernementale et dans certains établissements*, Québec, 2010.

67 *Loi d'interprétation*, L.R.Q., Ch. I-16.

68 Desrosiers, N., « Projet de loi 94 – Port du niqab : une loi inutile », *Le Devoir*, 3 avril 2010.

personne peut contester une accusation criminelle ou payer une amende, le fait de limiter les endroits où elle est autorisée à entrer est une condition persistante plutôt qu'un évènement unique comme la sanction criminelle. Nous ne suggérons néanmoins aucunement qu'une sanction criminelle contre le port du voile serait préférable à une action civile.

2. Le voile intégral : pourquoi l'accommodement est-il impossible ? Cachez ce voile que je ne saurais voir

Le projet de loi 94 a donné lieu, outre à un débat sur la question des accommodements raisonnables en général, à un débat sur la question plus particulière du port du voile intégral. La question de sa tolérance ou de son interdiction dans l'espace ou les services publics, nous l'avons vu au tout début de cet article, se pose dans de nombreux pays occidentaux. L'importance accordée à cette question sur les scènes politique et médiatique tranche avec le nombre restreint de femmes qui portent effectivement le *niqab* ou la *burqa* : Michael Adams dans son ouvrage *Unlikely Utopia* estime à moins de cent le nombre de femmes portant le voile intégral au Québec[69].

Dans le cas du débat général, comme dans celui de la question plus spécifique du voile, les deux principaux arguments « contre » sont les mêmes : ils portent atteinte à l'égalité des sexes et à la neutralité de l'État. C'est peut-être ce qui explique que le gouvernement ait cerné le voile intégral comme emblème de l'accommodement raisonnable excessif. Dans les arguments avancés par les défenseurs de l'interdiction de porter le niqab, se trouvent en filigrane différentes lectures du voile intégral, lectures qui conditionnent directement leur positionnement dans le débat. Le voile est perçu comme le véhicule d'un message extrêmement négatif, que ce soit celui de l'oppression de la femme ou celui d'une religiosité déplacée, voire exhibitionniste.

2.1. Le voile comme signe

Le sociologue Guy Rocher, dans son article « La laïcité de l'État et des institutions publiques », milite en faveur de l'absence de tout signe religieux ostentatoire chez les fonctionnaires de l'État : « le vêtement et les insignes qu'ils portent sont un langage, une manière de parler de soi »[70]. Dans l'avis *Affirmer la laïcité, un pas de plus vers l'égalité réelle entre les femmes et les hommes* du Conseil du statut de la femme, une

---

[69] Adams, M., *Unlikely Utopia*, Toronto, Viking Canada, 2007, p. 93.

[70] Rocher, G., « La laïcité de l'État et des institutions publiques », in Baillargeon, N. & Piotte, J.-M. (ed.), *Le Québec en quête de laïcité*, Montréal, éd. Écosociété, 2011, p. 27.

section entière du texte s'intitule : « Les signes et les symboles religieux transmettent un message »[71]. Dans la *Déclaration des Intellectuels pour la laïcité*, on peut lire : « Le signe religieux [est] un langage non verbal qui exprime la foi, les croyances, l'appartenance religieuse et le code de valeurs de la personne qui le porte. »[72] Dans tous les cas, les signes religieux, plutôt que de s'inscrire dans une relation exclusive entre le croyant et Dieu, sont décrits comme un acte de langage par lequel le croyant s'adresse à la société qui l'entoure. Le signe religieux est donc d'abord un signe avant d'être religieux, il s'offre aux regards des hommes et des femmes, se donne à lire et se prête à plusieurs interprétations.

On définit le signe comme « [t]out objet perceptible qui est "le représentant d'autre chose qu'il évoque à titre de substitut" (Benveniste) »[73]. Dans notre cas, le voile intégral est cet objet perceptible évoquant cette autre chose qui varie selon les regards : l'oppression de la femme, la foi libre et sincère, le refus de la société occidentale, etc. La sémiologie – l'étude du signe – a repris la distinction établie par la linguistique structurale entre signifié et signifiant, distinction qui peut nous être utile ici, pour illustrer ce phénomène de « lecture du voile ». Le voile intégral est un signifiant trouble renvoyant à plusieurs signifiés, en décalage les uns par rapport aux autres. Comme le remarque Paul Eid : « les traditions religieuses ne sont pas monolithiques et sont sujettes à plusieurs interprétations, qui vont des plus patriarcales aux plus progressistes »[74]. Le message lu à travers le voile varie donc en fonction de ses lecteurs ; c'est ce qui explique les différentes réactions qu'il suscite. C'est ainsi que tant les partisans que les critiques de l'interdiction du *niqab* peuvent invoquer l'égalité des sexes pour soutenir leurs revendications : certains, dont Amnesty international[75], présentent le *niqab* sous l'angle du droit de la femme d'exprimer librement ses convictions religieuses dans la sphère publique, alors que d'autres, dont le Collectif citoyen pour l'égalité et

---

[71] Conseil du statut de la femme, *Affirmer la laïcité, un pas de plus vers l'égalité réelle entre les femmes et les hommes*, Avis, Québec, Conseil du statut de la femme, 2011, p. 98.

[72] Collectif d'auteurs, « Déclaration des intellectuels pour la laïcité – Pour un Québec laïque et pluraliste », *Le Devoir*, 16 mars 2010.

[73] Rey, A. (dir.), « Signe », *Grand Robert de la langue française*, version électronique, éd. 2011.

[74] Eid, P., « Les accommodements raisonnables en matière religieuse et les droits des femmes : la cohabitation est-elle possible ? », Québec, Commission des droits de la personne et des droits de la jeunesse, Cat. 2.500.126, p. 6. En ligne : http://collections.banq.qc.ca/ark:/52327/57060.

[75] Amnesty international, « Belgium Votes to Ban Full-Face Veils », 30 avril 2010.

la laïcité[76], le considèrent comme un acte symbolique de soumission à l'homme.

Les rapports Stasi et Bouchard-Taylor fournissent un autre exemple révélateur. Ainsi, dans le rapport québécois, on « se refuse à toute interprétation du sens du port du foulard sinon comme symbole de foi »[77], alors que dans le rapport Stasi « le foulard ou hijab est décrit comme un symbole "agressif", de "séparation", de "communautarisme" ou de "prosélytisme" »[78]. Cela explique sans doute les recommandations plus radicales proposées dans le rapport français. De façon générale, il nous semble que la polysémie du voile va de pair avec une position plus favorable aux accommodements alors que son univocité milite plutôt en faveur de son interdiction.

2.2. *Le voile comme fait social*

Roland Barthes, dans son article « Sociologie du vêtement » écrit : « [l]e vêtement est toujours implicitement conçu comme le signifiant particulier d'un signifié général qui lui est extérieur (époque, pays, classe sociale) »[79]. Il qualifie le vêtement de « fait social total »[80]. Le vêtement témoigne donc du rapport entre l'individu et la société. Barthes précise que le principal signifié du vêtement est « le mode ou le degré de participation du porteur (groupe ou individu) [...] par rapport à la société dans laquelle il vit »[81]. Plusieurs semblent en effet percevoir le *niqab* et la *burqa* comme le signe très net d'un manque d'intégration à la société d'accueil. Lors d'une conférence prononcée à Québec, Wassyla Tamzali, avocate algérienne ayant été directrice des droits des femmes à l'UNESCO, affirmait que « le voile porté par les Algériennes en France marque leur résistance à l'Occident, leur donne un pouvoir politique, exprime leurs difficultés d'intégration et aussi la peur d'être exclue du cercle familial ; il n'est pas l'expression d'une foi religieuse »[82]. Le voile

76 Collectif citoyen pour l'égalité et la laïcité, « Pour une gestion laïque des services publics », Mémoire présenté à la Commission des institutions sur le projet de loi n° 94, mai 2010.

77 Laborde, C., « Virginité et burqa : des accommodements déraisonnables ? Autour des rapports Stasi et Bouchard-Taylor », *laviedesidées.fr*, 16 septembre 2008, p. 9.

78 *Ibid.*

79 Barthes, R., « Sociologie du vêtement », *Annales. Économies, Sociétés, Civilisations*, 1957, vol. 12, n° 3, p. 432.

80 *Ibid.*, p. 438.

81 *Ibid.*, p. 440.

82 Conseil du statut de la femme, *Affirmer la laïcité, un pas de plus vers l'égalité réelle entre les femmes et les hommes*, Avis, Québec, Conseil du statut de la femme, 2011, p. 75. Mme Tamzali a tenu ces propos lors d'une conférence prononcée à Québec, au Musée de la civilisation, le 21 octobre 2010.

est ici dépourvu de toute signification religieuse. Il témoigne plutôt d'un rapport de force entre les hommes et les femmes ou entre l'individu et la société. Le voile intégral est souvent perçu comme un symbole et un geste de soumission et d'oppression de la femme. Djemila Benhabib le qualifie de « cercueils ambulants »[83]. Pour plusieurs, il incarne un rejet de l'égalité des sexes, qui est une valeur démocratique fondamentale. Parfois associé à l'islam intégriste[84], il acquiert une dimension politique. Le Congrès musulman canadien a d'ailleurs exprimé son support au projet de loi 94, déclarant que le port du voile intégral n'est pas une obligation religieuse islamique mais plutôt un exemple d'extrémisme religieux d'« inspiration saoudienne »[85].

Lors de la consultation générale sur le projet de loi 94, Djemila Benhabib prend position contre tout accommodement pour des motifs religieux. Pendant son allocution, elle parle de « Katia Bengana, une jeune lycéenne âgée de 17 ans, assassinée le 28 février 1994 à la sortie de son lycée, à Meftah, parce qu'elle refusait de porter le voile islamique, celui-là même qui est imposé aux femmes en Iran, en Arabie Saoudite, au Soudan et en Afghanistan »[86]. Pour Djemila Benhabib, « lorsqu'on évoque les symboles religieux au Québec ou ailleurs en Occident, on parle de ces femmes, de leur vie, de leurs souffrances, de leurs aspirations »[87]. La problématique du voile islamique et des signes religieux en général acquiert alors une dimension internationale. En permettant le port du voile ici, dirait-elle, c'est comme si le gouvernement avalisait le discours extrémiste ou l'oppression subie par les femmes en Arabie Saoudite, en Iran ou ailleurs. Dans un article publié dans *La Presse*, Mohammed Lofti allait dans le même sens : « il y a des millions de femmes dans le monde qui n'ont pas d'autres choix que de le porter. Si jamais le projet de loi 94 est adopté au Québec, non seulement ça sera une insulte pour les femmes d'ici qui se sont battues pour le droit à l'égalité, mais aussi pour toutes les femmes dans le monde qui luttent pour se débarrasser des symboles de soumission »[88]. Le voile islamique porté à Montréal devient alors le signifiant de l'oppression des femmes par des régimes islamistes.

---

83 Assemblée nationale du Québec, *Journal des débats*, 39e législature, 1re session, 2010-2011, vol. 41, n° 116 (26 novembre 2010) (Djemila Benhabib).

84 Geadah, Y., *Femmes voilées, intégrismes dévoilés*, Montréal, VLB Éditeur, coll. « Des femmes en changement », 1996, p. 86.

85 Congrès musulman canadien, « Muslim Canadian Congress wants Canada to Ban the Burka », Communiqué de presse, 8 octobre 2009.

86 Assemblée nationale du Québec, *Journal des débats*, 39e législature, 1re session, 2010-2011, vol. 41, n° 116 (26 novembre 2010) (Djemila Benhabib).

87 *Ibid.*

88 Lofti, M., « Le projet de loi 94 expliqué à mon fils », *La Presse*, 20 mai 2010.

2.3. Le « visage découvert » est un « visage neutre ». Les connotations du signe religieux : prosélytisme, partialité ou exhibitionnisme

Le voile intégral, pour certains, dénote l'oppression de la femme ou le refus d'intégrer la société occidentale. Si, dans ce cas, on investit le voile intégral d'une signification et d'un message précis, on lui accole également souvent des connotations particulières. Par exemple, le voile peut être interprété comme le signe de la partialité de celle qui le porte, de son prosélytisme ou de son impudeur.

Les partisans de la laïcité stricte plaident en faveur de l'absence de tout signe religieux ostensible chez les fonctionnaires de l'État : « La séparation de l'État et de la religion exige que l'État présente un visage neutre et ne paraisse pas associé au religieux. En conséquence, [...] les agentes et agents de l'État devraient refléter cette neutralité et s'abstenir de manifester leurs croyances religieuses »[89]. Si un fonctionnaire de l'État arbore un signe religieux, il éveille immédiatement des soupçons de partialité : « en arborant ainsi ses croyances, le personnel donne à croire qu'il n'est pas neutre à l'égard de toutes les religions, ni à l'égard des athées ou des agnostiques. Cela fait en sorte qu'une personne raisonnable peut croire que l'État n'est pas neutre »[90].

Dans *L'âge séculier*, où Charles Taylor retrace le processus de laïcisation en Occident, il remarque que « les espaces publics [...] [ont] été débarrassés de Dieu ou de toutes références à une réalité ultime »[91] et que le séculier et le religieux se sont séparés dans une dichotomie bien marquée. Une fois chassée de la sphère publique, la religion se loge dans la sphère privée du foyer et de la famille. Cela explique en partie l'urgence québécoise de reléguer le *niqab* à la sphère privée. L'apologie du « visage découvert » apparaît comme le signe d'un inconfort grandissant face aux nouvelles formes de manifestation de la dévotion religieuse. À partir du moment où on conçoit la religion comme un fait de l'intimité, de la famille, du foyer, le fait d'afficher sa dévotion sur la place publique porte atteinte à la pudeur, au manque de retenue. Pourtant, du point de vue de la femme qui se voile, le *niqab* ou la *burqa* peuvent correspondre à un désir d'intimité sur la place publique. Par exemple, sur les sites internet où l'on vend *niqab* et *burqa* en Occident, les descriptions des produits font appel à ce sentiment de pudeur :

---

89 Conseil du statut de la femme, *Affirmer la laïcité, un pas de plus vers l'égalité réelle entre les femmes et les hommes*, Avis, Québec, Conseil du statut de la femme, 2011, p. 12.

90 *Ibid.*, p. 92-93.

91 Taylor, Ch., *L'âge séculier*, Montréal, Boréal, 2011, p. 13.

« Our elegant face veils, or niqabs, *allow you to move through society* with the extra degree of modesty you want »[92].

« Yemeni Multi Layer Khimar [...] Built-in screen can be drawn down to function as a niqab/burqa screen for *modesty & privacy* »[93].

« Extra-Large Knee-length Saudi style burqa [...] *When screen is down you can see out, yet prying eyes can not see in* »[94].

Le Conseil du statut de la femme soutient que le simple fait d'arborer un signe religieux représente « une forme de prosélytisme »[95]. Le geste pieux n'est donc pas perçu comme un geste unissant le croyant à Dieu mais il institue plutôt une relation de persuasion entre le croyant et celui qu'il rencontre. Les intellectuels pour la laïcité soutiennent que « l'usager des services publics n'a pas à [...] être soumis [au signe religieux] lorsqu'il fréquente des institutions par définition neutres »[96]. L'emploi du verbe « soumettre » dénote bien la force conférée au signe religieux, comme si le simple fait d'entrer en contact avec lui portait atteinte aux droits du tiers. La Cour fédérale du Canada, dans la décision *Grant*, présente sur cette question un point de vue différent. Dans cette affaire, les demandeurs voulaient empêcher la Gendarmerie royale du Canada de permettre le port du turban aux sikhs en remplacement du feutre traditionnel. La juge Reed s'exprime ainsi : « Dans le cas des rapports entre un policier portant un turban et un membre de la population, je ne vois aucune contrainte ni coercition exercée sur ce dernier qui le forcerait à adopter ou à partager les croyances ou les pratiques religieuses du policier. La seule activité imposée à la personne qui traite avec un tel policier est de constater l'appartenance religieuse du policier »[97].

De façon générale, la problématique des accommodements religieux et du voile intégral est révélatrice de la façon dont on conçoit, dans une société, le phénomène religieux. Demander à une personne de se départir de ses signes religieux exige qu'on conçoive la pratique religieuse comme une part aliénable de l'individu. Dans un article où il compare les positions divergentes de la Cour d'appel du Québec et de la Cour suprême du Canada dans quatre affaires reliées aux accommodements

---

92 http://www.hijabgirl.com/niqab.html.

93 http://www.alhannah.com/products/ni147.html.

94 http://www.alhannah.com/products/ni138.html.

95 Conseil du statut de la femme, *Affirmer la laïcité, un pas de plus vers l'égalité réelle entre les femmes et les hommes*, Avis, Québec, Conseil du statut de la femme, 2011, p. 98.

96 Collectif d'auteurs, « Déclaration des intellectuels pour la laïcité – Pour un Québec laïque et pluraliste », *Le Devoir*, 16 mars 2010.

97 *Grant* c. *Canada (Procureur général)* [1995] 1 C.F. 158.

religieux, Sébastien Grammond révèle que « dans le discours québécois, la religion est le choix d'un individu de s'assujettir à un ensemble d'obligations (les "préceptes") alors que, dans le discours canadien, la religion se rattache à l'identité profonde de l'individu – et ne résulte donc pas d'un choix conscient ou rationnel – et réfère à un ensemble plus vaste de pratiques spirituelles »[98]. Mentionnons par contre que depuis la parution de cet article, le jugement *Huttérites*[99] a possiblement rapproché la position canadienne de la position québécoise en reconnaissant que la pratique d'une croyance religieuse entraîne parfois des inconvénients qui doivent être assumés par le croyant. De plus, dans le récent arrêt *S.L.* c. *Commission scolaire des Chênes*, la Cour suprême du Canada indique que « la sincérité de la croyance d'une personne en l'obligation de se conformer à une pratique religieuse »[100] ne suffit pas à établir la preuve d'une atteinte à la liberté de religion, la « démonstration de facteurs objectifs entravant le respect de cette pratique »[101] étant également nécessaire.

On retrouve cette notion de choix et cette rationalisation du phénomène religieux[102] dans le débat ayant entouré le projet de loi 94. Un des paradoxes les plus troublants de ce discours concerne la question : « Est-ce que les femmes voilées peuvent "choisir" de retirer leur voile dans des circonstances données ? » Les partisans de l'interdiction soutiennent qu'une femme n'a qu'à retirer son voile le temps de recevoir les services demandés. Selon le Conseil du statut de la femme, « la croyante et le croyant ont la possibilité de faire des choix quant à leur pratique religieuse, ce qui est impossible pour la personne handicapée, par exemple, qui veut accéder à un endroit public non aménagé »[103]. Comment concilier cette affirmation avec l'idée que le voile est un signe d'oppression de la femme ? Ne serait-il pas plus logique de conclure que la femme que l'on force à se voiler est impuissante à corriger sa situation ? L'image

98 Grammond, S., « Conceptions canadienne et québécoise des droits fondamentaux et de la religion : convergence ou conflit ? », *R.J.T.*, vol. 43, 2009, p. 107.

99 *Alberta* c. *Hutterian Brethren of Wilson Colony*, [2009] 2 R.C.S. 567.

100 *S.L.* c. *Commission scolaire des Chênes*, [2012] 1 R.C.S. 235, § 2.

101 *Ibid.*

102 Exemple de discours rationalisant le phénomène religieux : « La Bible est un amalgame de plusieurs genres littéraires, dont le mythe, qui a pour fonction non pas de rapporter des faits historiques, mais plutôt de légitimer l'ordre social existant et d'expliquer le monde tel qu'il est. C'est parce que les humains ne comprenaient pas les origines de leur espace qu'ils ont inventé une histoire destinée à satisfaire leur curiosité. Telle est la fonction du mythe d'Adam et d'Ève dans la Bible. De la même manière, c'est pour s'expliquer l'origine du mal que s'est développé le récit de la faute originelle. » Conseil du statut de la femme, *Affirmer la laïcité, un pas de plus vers l'égalité réelle entre les femmes et les hommes*, Avis, Québec, Conseil du statut de la femme, 2011, p. 19.

103 *Ibid.*, p. 84.

de la femme prise au piège dans cette « fausse conscience », décrite par Catherine Mackinnon[104], coexiste ironiquement avec l'idée qu'elle refuse obstinément d'enlever son voile. Les femmes qui portent le *niqab* sont ainsi simultanément perçues comme étant piégées dans les ramifications d'une patriarchie profondément enracinée et comme étant des femmes libres de prendre de mauvaises décisions pour elles-mêmes et pour la société. Daniel Weinstock réplique habilement à l'argument du choix : « À moins de croire que se cache sous le symbole religieux un citoyen pur qui n'attend que sa "libération" du joug symbolique pour pouvoir enfin se montrer au grand jour, le fait d'exiger le retrait de symboles religieux fait violence à l'individu »[105].

Conclusion

> Le procès de vérité est d'une part dévoilement de ce qui se tient caché dans l'oubli (aletheia), voile soulevé, relevé, de la chose même, de ce qui est en tant qu'il est, se présente, se produit, étant éventuellement comme trou déterminable de l'être ; d'autre part (mais cet autre procès est prescrit dans le premier, dans l'ambiguïté ou la duplication de la présence du présent, de son *apparence* – ce qui apparaît et son *apparaître* –, dans le pli du participe présent) la vérité est accord (*homoiosis* ou *adaequatio*), rapport de ressemblance ou d'égalité entre une représentation et une chose (présent dévoilé), éventuellement dans l'énoncé d'un jugement.
>
> Jacques Derrida, *La dissémination*[106]

Lorsqu'on cherche à comprendre l'intention véritable du projet de loi 94, on ne peut qu'être frappé par le décalage entre son intitulé et son contenu véritable, entre son apparente neutralité et la stricte interdiction du voile intégral qu'il contient. En réponse à une « crise des perceptions »[107], le projet de loi fournit un remède qui se situe lui aussi sur le registre des « perceptions » : en jouant sur les mots, les subtilités, les significations cachées, le « rapport de ressemblance ou d'égalité entre une représentation et une chose », le législateur québécois contribue éventuellement à « l'énoncé d'un jugement ». Voiler : dénuder. Dissimuler : démasquer. Sur fond de débat, cette oscillation permanente et toujours vaine entre l'exclusion et l'inclusion, la pudeur et la visibilité,

---

104 Mackinnon, C.A., « Feminism, Marxism, Method, and the State : Toward Feminist Jurisprudence », *Signs*, vol. 8, n° 4, 1983, p. 635.

105 Weinstock, D., « Réflexions critiques sur le rapport Taylor-Bouchard », in Gaudreault-Desbiens, J.-F. (dir.), *Le droit, la religion et le raisonnable*, Montréal, éd. Thémis, 2009, p. 108.

106 Derrida, J., « La double séance », *La dissémination*, Paris, Seuil, 1972, p. 219.

107 Bouchard, G., Taylor, Ch., *Fonder l'avenir, le temps de la conciliation*, Québec, Publications du Québec, 2008, p. 18.

l'individu et le collectif. La déchirure d'une rencontre qui n'a jamais tout à fait lieu.

Au moment de mettre cet article sous presse, le gouvernement libéral, qui avait proposé le projet de loi 94 en 2010, n'est plus au pouvoir. Le 4 septembre 2012, il a été remplacé par le Parti Québécois, dont un des objectifs législatifs est l'adoption d'une Charte de la laïcité, ayant force de loi et interdisant le port de tout signe religieux ostensible au sein de la fonction publique : voile intégral, mais également *hijab*, turban, *kippa*, etc[108]. La question des accommodements religieux, de l'égalité homme-femme et des signes religieux dans l'espace public, a donc de nouveau investi les discours des politicien(ne)s, les forums de citoyens et citoyennes et les lettres d'opinion des journaux. En 2008, les auteurs du Rapport Bouchard-Taylor constataient que « [l]es musulmans, et en particulier les arabo-musulmans, sont présentement – avec les Noirs – le groupe le plus touché par les diverses formes de discrimination »[109]. Ils mettaient ainsi en garde contre une interdiction générale du port du voile islamique et insistaient sur la diversité des motivations incitant les femmes à adopter cette pratique[110]. Dans leurs conclusions, les commissaires suggéraient vivement d'adopter des mesures favorisant la participation des musulmans dans la société puisqu'« [e]n somme, le moyen de surmonter l'islamophobie, c'est de se rapprocher des musulmans et non pas de les fuir. En ce domaine comme en d'autres, la méfiance engendre la méfiance »[111]. À la méfiance généralisée qui fait du voile cet objet de mépris et de peur, toujours distant et différencié, pourquoi ne pas lui substituer une autre métaphore, celle du corps que l'on souhaite présent et participatif sans pourtant le dénuder ? Voiles. *Ancrer*.

---

108 Voy. à ce sujet le programme du parti québécois : http://pq.org/parti/programme ; Lebeuf, S.H., « Le PQ propose une charte de la laïcité », Radio-Canada.ca, 14 août 2012, En ligne : http://www.radio-canada.ca/sujet/elections-quebec-2012/2012/08/14/006-pq-charte-laicite.shtml.

109 Bouchard, G., Taylor, Ch., *Fonder l'avenir, le temps de la conciliation*, Québec, Publications du Québec, 2008, p. 234.

110 *Ibid.*, p. 235.

111 *Ibid.*

Les pratiques d'accommodements raisonnables sur les lieux du travail en Belgique

Ilke ADAM et Andrea REA

Vrije Universiteit Bruxelles et Université libre de Bruxelles

Introduction

À la suite des divers mouvements migratoires vers la Belgique, celle-ci s'est profondément diversifiée culturellement et religieusement. La diversification ne concerne pas uniquement la population étrangère dont la proportion est particulièrement élevée dans les trois régions du pays. Elle concerne aussi les citoyens belges dans la mesure où de très nombreux étrangers ont acquis la nationalité belge. Ainsi, depuis 2000 quelque 530 000 étrangers ont acquis la nationalité belge[1]. Conséquence de ce processus, l'islam est devenu la deuxième religion dans la population belge[2]. S'inscrivant dans le prolongement des débats relatifs à la discrimination ethnique et raciale, la question des accommodements raisonnables a surgi abruptement à la fin des années 2000. Sans user pour autant cette terminologie, la problématique a été relayée initialement dans les médias avec le débat sur le port du voile dans les écoles secondaires en 1989[3]. La notion même des accommodements raisonnables dans le domaine religieux est apparue quant à elle, pour la première fois, dans le rapport annuel du Centre pour l'égalité des chances et la lutte contre le racisme (Centre) en 2008. Dans son rapport annuel de 2009, le Centre prend position pour la « voie citoyenne fondée sur la négociation et le compromis » préférée à « la voie judiciaire et la voie législative [de reconnaissance légale des accommodements religieux] ».

1 Centre pour l'égalité des chances et la lutte contre le racisme, *Rapport annuel*, 2011.

2 Bousetta, H. & Jabobs, D., « Multiculturalism, citizenship and Islam in problematic encounters in Belgium », in Modood, T., Triandafyllidou, A. & Zapata-Barrero, R. (ed.), *Multiculturalism, Muslims and Citizenship. A European Approach*, London, Routledge, 2006, p. 23-36 ; Torrekens, C., *L'Islam à Bruxelles*, Bruxelles, éd. de l'Université de Bruxelles, 2009.

3 Blaise, P. & de Coorebyter, V., *L'Islam et l'école-Anatomie d'une polémique*, Bruxelles, *Courrier hebdomadaire du CRISP*, 1270-1271, 1990.

La thématique est restée d'actualité et a récemment pris une tournure plus normative et répressive avec le vote d'une loi interdisant le port de la *burqa* dans l'espace public[4]. Entre-temps, diverses lois antidiscriminatoires sont venues renforcer l'arsenal juridique visant à lutter contre les discriminations ethniques, raciales et religieuses[5]. Même si les questions de l'immigration et de l'intégration des immigrés sont plus explicitement politisées dans le système politique flamand[6], la question spécifique des accommodements religieux est plus présente dans le système politique et l'environnement médiatique francophone.

Les pratiques et revendications relevant d'accommodements raisonnables concernent généralement les relations entre des usagers et des institutions : par exemple les élèves portant un voile et l'institution scolaire. Toutefois, alors que des demandes de travailleurs fondées sur leurs croyances religieuses émergent au sein d'entreprises culturellement diversifiées, aucune loi belge ne prévoit d'obligation pour les employeurs d'aménager les normes et pratiques existantes pour répondre à ces demandes. Si elles ont bien été étudiées sous l'angle juridique[7], les demandes d'accommodements pour des raisons religieuses ont rarement fait l'objet d'études sociologiques visant à identifier concrètement ces demandes et les traitements qu'elles reçoivent en dehors des prétoires[8]. Cette contribution entend combler ces lacunes en présentant une analyse des résultats d'une enquête[9] réalisée à la demande du Centre pour l'égalité

4 Loi visant à interdire le port de tout vêtement cachant totalement ou de manière principale le visage, *M.B.*, 1er juin 2011.

5 Bribosia, E., « La lutte contre les discriminations dans l'Union européenne : une mosaïque de sources dessinant une approche différenciée », in Bayart, C., Sottiaux, S. & Van Drooghenbroeck, S. (ed.), *De nieuwe federale antidiscriminatiewetten. Les nouvelles lois luttant contre la discrimination*, Bruxelles, Bruges, La Charte, Die Keure, 2008, p. 31-62.

6 Adam, I., *Les entités fédérées belges et l'intégration des immigrés ? Politiques publiques comparées*, Bruxelles, Presses de l'Université de Bruxelles, 2013.

7 Bribosia, E., Ringelheim, J. & Rorive, I., « Aménager la diversité : le droit de l'égalité face à la pluralité religieuse », *Rev. trim. dr. h.*, 2009, p. 319-373 ; Bribosia, E., Ringelheim, J. & Rorive, I., « Reasonable Accommodation for Religious Minorities : A Promising Concept for European Antidiscrimination Law ? », *Maastricht Journal of European and Comparative Law*, vol. 17, n° 2, 2010, p. 137-161 ; Brunelle, Ch., *Discrimination et obligation d'accommodement en milieu de travail syndiqué*, Cowansville, éd. Yvon Blais, 2001.

8 Un ouvrage prenant la société de transport public bruxellois, la STIB, comme objet d'étude est paru récemment en Belgique : Lamghari, Y., *L'islam en entreprise. La diversité culturelle en question, Louvain-la-Neuve*, Academia, 2012. Voy. aussi Richardson, R. (ed.), *Islamophobia, issues, challenges and action*, Stoke on Trent Trentham Books, 2004.

9 Cette recherche a été réalisée grâce à un financement du Centre pour l'égalité des chances et la lutte contre le racisme (CECLR), des fonds de l'*Institute for European*

des chances et la lutte contre le racisme dans le cadre des Assises de l'interculturalité, un large processus de consultation dont l'objectif était de proposer des recommandations au gouvernement en matière de gestion de la diversité[10]. L'enquête a répertorié quatre cent dix-sept demandes d'aménagement raisonnable pour des raisons religieuses émanant des travailleurs, les réponses qui y ont été apportées par les employeurs, les procédures mises en place pour y aboutir, les acteurs impliqués dans les processus de résolution et les argumentations justifiant les réponses. Elle se base sur des entretiens individuels et collectifs effectués auprès de représentants des employeurs et des travailleurs dans neuf secteurs d'emploi en Belgique.

Dans la première partie de cette contribution, nous présentons l'objet de la recherche qui sert de point de départ à cette contribution, de même que la méthodologie déployée pour la collecte des données et l'analyse de celles-ci (1). Nous poursuivons en présentant les principaux résultats de la recherche (2) et en approfondissant deux cas d'études (demande de congés et adaptation du code vestimentaire) (3 et 4). Nous y évoquons également des interprétations relatives à quelques résultats interpellants, notamment le lien entre le niveau de qualification des travailleurs et les demandes d'accommodements, de même que les différences entre les réponses fournies par les employeurs publics flamands et francophones. Nous prolongeons l'analyse avec l'identification des argumentaires soutenant les solutions avancées et les acteurs impliqués (5 et 6). Dans la dernière partie, nous tentons de fournir une interprétation de la hausse perçue des demandes d'aménagements pour motif religieux (7). Il va de soi que ces interprétations méritent d'être considérées au-delà du contexte belge et devront être vérifiées dans le cadre de futures recherches. Dans la suite du texte, le terme « aménagement raisonnable », utilisé dans le cadre juridique européen, notamment en matière de discrimination fondée sur le handicap sera préféré à celui d'« accommodement raisonnable », trop ancré dans le contexte nors-américain.

Studies de la Vrije Universiteit Brussel et du Centre MAM, Université libre de Bruxelles (ULB). Les auteurs remercient Souâd Hamdaoui (VUB), Andrew Crosby (VUB), Céline Teney (ULB), Morgane Giladi (ULB) pour la récolte des données et la rédaction d'une partie du rapport présentant les résultats de la recherche. Ils remercient aussi Lucie Martin (ULB), Merry Wafwana (ULB) et Caroline Daux (ULB) pour la récolte des données. Ils remercient très chaleureusement les acteurs de terrain qui ont consacré du temps à répondre aux questions. Adam, I., & Rea, A. (ed.), *La diversité culturelle sur le lieu de travail. Pratiques d'aménagements raisonnables*, VUB/ULB, 2010. http://www.diversite.be/?action=publicatie_detail&id=126&thema=6.

10 À ce sujet, voy. la contribution de J. Ringelheim au présent ouvrage.

1. Une recherche sur les aménagements raisonnables pour raisons religieuses sur le lieu de travail

La recherche commanditée par le Centre pour l'égalité des chances avait pour principal objectif de détecter le plus grand nombre de pratiques d'aménagements pour raisons religieuses, sur le lieu de travail, et de les analyser. Elle s'est déroulée de novembre 2009 à septembre 2010. Les demandes d'aménagement ont été prises en considération indépendamment des réponses – positive ou négative – auxquelles elles ont donné lieu. À l'origine, l'objet de la recherche était large afin d'englober les pratiques d'aménagements raisonnables résultant de la diversité culturelle. Toutefois, dans les faits, il s'est avéré que la majeure partie des demandes controversées d'aménagements était fondée sur une conviction religieuse. Les demandes d'aménagements raisonnables non religieuses les plus fréquentes concernaient les souhaits de congés prolongés. Vu leur caractère moins polémique, elles n'ont pas été incluses dans l'analyse, à l'instar des demandes d'aménagement fondées sur d'autres caractéristiques telles que le sexe, l'âge ou le handicap qui ont également été exclues. Enfin, les demandes d'aménagements étudiées concernent des membres du personnel, et non des usagers de services.

L'enquête réalisée cherchait à répondre aux questions de recherche suivantes :

- Quelles sont les demandes concrètes d'aménagements de la diversité culturelle auxquelles les employeurs sont confrontés ?
- Qui sont les demandeurs d'aménagements ?
- Quelles sont les réponses fournies par les employeurs ?
- Quelles sont les procédures utilisées pour répondre ou non à ces demandes ?
- Qui sont les acteurs impliqués dans les processus de (non) résolution ?
- Quels sont les arguments avancés pour justifier les solutions proposées ?

Il était impossible de réaliser une recherche quantitative de grande envergure basée sur un échantillon représentatif des entreprises privées et des institutions publiques. En raison de contraintes budgétaires et de temps, cette recherche a limité son champ à quatre secteurs du public (enseignement, santé, administrations locales, parastataux) et à quatre secteurs du privé (grande distribution, banques et assurances, industrie agroalimentaire, nettoyage). Le choix de ces secteurs repose sur plusieurs critères. Pour certains secteurs, il a été motivé par la présence importante de travailleurs d'origine marocaine et turque, les deux principales origines nationales représentant la plus grande minorité religieuse de Belgique, celle musulmane. Ceci vaut notamment pour les secteurs suivants : l'agroalimentaire, le nettoyage, les transports publics et la collecte et le traitement des déchets. Les secteurs de l'éducation et de la santé ont été choisis en raison de la contagion possible aux travailleurs de la question très polémique des aménagements raisonnables des usagers (élèves, étudiants et patients). Le secteur de l'intégration/diversité a été choisi parce qu'il cherche traditionnellement à favoriser une coexistence harmonieuse. Le secteur de la grande distribution a été sélectionné en raison des contacts avec la clientèle. Celui des autorités publiques a été retenu en raison de la neutralité attendue des services publics.

Nous avons cherché à viser un grand nombre d'entreprises dans chaque secteur. Nous avons aussi contacté les organisations syndicales et patronales ainsi que les nouveaux acteurs chargés de la gestion de ces questions dans les entreprises : les agents de la diversité, surtout présents en Flandre. Toutefois, toutes les entreprises n'ont pas répondu et certaines ne présentaient pas de telles situations.

Cette recherche a veillé principalement à répertorier les demandes les plus caractéristiques et les réponses qui y ont été apportées. L'enquête a repris toutes les demandes d'aménagements raisonnables formulées pour des raisons religieuses, les réponses y ayant été apportées, les procédures mises en place pour aboutir à ces aménagements ainsi que les acteurs impliqués et leurs argumentations. Pour chacun des secteurs investigués, nous sommes arrivés au seuil de saturation[11] qui suppose que tout nouveau cas n'apporte pas d'informations neuves par rapport à celles qui ont déjà été enregistrées. Bien qu'il ne s'agisse pas d'un échantillon représentatif au sens statistique, l'atteinte du seuil de saturation permet de considérer que la diversité des situations présentes dans le monde du travail – mais pas leur volume ou leur proportion – est reflétée par l'enquête.

Parmi les demandes d'aménagements raisonnables, nous avons distingué neuf catégories :

- Demandes de congé pour raisons religieuses
- Autorisation de prier sur le lieu de travail
- Adaptations alimentaires
- Adaptation du code vestimentaire
- Relations homme-femme
- Refus d'exécuter une tâche

[11] Glazer, B. & Strauss, A., *The Discovery of Grounded Theory : Strategies for Qualitative Research*, Chicago, Aldine Publishing Company, 1967.

- Adaptation des horaires
- Aménagements des tâches physiques en période de jeûne
- Vacances prolongées

Nous avons recueilli quatre cent dix-sept situations d'aménagements raisonnables, réparties sur quatre secteurs publics et quatre secteurs privés. Ces situations comprennent des exemples de réponses aussi bien positives que négatives à des demandes d'aménagements. Les informations disponibles au sujet de ces situations sont de nature très inégale. Alors que de nombreux témoignages sur des pratiques informelles d'aménagements raisonnables fournissent des détails sur le contexte, les caractéristiques de l'organisation concernée, le processus de négociation qui a suivi la demande et l'argumentation utilisée, d'autres sont beaucoup plus sommaires. Les informations ont été recueillies au moyen de cent deux interviews individuelles semi-directives (en face à face ou par téléphone) et huit *focus groups* réunissant des responsables de ressources humaines (RH) et des représentants des travailleurs. La plus-value de cette dernière méthode de récolte de données est de permettre un débat à propos des arguments invoqués pour accéder ou non à une demande d'aménagement raisonnable pour raisons religieuses. Elle donne la possibilité d'identifier les convergences et les divergences argumentatives. Contrairement à l'enquête menée en 2005 par le Centre, cette recherche ne s'est pas contentée d'interroger les participants de ces *focus groups* sur les positions officielles qui ont été adoptées dans des situations concrètes, mais a aussi cherché à connaître l'opinion personnelle de cadres et de représentants des travailleurs, un groupe pertinent et souvent sous-estimé, dans le développement des politiques de l'égalité[12].

Les *focus groups* ainsi que les interviews ont été tous intégralement retranscrits. Les données ainsi récoltées ont permis d'effectuer une analyse de contenu organisant les données par type de situation et par question de recherche (quelle demande d'aménagement, quelle réponse, quel demandeur, quelle procédure de résolution, quels acteurs sont intervenus dans la procédure de résolution, quelle argumentation a été mise en avant pour justifier la réponse donnée). Nous avons extrait des *focus groups* et des interviews toutes les situations d'aménagement raisonnable et nous les avons chaque fois retranscrites sur une fiche. Ceci nous a fourni quatre cent dix-sept fiches de demandes d'aménagements raisonnables, qui ont été classées et analysées par type de situation. Nous nous sommes intéressés, pour chaque type de situation, aux tendances récurrentes quant à la réponse apportée à la demande, au processus de

[12] Dobin, F., *Inventing Equal Opportunities*, Princeton, NJ, Princeton University Press, 2009, p. 360.

résolution, aux acteurs concernés et à l'argumentation mise en avant pour satisfaire ou non à une demande d'aménagement. L'analyse a aussi porté sur les différences éventuelles selon le secteur et la fonction exercée par le travailleur, ainsi que sur les autres caractéristiques de l'entreprise reprises sur notre fiche d'analyse (entreprise publique ou privée, organisation convictionnelle ou non, nombre de membres du personnel, proportion de femmes/personnes d'origine étrangère, principaux pays d'origine des personnes d'origine étrangère, principales fonctions exercées par les personnes d'origine étrangère, type de contrats, niveau de formation minimal exigé, *turn over*, âge moyen).

2. Typologie des demandes d'aménagements raisonnables

Vu le caractère non représentatif de cette recherche pour l'ensemble du marché du travail, les chiffres ne peuvent être utilisés que pour émettre des hypothèses quant à la fréquence de certaines pratiques d'aménagement.

La répartition du nombre de cas est relativement égale entre la Belgique francophone et néerlandophone. Les situations les plus fréquentes concernent les demandes de congé pour raisons religieuses (20,6 % des situations). Il s'agit très souvent d'une demande relative à une fête religieuse qui ne coïncide pas avec le calendrier des jours fériés conventionnels dont une bonne part est fréquemment issue du calendrier des fêtes de la religion catholique. Le deuxième grand type de demandes d'aménagements, en termes quantitatifs, porte sur le souhait d'avoir des vacances prolongées afin de pouvoir rendre visite à la famille dans le pays d'origine (18,9 % des demandes). Comme il ne s'agit pas de demandes inspirées par des raisons religieuses, ces situations n'ont pas été analysées en détail. Cependant, elles révèlent un type de demandes pour lesquelles les responsables « Ressources humaines » (RH) s'efforcent de concilier, dans toute la mesure du possible, l'égalité et la diversité, comme ils le font aussi pour tenir compte de la diversité des situations familiales (employés avec ou sans enfants ou petits-enfants, familles recomposées, parents séparés ou isolés, employés ayant un hobby contraignant ou des activités sportives après le travail) ainsi que des projets personnels (congé prolongé pour raisons d'études, pour pouvoir faire un voyage lointain, etc.). Le troisième type de situations d'aménagement concerne l'adaptation du code vestimentaire (principalement le port du foulard) (17,5 % des demandes).

TYPE DE CAS	NL	FR-ULB
1. Demande de congé pour raisons religieuses	40	46
a) systématique	33	36
b) congé de circonstances	7	10
2. Demande d'aménagement pour la prière	24	22
a) possibilité de prier sur le lieu de travail	14	13
b) lieu spécifique	10	9
3. Adaptation alimentaire (restaurant d'entreprise et autres)	18	16
4. Adaptation du code vestimentaire	37	36
a) foulard	32	33
b) autres	5	3
5. Relations Hommes-Femmes (H/F)	20	12
a) conventions sociales	6	6
b) rejet de l'autorité hiérarchique	10	4
c) promiscuité H/F sur le lieu de travail	4	2
6. Refus d'exécuter une tâche	9	10
7. Adaptation des horaires	15	21
a) pendant la période de jeûne	13	17
b) à l'occasion d'une fête religieuse	2	4
8. Aménagement des tâches physiques en période de jeûne	3	4
9. Vacances prolongées	34	45
10. Autres	2	3
TOTAL	202	215

Dans leur grande majorité, les demandes d'aménagements raisonnables concernent des individus de confession musulmane. Au regard du nombre de croyants, l'islam représente la deuxième religion en Belgique[13], mais encore largement minoritaire par rapport au catholicisme et surtout bénéficiant d'une moindre reconnaissance sociale et symbolique[14]. Seules quelques situations concernent les juifs (essentiellement des professeurs de religion qui demandent à avoir congé les jours de fêtes religieuses ou à ne pas devoir donner de cours le vendredi après-midi), les sikhs (port d'un turban ou d'un *kirpan*), les témoins de Jéhovah (demande de ne pas travailler le jour de l'assemblée) et les catholiques (demande

[13] Le Soir, *La Belgique compte 623 000 musulmans*, 17 novembre 2010, p. 7.

[14] Comme le montrent les enquêtes sur l'islamophobie. Pew Survey of Global Attitudes, *Unfavorable Views of Jews and Muslims on the Increase in Europe*, 2008.

d'un employeur de ne pas porter de petite croix, demande de poisson le vendredi au restaurant d'entreprise).

En Belgique, les demandes d'aménagements raisonnables pour raisons religieuses semblent émaner prioritairement de travailleurs peu qualifiés. On pourrait en déduire que les travailleurs les plus faiblement qualifiés sont plus religieux et sont plus mobilisés quant à la revendication des aménagements raisonnables. Toutefois, les travaux sur les pratiques religieuses des musulmans en Europe nuancent souvent cette opposition entre des travailleurs peu qualifiés qui seraient plus religieux et des travailleurs très qualifiés peu religieux[15]. L'émergence d'un islam savant *versus* un islam traditionnel parmi les descendants de migrants invalide cette relation causale[16].

Les données empiriques recueillies tendent également à relativiser fortement cette interprétation liant niveau de qualification et forte demande d'aménagement, et ce pour plusieurs raisons. Si ces demandes d'aménagements raisonnables apparaissent plus fréquemment parmi les travailleurs peu qualifiés s'est avant tout parce que la majorité des musulmans en Belgique est encore peu qualifiée[17]. Par ailleurs, les travailleurs de confession musulmane ont tendance à être concentrés dans des emplois peu qualifiés et dans certains secteurs bien précis[18]. Or, plus on est nombreux à faire la même demande, moins on a de réticences à le faire. Les musulmans plus qualifiés, qui restent encore rares dans certains secteurs, auront moins vite tendance à formuler une demande d'aménagement parce qu'ils se sentent isolés. En somme, la concentration de ces travailleurs conduit à accroître la disposition à la formulation d'une demande d'aménagement raisonnable. Ainsi, la demande de pouvoir disposer d'un local de prière concerne essentiellement des entreprises

---

15 *Muslims in Europe : A Report on 11 EU Cities*, New York, Open Society Foundation, 2010 ; Moddod, T. & Levey, G. (ed.), *Secularism, Religion and Multicultural Citizenship*, Cambridge, Cambridge University Press, 2009 ; Dassetto, F., *L'Iris et le Croissant*, Louvain-la-Neuve, Presses universitaires de Louvain, 2011 ; Cesari, J., *L'islam à l'épreuve de l'Occident*, Paris, La Découverte, 2004.

16 Fadil, N., « Individualising faith, Individualising Identity : Islam and Young Muslim Woman in Belgium », in Cesari, J. & Mc Loughlin, S. (ed.), *European Muslims and the Secular State*, Aldershot-Burlington, Ashgate, p. 143-154.

17 Jacobs, D., Rea, A., Teney, C., Callier, L. & Lothaire, S., *L'ascenseur social reste en panne. Les performances des élèves issus de l'immigration en Communauté française et en Communauté flamande*, Bruxelles, Fondation Roi Baudouin.

18 Martens, A., « Discriminations et actions positives dans l'emploi en Flandre et à Bruxelles. Quelques résultats de recherche empiriques », in Martiniello, M. & Rea, A. (ed.), *Affirmative action : des discours, des politiques et des pratiques en débat*, Louvain-la-Neuve, Academia-Bruylant, 2003, p. 161-195 ; Martens, A. & Ouali, N. (dir.), *Discriminations des étrangers et des personnes d'origine étrangère sur le marché du travail de la Région de Bruxelles-Capitale*, Bruxelles, Actiris, 2005.

alimentaires où le personnel musulman est très nombreux. De plus, les travailleurs peu qualifiés sont généralement plus contrôlés (horaires de travail, pauses) et ont beaucoup moins d'autonomie dans leur travail. Soumis à des contrôles de supérieurs hiérarchiques (contrôleur, brigadier, chef de service, etc.), les demandes consistent en l'expression, la prise de parole (*voice*) selon le concept proposé par Hirchmann[19], d'une revendication qui ne peut prendre d'autre forme. Les entretiens ont souvent mis en évidence que les personnes occupant des positions hiérarchiquement élevées ou ayant des niveaux de qualification élevés peuvent trouver des modes de pratiquer les normes religieuses (par exemple faire les prières quotidiennes), en se mettant à l'abri du regard d'autrui et sans demander de permission à un supérieur hiérarchique. Par exemple, le personnel de gestion ou les travailleurs indépendants disposant d'un bureau privatif peuvent fermer celui-ci et effectuer leurs prières sans formuler aucune demande. L'évitement de la demande est plus aisé pour des travailleurs hautement qualifiés parce qu'ils sont moins contrôlés et disposent souvent d'un bureau privé. Cette hypothèse interprétative mérite bien évidemment d'être vérifiée empiriquement de manière plus ample.

Ne pouvant restituer en détail l'entièreté des situations, une sélection de deux cas d'étude – les demandes de congé pour raisons religieuses et les adaptations du code vestimentaire – a été opérée. L'objectif est d'ancrer les pratiques d'aménagements raisonnables dans des situations concrètes en mettant en évidence les rapports entre les acteurs impliqués et les justifications mobilisées lors de la décision prise en faveur ou à l'encontre des demandes formulées.

3. Premier cas d'étude : les demandes de congé pour raisons religieuses

Dans la très grande majorité des cas, les demandes de congé ou d'aménagement d'horaires pour une raison religieuse sont liées à des fêtes religieuses non catholiques. Ces demandes émanent principalement de musulmans qui souhaitent prendre un jour de congé pour la fête du sacrifice (l'*Aïd El-Kebir*, le grand sacrifice, ou l'*Aïd El-Fitr*, le petit sacrifice, lors de la rupture du jeûne du ramadan). Dans l'enseignement surtout, la possibilité de s'absenter les jours de fête religieuse est une demande commune des juifs et des musulmans de Belgique. Les réponses observées sont de trois ordres. Sur les soixante-quatorze situations de

[19] Hirschman, A., *Exit, Voice, and Loyalty : Responses to Decline in Firms, Organizations, and States*, Cambridge Mass, Harvard University Press, 1970.

demandes de congé pour des fêtes non catholiques, le refus de principe est très rare. Ensuite vient l'acceptation inconditionnelle supposant l'octroi d'un droit au congé pour des fêtes religieuses ne faisant pas partie du calendrier des jours fériés officiels. Enfin, la réponse la plus fréquente est celle de l'acceptation conditionnelle.

Il n'y a qu'un seul cas où une demande de congé pour des fêtes non catholiques a fait l'objet d'un refus de principe. Cette situation a été rencontrée dans l'enseignement officiel neutre subventionné. L'argumentation reposait sur une vision stricte de la neutralité, ce qui est souvent défini dans la littérature comme une « neutralité exclusive »[20].

Un nombre très restreint d'employeurs accepte de manière inconditionnelle les demandes de congé pour fêtes religieuses, indépendamment de l'intérêt du service ou de la production. Ce droit est alors inscrit dans le règlement de travail. Quatre des cinq employeurs qui reconnaissent ce droit sont actifs dans le secteur intégration/diversité. Ce constat conduit à corroborer partiellement l'hypothèse qui a motivé le choix de ce secteur parmi ceux qui ont fait l'objet de cette recherche, à savoir que ceux dont l'activité professionnelle consiste à promouvoir la diversité culturelle adoptent aussi une approche distincte par rapport à leur propre personnel. Ainsi, un bureau d'accueil qui organise des cours d'intégration permet de prendre cinq jours de congé (sur trente-cinq) indépendamment de l'intérêt du service, y compris donc lorsque des cours doivent être donnés. Une autre organisation se contente d'indiquer que les demandes de congé pour raisons religieuses, pour une journée de commémoration en rapport avec le pays d'origine ou pour une fête régionale ne peuvent pas être refusées. Une seule organisation a instauré deux jours de congé supplémentaires pour les fêtes religieuses. Les autres employeurs reconnaissent le droit à prendre ces congés, mais sans prévoir de jours de congé supplémentaires.

L'acceptation conditionnelle consiste à accorder au travailleur un jour de congé pour autant que cela ne pose pas de problème d'organisation, compte tenu de la disponibilité des autres collègues ou du volume de travail, de manière à pouvoir assurer la continuité de la production ou du service. La difficulté de répondre favorablement à cette demande se pose principalement dans des cas où un grand nombre de travailleurs appartiennent à la même religion minoritaire dans l'entreprise. Beaucoup de responsables des RH assimilent ces demandes à d'autres demandes de congé pour des raisons non religieuses (maladie, démarche administrative, garde des enfants malades, etc.).

---

20 Voy. la contribution de X. Delgrange & H. Lerouxel au présent ouvrage.

La condition de la continuité du service est formulée par de nombreux responsables des RH, mais elle fait l'objet d'interprétations et de solutions variables. Certains employeurs qui occupent un grand nombre de travailleurs musulmans sont prêts à prévoir une permanence minimale le jour de la fête du sacrifice, à faire appel à des travailleurs intérimaires, à demander au personnel de venir travailler la veille au soir ou, s'ils estiment qu'il est impossible de donner toute une journée de congé, d'accorder une demi-journée ou de permettre au travailleur de s'absenter pendant la partie la plus importante de la fête (dans le cas de la fête du sacrifice, la prière du matin à la mosquée et le petit déjeuner en famille). Une autre solution consiste à instaurer un système de tour de rôles, comme cela se fait souvent pendant les fêtes de Noël durant lesquelles des travailleurs de culture chrétienne ou de confession catholique doivent travailler les dimanches et jours fériés. Plusieurs entreprises ont signalé que le fait d'échanger un jour férié officiel avec un jour de fête non reconnu (comme l'*Aïd-el-Kébir* ou le *Yom Kippour*) pouvait se traduire par une différence au niveau des conditions salariales. Le responsable d'une équipe de gardiens de parc presque entièrement musulmane s'efforce ainsi d'octroyer autant que possible des jours de congé lors de la fête du sacrifice en ne fonctionnant ces jours-là qu'avec des effectifs réduits. La même solution a été appliquée dans une crèche comptant une proportion importante de personnel de confession musulmane.

Certaines réponses peuvent faire preuve d'aménagements créatifs. Une chaîne de supermarchés favorise fortement les échanges d'horaires entre collègues. Cependant, si la fête du sacrifice tombe en décembre, un mois très chargé, on essaye de faire en sorte, dans les magasins où il y a beaucoup de travailleurs musulmans, que ceux-ci puissent participer à la partie la plus importante de la fête, à savoir la prière du matin à la mosquée et le petit déjeuner en famille. Dans une école comptant une forte proportion d'élèves et de membres du personnel musulmans, on peut également s'absenter jusqu'à onze heures de manière à permettre à ceux qui le souhaitent de se rendre à la mosquée le matin ou de prendre le petit déjeuner familial. Ce jour-là, on organise aussi un petit déjeuner pour les non-musulmans et les musulmans qui sont présents à l'école. Mais tout le monde est censé être là à partir de onze heures. Dans une entreprise de nettoyage, la responsable demande aux femmes de venir nettoyer la veille au soir plutôt que le jour de la fête. Dans les entreprises et les services qui fonctionnent sept jours sur sept et vingt-quatre heures sur vingt-quatre, l'inégalité entre les travailleurs appartenant à une religion majoritaire ou minoritaire est moins criante étant donné que les jours fériés font aussi partie de leurs horaires de travail.

Le secteur de l'enseignement mérite une mention spéciale pour ce qui est des demandes de congés pour raisons religieuses. Cette question se pose surtout pour les professeurs de religions minoritaires dans les écoles publiques et pour le personnel non enseignant. De plus, l'enseignement obligatoire néerlandophone connaît une situation paradoxale. Depuis la réglementation relative aux absences légales de 2003, les élèves peuvent s'absenter pour participer à des jours de fête inhérents à un culte reconnu par la Constitution, l'objectif était d'apporter une réponse à la problématique des absences de fait d'élèves principalement musulmans et juifs. Cette mesure ne s'applique pas aux enseignants. Dès lors, les professeurs de religion (islamique et juive) se trouvent ces jours-là devant une classe vide. Il n'en va pas de même pour les enseignants juifs ou musulmans qui enseignent d'autres matières que la religion : s'ils prenaient congé un jour, qui pour eux est une fête religieuse, ce sont leurs élèves qui se retrouveraient sans professeur. Dans l'enseignement de la Fédération Wallonie-Bruxelles, aucune disposition n'est prévue pour les absences lors de fêtes religieuses non catholiques, ni pour les élèves, ni pour les enseignants. Dans les écoles, les réponses sont très variables : une école accorde une journée ou une demi-journée de congé sans compensation alors qu'une autre demande une compensation et que d'autres encore n'accordent aucun congé.

L'argument invoqué pour accorder ou non un jour de congé pour une fête religieuse est généralement lié à la faisabilité organisationnelle : peut-on assurer la continuité du travail ou du service malgré l'absence des collègues qui demandent congé ce jour-là ? Les responsables RH qui s'efforcent de satisfaire autant que possible ces demandes se basent souvent sur un principe de réciprocité : assurer de bonnes conditions de travail permet en échange d'avoir des travailleurs motivés, qui quitteront moins rapidement l'entreprise ou le service. Plusieurs employeurs voient aussi un avantage dans le fait que ceux qui demandent congé pour une fête d'une minorité religieuse seront souvent plus disponibles les jours fériés officiels ou lors de la période de Noël, lorsque la majorité de leurs collègues demanderont à avoir congé. Un autre argument souvent cité pour accorder un congé le jour de la fête du sacrifice est que les musulmans travaillent souvent dans des environnements où le public est lui aussi en majorité musulman. On peut donc se permettre de fonctionner avec un personnel réduit puisque le public sera également moins nombreux.

En revanche, les responsables RH qui invoquent une interprétation stricte du principe de neutralité le font pour ne pas accorder ce congé ou pour ne pas vouloir régler cette question par les voies hiérarchiques. Les arguments de principe liés au respect, à l'égalité et à la reconnaissance sont aussi souvent mis en avant pour inscrire dans le règlement de travail le droit à avoir congé un jour de fête religieuse non officielle.

Dans la très grande majorité des situations, les demandes de congé en raison d'une fête religieuse sont accordées sous conditions, pour autant que le volume de travail, la continuité du service ou de la production le permettent. Elles sont donc généralement traitées comme n'importe quelle autre demande de congé. Souvent, des échanges entre collègues permettent de donner une réponse positive à des demandes qui autrement seraient difficiles à satisfaire. Ce n'est que dans des situations où le personnel se compose en grande partie de travailleurs qui ont la même religion minoritaire, en l'occurrence généralement des musulmans, et où l'employeur veut octroyer ce congé religieux au plus grand nombre possible d'entre eux que des procédures de concertation plus élaborées ou formalisées, impliquant davantage de personnes, sont nécessaires. Mais même dans ces cas-là, ces demandes de congé sont gérées la plupart du temps en interne et de manière informelle. Dans les cas relativement exceptionnels du secteur de l'intégration et de la diversité, où cette question a été formalisée par l'inscription dans le règlement de travail d'un droit au congé pour raisons religieuses, cela s'accompagne souvent d'une concertation lors de réunions d'équipe, voire lors de l'assemblée générale, au conseil d'administration ou avec la délégation syndicale.

4. Deuxième cas d'étude : les demandes d'adaptation du code vestimentaire

L'adaptation du code vestimentaire constitue en volume la deuxième demande pour des raisons religieuses dans notre enquête. Nous avons enregistré soixante et onze demandes portant sur le code vestimentaire. Toutefois dans soixante-cinq cas, il s'agit de la question très politisée et médiatisée du port du voile. Ces demandes se concentrent bien évidemment dans les secteurs où le personnel est fortement féminisé et où le contact avec les usagers/clients est important, à savoir la santé et l'enseignement. Il y a également plusieurs demandes dans le secteur du nettoyage et dans celui des banques et assurances. Les situations enregistrées dans le secteur de l'intégration sont moins nombreuses.

Ce ne sont pas nécessairement dans les grandes entreprises que la situation se présente majoritairement. Les situations se présentent dans des secteurs où potentiellement le nombre d'employées d'origine musulmane est élevé ou pourrait s'accroître. Les situations les plus fréquentes sont présentes dans des secteurs d'activité où la publicisation et la politisation de la demande est plus grande (santé et enseignement), et la relation triangulée employeurs-employées-public/usager est forte. L'usager ou le client peut jouer directement ou indirectement dans la manière de poser la question ou d'y répondre.

Face aux demandes du port du voile, trois réactions principales apparaissent : le refus formel, l'aménagement raisonnable, l'aménagement raisonnable différencié. Si les entreprises se retrouvent dans l'une ou l'autre de ces attitudes, il n'est pas rare aussi, lorsque la règle n'est pas inscrite dans le règlement de travail, de voir une même entreprise ou institution publique adopter des attitudes opposées au sein de services différents.

Dans les entreprises où un uniforme ou des couvre-chefs sont prévus, le refus du port du voile est souvent la règle. Ceci est notamment le cas dans les sociétés de transport public, les entreprises de la grande distribution, de l'agroalimentaire ou de nettoyage. La demande du port du voile est souvent rejetée car le règlement de travail stipule que tous les employés doivent porter un uniforme et n'afficher aucun signe distinctif religieux. De même, toute atteinte à l'uniforme, comme par exemple l'usage de pantalons d'entreprise écourtés pour les travailleurs masculins est aussi prohibé. L'existence d'un uniforme constitue le premier argument du refus basé sur la neutralité qu'il exprime. Cependant, il est souvent assorti d'autres arguments comme la sécurité ou l'hygiène.

Dans plusieurs administrations publiques, l'interdiction du foulard est généralement imposée pour des raisons de neutralité. Pour faire face à des situations où cette interdiction est momentanément levée, des communes ont décidé d'inscrire explicitement l'interdiction du port du voile dans le règlement du travail, toujours au nom de la neutralité du service public. Cette même réponse a été observée également dans certaines associations issues de la société civile, uniquement du côté francophone, qui refusent le port du voile de leurs employées en raison du principe de neutralité.

Dans les écoles du réseau officiel subventionné, on interdit le port du voile pour les enseignantes dans l'enceinte de l'établissement. Au nom du principe de neutralité, l'interdiction du port de tout signe religieux est la règle. Dans plusieurs écoles officielles, le directeur d'école permet aux enseignantes de religion islamique de porter le foulard mais uniquement dans la classe du cours de religion. Dans les écoles libres confessionnelles, la même politique est poursuivie[21]. Par ailleurs, les effets de contamination des demandes des professeurs vers les élèves conduisent à une politique très restrictive de manière générale.

Dans le secteur de la santé, la situation est très variable et dépend notamment, mais pas seulement, de la confession de l'entreprise. Dans certains hôpitaux publics, l'interdiction de porter des signes d'appartenance, quels qu'ils soient, est formulée lors de l'embauche au nom de la

---

[21] Sur les suites juridictionnelles de ces questions du port du voile par les enseignantes, voy. notamment la contribution de X. Delgrange & H. Lerouxel au présent ouvrage et les références citées.

neutralité. Parfois, le règlement de travail stipule l'interdiction du port de tout signe religieux ostentatoire sur le lieu de travail. C'est également pour des mesures d'hygiène qu'il n'est pas toléré. Plusieurs acteurs énoncent le problème des stagiaires en médecine. En effet, le port du voile dans les facultés de médecine est généralement autorisé pour les étudiantes. En arrivant dans certains hôpitaux, les étudiantes portant le voile doivent l'enlever.

Cependant, dans un certain nombre de situations, l'on répond à la demande de porter le voile par la recherche d'un aménagement qui permette le port du voile tout en respectant les règles relatives à l'hygiène ou à la sécurité. Il s'agit du deuxième type de réponses à ces demandes. Ainsi, dans des entreprises du secteur de l'industrie alimentaire, des femmes portant le voile ont pu le maintenir à condition que le voile soit porté en dessous du couvre-chef proposé par l'entreprise. Cet aménagement tient compte de la condition de l'hygiène. Dans deux hôpitaux, le cas s'est présenté lorsque des étudiantes stagiaires voilées sont entrées dans le bloc opératoire. Le port du voile y est interdit, mais comme il existe un habit spécifique pour le bloc opératoire dans un des hôpitaux, certaines étudiantes ont gardé leur voile en dessous du bonnet de chirurgien, dans l'autre elles ont dû l'enlever. Toujours dans un hôpital, une ouvrière des cuisines porte un voile recouvert d'une charlotte pour raisons d'hygiène. Dans une société de transport, une stagiaire qui portait le voile a été autorisée à le garder à la suite de l'intervention de l'agent de la diversité. Toutefois, pour des raisons de sécurité, pour mieux entendre, le voile ne devait pas couvrir les oreilles et le cou.

Les aménagements sont souvent trouvés après des longues discussions auxquelles sont conviés des acteurs externes, voire dans certains cas rares, ils deviennent une stratégie de recrutement. Dans un hôpital comptant de nombreux patients d'origine musulmane, de nombreuses demandes de port du voile sont apparues. Si, dans les services administratifs, le port du voile a été facilement accepté, il ne l'a été pour le personnel soignant qu'après un long processus de négociation mené par la médiatrice interculturelle. Elle a fait appel à des intermédiaires externes, notamment des imams. À la fin des débats, l'hôpital qui est une entreprise de tendance a proposé un voile d'uniforme. Dans trois autres hôpitaux relevant aussi de l'entreprise de tendance, le port du voile est également accepté, par souci d'ouverture et de tolérance. Le voile est interdit uniquement dans le bloc opératoire. Dans cet hôpital, il existe un plan de diversité très construit qui cherche aussi à attirer les étudiants – notamment de l'enseignement secondaire – et qui insiste sur l'ouverture et la tolérance de l'institution ainsi que sur le droit à l'expression de la foi.

Parfois, la créativité émerge de longues négociations pour trouver la dimension raisonnable de l'aménagement. C'est notamment le cas avec deux situations où un voile d'entreprise a été créé : dans une entreprise de la grande distribution et au sein d'un hôpital. Pour pallier le manque de personnel aux caisses, une entreprise de la grande distribution a fait appel aux travailleurs qui réassortissaient les rayons. Face à l'absence de candidatures parmi ces travailleuses, il est apparu que ces dernières refusaient ce poste parce qu'elles auraient été obligées d'enlever leur voile, accepté en *back office*. La direction a alors convoqué deux réunions de conseil d'entreprise et a fait intervenir, comme experts, un imam et puis un secrétaire permanent du syndicat chrétien (CSC) d'origine marocaine. Après plusieurs rencontres, les employées ont reçu l'autorisation de porter un voile d'entreprise, aux couleurs de la société. Cette dynamique s'inscrit dans un contexte particulier : celui de l'imposition faite par la Région bruxelloise à cette entreprise, en contrepartie des subventions attribuées, d'employer des demandeurs d'emploi peu qualifiés de la Région, principalement issus de l'immigration.

Une troisième réponse consiste en l'aménagement raisonnable différencié : dans une même organisation, le port du voile est autorisé dans certaines conditions et pas dans d'autres. Ainsi, les négociations entre les parties dans les différents secteurs semblent faire émerger une norme qui renvoie au contenu de ce qui est qualifié de raisonnable par les acteurs au terme des discussions : l'interdiction du voile s'impose en situation de *front desk* alors qu'il est accepté en *back office*. Ceci se vérifie tant dans les entreprises privées que dans les institutions publiques.

La différence entre *front desk* et *back office* repose sur la réaction supposée des clients pour les entreprises privées et les usagers pour les institutions publiques. Cette solution apparaît notamment dans les sociétés de banques et assurances. Plusieurs femmes portent le voile mais toujours en *back office*. En *front desk*, il y a souvent des règlements de travail qui interdisent le port de signe religieux ainsi que certains attributs vestimentaires tels les shorts, les piercings. Parfois, l'origine nationale de l'institution financière joue un rôle. Ainsi, dans une banque française, le port du voile est impossible même en *back office* alors que dans une banque américaine le port du voile est accepté.

Le client peut jouer un rôle déterminant dans l'interdiction ou l'autorisation du port du voile. Ceci est particulièrement le cas pour les travailleuses engagées par des entreprises de nettoyage. Si la règle est plutôt celle du refus parce que les travailleuses doivent porter un uniforme, sur les chantiers, l'appréciation est néanmoins laissée au client. Le superviseur de chantier fait la demande au client. Il en découle une forte variabilité des réponses au sein de la même entreprise.

Parfois dans une même commune des solutions opposées sont adoptées, et ici c'est le département ou certaines propriétés des usagers du service qui peuvent justifier l'autorisation ou non de porter le voile. Au nom de la neutralité, il peut être demandé à une nettoyeuse d'enlever son voile si elle veut être engagée, alors que dans un autre service, une réponse différente a été apportée. Ainsi, dans cette même commune une animatrice a été engagée au sein du service « la maison des femmes », qui travaille principalement avec des femmes musulmanes. La responsable du service a introduit une demande au Collège pour faire une exception. La demande a été justifiée par le contexte de travail : la personne ayant introduit la demande effectuait du travail communautaire avec des populations de confession musulmane. La demande a été acceptée par le Collège aussi en raison des compétences professionnelles de la bénéficiaire. Dans un hôpital qui refuse le port du voile, celui-ci a été autorisé dans un service en particulier celui de la gynécologie. La direction a estimé qu'en raison de la patientèle de l'hôpital, il était opportun d'avoir parmi les médecins une gynécologue voilée, ce qui ne va pas sans créer des débats au sein du personnel.

Pour certains secteurs (alimentation, santé), les argumentations pour refuser le port du voile tiennent à l'hygiène. Toutefois, l'argument de l'hygiène ou celui de la sécurité conduisent à des réponses divergentes. Dans certains cas, l'argument est mobilisé pour justifier l'interdiction formelle et dans d'autres, plus minoritaires, des aménagements seront recherchés tout en veillant à respecter les impératifs de la sécurité et de l'hygiène. L'argument de la neutralité est mobilisé principalement dans les institutions publiques ou, par extension, dans des institutions de droit privé effectuant une mission de service public (comme les écoles ou les hôpitaux) ou subsidiées par les pouvoirs publics. Dans ce cas, la mobilisation de la neutralité est d'ordre principiel. Par extension, mais surtout du côté francophone, l'argument de la neutralité est aussi mobilisé par des associations privées subsidiées.

La neutralité peut aussi être tempérée sur la base de la mobilisation de l'argument de la visibilité/invisibilité. Ainsi, le respect du client ou plus exactement le fait de ne pas choquer le client ou l'usager est souvent mobilisé comme argument pour justifier la différence de traitement *back office/front desk*. Dans ce cas, l'invisibilité des travailleuses voilées peut devenir un argument permettant l'acceptation du port du voile. Nous avons vu de très nombreux exemples, en ce compris dans le secteur public ou parapublic, allant parfois à l'encontre de l'argument de la neutralité. Toutefois, il faut aussi reconnaître que ceci s'effectue principalement pour des tâches et des emplois précaires, des emplois peu gratifiants comme les nettoyeuses, les travailleuses administratives peu qualifiées, ou les stagiaires. L'aménagement semble plus rare lorsque les travailleuses occupent une position supposant une responsabilité ou une fonction hiérarchique élevée et symboliquement forte. L'invisibilité peut être considérée comme un argument qui cache une disposition de compromis fondé sur les trois arguments les plus fréquents pour justifier l'acceptation du port du voile, surtout en Flandre : l'émancipation, la tolérance ou la reconnaissance de la diversité ou encore la raison instrumentale.

5. Les réponses formulées aux demandes d'aménagement

La réponse donnée à une demande d'aménagement raisonnable prend assez rarement la forme d'une règle générale. La plupart des réponses sont faites au cas par cas, ou débouchent sur une règle tacite qui peut être revue à tout moment. La réponse est donc très souvent singulière et provisoire. Ce n'est que dans quelques cas relativement minoritaires que cette réponse est formalisée et inscrite dans le règlement de travail, et par conséquent, prend la forme d'une norme, supposant une plus grande garantie et un traitement égalitaire. Nous ne l'avons observé que dans le secteur de la diversité et de l'intégration, à Bruxelles et en Flandre, où quelques organisations ont inscrit dans leur règlement de travail le droit de prendre congé pour une fête religieuse non catholique, dans une commune qui a inscrit dans le règlement de travail les règles d'utilisation de l'espace de silence, et dans des organismes publics qui ont réglementé le code vestimentaire. Les décisions relatives à l'autorisation ou non de porter le foulard dans l'enseignement et le secteur public local constituent aussi une exception au caractère généralement informel des réponses qui sont données aux demandes d'aménagements raisonnables : une interdiction a été formalisée dans plusieurs communes et dans l'enseignement officiel subventionné en Flandres. À l'inverse, dans un hôpital relevant de l'entreprise de tendance, le port du voile – qui était une pratique courante antérieurement en raison de la présence de religieuses catholiques – a conduit, comme mentionné précédemment, à la création d'un voile d'entreprise. En ce qui concerne les congés pour fêtes religieuses, plus les demandeurs sont nombreux, plus la solution a tendance à être formelle. La possibilité de prier sur le lieu de travail ou de disposer d'un espace de recueillement est elle aussi rarement formalisée, ce qui a pour conséquence qu'une pratique tolérée ou un espace mis à la disposition des fidèles peut avoir une existence éphémère ; l'autorisation peut être retirée si elle provoque un conflit ou risque de créer un effet boule de neige notamment par l'excès de visibilité provoquée.

Les demandes d'adaptations alimentaires exigent souvent une solution plus formelle et une concertation avec un plus grand nombre de parties concernées quand elles portent sur la nourriture qui est servie quotidiennement au restaurant de l'entreprise que lorsqu'il s'agit d'événements occasionnels, comme une fête du personnel. Quant aux demandes qui se situent aux limites des conceptions libérales, comme par exemple le refus de l'autorité hiérarchique d'une femme, le souhait de ne pas devoir partager un espace de travail avec des personnes de l'autre sexe ou de ne pas devoir fournir un service à des personnes de l'autre sexe, elles servent souvent de catalyseur pour initier ou institutionnaliser un processus de réflexion (création d'un groupe de travail « diversité », inscription de règles ou d'exigences dans le règlement de travail ou l'établissement d'un profil de fonction). Cependant, il existe tendanciellement un consensus sur les réponses de principe à apporter aux demandes qui vont à l'encontre des droits fondamentaux, et tout particulièrement l'égalité homme-femme : celui du refus catégorique de la demande.

Cette approche informelle et au cas par cas présente l'avantage d'envisager chaque demande d'aménagement dans son contexte spécifique, et permet, dans un nombre non négligeable de cas, d'enclencher un processus de négociation constructif et délibératif sans la menace d'une procédure judiciaire. On peut aussi supposer qu'elle évite de politiser ces demandes, ce qui est un souhait récurrent des employeurs lorsqu'ils veulent étudier la possibilité d'un aménagement, dans un climat tendu depuis les attentats du 11 septembre. Dans certains cas, on s'efforce aussi de réduire ce risque de polémique en proposant un aménagement qui constitue un avantage pour *tous* les travailleurs : créer un espace de silence plutôt qu'un lieu de prière, donner congé à tout le monde le vendredi après-midi, laisser le libre choix des jours de congé à prendre en récupération d'un jour férié qui tombe un week-end.

L'inconvénient d'une approche au cas par cas est son côté arbitraire. L'inégalité qu'elle peut engendrer entre des travailleurs dans un même système et son insécurité juridique. L'idéal d'égalité a amené certains systèmes juridiques à instaurer une obligation généralisée, qui contraint tout employeur à accéder à des demandes d'aménagements raisonnables pour raisons religieuses. Dans les situations qui nous ont été relatées, nous constatons des différences dans la réponse, positive ou négative, à la demande d'aménagement, selon le chef de service (qui peut faire preuve d'une compréhension plus ou moins grande), le travailleur lui-même (plus il est performant, plus on lui accordera d'avantages), la fonction qu'il exerce (*back office* ou *front desk*), le lieu d'implantation de l'entreprise (il y a plus d'aménagements dans des environnements de travail avec un personnel musulman prépondérant). Cependant, l'inscription d'une disposition dans le règlement de travail risque aussi d'ignorer certaines disparités au sein de la même entreprise. Ainsi, en ce qui concerne le port du foulard, l'opposition entre « interdit en *front desk* » et « autorisé en *back office* » semble être devenue, au fil du temps, une norme acceptée par les employeurs.

L'enquête met aussi en lumière une approche différente face aux demandes d'aménagements pour des raisons religieuses dans les institutions publiques flamandes et francophones. Chez les employeurs du secteur public ou subventionné francophone, le principe de neutralité est invoqué avec beaucoup plus de fréquence et d'insistance qu'en Communauté flamande pour ne pas accéder aux demandes d'aménagements raisonnables. À l'exception des congés de circonstances pour les fonctionnaires (pour lequel la Communauté flamande a refusé d'inclure les motifs religieux alors que les autorités fédérales et francophones ont étendu ce congé aux six religions reconnues), les employeurs (publics) francophones semblent plutôt opter pour une neutralité exclusive qui maintient la religion en dehors de la sphère publique[22]. Ce point de vue est rarement défendu par des employeurs publics ou subventionnés en Flandre[23] qui semblent généralement inspirés, dans leurs réponses, par les idées d'une neutralité inclusive ou de pluralisme actif. Selon cette vision, qui suscite un intérêt croissant, depuis plusieurs années, dans les milieux laïcs flamands[24], l'État ne doit pas nier l'identité religieuse du citoyen, mais bien la prendre au sérieux[25]. L'explication de cette différente approche flamande et francophone envers les aménagements religieux dans les institutions publiques doit être cherchée dans les clivages et les lignes de fractures classiques[26] qui caractérisent la société belge et leur superposition, à savoir la superposition du clivage philosophico-religieux entre catholiques et libres-penseurs et le clivage linguistique entre francophones et flamands. Historiquement, la Flandre était la région la plus catholique et la Belgique francophone, celle à forte dominance laïque[27]. Tandis que les laïques de Flandre, traditionnellement minoritaires face aux catholiques, semblent davantage pencher pour une neutralité inclusive, les laïques en Belgique

---

22 Laycock, D., « Formal, substantive and disaggregated neutrality towards religion », *de Paul Law Review*, vol. 39, 1990, p. 993-1007 ; Van der Brug, W., « Gelijke zorg en respect voor de gelovige burger. Een inclusief-vrijzinnige schets », in de Hert, P. & Meerschaut, K. (ed.), *Scheiding van kerk en staat of actief pluralisme ?*, Intersentia, Antwerpen-Oxford, p. 187-204.

23 Enseignement, santé, pouvoirs locaux, parastataux, intégration/diversité.

24 Stevaert, S., *Andergeloof. Naar en actief pluralisme in Vlaanderen*, Davidsfonds, Leuven ; Projet d'enseignement de la Communauté flamande.
http://www.g-o.be/sites/portaal_nieuw/subsites/diversiteit/Pages/default.aspx.

25 Laycock, D., *op. cit.* ; Van der Brug, W., *op. cit.*

26 Lipset, S. & Rokkan, S., *Structures de clivages, systèmes de partis et alignement des électeurs : une introduction*, Presses de l'Université de Bruxelles, Bruxelles, 2008 [1967].

27 Witte, E. & Craeybeckx, J., *La Belgique politique de 1930 à nos jours*, Bruxelles Labor, 1985 ; Mabille, X., *Histoire politique de la Belgique*, Bruxelles, CRISP, 1997 ; Delwit, P., *La vie politique en Belgique de 1830 à nos jours*, 2010, Presses de l'Université de Bruxelles, Bruxelles.

francophone, majoritaires face aux catholiques, et en outre influencés par le discours politique et intellectuel français, penchent plus pour une neutralité exclusive. Ainsi, malgré la relative dépilarisation de la société flamande, on voit se maintenir en Flandre un discours de pluralisme actif plus culturel que religieux.

6. Processus de résolution : les acteurs concernés et les argumentaires mobilisés

Ainsi que l'avait déjà révélé la consultation du Centre pour l'égalité des chances et la lutte contre le racisme en 2005, la plupart des demandes trouvent une solution informelle, au cas par cas. Les discussions de fond impliquant un large éventail d'acteurs sont assez exceptionnelles et toujours propres à une situation spécifique.

Cette étude permet de situer dans le contexte belge (et européen) la typologie des aménagements raisonnables définie par le juriste canadien J. Woerling[28]. Ce dernier établit une distinction entre un aménagement qui est imposé par le tribunal, qui est le résultat d'une négociation à l'amiable, qui est accordé spontanément par une autorité publique et celui qui est recommandé (au Canada) par la commission des droits de la personne. Cette subdivision est inspirée de la situation canadienne, où il existe une obligation générale pour l'employeur de procéder à des aménagements raisonnables pour raisons religieuses si un membre de son personnel en fait la demande. En nous basant sur les données recueillies dans le cadre de cette recherche, nous pouvons proposer la subdivision suivante quant à la manière dont on répond, dans le contexte belge, à une demande d'aménagement raisonnable, en allant de la plus informelle à la plus formelle :

- autorisé (ou refusé) à la suite de négociations entre collègues (sur demande ou non du chef de service),
- autorisé (ou refusé) par un chef de service,
- autorisé (ou refusé) après une réunion d'équipe à l'initiative du responsable du personnel ou de la direction (direction d'une grande entreprise/organisation ou responsable d'une autorité politique),
- autorisé (ou refusé) après négociation au conseil d'entreprise ou consultation du permanent syndical,
- autorisé (ou refusé) par la hiérarchie suprême,

[28] Woehrling, J., « L'obligation d'accommodement raisonnable et l'adaptation de la société à la diversité religieuse », *Revue de droit de McGill*, 1998/43, p. 325-401.

- autorisé (ou refusé) par la hiérarchie suprême après avis externe,
- autorisé (ou refusé) par un tribunal[29].

Parmi les acteurs externes qui sont consultés pour donner une réponse à la demande d'aménagement raisonnable, une distinction peut être faite entre les *imams* et les « professionnels de la diversité ». On fait surtout appel aux premiers pour interpréter des prescrits religieux, mais aussi pour intervenir comme médiateurs. Ceux qui ont pour activité professionnelle la gestion de la diversité sont beaucoup plus nombreux du côté néerlandophone qu'en Belgique francophone, où la politique des plans de diversité est plus récente et moins institutionnalisée. Parmi ces professionnels consultés, figurent les agents de la diversité, des syndicats et des fédérations patronales (pour l'instant, uniquement des ailes flamandes), les initiateurs de projet du SERR (*Sociaal Economische Raad van de Regio*) qui aident les entreprises à développer un plan de diversité dans le cadre de la politique flamande *Evenredige Arbeidsdeelname en Diversiteit* (EAD), les fonctionnaires chargés de l'intégration dans les villes et communes flamandes, les médiateurs interculturels (subventionnés par le fédéral) dans les hôpitaux, le Centre pour l'égalité des chances et la lutte contre le racisme et des organisations locales de migrants. Chaque fois que ces professionnels de la diversité ont été consultés dans les situations répertoriées, leur intervention a grandement contribué à améliorer le caractère délibératif et démocratique du processus de résolution et le caractère consensuel de la solution dégagée. Il semble que l'on ait surtout recours à ces interventions externes dans les cas de demandes collectives. Parmi les acteurs impliqués figurent aussi les délégués ou les permanents syndicaux. Leur rôle n'est pas univoque. Ils peuvent soit soutenir la demande des travailleurs soit s'y opposer pour des raisons idéologiques, surtout au sein du syndicat socialiste où l'argument de la neutralité est plus fréquemment mobilisé, et ce particulièrement du côté francophone. D'une certaine manière, ce qui compte prioritairement, c'est la configuration des acteurs impliqués, ce qui rend difficile la mise en évidence de stratégies précises indépendamment du contexte et des acteurs présents.

L'analyse des situations identifiées met en évidence un constat fort : le monde du travail ne partage guère, surtout dans les entreprises privées, l'intensité passionnelle du débat relatif aux pratiques d'aménagements raisonnables qui se déroule dans la sphère politique et médiatique. Même dans les situations où un débat s'engage entre plusieurs acteurs et où la

---

[29] On peut avoir divers types de réponses dans la même entreprise ou organisation. Par exemple, le chef de service commence par autoriser une pratique, puis un conflit au sein du personnel l'amène à consulter son supérieur hiérarchique, ce qui donne lieu à un débat au conseil d'entreprise, lequel fait appel à un professionnel de la diversité.

décision n'est pas simplement prise par le responsable du personnel, la logique économique de rationalité et d'efficacité l'emportent généralement sur les considérations idéologiques. Cette logique du marché peut tout aussi bien jouer en faveur qu'en défaveur des aménagements. Tantôt, l'aménagement d'un espace de prière pour les pratiquants est autorisé parce qu'il est susceptible d'améliorer leur bien-être sur le lieu de travail et donc d'avoir des travailleurs plus motivés, qui seront moins vite tentés de changer d'emploi. Tantôt, un congé pour une fête religieuse est refusé parce que cela risque de compromettre la production et la planification du travail. Dans des cas très exceptionnels, il arrive même que, lorsque plusieurs travailleurs dans une équipe refusent l'autorité hiérarchique d'une femme pour des raisons culturelles ou religieuses, les responsables RH optent pour la solution qui leur paraît économiquement la plus rationnelle, c'est-à-dire de mettre un homme à la tête de l'équipe, bien que cela aille à l'encontre de leurs convictions morales.

Différents types d'argumentaires sont mobilisés pour accéder ou non à une demande d'aménagement raisonnable. Même si des principes idéologiques généraux peuvent être invoqués à un moment ou à un autre, ils sont souvent mis entre parenthèses ou replacés dans un contexte. En tous cas, ils sont nettement supplantés par des arguments liés au marché, à la rentabilité économique et à l'organisation du travail. Les arguments qui touchent à la faisabilité organisationnelle, au planning, à la continuité du service, au risque de gêner ou de choquer des clients ou au bien-être des travailleurs dans un esprit de réciprocité (en échange d'une meilleure productivité ou d'une plus grande fidélité à l'employeur) pèsent davantage que des principes idéologiques plus abstraits. C'est surtout vrai dans le secteur privé, mais les employeurs publics ne sont pas insensibles non plus à ce type de raisonnement.

Les principes idéologiques les plus souvent invoqués sont ceux de l'égalité, de la neutralité et du respect ou de la reconnaissance d'autres cultures ou religions. Bien que, dans la majorité des cas, la neutralité (en général, d'un service public ou subventionné) serve à justifier un refus de procéder à un aménagement pour des raisons religieuses, il arrive aussi que l'on se fonde sur une vision inclusive du principe de neutralité pour répondre favorablement à une telle demande. De même, le principe d'égalité peut être utilisé dans les deux sens, selon que l'on parte d'une vision plutôt formelle de ce principe (pour refuser une demande d'aménagement au nom de la nécessaire égalité entre collègues) ou que l'on cherche à lui donner un contenu substantiel (pour accéder à cette demande).

7. Contextualisation de la hausse perçue des demandes d'aménagement

L'émergence des demandes d'aménagement formulées par des minorités religieuses a été perçue par de nombreux acteurs comme étant un nouveau phénomène pouvant être relié à la dernière décennie et à l'accroissement des pratiques religieuses parmi la population musulmane. Cette impression converge avec la présence de la question des aménagements religieux dans les médias et les débats politiques belges, canadiens ou français. Sans entrer dans le débat sur le lien entre l'accroissement de ces demandes et les événements du 11 septembre, il convient de relativiser la nouveauté de la pratique de l'aménagement raisonnable. En effet, durant les années 1960 et 1970, lorsque le besoin de travailleurs migrants était très important, des adaptations ont été acceptées dans certaines entreprises, notamment pour la prière. Des salles de prière étaient ainsi mises à la disposition des travailleurs dès les années 1960-1970, notamment dans le secteur de la métallurgie[30]. En outre, il ne faut guère oublier que plusieurs grèves menées dans des entreprises en Europe durant les années 1980 ont spécifiquement eu pour objet la question de la prière sur le lieu de travail[31]. En fonction des impératifs économiques mais aussi de la politisation de la question de l'immigration et des minorités ethniques, des situations permanentes reçoivent un traitement médiatique et politique différent. Il faut se rappeler qu'historiquement pour attirer en particulier les travailleurs marocains en Belgique, le document *Vivre et travailler*, diffusé par le ministère de l'Emploi et du Travail en 1965, insistait particulièrement sur la liberté religieuse en Belgique et sur les possibilités de pratiquer l'islam[32]. Certes, les pratiques étaient moins ostentatoires et publiques qu'à présent, toutefois il serait faux de penser qu'elles étaient inexistantes mais surtout qu'elles étaient prohibées.

Au-delà du caractère nouveau ou ancien des demandes d'aménagements pour raisons religieuses, la hausse enregistrée et visible des demandes d'aménagements a, dans la littérature, souvent été attribuée à une radicalisation de la religiosité des musulmans post-11 septembre

30 Castles, S. & Kosack, G., *Immigrant Workers and Classs Structure in Western Europe*, New York, Oxford University Press, 1973 ; Tripier, M., *L'immigration dans la classe ouvrière en France*, Paris, CIEMI-L'Harmattan, 1990.

31 Gay, V., *De la dignité à l'invisibilité : Les OS immigrés dans les grèves de Citroën et Talbot, 1982-1984*, mémoire de MA, EHESS, 2011.

32 Rea, A., *Immigration, État et citoyenneté. La formation de la politique d'intégration des immigrés de la Belgique*. Thèse de doctorat en sciences sociales, ULB, 2000.

2001[33], et ce suite à une logique de retournement du stigmate[34] ou de *formation identitaire réactive*[35] ou encore une sous-culture de l'adversité (*cultural adversity*)[36]. Outre ces explications centrées sur les caractéristiques des demandeurs, il importe d'interroger d'autres facteurs plus structurels et institutionnels permettant de comprendre l'émergence de ces demandes. Deux autres évolutions majeures ont été négligées dans le débat politique et scientifique pour expliquer la hausse enregistrée des demandes d'accommodements pour raisons religieuses dans les sociétés occidentales : une première relève du domaine juridico-politique et l'autre du domaine économique.

Le facteur juridico-politique se subdivise en deux aspects. Le premier tient à l'extension des droits et libertés fondamentales. Dans une optique de philosophie libérale, nous avons assisté à une extension de droits et de protections des citoyens notamment par l'adoption de dispositifs juridiques et politiques de lutte contre les discriminations, fondées entre autres sur la religion. La problématique des accommodements raisonnables s'inscrit à cet égard dans le prolongement des lois antidiscriminatoires[37]. Ensuite, l'accès à la citoyenneté de nombreuses personnes d'origine étrangère a également suscité l'accroissement des demandes de reconnaissance de minorités culturelles et religieuses. Depuis 1991, plus de 330 000 personnes d'origine marocaine et turque ont acquis la nationalité belge. Celles-ci considèrent que le refus de prendre en compte ces exigences de reconnaissance est une forme de discrimination, dans la mesure où le principe d'égalité dissimule à leurs yeux une différence de traitement qui n'est pas légitime. Les citoyens musulmans se sentent ainsi considérés comme des citoyens de seconde classe[38], disposant de la

---

33 Kashyap, R. & Lewis, V., « British Muslim youth and religious fundamentalism : a quantitative investigation », *Ethnic and Racial Studies*, 2013, vol. 36 (12), p. 2117-2140.

34 Goffmann, E., *Stigma : Notes on the Management of Spoiled Identity*, 1963, Englewood Cliffs, N.J., Prentice-Hall.

35 Nagra, B., « Our faith was also hijacked by those people : Reclaiming Muslim Identity in Canada in a Post 9/11 Era », *Journal of Ethnic and Migration Studies*, 2011, vol. 39, n° 3, p. 425-441.

36 Portes, A. & Rumbaut, R., *Immigrant America : A portrait*, California, University of California Press, 2006.

37 Bribosia, E., Rea, A., Ringelheim, J. & Rorive, I., « Reasonable Accommodation of Religious Diversity in Europe and in Belgium. Law and Practice », in Bonjour, S., Jacobs, D. & Rea, A. (ed.), *The Others in Europe*, Bruxelles, Presses de l'Université de Bruxelles, 2011, p. 91-116.

38 Sassen, S., « The Repositioning of Citizenship », in Brysk, A. & Shaffir, G. (ed.), *People out of Place. Globalization, Human Rights and the Citizenship Gap*, Taylor & Francis, New York, p. 191-208.

citoyenneté légale mais non substantielle[39]. Cette question se pose sans aucun doute avec encore plus d'acuité dans un pays qui repose traditionnellement sur plusieurs « piliers »[40] et où la non-discrimination des minorités est un principe fondamental qui inspire de nombreux domaines politiques. De ce point de vue, une partie des demandes d'aménagement ne constitue qu'un mouvement de rattrapage. Sur ce point sans doute, les minorités ethniques, et a fortiori les minorités religieuses, comme les musulmans, peuvent avoir l'impression que ce qui est ouvert aux minorités nationales, en particulier les catholiques *versus* les laïques, leur est interdit. De la sorte, ils se sentent dans la situation de citoyens illégitimes.

Le maintien des controverses qui se sont manifestées encore à ce sujet lors des Assises de l'interculturalité tient aussi à l'importance dans le système politique de très nombreux élus d'origine étrangère dont certains de culture ou de confession musulmane[41]. Sans que ces élus n'interviennent directement dans le débat politique, par exemple en rédigeant des propositions de lois ou de décret, ils influencent fortement les états-majors des partis qui savent que si les élites des partis ne partagent pas nécessairement les positions de ces élus, ils ont besoin de leurs électeurs. Il y a donc un important jeu d'influence de ces élus d'origine étrangère, ne visant sans doute pas à une forte mobilisation politique supportant un changement législatif, mais appuyant dans « les couloirs » toutes les pratiques cherchant à trouver des aménagements raisonnables au quotidien dans les entreprises.

Dans le domaine économique, il est important de souligner que les sociétés occidentales ont évolué d'une économie fordiste, caractérisée par des productions de masse de produits standardisés par des grandes entreprises industrielles qui étaient organisées d'une façon très hiérarchique, à une économie post-fordiste[42] caractérisée par une fragmentation des grands groupes industrialisés et une multiplication des filiales, des sous-traitants, des propriétaires franchisés, dans lesquels la flexibilité, la sous-traitance, le travail en réseau, la capacité d'adaptation et l'autonomie des travailleurs deviennent des mots d'ordre. Ce changement conduit à

---

39 Nahano Glenn, E., *Unequal Freedom : How Race and Gender Shaped American Citizenship and Labor*, Cambridge Mass, Harvard University Press, 2004.

40 Lijphart, A., *Democracy in Plural Societies : A Comparative Exploration*, New Haven, Yale University Press, 1977.

41 Rea, A., Jacobs, D., Teney, C. & Delwit, P., « Les comportements électoraux des minorités ethniques à Bruxelles », *Revue française de science politique*, vol. 60, n° 4, 2010, p. 691-717 ; Jacobs, D., Bousetta, H., Rea, A., Martiniello, M. & Swyngedouw, M., *Qui sont les candidats aux élections bruxelloises ? Le profil des candidats à l'élection au parlement de la Région de Bruxelles-Capitale du 13 juin 2004*, coll. « Cahiers Migrations » n° 37, Bruxelles, Academia, 2006.

42 Amin, A., *Post-Fordism. A reader*, London, Blackwell Publishing, 2008.

l'extension du nouvel esprit du capitalisme selon les termes de Boltanski et Chiapiello[43]. Il en résulte une plus grande autonomie pour des entreprises plus petites. La logique disciplinaire ayant régi la société industrielle et produit des normes communes contraignantes, dans un contexte de droit imposé, cède la place à une logique de droit négocié dans des entités de taille réduite. L'autonomie, la créativité et les identités étant valorisées dans cette nouvelle ère économique, contre les contraintes de la discipline bureaucratique et la conformité, ces logiques favorisent l'émergence de nouvelles demandes, leur valorisation, de même que de nouvelles réponses. La variabilité observée dans les situations relatées tient précisément à l'éclatement même de la notion d'entreprise. La multiplication des petites entreprises ou des employeurs franchisés des grands groupes encourage cette diversification des réponses.

Cette autonomie plus grande des filiales ou des sous-traitants entraîne la création de ce que John Elster appelle « une justice locale »[44] dans la mesure où divers acteurs institutionnels peuvent appliquer des principes substantiellement différents. La justice locale suppose des réponses différentes à des demandes identiques, mais plus encore la mobilisation de justifications opposées. Ainsi, une même demande peut donner lieu à un refus d'aménagement au nom de la neutralité alors qu'elle reçoit une réponse positive au nom de la tolérance. En somme, il devient difficile d'avoir des règles uniformes, surtout là où les travailleurs présentent des positions différentes, ce qui est le cas des aménagements raisonnables pour raisons religieuses, à l'inverse de revendications sur le salaire ou les conditions de travail. En effet, si des principes généraux peuvent inspirer cette justice locale par exemple dans la situation de demandes d'aménagements raisonnables, comme l'hygiène ou la neutralité, leur application dépend souvent de la configuration des acteurs sur le terrain et, dans le cas qui nous occupe, de leur conception des aménagements raisonnables pour raisons religieuses. L'une des conséquences de cela est qu'il n'y a pas forcément et uniquement un clivage entre employeurs et travailleurs sur ces questions : les clivages se situent tout autant entre travailleurs qu'entre les travailleurs et leurs représentants. L'analyse des données a démontré que les organisations syndicales ne considèrent pas les revendications des aménagements raisonnables comme prioritaires. Face à une situation économique difficile, les syndicats préfèrent que les travailleurs soient unis pour soutenir la priorité du combat syndical : les revendications sur la norme salariale et les conditions de travail. Par ailleurs, au quotidien, les demandes d'aménagements

43 Boltanski, L. & Chiapello, È., *Le nouvel esprit du capitalisme*, Paris, Gallimard, 1999.

44 Elster, J., *Local Justice : How Institutions Allocate Scarce Goods and Necessary Burdens*, New York, Sage Publications, 1992.

raisonnables conduisent parfois à des controverses et des tensions au sein des travailleurs, affaiblissant de la sorte leur combativité face aux employeurs. Les travailleurs pouvant aussi être les principaux opposants à des demandes d'aménagement formulées par d'autres travailleurs. Entre travailleurs, le débat se pose alors plus souvent selon les termes exprimés dans l'espace public, la controverse prenant davantage l'allure d'un débat idéologique et philosophique.

La contextualisation des demandes d'aménagements religieux non seulement dans le contexte politique international de l'après 11 septembre, et national de l'acquisition de la nationalité belge par de nombreuses personnes musulmanes, mais également dans leur contexte économique d'évolution de nos sociétés occidentales vers une économie postfordiste, a été négligée dans toutes les recherches en matière d'aménagement raisonnable. Il semble pourtant que cette contextualisation permette de comprendre aussi l'accroissement de la visibilité de ces demandes d'aménagements. Notre enquête a clairement démontré que la flexibilisation de l'organisation du travail et la filialisation des entreprises a effectivement créé plus de possibilités pour l'expression de demandes d'aménagements, mais également pour la différenciation des réponses à celles-ci menant à une plus grande visibilité des demandes. En outre, la mise en correspondance de la part de nombreux représentants des employeurs, des demandes d'aménagements pour raisons religieuses et de celles fondées sur d'autres raisons, notamment celles visant à combiner vie privée et vie professionnelle (les vacances, les *hobbys*, la vie familiale modifiée, le fait de fumer ou d'être fan de matchs de foot) montre comment les idéaux d'autonomie et de *self-fulfillment* des travailleurs, caractérisant le nouvel esprit du capitalisme donnent une nouvelle légitimité aux aménagements.

Conclusion

Cette contribution visait à combler un vide dans la littérature sur les aménagements raisonnables pour raisons religieuses sur les lieux de travail. La recherche sur laquelle se base notre analyse révèle que le monde du travail ou le monde des entreprises, mais aussi des institutions publiques, se positionnent différemment de celui des arènes médiatiques et politiques. Au sein du champ économique, la question est traitée différemment, selon d'autres argumentations que celles d'ordre proprement idéologique et philosophique. Lorsque des demandes d'aménagements sont formulées, le refus systématique fondé sur l'argument idéologique et philosophique n'est pas nécessairement la règle. Très vite d'autres justifications sont mobilisées tant pour accepter la demande que la refuser. Les arguments mobilisés alors relèvent du champ économique, à savoir la rationalité et l'efficacité économique d'une part, et l'organisation du collectif de travail d'autre part. Ce sont ainsi les arguments économiques et de management qui fondent la définition pratique et négociée du raisonnable apporté aux aménagements. Ces arguments économiques et organisationnels peuvent jouer en faveur ou en défaveur des demandes. Néanmoins, la recherche a également démontré que les justifications économiques et organisationnelles, souvent formulées avec les termes « *nous devons assurer la continuité du service ou de la production* », sont un facteur intemporel, autant pendant l'ère fordiste que postfordiste, déterminant fortement l'acceptation ou non des demandes d'aménagements, et ce à la différence des débats politiques à ce sujet qui ne prennent en compte que les argumentations idéologiques. Prendre en compte le contexte garantit aussi de ne pas occulter le rôle joué par des opportunités politiques et économiques favorisant actuellement l'expression, *voice*, des demandes.

Si nous concluons à l'existence d'une véritable casuistique en la matière, bien que certaines récurrences aient aussi été relevées, comme par exemple la différenciation entre *back office* et *front desk* pour l'adaptation du code vestimentaire, il conviendrait de soumettre ces conclusions à une investigation plus ample et plus encore à une analyse comparée internationale.

Conclusions générales

Enjeux et perspectives de l'obligation d'accommodement raisonnable dans les sociétés pluralistes

Jocelyn MACLURE et François BOUCHER

Université Laval et University College London

Les textes réunis dans cet ouvrage collectif tracent un portrait de l'aménagement de la diversité religieuse au Canada et en Belgique, le tout dans une perspective interdisciplinaire. La richesse et la diversité des perspectives abordées font qu'il serait périlleux de proposer, en guise de conclusion, une synthèse ayant l'ambition d'appréhender et d'expliquer l'accommodement de la diversité religieuse dans ces deux pays en subsumant toutes ces dimensions sous une seule théorie, un seul principe ou une seule perspective méthodologique. Nous aborderons plutôt certains des enjeux philosophiques, politiques, juridiques et sociologiques de l'accommodement de la diversité religieuse dans les contextes belge et canadien. Dans un premier temps, nous expliquerons pourquoi le principe de l'accommodement raisonnable rencontre actuellement une vive opposition. En second lieu, nous nous pencherons sur la nature et les justifications de l'accommodement raisonnable en tant qu'obligation juridique. Troisièmement, nous clarifierons le rapport entre les notions de laïcité, d'accommodement raisonnable et de multiculturalisme. Ensuite, nous discuterons brièvement des limites de l'accommodement raisonnable. Nous terminerons en examinant certaines critiques ciblant la conception de la liberté de religion qui sous-tend l'obligation juridique d'accommodement raisonnable.

1. Un concept controversé

Selon certains théoriciens, les politiques de multiculturalisme mises en place depuis les années 1970 par les gouvernements de certaines sociétés occidentales afin d'intégrer les différentes vagues d'immigrants qui se sont jointes à elles ont été un échec, si bien que l'on pourrait maintenant assister au « retrait du multiculturalisme »[1]. L'idée que le multiculturalisme ait échoué ne circule pas seulement dans les cercles académiques, elle reflète également une certaine perception largement répandue dans la population et dans les cercles politiques. On se souvient par exemple que la chancelière allemande Angela Merkel a déclaré que le multiculturalisme allemand était « mort ».

C'est dans ce climat de méfiance à l'égard du multiculturalisme que s'insère le débat sur l'accommodement de la diversité religieuse. Sans surprises, on constate que les demandes d'accommodement pour motifs religieux suscitent le même type de réaction d'opposition que les politiques multiculturelles en général. On affirme par exemple que les demandes d'accommodement mènent à la fragmentation de la société et au repli identitaire des groupes minoritaires. Ces revendications seraient, selon ce point de vue, l'expression d'un refus de la part des demandeurs de s'intégrer à la société et d'accepter ses normes, valeurs et règles de bonne conduite. On affirme également que les mesures d'accommodement rendent certains membres des groupes religieux, notamment les femmes et les enfants, vulnérables face à des formes d'oppression sociale renforcées par les traditions, les croyances et les pratiques patriarcales ; pensons par exemple à la critique féministe du voile islamique. C'est pour ces raisons et bien d'autres encore que plusieurs affirment que l'obligation d'accommodement raisonnable de la diversité religieuse perd du terrain, même au Canada et tout particulièrement au Québec. Il n'est pas rare non plus d'entendre que bien qu'il soit possible que l'obligation d'accommodement soit appropriée en contexte canadien, cet outil juridique ne serait pas adéquat pour les sociétés européennes dont l'histoire, l'identité, les traditions d'interprétation juridique et la démographie diffèrent substantiellement de celles des sociétés nord-américaines.

L'obligation d'accommodement est donc contestée au moins sur deux fronts. D'une part, une critique généalogique ou contextualiste affirme que cet outil juridique provient d'un contexte légal, historique et

---

[1] Brubaker, R., « The Return of assimilation ? Changing perspective on immigration and its sequels in France, Germany, and the United States », *Ethnic and Racial Studies*, 2001, 24/4, p. 531-548 ; Joppke, C., « The Retreat of Multiculturalism in the Liberal State : Theory and Policy », *The British Journal of Sociology*, 2004, 55/2, p. 237-257 ; Scheffer, P., *Immigrant Nations* (trad. Waters, L.), Malden, Polity Press, 2011. Pour une lecture critique de ce diagnostic d'échec du multiculturalisme, voy. Banting, K. and Will K., « Canadian Multiculturalism : Global Anxieties and Local Debates », *British Journal of Canadian Studies*, 2010, 23/1, p. 43-72 ; Kymlicka, W., « Testing the Liberal Multiculturalist Hypothesis : Normative Theories and Social Science Evidence », *Canadian Journal of Political Science*, 2010, 43/2, p. 257-271 ; Maclure, J., « Multiculturalism and Political Morality », in Ivison, D. (ed.), *The Ashgate Research Companion to Multiculturalism*, Farnham, Ashgate, 2011.

particulier, propre au Canada et aux États-Unis (rôle de la Cour suprême et du contrôle de la constitutionalité des lois, survalorisation des droits individuels, identité multiculturelle, longue histoire d'aménagement de la diversité, etc.) et qu'il n'est guère sage d'importer cet outil d'aménagement de la diversité dans des contextes différents. Même au Canada, on entend souvent la critique voulant que l'accommodement raisonnable est le résultat d'une forme d'activisme judiciaire ; ce serait un concept imposé par les tribunaux qui serait en tension avec les valeurs et l'identité de la population. D'autre part, une critique normative s'inquiète des effets potentiellement néfastes des accommodements pour motifs religieux. On constate donc que dans plusieurs pays, une opinion publique défavorable aux accommodements raisonnables et aux politiques du multiculturalisme en général coexiste avec un contexte légal favorable à de telles politiques. Il existe donc un écart entre la morale politique, les principes de justice et les normes publiques, d'un côté, et l'opinion publique, de l'autre. Comme le souligne Julie Ringelheim à propos du débat belge sur la laïcité : « ce qui caractérise la Belgique, c'est une tension entre un cadre juridico-politique préexistant qui se montre relativement accommodant à l'égard de la présence du religieux dans l'espace public et la forte résistance d'une partie de la population, pour différents motifs, à la visibilité de l'islam dans la sphère publique, en particulier au sein de l'école et de la fonction publique »[2]. Un constat similaire a été posé au Québec par la Commission Bouchard-Taylor suite aux audiences publiques que celle-ci a conduites en 2007.

Nous aimerions ici suggérer qu'un des principaux facteurs contribuant à renforcer l'opposition aux normes publiques favorables à l'accommodement de la diversité religieuse est la formation de ce que l'on pourrait appeler une « coalition improbable » entre des positions qui sont normalement antagoniques. Face aux demandes croissantes d'accommodement provenant de membres de groupes minoritaires, des acteurs politiques qui sont naturellement opposés l'un à l'autre ont fait front commun ; pour des raisons complètement différentes, elles ont manifesté d'une seule voix leur opposition aux accommodements pour motifs religieux. Par exemple, au Québec, on a vu, d'un côté, des défenseurs de la laïcité républicaine invoquer la nécessité d'établir une séparation très stricte entre l'État et la religion et de reléguer les expressions et pratiques religieuses dans la sphère privée. De l'autre côté, des nationalistes conservateurs et des catholiques ont critiqué l'obligation d'accommodement raisonnable en affirmant que l'État se devait de promouvoir une identité nationale ancrée dans l'héritage du Québec et que l'expression de convictions et de pratiques religieuses minoritaires

[2] Voy. la contribution de J. Ringelheim au présent ouvrage.

menaçait la promotion et le maintien d'une telle identité[3]. Une telle coalition improbable entre des partisans de la laïcité pure et dure et des croyants conservateurs a également vu le jour en Belgique. Comme le souligne Laurent de Briey, dans un texte portant sur la députée belge qui portait un *hijab* à l'Assemblée législative : « les partisans de la laïcité ont pu bénéficier de l'appui paradoxal de chrétiens conservateurs considérant que s'ils ont dû accepter la sécularisation de la société, ce n'est pas pour que celle-ci soit aujourd'hui en voie d'islamisation »[4].

2. L'obligation d'accommodement raisonnable et ses justifications

Il convient de prendre un peu de recul par rapport à ces critiques en prenant soin de bien spécifier ce qu'est l'obligation d'accommodement raisonnable et en rappelant quelles sont ses finalités et ses justifications éthico-politiques. L'obligation juridique d'accommodement raisonnable est une composante du cadre normatif relatif à l'aménagement de la diversité religieuse dans la sphère publique. Cette obligation veut que les institutions publiques et les entreprises privées doivent « adapter leurs normes et politiques aux croyances et pratiques religieuses avec lesquelles celles-ci entrent en conflit, à moins que l'adaptation requise n'entraîne une contrainte excessive »[5]. Comme le rappellent Bosset et Eid, l'obligation d'accommodement est vue, en droit constitutionnel canadien, comme une conséquence naturelle de la reconnaissance du droit à l'égalité ; elle s'appuie sur une conception substantielle ou matérielle du droit à l'égalité qui se préoccupe non seulement de l'égalité formelle des droits mais aussi des conditions favorisant l'*exercice* véritable du droit à l'égalité[6]. Les mesures d'accommodement raisonnable visent à assurer de telles conditions pour l'exercice effectif de l'égalité en adaptant les

[3] Maclure, J., « Le malaise relatif aux pratiques d'accommodement de la diversité religieuse. Une thèse interprétative », in Eid, P. & al. (ed.), *L'accommodement raisonnable et la diversité religieuse à l'école publique. Normes et pratiques*, Montréal, Fide, 2008 ; Weinstock, D., « La "crise" des accommodements au Québec : hypothèses explicatives », *Éthique Publique*, 2007, 9/1, p. 20-27.

[4] De Briey, L., « Le foulard et la parlementaire. Républicanisme critique et criticisme républicain », *Revue Philosophique de Louvain*, 2011, 109/4, p. 697-721, spéc. p. 702.

[5] Woehrling, J., « L'obligation d'accommodement raisonnable et l'adaptation de la société à la diversité religieuse », *Revue de droit de McGill*, 1998, 43/2, p. 325-358, spéc. p. 325.

[6] Bosset, P. & Eid, P., *Droit et religion : de l'accommodement raisonnable à un dialogue internormatif ?*, Commission des droits de la personne et des droits de la jeunesse du Québec, 2006 ; Bosset, P., *Les fondements juridiques et l'évolution de l'obligation d'accommodement raisonnable*, Commission des droits de la personne et des droits de la jeunesse du Québec, 2007.

règles ou normes d'application générale qui, bien qu'elles poursuivent parfois des objectifs tout à fait légitimes, ont des effets discriminatoires et inéquitables[7].

L'obligation d'accommodement provient ainsi de la constatation que l'application légitime de normes générales peut, dans certaines circonstances, s'avérer discriminatoire à l'endroit de personnes ayant des caractéristiques physiques ou culturelles particulières (dont l'état physique, l'âge, l'ethnicité, la langue et la religion). Dans une société pluraliste, il est fort probable, voire normal, que certaines lois et règles régissant l'administration publique et les lieux de travail reflètent l'histoire, les valeurs, la culture et l'identité des membres de la majorité. Ces règles sont en effet conçues en fonction de personnes dont la condition physique ou les croyances ne génèrent pas d'obstacles particuliers à la participation à la vie publique ou au marché du travail. Il se peut donc que ces règles aient un effet indirectement discriminatoire sur certaines personnes si elles font en sorte qu'il est plus difficile pour certains individus d'accéder à des emplois ou à des services publics en raison de caractéristiques personnelles[8]. Par exemple, un travailleur peut être victime d'une telle forme de discrimination indirecte si son horaire l'empêche de respecter certains rituels aux moments requis même si l'horaire est établi sans aucune intention de discriminer le travailleur en question. Suivant la même logique, une prison ou un hôpital n'offrant pas d'options végétariennes opère une discrimination indirecte à l'égard des usagers végétariens. En somme, comme le résume bien Pierre Bosset, l'accommodement raisonnable est « une obligation juridique, applicable dans une situation de discrimination, et consistant à aménager une norme ou une pratique de portée universelle dans les limites du raisonnable, en accordant un traitement différentiel à une personne qui, autrement, serait pénalisée par l'application d'une telle norme »[9].

L'obligation d'accommodement raisonnable est aussi conçue, tant par plusieurs philosophes politiques qu'en droit constitutionnel nord-américain, comme une exigence de justice découlant de principes de justice plus généraux comme l'égalité, la non-discrimination et la liberté de religion. Il est donc possible d'avancer l'argument que la force normative de l'obligation d'accommodement doit prévaloir dans les cultures politiques qui se veulent libérales et démocratiques ou dans les contextes

---

7 Boucher, F., « Les fondements égalitaristes des pratiques d'accommodement de la diversité religieuse », *Revue Philosophique de Louvain*, 2011, 109/4, p. 671-695.

8 La discrimination directe est le résultat d'une intention explicite ou délibérée d'exercer de la discrimination, alors que la discrimination indirecte procède des effets non voulus ou non appréhendés de certaines politiques, lois ou règlements. Voy. Bosset, P., *op. cit.*, 2007, p. 3.

9 Bosset, P., *op. cit.*, p. 10.

où les principes d'égalité et de liberté sont ce que Ronald Dworkin appelle des « principes de morale politique »[10], que l'accommodement raisonnable fasse ou non partie explicitement du droit positif. Si tel est le cas, on ne peut donc évaluer les demandes d'accommodement simplement en fonction de critères d'efficacité et d'efficience qui guident normalement les gestionnaires publics et privés. Elles ne peuvent non plus être écartées simplement en raison des préférences de la majorité.

Le principe d'accommodement se fonde également sur des arguments de nature purement prudentielle ou pragmatique, qui sont fondés sur une conception de ce qui est avantageux, bénéfique pour une société. Ils soutiennent le principe d'accommodement en affirmant que sa mise en pratique aura des effets bénéfiques pour l'ensemble des membres de la société. La principale justification prudentielle de l'obligation d'accommodement raisonnable consiste à souligner que celle-ci est un outil d'intégration sociale qui permet de contrer le repli identitaire dans les sociétés pluralistes. De ce point de vue, l'obligation d'accommodement contribue à l'intégration des minorités car elle favorise leur pleine participation, en tant que membres égaux et à part entière de la société, aux institutions sociales, politiques et économiques. En effet, en exigeant que ces institutions adaptent leurs normes de fonctionnement qui entrent en conflit avec des pratiques religieuses minoritaires, l'obligation d'accommodement requiert en quelque sorte que nous éliminions les obstacles à la pleine participation à la vie publique. Les membres de ces minorités peuvent ainsi faire face à un choix tragique entre respecter les préceptes de leur religion et l'accès au marché du travail ou aux services publics lorsqu'aucune mesure d'accommodement n'est mise en place. Par exemple, en prohibant le port du voile islamique dans les écoles publiques, on peut penser que le gouvernement français place certains parents et enfants musulmans (ceux qui affirment que le port du voile est obligatoire) devant le choix d'enfreindre une conviction religieuse ou d'opter pour l'école privée, choix auxquels les parents de la majorité catholique ne sont pas confrontés. On peut ainsi penser que cette mesure prohibitive incite certains parents musulmans à inscrire leurs enfants dans des écoles privées à vocation confessionnelle, ce qui risque d'exacerber le repli identitaire, plutôt que dans le système public d'éducation dans lequel des élèves de plusieurs origines ethniques et de religions différentes se côtoient sur une base quotidienne. De ce point de vue, l'obligation d'accommodement raisonnable est conforme à l'esprit de l'interculturalisme qui préconise l'adoption de mesures par les gouvernements visant à encourager la participation des minorités ethnoculturelles ainsi que les échanges entre

[10] Dworkin, R., *Justice for Hedgehog*, Cambridge Mass, Harvard University Press, 2011.

les citoyens de différentes origines[11]. Accepter le port de couvre-chefs religieux (*hijab*, turban, etc.) sur les terrains de football permet aux jeunes issus de familles généralement plus conservatrices ou orthodoxes de développer des liens avec des jeunes issus de milieux très différents.

L'obligation d'accommodement ne lutte pas seulement contre le repli identitaire en favorisant la participation à des institutions publiques communes. On peut aussi faire l'hypothèse qu'elle contribue également à repousser la tentation du repli identitaire en rendant les institutions publiques équitables du point de vue des minorités, ce qui peut favoriser le développement d'un sentiment d'appartenance à la société. L'accommodement raisonnable favorise le développement de tels sentiments d'appartenance en rendant plus aisé aux membres de groupes minoritaires l'accès à des postes dans la fonction publique (santé, éducation, forces policières et militaires) dont les contributions sociales sont perçues comme étant importantes et positives. Cela peut constituer une forme de reconnaissance matérielle et symbolique positive signifiant que tous les citoyens, y compris les membres des minorités, ont leur place en tant que membres égaux de la communauté politique.

Il faut cependant faire attention. Ce ne sont pas toutes les demandes légitimes d'accommodement qui favorisent l'interculturalisme et la mixité dans les institutions publiques. Certains accommodements peuvent être requis au nom de l'égalité ou de la liberté de conscience et de religion sans pour autant favoriser la participation à des institutions communes. Certaines communautés religieuses ne souhaitent pas être pleinement intégrées à la société majoritaire ; elles souhaitent plutôt conserver un certain degré d'indépendance et de séparation afin de préserver leur identité, leurs traditions et croyances religieuses et culturelles. Par exemple, en Amérique du Nord, les Huttérites, les Juifs hassidiques et les

---

[11] Dans son *Énoncé de politique en matière d'immigration et* d'intégration, le gouvernement du Québec jette les bases de sa politique d'interculturalisme en insistant notamment sur la « nécessité de l'échange intercommunautaire » et du rapprochement des immigrants de la majorité francophone en favorisant leurs contacts avec celle-ci. Ce document propose, entre autres, que ces échanges et ces rapprochements exigent de favoriser la participation des immigrants à des institutions communes et de lutter contre les situations d'isolement dans lesquelles se retrouvent parfois certains immigrants. Ceci nécessite en retour de lever les « barrières institutionnelles et sociétales à la participation des immigrants notamment celles qui les empêchent d'avoir un égal accès à l'emploi, au logement et à divers services publics ou privés » notamment en corrigeant les formes de discrimination directe par des accommodements (ministères des Communautés culturelles et de l'Immigration du Québec, *Au Québec pour bâtir ensemble. Énoncé de politique en matière d'immigration et d'intégration*, Gouvernement du Québec, 1990, p. 25, 69, 82 et 96 ; voy. aussi Commission de consultation sur les pratiques d'accommodement reliées aux différences culturelles, *Fonder l'avenir. Le temps de la conciliation*, Gouvernement du Québec, 2008, p. 108).

Amish, sont des groupes qui, à des degrés différents et pour des raisons différentes, désirent se tenir plus ou moins à l'écart des autres groupes constituant la société dans son ensemble[12]. Ainsi, certains croyants estiment que la transmission de leur religion à leurs enfants exige de minimiser l'influence des idées et valeurs dominantes dans les sociétés sécularisées sur ces derniers ainsi que leur exposition au pluralisme axiologique[13].

Il serait moralement problématique de forcer systématiquement ces groupes à se plier aux exigences de l'interculturalisme contre leur gré. En effet, il ne faut pas oublier que la liberté de religion inclut, par exemple, le droit des parents de prendre en charge une portion significative de l'éducation morale et religieuse de leurs enfants[14]. En ce sens, les justifications morales de l'accommodement (égalité et liberté de religion et de conscience) ont priorité sur les justifications de nature prudentielle (l'accommodement raisonnable est un antidote au repli identitaire). La justice et l'équité n'exigent pas qu'un accommodement soit octroyé lorsque les droits à l'égalité et à la liberté de religion ne sont pas en jeu. Par contre, il serait problématique de restreindre la liberté de religion de certains citoyens sous prétexte que l'exercice de cette liberté ne favorise pas de manière optimale l'intégration ou qu'il mène à l'isolement relatif d'une communauté relativement petite[15]. L'interculturalisme est une politique que l'on veut promouvoir pour le plus grand nombre et non pas une exigence de justice par rapport à laquelle on ne devrait tolérer la moindre déviation.

---

12 Certaines communautés isolationnistes, à l'instar des Amish et des Huttérites, cherchent à s'isoler géographiquement. D'autres, comme les Juifs hassidiques, évoluent dans des milieux urbains et cosmopolites et ne cherchent pas à s'isoler géographiquement du pluralisme moderne. Ils revendiquent néanmoins un certain degré de séparation institutionnelle, notamment en matière d'éducation, lorsqu'ils conçoivent que la mixité nuit à l'objectif de préservation et à la transmission d'une identité religieuse ou contrevient à un précepte religieux.

13 Voy. par exemple les arrêts *S.L. v. Commission scolaire des Chênes* (2012) CSC 7 et *Wisconsin v. Yoder*, 406 U.S. 205 (1971), prononcés respectivement par les cours suprêmes canadiennes et américaines.

14 Par exemple, l'article 18 du Pacte international relatif aux droits civils et politiques stipule que « Toute personne a droit à la liberté de pensée, de conscience et de religion ; ce droit implique la liberté d'avoir ou d'adopter une religion ou une conviction de son choix, ainsi que la liberté de manifester sa religion ou sa conviction, individuellement ou en commun, tant en public qu'en privé, par le culte et l'accomplissement des rites, les pratiques et l'enseignement [...] Les États parties au présent Pacte s'engagent à respecter la liberté des parents et, le cas échéant, des tuteurs légaux de faire assurer l'éducation religieuse et morale de leurs enfants conformément à leurs propres convictions ».

15 Nous reviendrons dans une section ultérieure sur la question des restrictions qu'on peut légitimement imposer à la liberté de religion et à l'obligation d'accommodement.

3. Accommodement raisonnable, laïcité et multiculturalisme

Il importe de souligner que l'obligation juridique d'accommodement raisonnable des pratiques religieuses ne constitue pas à elle seule un modèle complet d'aménagement de la diversité. Tout d'abord, c'est à la *laïcité* en tant que forme institutionnelle que revient la tâche de spécifier quel doit être le rapport entre le pouvoir politique et les religions, et la place de ces dernières dans l'espace public. L'obligation d'accommodement est ainsi une composante essentielle du modèle de laïcité ouverte[16].

L'obligation juridique d'accommodement n'est qu'*un* outil d'aménagement de la diversité religieuse. Nous sommes d'avis qu'une société pluraliste soucieuse de respecter la liberté de religion, d'accorder une égale considération à chaque citoyen et de lever les obstacles à la pleine participation de tous ses membres ne peut traiter toutes les demandes d'accommodement en recourant à chaque fois aux tribunaux. À strictement parler, il faudrait distinguer les « accommodements raisonnables », qui sont le fruit d'une décision judiciaire prise par une cour de justice ou d'une institution particulière en raison de l'obligation juridique d'accommodement, des « ajustements concertés », lesquels procèdent d'une décision prise hors du cadre judiciaire par les gestionnaires et employés de la fonction publique, des entreprises privées ou par les citoyens dans leurs relations interculturelles. Comme le souligne le rapport Bouchard-Taylor, la plupart des demandes d'accommodement « surviennent et sont réglées à l'amiable dans le milieu des institutions ou des organismes publics et privés » ; elles empruntent la « voie citoyenne », laquelle « repose principalement sur la négociation et sur la recherche d'un compromis, suivant une démarche qui fait appel à la bonne foi, au respect mutuel, à la flexibilité et à la créativité »[17]. L'obligation d'accommodement n'est donc pas en elle-même un modèle complet d'aménagement de la diversité. L'obligation juridique d'accommodement raisonnable doit, en outre, coexister avec les pratiques informelles d'ajustements concertés. Une société pluraliste qui s'en remettrait uniquement

---

16 Une telle conception de la laïcité favorise l'accommodement de la diversité religieuse au sein d'institutions communes, par opposition à la fois à une conception républicaine de la laïcité de séparation stricte qui préconise l'évacuation du religieux de la sphère publique (voy., par exemple, Pena-Ruiz, H., *Qu'est-ce que la laïcité ?*, Paris, Éditions Gallimard, 2003) et à un modèle de pluralisme religieux institutionnalisé qui préconise l'accommodement de la diversité religieuse par la création d'institutions séparées pour différents groupes religieux (voy., par exemple, Bader, V., *Secularism or Democracy ? Associational Governance of Religious Diversity*, Amsterdam, Amsterdam University Press, 2007).

17 Commission de consultation sur les pratiques d'accommodement reliées aux différences culturelles, *op. cit.*, p. 64.

au bon fonctionnement de son système judiciaire pour accommoder la diversité verrait ses tribunaux engorgés et ne contribuerait pas à la diminution des tensions interculturelles puisque les tribunaux impliquent une confrontation entre des parties et imposent une décision même si celle-ci ne convient pas aux parties en conflit. En revanche, privilégier la voie citoyenne favorise l'entente, le dialogue et la réconciliation d'intérêts initialement opposés. Cette approche nécessite toutefois que les gestionnaires et les intervenants des institutions publiques et des entreprises privées cultivent certaines dispositions civiques. Ils doivent notamment être disposés à négocier en bonne foi et dans le respect des différences de même qu'ils doivent être outillés pour interpréter l'obligation juridique d'accommodement et l'appliquer à des contextes pratiques particuliers[18].

Deuxièmement, non seulement l'obligation juridique d'accommodement se doit d'être distinguée des pratiques informelles d'ajustements concertés, mais en tant que composante d'un modèle de laïcité « ouverte » ou « libérale-pluraliste », elle se doit également d'être distinguée des politiques du multiculturalisme visant à mettre en place des termes équitables de l'intégration des immigrants. La laïcité et le multiculturalisme (ou l'interculturalisme) sont tous deux des modes d'aménagement de la diversité. Ils sont toutefois distincts l'un de l'autre en ceci qu'ils visent différentes formes de diversité caractérisant les sociétés modernes. La laïcité et le multiculturalisme répondent donc à des problèmes pratiques qui sont conceptuellement distincts. La première concerne la diversité religieuse, elle-même une forme de pluralisme axiologique ou moral, alors que le second concerne la diversité ethnique et culturelle engendrée par le phénomène contemporain de l'immigration. Or, comme le souligne Daniel Weinstock, ces deux formes de pluralisme sont distinctes :

> le problème du pluralisme axiologique naît du fait qu'il existe au sein des sociétés modernes une importante variété d'ensembles de croyances et de conceptions du bien raisonnable […] le problème du pluralisme culturel émerge de la difficulté de faire coexister à l'intérieur d'un même espace politique des groupes culturels dont les membres sont soucieux de préserver leur identité culturelle mais qui perçoivent, à tort ou à raison, leur survie

[18] Maclure, J., « Laïcité et gestion des accommodements raisonnables dans l'administration publique », in Boisvert, Y. (ed.), *L'éthique et le management public : chantiers, défis et enjeux*, Montréal, éditions Liber, 2011 ; Maclure, J., « Reasonable Accommodation and the Subjective Conception of Freedom of Conscience and Religion », in Kymlicka, W. & Eisenberg, A. (ed.), *Institutions and Identities. How Public Institutions Assess Identity Claims*, Vancouver, UBC Press, 2011 ; Maclure, J., « Multiculturalism and Political Morality », in Ivison, D. (ed.), *The Ashgate Research Companion to Multiculturalism*, Farnham, Ashgate, 2011.

culturelle comme étant en conflit avec celle d'autres groupes avec lesquels ils ont à partager le même espace politique[19].

La diversité ethnoculturelle et le pluralisme religieux ne sont pas réductibles l'un à l'autre, pas plus que ne le sont la politique du multiculturalisme et la laïcité. La diversité culturelle, comme le souligne Will Kymlicka, provient elle-même d'au moins deux sources différentes. D'une part, les sociétés modernes occidentales accueillent un grand nombre d'immigrants provenant des quatre coins de la planète. D'autre part, elles contiennent parfois des groupes nationaux (des peuples ayant une histoire, une langue et des institutions qui leur sont propres) qui ont été incorporés, volontairement ou non, au fil de l'histoire, à des États contenant d'autres groupes nationaux (pensons aux peuples autochtones d'Amérique du Nord, aux Catalans, aux Basques, aux Québécois, etc.)[20]. On parlera dans le premier cas de polyethnicité et de multinationalisme dans le second cas. Comme nous l'avons vu, la diversité religieuse, quant à elle, est une modalité, la principale sans doute, du fait du pluralisme axiologique. Le pluralisme axiologique repose sur le fait que les sociétés modernes contiennent des individus qui, bien qu'ils soient rationnels et raisonnables, affirment une pluralité de conceptions de la vie bonne incompatibles entre elles. Cette forme de pluralisme ne procède pas nécessairement des flux migratoires ou des changements du tracé des frontières politiques, mais plutôt, pour reprendre une idée de Rawls, du désaccord raisonnable qui se veut « le résultat normal de l'exercice de la raison humaine dans le cadre des institutions libres d'un régime démocratique constitutionnel »[21].

La diversité religieuse ne saurait se réduire à la polyethnicité parce qu'il est tout à fait possible de concevoir une société qui soit ethniquement et culturellement homogène (imaginons qu'elle soit fermée à l'immigration), mais qui contienne néanmoins des individus adhérant à différentes conceptions de la vie bonne. On trouve par exemple des Québécois et des Belges francophones qui épousent une vision du monde athée et d'autres une conception religieuse (des catholiques pratiquants et non pratiquants, des adeptes de la spiritualité « à la carte », d'autres convertis à l'islam, au judaïsme, à des mouvements protestants, etc.). De même, les groupes

---

[19] Weinstock, D., « Le pluralisme axiologique en philosophie politique contemporaine », in Sosoe, L.K. (ed.), *Diversité humaine : démocratie, multiculturalisme et citoyenneté*, Québec, Presses universitaires de l'Université Laval, 2002, p. 67-82, spéc. p. 68.

[20] Kymlicka, W., *La Citoyenneté multiculturelle. Une théorie libérale du droit des minorités* (trad. Savidan, P.), Montréal, Boréal, 2001.

[21] Rawls, J., *Libéralisme politique* (trad. Audart, C.), Paris, Presses universitaires de France, 1995, p. 4.

polyethniques minoritaires sont eux-mêmes traversés par le pluralisme axiologique ; des immigrants qui ont fui des pays où les liens entre le pouvoir et la religion étaient trop étroits sont souvent en faveur d'une privatisation stricte de la foi. Enfin, les membres d'une communauté religieuse peuvent avoir des origines ethniques diverses : en Belgique on retrouve des catholiques pratiquants d'origine belge francophone et d'autres d'origines africaine, latino-américaine et asiatique. Ainsi, le fossé qui divise le séculier et le religieux ou encore les non-croyants et les croyants, sans doute un des plus importants clivages caractérisant le pluralisme axiologique contemporain, traverse à la fois les groupes majoritaires et les minorités polyethniques provenant de l'immigration.

Il faut donc éviter de rabattre la question de la laïcité et de la place de la religion dans l'espace public sur celle de l'immigration et des modèles d'intégration des immigrants. Il y a des liens entre ces deux thèmes, mais aussi une indépendance. La question de la polyethnicité et de l'intégration des immigrants est liée à celle du pluralisme axiologique et de la diversité religieuse car le fait qu'une société ait une immigration plus nombreuse et, surtout, plus diversifiée accentue sa diversité religieuse. Si le pluralisme religieux marque depuis bien longtemps les sociétés occidentales, au moins depuis la Réforme et les guerres de religion qui déchirèrent l'Europe aux XVIe et XVIIe siècles, l'immigration accrue qu'ont connue ces sociétés depuis les trente ou quarante dernières années a fait sortir le pluralisme religieux du cadre judéo-chrétien auquel il était jusqu'alors largement confiné. Celles-ci sont désormais constituées par une panoplie de groupes religieux tels que les sikhs, des hindous, des musulmans (provenant de pays divers et se rattachant à différentes branches de l'islam), etc.

L'immigration entraîne donc, certes, une « explosion du pluralisme religieux »[22] mais il faut néanmoins briser l'association, souvent automatique, dans l'esprit de certains entre la diversité religieuse et l'immigration. Certaines minorités religieuses sont établies dans leurs sociétés d'accueil respectives depuis plusieurs générations de sorte qu'il ferait à peu près aussi sens de parler de leur intégration qu'il ne ferait de parler de l'intégration des membres de la majorité. Ainsi, au Canada, les

---

[22] Rosenblum, N.L., « Pluralism, Integralism, and Political Theories of Religious Accommodation », in Rosenblum, N.L. (ed.), *Obligations of Citizens and Demands of Faith : Religious accommodation in Pluralist Democracies*, Princeton, Princeton University Press, 2000, p. 3-31, spéc. p. 11-12 ; Banchoff, T., « Introduction », in Thomas Banchoff (dir.), *Democracy and the New Religious Pluralism*, Oxford, Oxford University Press, 2007, p. 3-16, spéc. p. 5 et Bramadat, P., « Religious Diversity and International Migration : National and Global Dimensions », in Bramadat, P. & Koenig, M. (ed.), *International Migration and the Governance of Religious Diversity*, Georgetown, McGill-Queen's University Press, 2009, p. 1-26, spéc. p. 3.

communautés juives orthodoxes ou encore les mennonites, les huttérites d'Alberta et les mormons de Colombie-Britannique ne proviennent pas de l'immigration récente. Les peuples autochtones, par ailleurs, fondent parfois leurs demandes de reconnaissance sur des croyances spirituelles[23].

Comme elles visent différentes formes de diversité ainsi que les différents problèmes pratiques auxquels elles donnent lieu, le multiculturalisme (ou l'interculturalisme) et la laïcité sont des politiques distinctes et irréductibles l'une à l'autre. La première offre un modèle d'intégration des nouveaux arrivants et d'aménagement de la polyethnicité alors que la seconde orchestre les rapports entre l'État et les religions et autres convictions profondes (spirituelles, philosophiques et morales séculières) et propose un modèle d'aménagement du pluralisme axiologique. Le multiculturalisme n'est pas la solution à la diversité morale et religieuse contemporaine, et la laïcité (que ce soit la laïcité républicaine de séparation stricte ou la laïcité ouverte libérale-pluraliste) n'est pas la réponse aux défis de l'immigration et de l'intégration. De façon homologique, nous croyons que nos sociétés et nos institutions ont à la fois besoin de ce que Kymlicka appelle une « théorie multiculturelle de la justice »[24] et d'une théorie normative de la laïcité et des libertés de conscience/religion.

Cela dit, il ne faut pas perdre de vue qu'il y a des interactions fortes entre la laïcité (libérale pluraliste) et le multiculturalisme (en tant que politique publique et en tant que théorie normative). Tous deux procèdent en effet d'une philosophie politique pluraliste qui reconnaît la légitimité des différences identitaires et des désaccords raisonnables à propos des questions « ultimes » ayant trait au sens de la vie humaine et à la place de l'être humain dans l'univers. Plus encore, les deux se renforcent mutuellement en ce qu'ils s'opposent à des philosophies politiques plus ou moins hostiles à la diversité, que ce soit le républicanisme homogénéisant, la laïcité de séparation stricte, le nationalisme assimilateur, le libéralisme aveugle ou indifférent par rapport aux différences et ainsi de suite. De plus, il ne faudrait pas exagérer la dichotomie entre culture et religion. Il y a en fait un grand recoupement entre ces deux catégories, plusieurs phénomènes que l'on tend à appréhender exclusivement à travers le prisme de la religion peuvent tout aussi bien être décrits comme des pratiques enracinées dans une culture particulière et adoptées par fidélité à une tradition ou par loyauté et identification à un groupe ethnoculturel. Ainsi,

23 Par exemple, aux États-Unis, des membres de la *Native American Church* ont demandé d'être exemptés de lois prohibant l'usage de certaines drogues utilisées dans des rituels. Voy. *Employment Division, Department of Human Resources of Oregon v. Smith*, 494 U.S. 872 (1990).

24 Kymlicka, W., *La Citoyenneté multiculturelle. Une théorie libérale du droit des minorités*, *op. cit.*

il est parfois difficile de départager les demandes d'accommodement qui sont effectuées pour motifs religieux de celles qui le sont pour des motifs d'ordre culturel.

4. Les limites de l'accommodement raisonnable

Une des principales inquiétudes quant à l'obligation d'accommodement de la diversité est que celle-ci ouvre la porte à une panoplie d'accommodements déraisonnables. Selon cette vision, l'idée qu'il faille chercher à être accommodant envers les citoyens dont les croyances, les valeurs et les pratiques entrent en conflit avec les règles encadrant le fonctionnement des institutions publiques et du lieu de travail revient tout simplement à affirmer une forme de relativisme qui implique d'abandonner les idéaux libéraux et démocratiques (la liberté et l'égalité dans toutes leurs déclinaisons) au profit d'un communautarisme exacerbé dans lequel chacun est gouverné par les normes et valeurs mises à l'avant-plan par son groupe d'appartenance. En bref, cette critique affirme que la reconnaissance de l'obligation d'accommodement sape complètement l'autorité de l'État démocratique et constitutionnel ; elle lui lie les mains et l'empêche de promouvoir l'égalité entre les sexes, le vivre-ensemble, la non-discrimination, etc.

Cette critique fait fausse route pour deux raisons. Premièrement, l'obligation d'accommodement raisonnable, comme nous l'avons expliqué plus haut, découle de la reconnaissance des droits à l'égalité et à la liberté de conscience et de religion. Elle participe donc d'un effort d'approfondissement des principes libéraux et démocratiques ; elle n'est donc ni relativiste, ni communautariste[25].

Deuxièmement, au Canada du moins, les tribunaux ont spécifié de manière assez précise les limites de l'obligation d'accommodement en introduisant l'idée qu'un accommodement qui occasionnerait des « contraintes excessives » peut légitimement être refusé aux demandeurs. Une contrainte excessive se détecte en évaluant les effets escomptés de l'accommodement demandé sur les droits d'autrui et sur la capacité de l'institution concernée à réaliser les objectifs qui lui sont propres. Ainsi, les demandes d'accommodement n'impliquant pas de contraintes excessives respectent trois conditions : 1) elles ne portent pas atteinte aux

---

[25] Comme l'affirme le rapport Bouchard-Taylor : « La valorisation de la diversité culturelle et les pratiques d'harmonisation pour motifs religieux ou culturels ne remettent pas en question l'engagement du Québec en faveur du respect des droits et de la justice sociale. Le respect de la diversité est ainsi abordé dans la perspective d'un approfondissement de la culture des droits de la personne » (Commission de consultation sur les pratiques d'accommodement reliées aux différences culturelles, *op. cit.*, p. 108).

droits et libertés d'autrui ; 2) elles n'imposent pas de coûts trop élevés à l'institution en question ; 3) elles n'empêchent pas l'institution de réaliser ses finalités[26].

Il ne faut pas non plus oublier que dans la plupart des régimes démocratiques des objectifs législatifs importants peuvent justifier des restrictions aux libertés fondamentales, y compris la liberté de religion, tant et aussi longtemps que ces objectifs sont compatibles avec les valeurs d'une société démocratique, que l'atteinte aux droits est aussi minimale que possible et proportionnelle aux objectifs de la loi. Par exemple, la Cour suprême du Canada a jugé, il y a quelques années, dans l'arrêt *Wilson Colony*, que l'objectif de protéger les citoyens contre le vol d'identité était suffisamment important pour justifier le refus du gouvernement de l'Alberta d'exempter les membres d'une communauté huttérite du règlement stipulant qu'une photographie devait obligatoirement figurer sur le permis de conduire[27]. On peut certes contester une telle décision en se demandant si la restriction de la liberté de religion qu'elle implique n'est pas disproportionnée par rapport à l'objectif visé par la loi – le gain minuscule en termes de sécurité (protection contre les fraudes d'identité) produit par le refus de laisser quelques membres d'une très petite communauté isolée est-il vraiment assez important pour justifier d'enfreindre une liberté fondamentale ? Quoi qu'il en soit, cet exemple démontre que la possibilité de restreindre la liberté de religion dans un pays reconnaissant l'obligation d'accommodement raisonnable est bel et bien réelle.

Si, pendant une période, certains pouvaient arguer que la conception de la liberté de religion épousée par la Cour suprême du Canada était exagérément large et généreuse[28], l'évolution récente de la jurisprudence rend cette démonstration difficile. En plus de l'arrêt *Wilson Colony*, on retrouve d'autres exemples de restriction de la liberté de religion dans la jurisprudence canadienne récente. En décembre 2012, la Cour suprême a jugé que le port du *niqab* pouvait être interdit dans les cours de justice dans certaines circonstances (c'est-à-dire si la démonstration peut être faite que cela enfreint le droit à un procès équitable d'une des parties)[29]. Plus tôt la même année, la Cour suprême a rejeté la demande de parents catholiques voulant que leurs enfants soient exemptés d'un

---

26 Woehrling, J., « L'obligation d'accommodement raisonnable et l'adaptation de la société à la diversité religieuse », *op. cit.*, p. 347-357.

27 *Alberta* c. *Hutterian Brethren of Wilson Colony*, 2009, CSC 37, 567.

28 Voy., par exemple, Tremblay, L.B., « Religion, tolérance et laïcité : le tournant multiculturel de la Cour suprême », in Gaudreault-DesBiens, J.-F. (ed.), *Le droit, la religion et le « raisonnable » : le fait religieux entre monisme étatique et pluralisme juridique*, Montréal, Thémis, 2009.

29 *R. v. N.S.*, 2012, CSC 72.

cours obligatoire d'éthique et de culture religieuse présentant, dans une perspective non confessionnelle, une pluralité de traditions religieuses et séculières[30]. Enfin, la cour supérieure de la Colombie-Britannique a refusé de décriminaliser la polygamie comme le demandaient certains mormons[31].

5. Liberté de conscience et liberté de religion

Comme nous l'avons vu, l'obligation juridique d'accommodement est un outil d'aménagement de la diversité dans les sociétés marquées par le pluralisme des conceptions du bien. Or, dans les sociétés modernes, ce type de pluralisme ne consiste pas uniquement en la coexistence d'une pluralité de conceptions religieuses de la vie bonne. Il inclut également une pluralité de doctrines séculières, c'est-à-dire une pluralité de conceptions non religieuses de la vie bonne. Ces convictions peuvent jouer un rôle tout aussi important dans la vie morale des individus et être tout aussi centrales à leur identité que le sont les convictions religieuses[32].

---

30 La Cour suprême a toutefois rejeté la demande d'accommodement parce que les demandeurs n'avaient pas fait la preuve que leur liberté de religion était brimée par le cours et non parce qu'elle a jugé que les objectifs poursuivis par le cours étaient suffisamment importants pour justifier une atteinte à la liberté de religion des parents. Voy. *S.L. v. Commission scolaire des Chênes* (2012) CSC 7. On pourrait toutefois arguer que le programme *Éthique et culture religieuse* poursuit des objectifs législatifs suffisamment importants pour justifier le refus de telles exemptions. Le cours cherche en effet à « favoriser le vivre ensemble », la « reconnaissance de l'autre » et « la poursuite du bien commun » (Comité sur les affaires religieuses, *Consultation sur le projet de programme Culture et éthique religieuse*, Rapport à la ministre de l'Éducation, du Loisir et du Sport, mai 2007, p. 3) en développant chez les élèves les compétences de réflexion éthique, de dialogue et de compréhension du phénomène religieux. En d'autres mots, le cours cherche à favoriser le vivre ensemble dans une société pluraliste en inculquant certaines vertus civiques (dialogue, compréhension interculturelle, etc.) (Leroux, G., *Éthique. Culture religieuse. Dialogue. Arguments pour un programme*, Montréal, Fides, 2007). Il suffirait dès lors de faire un pas de plus pour affirmer que cet objectif de favoriser le vivre-ensemble est suffisamment important pour justifier une restriction à la liberté religieuse des parents. Cela impliquerait toutefois de démontrer que le programme arrive effectivement à inculquer le genre de vertus civiques en question, que celles-ci sont effectivement nécessaires au vivre-ensemble dans les sociétés pluralistes, que l'atteinte aux droits des parents (à supposer qu'il y en ait une) est proportionnelle à l'objectif de promouvoir le vivre-ensemble dans une société pluraliste par l'entremise de l'inculcation de vertus civiques et qu'il n'existe pas d'autres manières de poursuivre les mêmes objectifs en restreignant la liberté de religion à un moindre degré. Ceci n'est pas une mince affaire et la question de savoir si une telle démonstration peut être effectuée de manière convaincante dépasse de loin les propos de ce texte.

31 *Reference re : Section 293 of the Criminal Code of Canada*, 2011 BCSC 1588.

32 Maclure, J. & Taylor, C., *Laïcité et liberté de conscience*, Montréal, Boréal, 2010, partie II.

Cela soulève une question tout à fait cruciale qui divise présentement les juristes et les philosophes politiques : l'obligation d'accommodement raisonnable s'applique-t-elle aux convictions non religieuses ? Doit-on mettre les convictions de conscience séculière sur un pied d'égalité avec les convictions religieuses à proprement parler ? Faut-il accorder un traitement spécial aux conceptions religieuses de la vie bonne et cibler la religion comme fournissant le seul motif susceptible de justifier des accommodements[33]?

Le dilemme auquel nous faisons présentement face est donc le suivant. D'une part, si l'on accorde un statut légal spécial aux convictions religieuses, il semble manifeste que cela entraîne une iniquité envers les non-croyants dont les convictions peuvent aussi être en tension avec les règles encadrant le fonctionnement des institutions publiques et privées. Plusieurs libéraux affirment ainsi que l'égalité dans les sociétés pluralistes post-séculières est incompatible avec l'octroi d'un statut spécial aux conceptions religieuses du monde et du bien réservant exclusivement à celles-ci le droit de bénéficier d'une mesure d'accommodement[34]. De plus, l'approche qui consiste à accorder un statut légal spécial à la religion exige que les tribunaux définissent de manière claire ce qu'est la religion afin de pouvoir discriminer entre les demandes d'accommodement légitimes motivées par des croyances religieuses et les demandes illégitimes motivées par des doctrines areligieuses. Une telle tâche peut se révéler périlleuse ; ne risque-t-on pas en effet de définir la religion en fonction des conceptions dominantes de la majorité et de critères qui excluent les croyances et pratiques de religions peu répandues ou impopulaires ? Par exemple, en définissant la religion par la croyance en un Être suprême, transcendant, n'exclut-on pas les religions polythéistes

---

33 Voy. Les discussions de Bedi, S., « Debate : What is so Special About Religion ? The Dilemma of Religious Exemption », *The Journal of Political Philosophy*, 2007, 15/2, p. 235-249 ; Eisgruber, C.L. & Sager, L.G., « The Vulnerability of Conscience : The Constitutional Basis for Protecting Religious Conduct », *University of Chicago Law Review*, 1994, 61/4, p. 1245-1315 ; Koppelman, A., « Is it fair to Give Religion Special Treatment ? », *University of Illinois Law Review*, 2006/3, p. 571-603 ; Laborde, C., « Equal Liberty, Non-Establishment and Religious Freedom », *Journal of Legal Theory*, 2014, vol. 20/1, p. 52-77 ; Leiter, B., *Why Tolerate Religion ?*, Princeton, Princeton University Press, 2013 et McConnell, M. W., « The Problem of Singling Out Religion », *De Paul Law Review*, 2000, 50, p. 1-5.

34 Dworkin, R., *Is Democracy Possible Here ?*, Princeton, Princeton University Press, 2006, p. 61 ; Dworkin, R., *Justice for Hedgehog*, Cambridge Mass, Harvard University Press, 2011, p. 374 ; Eisgruber, C.L. & Sager, L.G., « The Vulnerability of Conscience : The Constitutional Basis for Protecting Religious Conduct », *University of Chicago Law Review*, 1994, 61/4, p. 1245-1315 ; Koppelman, A., *op. cit.* ; Leiter, B., *op. cit.* ; Maclure, J. & Taylor, Ch., *op. cit.* Cécile Laborde désigne ces théories comme des « théories égalitaristes de la liberté de religion », (Laborde, C., « Equal Liberty, Non-Establishment and Religious Freedom », *Journal of Legal Theory*, *op. cit.*).

(comme l'hindouisme), animistes (comme plusieurs religions autochtones nord-américaines) et non théistes (tel le bouddhisme) ?

Les théories égalitaristes de la liberté de religion refusant l'octroi d'un statut légal spécial à la religion évitent les apories de la définition de la religion par les tribunaux en se basant sur une conception subjective de la liberté de religion qui se veut similaire à celle développée par la Cour suprême du Canada[35]. Selon cette conception, l'État ne peut s'imposer comme l'interprète des dogmes religieux ou comme l'arbitre des conflits doctrinaux qui divisent une communauté de croyants. C'est à l'individu qu'il revient de déterminer le contenu de ses croyances, pratiques et obligations religieuses. Les tribunaux ne peuvent donc pas s'en remettre à une conception objective de la religion pour trancher les demandes d'accommodement. On ne pourrait, par exemple, refuser une demande d'accommodement concernant le port de symboles religieux (comme le *kirpan* ou le *hijab*) dans les institutions publiques en s'appuyant sur des témoignages de théologiens ou d'autorité ecclésiastique affirmant que le port de tels symboles n'est pas obligatoire selon la « bonne » interprétation de la religion des demandeurs. Si la conception subjective de la liberté de religion évite les difficultés de la définition de la religion qui accablent la conception objective de la liberté de religion, elle fait néanmoins face à certains problèmes. On lui reproche par exemple de rendre plus difficile pour les tribunaux de rejeter les demandes d'accommodements frauduleuses et opportunistes qui ne sont pas fondées sur de véritables croyances religieuses et d'ouvrir la porte à une prolifération de demandes d'accommodement[36].

Les questions soulevées par les théories égalitaristes de la liberté de religion et celles qui accordent un statut moral et juridique spécial à la religion mériteraient d'être traitées en profondeur. Nous ne pouvons ici nous permettre que d'esquisser une solution à ce dilemme et de répondre brièvement à une importante objection. Nous défendons ainsi une

[35] La Cour suprême du Canada a notamment développé cette conception de la liberté de religion dans le jugement *Syndicat Northcrest v. Anselem*, 2004 CSC 47. Il convient toutefois de noter qu'elle semble s'être rabattue sur une conception objective de la liberté de religion dans certaines décisions subséquentes. Par exemple, dans *Bruker c. Marcovitz* (2007 CSC 54), elle s'est prononcée sur le contenu (réel et objectif) des obligations religieuses d'un homme qui refusait d'accorder le divorce juif (le *get*) à sa femme. Voy. Weinstock, D., « Beyond Objective and Subjective : Assessing the Legitimacy of Religious Claims to Accommodation », *Les ateliers de l'éthique*, 2011, 6/2, p. 155-175.

[36] Pour une discussion critique de ces objections à la conception subjective de la liberté de religion dans le contexte du droit canadien, voy. Maclure, J., « Reasonable Accommodation and the Subjective Conception of Freedom of Conscience and Religion », *op. cit.* et Weinstock, D., « Beyond Objective and Subjective : Assessing the Legitimacy of Religious Claims to Accommodation », *op. cit.*

conception égalitariste de la liberté de religion affirmant qu'on peut inclure des convictions séculières dans les motifs pouvant enclencher l'obligation d'accommodement en traitant les convictions religieuses et les convictions séculières comme étant toutes deux membres d'une catégorie plus fondamentale. Dworkin emprunte une telle route en suggérant que la liberté de religion est une sous catégorie d'un droit général à « l'indépendance éthique » (*general right to ethical independence*)[37]. Nous suggérons que la liberté de religion est une sous-catégorie de la liberté de conscience. Selon cette conception, les convictions religieuses peuvent légitimement donner lieu à des accommodements parce qu'elles sont des convictions de conscience, c'est-à-dire des croyances qui contribuent à donner un sens et une orientation moraux à la vie des personnes[38]. Elles sont les convictions fondamentales qui permettent aux agents de structurer leur identité morale, d'exercer leur jugement et de s'orienter dans un univers moral complexe et pluriel[39]. Or, certaines convictions de conscience sont des convictions séculières et il est tout aussi important pour les non-croyants d'être en mesure d'agir en conformité avec leur conscience morale qu'il ne l'est pour les croyants. Le même intérêt fondamental est brimé lorsque des non-croyants se voient empêchés d'agir en conformité avec leur conscience que lorsque des croyants sont empêchés d'agir en fonction de leurs convictions de conscience religieuse.

On peut toutefois se demander si cette approche ne commet pas l'erreur de réduire le religieux à la conscience alors que le second terme serait en fait moins englobant que le premier. Le langage de la conscience semble être en phase avec une *certaine expérience religieuse*, celle que William James appelait la « branche personnelle de la religion », où l'accent est mis sur l'intériorité de la conscience individuelle qui cherche la vérité, qui chemine spirituellement à l'aide de ses propres lumières ou guidée par ses propres intuitions. Cette expérience religieuse axée sur le vécu, l'intériorité de la conscience et la subjectivité diffère des modes

---

37 Dworkin, R., *Is Democracy Possible Here ?*, *op. cit.* ; Dworkin, R., *Justice for Hedgehog*, *op. cit.*

38 Maclure, J. & Taylor, Ch., *op. cit.*

39 *Ibid.*, p. 97. Les convictions de conscience sont différentes des simples préférences, désirs et impulsions ; elles permettent d'évaluer les désirs bruts et les préférences irréfléchies. Ce sont, pour reprendre une expression de Taylor, des « évaluations fortes » (Taylor, Ch., *Sources of the Self : The making of Modern Identity*, Cambridge Mass, Harvard University Press, 1989, p. 4 ; Taylor, Ch., « What is Human Agency ? », *Human Agency and Language : Philosophical Papers I*, Cambridge, Cambridge University Press, 1985, p. 15-44, spéc. p. 16). Notre position consiste donc à accorder un statut légal spécial aux convictions religieuses *en tant que* convictions de conscience. Ce sont les convictions de conscience qui doivent bénéficier d'une protection spéciale, par rapport aux simples préférences, et non pas les convictions religieuses par rapport aux convictions non religieuses.

de religiosité que l'on associe généralement à l'orthodoxie religieuse, dans laquelle l'emphase est plutôt mise sur l'assiduité dans les pratiques, le lien collectif et l'immersion dans une culture partagée. L'approche égalitariste consistant à réinterpréter la liberté de religion comme une sous-catégorie de la liberté de conscience est-elle biaisée en faveur d'une conception « protestantisée » de l'expérience religieuse centrée sur la subjectivisation de la croyance et sur les devoirs et les obligations de conscience ? On pourrait dès lors objecter qu'une telle approche est problématique, d'un point de vue normatif, puisqu'elle ne contiendrait pas les ressources nécessaires pour justifier l'octroi d'accommodements à des croyants pour qui les pratiques religieuses ne sont pas une affaire de conscience ou d'obligation morale, mais plutôt une question d'habitude, de conformité à la tradition ou encore de loyauté à un groupe culturel[40]. Une telle objection revient à dire que l'on fait fausse route en cherchant à inclure la liberté de religion dans la catégorie de la liberté de conscience, puisque cette dernière est en fait plus étroite que la première. En cherchant à ménager une place pour les demandes d'accommodements motivées par des convictions séculières de la sorte, on en vient à exclure plusieurs demandes d'accommodement qu'on considère autrement comme étant légitimes.

Selon nous, cette objection rate la cible car bien qu'il soit légitime de vouloir restreindre, pour des fins d'analyse, le champ d'application de la notion de « conscience » aux cas mettant en jeu des devoirs catégoriques (« Tu ne tueras point » pour les objecteurs de conscience pacifistes, par exemple), rien ne nous oblige à mettre de côté une compréhension plus englobante de ce qui relève de la conscience. En bref, les convictions de conscience telles que nous les avons définies plus haut ne se limitent pas aux convictions ayant trait à ce qui est moralement obligatoire ou prohibé de manière catégorique. Les convictions de conscience font appel à un répertoire moral beaucoup plus vaste que celui du langage déontologique centré autour des devoirs et obligations catégoriques. Elles englobent tous ces points de repère qui permettent à un agent d'être un agent *moral* et qui sont centraux à son identité en ceci qu'une entrave à sa capacité d'agir en fonction de ces repères est vécue par l'agent comme un affront à sa dignité et à son intégrité morale. Plus précisément, les convictions de conscience sont des évaluations fortes, c'est-à-dire des jugements de deuxième ordre qui portent sur des désirs, des impulsions ou des préférences de premier ordre et permettent à un agent de discriminer parmi ceux-ci. En ce sens, elles incluent également des convictions portant sur ce qui est vertueux

[40] Voy., par exemple, la contribution de Cécile Laborde au présent ouvrage ainsi que Laborde, C., « Equal Liberty, Non-Establishment and Religious Freedom », *op. cit.*

et ce qui est vicieux ou moralement tordu, sur ce qui est bon et ce qui est mauvais, sur ce qui est juste et ce qui est injuste, etc.

Par conséquent, la théorie égalitariste de la liberté de religion qui consiste à subsumer la liberté de religion dans la catégorie de la liberté de conscience n'implique pas qu'il faille refuser les demandes d'accommodement qui n'emploient pas le langage des devoirs religieux à strictement parler. Par exemple, les demandes concernant le port de vêtements religieux peuvent très bien être légitimes tout en évitant d'employer le vocabulaire moral des devoirs et des obligations et en étant plutôt motivées par l'idée qu'être un bon croyant ou que la piété implique le port de ces vêtements sur une base quotidienne. Une telle conception des « vertus religieuses » est, selon notre définition, une sorte de conviction de conscience pouvant enclencher l'obligation d'accommodement raisonnable. De plus, même si l'on conçoit que les convictions qui fondent certaines pratiques religieuses ressemblent plus à des engagements culturels qu'aux devoirs catégoriques qui sous-tendent normalement les objections de conscience, il n'en reste pas moins que de tels engagements culturels peuvent être intimement liés à l'identité morale des individus au point où l'incapacité de vivre en conformité avec ces engagements menace la dignité et l'intégrité de ces individus[41].

Conclusion

La diversité morale et religieuse est l'un des plus grands défis des régimes démocratiques ; c'est également un des enjeux majeurs pour la philosophie politique contemporaine comme on peut l'apprécier en se penchant sur les derniers travaux des grandes figures de la philosophie politique contemporaine telles que John Rawls, Jürgen Habermas, Charles Taylor et Ronald Dworkin. Nous avons cherché à contribuer à ce débat en clarifiant la notion d'accommodement raisonnable, en survolant ses principales justifications philosophiques et certaines de ses critiques. Nous avons également cherché à bien circonscrire la place qu'un tel outil juridique occupe au sein des pratiques d'aménagement de la diversité dans les sociétés marquées à la fois par la diversité culturelle issue de l'immigration, par la coexistence d'une pluralité de doctrines religieuses et par l'émergence de conceptions séculières de la vie bonne.

En pratique, l'aménagement de la diversité religieuse pose problème quel que soit le « régime de laïcité » mis en place, qu'il s'agisse d'une laïcité plus républicaine ou libérale, ou de régimes de reconnaissance

41 Voy., par exemple, Parekh, B., *Rethinking Multiculturalism. Cultural diversity and Political Theory*, Basingstoke, Palgrave Macmillan, 2000, p. 241 et Greenawalt, K., *Religion and the Constitution. Volume 2 : Establishment and Fairness*, Princeton and Oxford, Princeton University Press, 2008, p. 310.

officielle des religions, et ce, dans des contextes nationaux tout aussi différents que l'Inde, l'Égypte, la Tunisie, les États-Unis, la France, la Belgique, les pays scandinaves ou le Canada. En tant que chercheurs universitaires, il importe maintenant d'étudier ces questions de façon comparative (autant dans le cadre d'enquêtes descriptives que dans celui de réflexions normatives), ce qui peut nous permettre de prendre une certaine distance par rapport à notre propre contexte et d'avoir une vision plus large du champ des possibles. Cet ouvrage est un pas utile dans cette direction.

Notices biographiques

Ilke Adam est directrice de recherches à l'Institute for European Studies de la Vrije Universiteit Brussel (VUB) et est chargée de cours à temps partiel à l'Université libre de Bruxelles (ULB). Elle a rejoint l'Institute for European Studies en tant que chercheur postdoctoral en mai 2009 et coordonne le pôle de recherches « Migration, Diversity and Justice » depuis 2010. Ilke Adam est titulaire d'un Doctorat en Sciences politiques et sociales de l'ULB (« Beyond National Models ? Immigrant Integration Policies of the Belgian Regions », 2010 ; prix Charles Ullens, 2012). Elle est également titulaire d'un Master Recherche en Politique comparée (Institut d'études politiques, Aix en Provence) et d'un Master en Droit (Katholieke Universiteit Leuven, KUL). Ses recherches touchent aux politiques d'intégration, au multiculturalisme, à la citoyenneté, au nationalisme intra-étatique et aux politiques publiques comparées.

François Boucher est chercheur postdoctoral au Centre de recherche en éthique (CRE) à l'Université de Montréal (UdeM). Il est titulaire d'un Doctorat en Philosophie de Queen's University (Kingston, Ontario). Sa thèse de doctorat intitulée « Open Secularism and the New Religious Pluralism » explore les fondements philosophiques et les applications pratiques du concept de laïcité ouverte. Après ses études doctorales, il a effectué un stage de recherche postdoctoral au « Religion and Political Theory Centre » à University College London (UCL). Ses principales publications et communications traitent de la laïcité, du rapport entre liberté de religion et liberté de conscience, de l'obligation juridique d'accommodement raisonnable, du fédéralisme multinational, de l'appropriation culturelle et de la justice distributive en contextes post-nationaux.

Emmanuelle Bribosia est professeur en droit européen et en droits de l'homme à l'Université libre de Bruxelles (Institut d'études européennes et Faculté de droit). Elle coordonne le Master complémentaire en droit européen et dirige les recherches de la section juridique de l'Institut d'études européennes. Licenciée en Droit (1994) et docteur en Droit (2000) de l'Université libre de Bruxelles (ULB), ses activités de recherches se concentrent sur la protection internationale et européenne des droits de l'homme et sur le droit de l'égalité et de la non-discrimination, tout en privilégiant une approche interdisciplinaire de ces thématiques. Intégrée dans plusieurs réseaux d'excellence, Emmanuelle Bribosia poursuit nombre de ses recherches dans des projets internationaux, notamment :

The Global Challenge of Human Rights Integration : Towards a User's Perspective (Pôle d'attraction interuniversitaire, 2012-2017) ; *Sous le signe du mérite et de la conformité culturelle. Les nouvelles politiques d'intégration des immigrés en Europe* (Action de Recherche Concertée, Centre MAM, 2012-2017). Emmanuelle Bribosia est également membre de l'*European Network of Legal Experts in the Non-discrimination Field* (www.non-discrimination.net) et du *Berkeley Comparative Anti-Discrimination Law Study Group* (www.law.berkeley.edu/bcadl.htm). Elle est enfin membre de plusieurs comités de rédaction de revues internationales (*Cahiers de droit européen*, *Journal européen des droits de l'homme*, *Revue belge de droit international*).

Jean-François Caron est titulaire d'un Doctorat en Sciences politiques de l'Université Laval (« Les conditions de l'unité dans les fédérations multinationales : vers un sentiment d'appartenance à une association politique libre », 2010) et d'une Maîtrise en Sciences politiques avec spécialisations en pensée politique et analyse des idéologies de l'Université d'Ottawa. Il est membre du Centre de recherche interdisciplinaire sur la diversité et la démocratie (CRIDAQ) de l'Université du Québec à Montréal (UQAM). Il a été chercheur postdoctoral au Centre de droit public de l'Université libre de Bruxelles (ULB) de 2010 à 2012. Il s'intéresse aux conditions de l'unité dans les fédérations multinationales, aux régions dans un monde globalisé et aux liens entre nationalisme et diversité.

Gily Coene est chercheur et professeur à la Faculté de philosophie et de sciences morales et à la Faculté de sciences politiques de la Vrije Universiteit Brussel (VUB), où elle enseigne l'éthique et l'humanisme, ainsi que les études de genre. Elle est titulaire d'un Doctorat en Sciences morales de la Gent Universiteit (2004) et est membre du Centre de recherches de la VUB sur le Genre et la Diversité (Centrum Gender Diversiteit, RHEA). Ses recherches sont tournées vers les questions normatives qui touchent au genre et à la société multiculturelle, à l'humanisme, à la laïcité et à la diversité.

Xavier Delgrange est professeur à l'Université Saint-Louis – Bruxelles et à l'Université catholique de Louvain (UCL), et maître de conférences à l'Université libre de Bruxelles (ULB), où il enseigne le droit constitutionnel et la théorie du droit. Il est également codirecteur du Centre interdisciplinaire de recherches en droit constitutionnel et en droit de la culture (CIRCC). Il est l'auteur de nombreuses études dans les domaines du droit public et de la théorie générale de l'État. Xavier Delgrange est également Premier auditeur, chef de section, au Conseil d'État de Belgique où il est affecté à la section de législation, en charge notamment des matières constitutionnelles et personnalisables.

François Foret est professeur en Science politique à l'Université libre de Bruxelles (ULB) et titulaire d'une chaire Jean Monnet « Dimensions socio-culturelles de l'intégration européenne » (SocEUR, 2012-2015) octroyée par la Commission européenne. Il est aussi directeur des recherches politiques à l'Institut d'études européennes de l'ULB et chercheur au Centre d'études de la vie politique de l'ULB (CEVIPOL). Parmi ses récentes publications figurent : *The Secular Canopy. Religion and politics in an integrating Europe*, Cambridge, Cambridge University Press, 2014 ; *Légitimer l'Europe. Pouvoir et symbolique à l'ère de la gouvernance*, Paris, Presses de Sciences Po, 2008 ; avec Xabier Itçaina (dir.), *Politics of religion, religious politics : Western Europe at the crossroads*, London, ECPR Series Routledge, 2011 ; (dir.) *Politique et religion en France et en Belgique. L'« héritage chrétien » en question*, Bruxelles, Éditions de l'Université de Bruxelles, 2009.

Pascale Fournier est professeure agrégée à la Faculté de droit de l'Université d'Ottawa et chercheure associée au Centre de recherche et d'enseignement sur les droits de la personne. Elle détient un Baccalauréat en Droit de l'Université Laval, une Maîtrise en Droit de l'Université de Toronto et un Doctorat en Droit de l'Université Harvard. Elle a été clerc auprès de l'Honorable Claire L'Heureux-Dubé à la Cour suprême du Canada. Ses recherches et son enseignement portent sur le droit comparé de la famille, l'Islam et le Judaïsme en Europe et en Amérique du Nord, la régulation de la culture et le rapport entre multiculturalisme, religion et droit des femmes. Elle a également rédigé des rapports de politiques publiques pour le Conseil canadien des femmes musulmanes et le Programme des Nations unies pour le développement (PNUD), pour lequel elle a agi en 2008 comme experte consultante sur la question du droit à l'égalité des femmes musulmanes. Son projet de recherche plus récent explore comment les femmes juives et musulmanes naviguent de la sphère privée à la sphère publique en Occident par le biais de deux formes particulières de divorce religieux : le Get juif et le Talaq islamique. Ancienne boursière Trudeau (2003), elle a reçu en 2008 la médaille Raymond-Blais de l'Université Laval pour ses accomplissements exceptionnels. En 2009, le barreau du Québec lui a décerné la distinction Advocatus Emeritus.

Bernard Gagnon est professeur en éthique à l'Université du Québec à Rimouski (UQAR). Il est titulaire d'un Doctorat en Philosophie politique de l'Université du Québec à Montréal (UQAM). Ses travaux portent sur les théories éthiques contemporaines et les questions de la démocratie, de la diversité et de l'identité. Il est membre du groupe de recherche Ethos et du Centre de recherche interdisciplinaire sur la diversité et la démocratie (CRIDAQ) de l'Université du Québec à Montréal (UQAM). Il a publié récemment *Concilier diversité et démocratie. Essais* *de théorie politique* (P.I.E. Peter Lang, 2014), *Le multiculturalisme (selon Charles Taylor) est-il une idéologie (selon Fernand Dumont) ?* (Les Cahiers Fernand Dumont, vol. 3, 2014) et « Reconciling Diversity and Solidarity ? A Critical Look at Charles Taylor's Conception of Secularism », dans *Democracy, Law and Religious Pluralism in Europe*, sous la dir. de F. Requejo et C. Ungureanu (Routledge, 2014).

Emmanuelle Jacques détient une Licence en droit de la Section de droit civil de l'Université d'Ottawa (2013) ainsi qu'une maîtrise ès arts en littérature française de l'Université McGill (2011) et un baccalauréat ès arts avec spécialisation en lettres françaises et concentration en russe de l'Université d'Ottawa (2007). Elle a complété la formation professionnelle du Barreau du Québec à l'automne 2013 et été choisie comme auxiliaire juridique auprès de la Cour suprême du Canada pour l'année 2014-2015.

Cécile Laborde est professeur de théorie politique à University College London (UCL) et y est également directrice du « Religion and Political Theory Centre ». Diplômée de Sciences Po Paris et titulaire d'un Doctorat en Sciences politiques de l'University of Oxford (1996), ses travaux portent sur les théories françaises et anglophones de la citoyenneté, le syndicalisme, l'État, le pluralisme, la laïcité, la tolérance, le libéralisme et le républicanisme. Elle est notamment l'auteur de *Pluralist Thought and the State in Britain and France, 1900-1925* (Basingstoke, Macmillan, 2000) ; avec John Maynor (dir.), *Republicanism and Political Theory* (Oxford, Blackwell, 2007) et *Critical Republicanism. The Hijab Controversy in Political Philosophy* (Oxford University Press, 2008).

Hélène Lerouxel est titulaire d'une Maîtrise en Droit de l'Université de Rennes et d'un Diplôme d'études approfondies (DEA) en droit processuel de Paris 2 – Assas. Après avoir été assistante en droit pénal et procédure pénale à Paris 2 – Assas, elle a obtenu une Licence en Droit à l'Université Libre de Bruxelles (ULB). Elle est aujourd'hui juriste au Conseil d'État et assistante en droit constitutionnel à l'Université Saint-Louis – Bruxelles où elle est membre du Centre interdisciplinaire de recherches en droit constitutionnel et administratif (CIRC). Ses recherches portent sur les droits fondamentaux, et plus spécifiquement sur leurs aspects pénaux.

Jocelyn Maclure est professeur à la Faculté de philosophie de l'Université Laval (Canada). Après avoir obtenu un Baccalauréat à l'Université Laval (1997) et une Maîtrise à l'Université de Victoria (1999), Jocelyn Maclure s'est vu décerner un Doctorat en Philosophie par l'Université de Southampton au Royaume-Uni en 2003 (titre de la thèse : « Disenchantment and Democracy : Public Reason under Conditions of Pluralism »). Il a réalisé des stages postdoctoraux au Centre de recherche en éthique de l'Université de Montréal (UdeM) et à l'Université de Toronto

(2003-2004) et il a été chercheur invité au Département de philosophie de l'Université de New York (NYU) à l'hiver 2007 et à la Faculté de droit de l'Université Columbia à l'hiver 2008. Il a œuvré comme analyste-expert et rédacteur pour la Commission Bouchard-Taylor sur les pratiques d'accommodement de la diversité culturelle et religieuse. Il a publié, avec Charles Taylor, *Laïcité et liberté de conscience* (Montréal, Éditions du Boréal, 2010).

Andrea Rea est doyen de la Faculté de sciences politiques et sociales de l'Université libre de Bruxelles (ULB) depuis 2014, professeur de sociologie à l'ULB depuis 1999 et directeur du Groupe d'étude sur l'ethnicité, le racisme, les migrations et l'exclusion (GERME). Il devient docteur en Sociologie à l'ULB en 2000 après avoir soutenu avec succès sa thèse *Immigration, État et citoyenneté. La formation de la politique d'intégration des immigrés de la Belgique*. Ses thèmes de recherches sont l'étude des phénomènes migratoires et les éléments liés au conditionnement social. Il est également chercheur associé du Centre d'étude de la vie politique (CEVIPOL) où il a notamment collaboré avec Pascal Delwit et Jean-Michel De Waele sur l'ouvrage *L'extrême droite en France et en Belgique* (Bruxelles, Éditions Complexe, 1998).

Julie Ringelheim est chercheure qualifiée en droit international des droits de l'homme au Fonds national de la recherche scientifique (FNRS) et membre du Centre de philosophie du droit de l'Université catholique de Louvain (UCL). Elle enseigne le droit international des droits de l'homme à l'UCL. Licenciée en droit de l'Université libre de Bruxelles (ULB, 1998), et titulaire d'un LL.M. de l'Université de Cambridge (Trinity Hall College, 1999), elle a obtenu son Doctorat en Sciences juridiques à l'Institut universitaire européen de Florence (2005). En 2005-2006, elle a été Research Fellow au Center for Human Rights and Global Justice de New York University (NYU) et chercheuse post-doc à l'IEA-Paris. Ses recherches sont notamment centrées sur les rapports entre le droit de la non-discrimination et la lutte contre les inégalités sociales en droit européen.

Isabelle Rorive est professeur à la Faculté de droit de l'Université libre de Bruxelles (ULB) où elle enseigne le droit comparé, le droit de la non-discrimination et la méthodologie juridique. Depuis septembre 2012, elle est Directrice du Centre Perelman de philosophie du droit. Ses recherches portent sur les développements théoriques et pratiques du droit de l'égalité et de la non-discrimination, la circulation des concepts juridiques entre systèmes de common law et de droit civil, l'empreinte des cultures juridiques sur le développement du droit et le raisonnement judiciaire et les défis que pose la gestion du pluralisme culturel au regard des droits de l'homme et des libertés fondamentales. Elle est titulaire d'un Doctorat en Droit (ULB, 2000), d'un Master of Research in Legal Studies (University of Oxford, St Hugh's College, 1997, avec une bourse de la Fondation Wiener-Anspach), d'une licence en Droit (ULB, 1994). Elle a été Aspirante au Fonds national de la recherche scientifique (FNRS, 1995-1999) et Visiting Research Fellow à l'University of Oxford (Programme in Comparative Media Law and Policy, Centre for Socio-Legal Studies, Wolfson College, 2001-2002, avec un subside postdoctoral de la Fondation Wiener-Anspach). Intégrée dans plusieurs réseaux d'excellence, Isabelle Rorive poursuit nombre de ses recherches dans des projets internationaux, notamment : *The Global Challenge of Human Rights Integration : Towards a User's perspective* (Pôle d'attraction interuniversitaire, 2012-2017), *Sous le signe du mérite et de la conformité culturelle. Les nouvelles politiques d'intégration des immigrés en Europe* (Action de Recherche Concertée, Centre MAM, 2012-2017). Isabelle Rorive est également membre de l'*European Network of Legal Experts in the Non-discrimination Field* (www.non-discrimination.net) et du *Berkeley comparative Anti-Discrimination Law Study Group* (www.law.berkeley.edu/bcadl.htm).

José Woehrling est une autorité en droit constitutionnel canadien et comparé ainsi qu'en droit international des droits de la personne. Ses travaux sur le fédéralisme, les droits des minorités et les droits fondamentaux ont fait école. S'intéressant en particulier aux libertés civiles, notamment à la liberté de religion, le professeur Woehrling a mené une réflexion approfondie sur les questions d'accommodement raisonnable de même que sur les droits linguistiques. Prodiguant son enseignement tant au baccalauréat qu'à la maîtrise, concepteur de cours inédits, José Woehrling a enseigné à l'Université de Montréal (UdeM) de 1971 à 2010. Auteur de plus de 160 livres, chapitres de livres et articles de revues scientifiques, José Woehrling a abordé les questions reconnues difficiles et délicates qu'ont soulevées les grands débats sociaux des dernières décennies. Professeur invité dans nombre d'établissements d'enseignement supérieur, il s'est aussi engagé dans l'administration de l'UdeM.

Dans la collection « Études canadiennes »

N° 28 – Keith BATTARBEE & John Erik FOSSUM (eds.), *The Arctic Contested*, 2014, ISBN 978-2-87574-206-3

N° 27 – Céline PRÉAUX, *Le déclin d'une élite. Francophones d'Anvers - anglophones de Montréal*, 2013, ISBN 978-2-87574-081-6

N° 26 – Pierre HAMEL et Jean-Michel LACROIX, *Les relations Québec-Canada. Arrêter le dialogue de sourds ?*, 2013, ISBN 978-2-87574-054-0

N° 25 – Tina MOUNEIMNÉ, *Vers l'imaginaire migrant. La fiction narrative des écrivains immigrants francophones au Québec (1980-2000)*, 2013, ISBN 978-2-87574-032-8

N° 24 – Rémy TREMBLAY & Hugues CHICOINE (eds.), *The Geographies of Canada*, 2013, ISBN 978-2-87574-017-5

N° 23 – Jean-Michel LACROIX et Gordon MACE (dir.), *Politique étrangère comparée : Canada - États-Unis*, 2012, ISBN 978-90-5201-783-9

N° 22 – Éric TABUTEAU & Sandrine TOLAZZI (eds./dir.), *"A Safe and Secure Canada". Politique et enjeux sécuritaires au Canada depuis le 11 septembre 2001*, 2011, ISBN 978-90-5201-715-0

N° 21 – Héliane DAZIRON-VENTURA & Marta DVOŘÁK (eds.), *Resurgence in Jane Urquhart's Œuvre*, 2010, ISBN 978-90-5201-634-4

N° 20 – Pierre ANCTIL, André LOISELLE & Christopher ROLFE (eds./dir.), *Canada Exposed / Le Canada à découvert*, 2009, ISBN 978-90-5201-548-4

N° 19 – Gunilla FLORBY, Mark SHACKLETON & Katri SUHONEN (eds.), *Canada: Images of a Post/National Society*, 2009, ISBN 978-90-5201-485-2

N° 18 – André MAGORD, *The Quest for Autonomy in Acadia*, 2009, ISBN 978-90-5201-476-0

N° 17 – Carmen CONCILIO & Richard J. LANE (eds.), *Image Technologies in Canadian Literature. Narrative, Film, and Photography*, 2009, ISBN 978-90-5201-474-6

N° 16 – John-Erik FOSSUM, Johanne POIRIER & Paul MAGNETTE (eds.), *The Ties that Bind. Accommodating Diversity in Canada and the European Union*, 2009, ISBN 978-90-5201-475-3

N° 15 – Pascale VISART DE BOCARMÉ & Pierre PETIT (dir./eds.), *Le « Canada inuit ». Pour une approche réflexive de la recherche anthropologique autochtone / "Inuit Canada". Reflexive Approaches to Native Anthropological Research*, 2008, ISBN 978-90-5201-427-2

N° 14 – Serge JAUMAIN et Nathalie LEMARCHAND (dir.), *Vivre en banlieue. Une comparaison France/Canada*, 2008, ISBN 978-90-5201-415-9

N° 13 – Nick NOVAKOWSKI & Rémy TREMBLAY (eds.), *Perspectives on Ottowa's High-tech Sector*, 2007, ISBN 978-90-5201-370-1

N° 12 – Jean-François DE RAYMOND, *Diplomates écrivains du Canada. Des voix nouvelles*, 2007, ISBN 978-90-5201-346-6

N° 11 – Claire OMHOVÈRE, *Sensing Space. The Poetics of Geography in Contemporary English-Canadian Writing*, 2007, ISBN 978-90-5201-053-3

N° 10 – Caroline ZÉAU, *L'Office national du film et le cinéma canadien (1939-2003). Éloge de la frugalité*, 2006, ISBN 978-90-5201-338-1

N° 9 – Serge JAUMAIN et Paul-André LINTEAU (dir.), *Vivre en ville. Bruxelles et Montréal (XIXe-XXe siècles)*, 2006, ISBN 978-90-5201-334-3

N° 8 – Madeleine FRÉDÉRIC et Serge JAUMAIN (dir.), *Regards croisés sur l'histoire et la littérature acadiennes*, 2006, ISBN 978-90-5201-333-6

N° 7 – Pierre ANCTIL & Zilá BERND (eds./dir.), *Canada from the Outside In. New Trends in Canadian Studies / Le Canada vu d'ailleurs. Nouvelles tendances en études canadiennes*, 2006, ISBN 978-90-5201-041-0

N° 6 – Anne MORELLI et José GOTOVITCH (dir.), *Contester dans un pays prospère. L'extrême gauche en Belgique et au Canada*, 2007, ISBN 978-90-5201-309-1

N° 5 – Britta OLINDER (ed.), *Literary Environments. Canada and the Old World*, 2006, ISBN 978-90-5201-296-4

N° 4 – Madeleine FRÉDÉRIC, *Polyptyque québécois. Découvrir le roman contemporain (1945-2001)*, 2005, ISBN 978-90-5201-096-0

N° 3 – André MAGORD (dir.), *Adaptation et innovation. Expériences acadiennes contemporaines*, 2006, ISBN 978-90-5201-072-4

N° 2 – Robert C. THOMSEN and Nanette L. HALE (eds.), *Canadian Environments. Essays in Culture, Politics and History*, 2005, ISBN 978-90-5201-295-7

N° 1 – Serge JAUMAIN & Éric REMACLE (dir.), *Mémoire de guerre et construction de la paix. Mentalités et choix politiques. Belgique – Europe – Canada*, 2006, ISBN 978-90-5201-266-7

FSC
www.fsc.org
MIX
Papier | Fördert gute Waldnutzung
FSC® C083411

Kolibri 360 GmbH
Ferdinand-Jühlke-Straße 7
99095 Erfurt, Deutschland
produktsicherheit@kolibri360.de